Der Thron der roten Königin

Die Rosenkriege
Band 1: Die Königin der Weißen Rose
Band 2: Der Thron der roten Königin
Band 3: Die Mutter der Königin

Über die Autorin:

Philippa Gregory, geboren 1954 in Kenia, studierte Geschichte in Brighton und promovierte an der University of Edinburgh über die englische Literatur des 18. Jahrhunderts. In den USA und in Großbritannien feiert Gregory seit langem riesige Erfolge als Autorin historischer Romane. Daneben schreibt sie auch Kinderbücher, Kurzgeschichten, Reiseberichte sowie Drehbücher; sie arbeitet als Journalistin für große Zeitungen, Radio und Fernsehen. Philippa Gregory lebt mit ihrer Familie in Nordengland.

«Gregory ist ohne Frage auf der Höhe ihres Könnens.» *The Huffington Post*

«Gregorys lebendige, souveräne Erzählweise macht diese Figur zu einer würdigen Heldin ihrer Zeit.» *Booklist*

«Ein von Beginn an spannender und mitreißender historischer Roman … dramatisch und ergreifend.» *histo-couch.de* über «Die Königin der Weißen Rose»

Philippa Gregory

Der Thron der roten Königin

Historischer Roman

Aus dem Englischen von
Elvira Willems und Astrid Becker

Weltbild

Die englische Originalausgabe erschien 2010 unter dem Titel
The Red Queen bei Touchstone/Simon & Schuster, Inc., New York.

Besuchen Sie uns im Internet:
www.weltbild.de

Genehmigte Lizenzausgabe für Verlagsgruppe Weltbild GmbH,
Steinerne Furt, 86167 Augsburg
Copyright der Originalausgabe © 2010 by Philippa Gregory Limited
Copyright der deutschsprachigen Ausgabe © 2011 by
Rowohlt Verlag GmbH, Reinbek bei Hamburg
Übersetzung: Elvira Willems und Astrid Becker
Umschlaggestaltung: büro**süd**°, München
Umschlagmotiv: Arcangel Images (© CollaborationJS)
Gesamtherstellung: GGP Media GmbH, Pößneck
Printed in the EU
ISBN 978-3-86365-904-2

2017   2016   2015   2014
Die letzte Jahreszahl gibt die aktuelle Lizenzausgabe an.

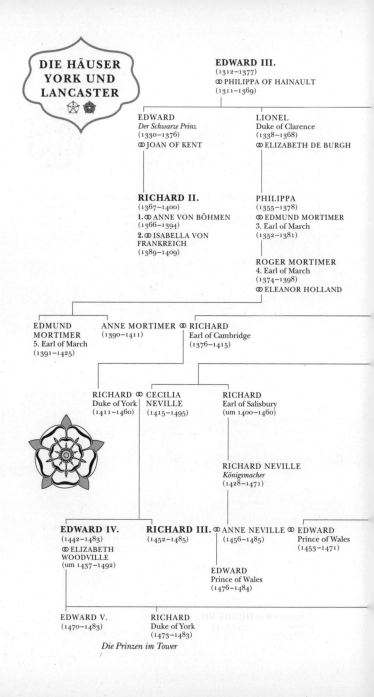

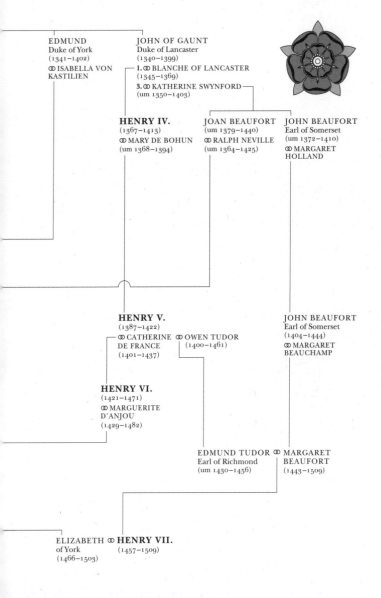

Für Anthony

FRÜHJAHR 1453

Nach der Dunkelheit drinnen blendet mich das helle Licht des Himmels. Ich kneife die Augen zusammen und höre das Anschwellen zahlloser Stimmen. Doch dieses Flüstern, das zum Grollen wird, ist nicht meine Armee, die mich ruft. Es ist nicht ihr Angriffsgeschrei, und es rührt auch nicht vom Klopfen der Schwerter auf die Schilde. Was dort knatternd vor dem Himmel weht, sind nicht meine Engel und Lilien auf Leinen gestickt, sondern verfluchte englische Standarten, triumphierend in der Maibrise. Das sind auch keine Hymnen, es sind Schreie von Menschen, die begierig sind, jemanden sterben zu sehen: mich.

Als ich über die Schwelle meines Gefängnisses auf den Marktplatz trete, ragt mein Ziel hoch vor mir auf – ein Holzstapel, an dem eine Leiter mit ein paar rohgezimmerten Sprossen lehnt. Ich flüstere: »Ein Kreuz. Kann ich ein Kreuz bekommen?« Und dann lauter: »Ein Kreuz! Ich brauche ein Kreuz!« Und irgendein Mann, ein Fremder, ein Feind, ein Engländer, einer von denen, die wir wegen ihrer unaufhörlichen Blasphemie die »Gottverfluchten« nennen, streckt mir ein grobgeschnitztes Kreuz entgegen. Ohne jeglichen Stolz schnappe ich es aus seiner dreckigen Hand. Ich halte es umklammert, als sie mich auf den Holzstapel zuschubsen und die Leiter hochschieben, als ich beim Emporklettern von den rohen Sprossen abrutsche und weiter hinaufklettere, als ich groß bin, bis zu dem wackeligen Podest, das oben auf den Scheiterhaufen gehämmert wurde. Als sie mich grob umdrehen und mir die Hände hinter dem Rücken um den Pflock binden, halte ich es noch immer.

Es geschieht alles so langsam, dass ich fast meinen könnte, die Zeit sei stehengeblieben und die Engel kämen zu mir herab. Es sind schon merkwürdigere Dinge geschehen. Sind mir die Engel etwa nicht erschienen, als ich die Schafe gehütet habe? Haben sie mich etwa nicht beim Namen gerufen? Habe ich keine Armee zur Befreiung von Orléans angeführt? Habe ich etwa nicht den Dauphin gekrönt und die Engländer vertrieben? Ich allein? Ein Mädchen aus Domrémy, geleitet von seinen Engeln?

Rundum am Boden entzünden sie das Reisig. Rauch wirbelt auf und wabert in der Brise. Dann fängt das Holz Feuer, und eine heiße Wolke umhüllt mich, ich muss husten und blinzeln, mir tränen die Augen. Schon verkohlen meine Fußsohlen. Ich trete von einem Fuß auf den anderen, wie eine Närrin, als könnte ich mir auf diese Weise Unannehmlichkeiten ersparen, und ich spähe durch den Rauch, ob nicht jemand mit Wassereimern angelaufen kommt, um zu erklären, dass der König, den ich gekrönt habe, diesem Treiben Einhalt gebietet. Oder ob die Engländer, die mich einem Soldaten abgekauft haben, jetzt nicht doch einsehen, dass sie mich nicht töten dürfen, oder dass meine Kirche erkennt, dass ich ein gutes Mädchen bin, eine gute Frau, unschuldig – außer dass ich Gott mit einer leidenschaftlichen Bestimmung gedient habe.

Kein Retter findet sich in der dichtgedrängten Menschenmenge. Der Lärm schwillt zu einem ohrenbetäubenden Kreischen an: einem Durcheinander aus gebrüllten Segen und Flüchen, Gebeten und Obszönitäten. Ich blicke nach oben in den blauen Himmel nach meinen herabsteigenden Engeln, da löst sich im Scheiterhaufen unter mir ein Stamm, und der Pfahl schwankt. Die ersten Funken fliegen hoch und versengen meine Jacke. Sie verglühen wie Feuerfliegen auf meinem Ärmel. Ein trockenes Kratzen in der Kehle von all dem Rauch bringt mich zum Husten, und ich flüstere wie ein Mädchen: »Lieber Gott, rette mich, deine Tochter! Lieber Gott, halte deine Hand über mich. Lieber Gott, verschone mich, deine Tochter...«

Ein lauter Knall, ein Schlag gegen den Kopf. Fassungslos sitze ich auf den Dielen meines Schlafzimmers, die Hand am geprellten Ohr. Ich sehe um mich wie eine Närrin und erkenne nichts. Meine adlige Gouvernante kommt zur Tür herein. Als sie mich benommen neben dem umgekippten Gebetshocker sitzen sieht, sagt sie gereizt: »Lady Margaret, geht zu Bett. Es ist weit über Eure Schlafenszeit. Unsere Liebe Frau Mutter schätzt die Gebete ungehorsamer Mädchen nicht. Es liegt kein Verdienst in der Übertreibung. Eure Mutter wünscht, dass Ihr früh am Morgen aufsteht. Ihr könnt nicht die ganze Nacht aufbleiben und beten, das ist Torheit.«

Sie knallt die Tür zu. Ich höre, wie sie zu den Mädchen sagt, eine von ihnen müsse mich jetzt ins Bett bringen und neben mir schlafen, um sicherzustellen, dass ich mich nicht um Mitternacht zu einer neuen Gebetsrunde erhebe. Sie mögen es nicht, wenn ich mich nach dem Stundengebet richte; sie stehen zwischen mir und einem heiligen Leben und sagen, ich sei zu jung und brauche meinen Schlaf. Sie wagen sogar anzudeuten, ich spiele mich nur auf und täusche Frömmigkeit vor. Dabei weiß ich, dass Gott mich berufen hat und es meine Pflicht ist, meine höhere Pflicht, ihm zu gehorchen.

Doch selbst wenn ich die ganze Nacht beten würde, könnte ich die Vision nicht zurückholen, die eben gerade noch so hell war. Sie ist verflogen. Einen Moment lang, einen heiligen Moment, war ich dort: Ich war die Jungfrau von Orléans, die heilige Johanna von Frankreich. Ich habe begriffen, wozu ein Mädchen imstande sein kann, was eine Frau sein kann. Dann haben sie mich auf die Erde zurückgezerrt und mit mir geschimpft wie mit einem gewöhnlichen Mädchen und alles zerstört.

»Heilige Maria, leite mich, Ihr Engel, kommt zurück«, flüstere ich und versuche, wieder auf den Platz zu gelangen, zu der wartenden Menschenmenge, zu diesem ergreifenden Augenblick. Aber es ist alles weg. Ich muss mich am Bettpfosten hochziehen, um wieder auf die Füße zu kommen. Mir schwindelt vom Fasten und Beten, und ich reibe das Knie, auf das ich gefallen bin. Die Haut ist wunderbar rau, ich ziehe das Nachthemd hoch und sehe mir die Knie an. Sie sind rau und rot. Die Knie einer Heiligen, Gott sei gelobt, ich habe die Knie einer Heiligen. Ich habe so viel auf harten Böden gebetet, dass die Haut meiner Knie hart geworden ist wie die Hornhaut am Finger eines englischen Bogenschützen. Ich bin noch nicht einmal zehn Jahre alt, aber ich habe die Knie einer Heiligen. Das muss etwas heißen, da mag sich meine alte adlige Gouvernante ruhig bei meiner Mutter über exzessive und theatralische Andacht beschweren. Ich habe die Knie einer Heiligen. Ich habe die Haut meiner Knie durch fortwährendes Beten abgeschürft, sie sind meine Stigmata: die Knie einer Heiligen. So Gott will, werde ich die Herausforderung annehmen und auch das Ende einer Heiligen finden.

Ich gehe ins Bett, wie mir befohlen wurde, denn Gehorsam, selbst gegenüber närrischen und ordinären Frauen, ist eine Tugend. Ich mag die Tochter eines der größten englischen Heerführer in Frankreich sein, aus der großen Familie der Beauforts und daher Thronerbin des englischen Königs Henry VI., dennoch muss ich meiner adligen Gouvernante und meiner Mutter gehorchen, als wäre ich ein ganz gewöhnliches Mädchen. Ich nehme eine hohe Stellung im Königreich ein, ich bin eine nahe Verwandte des Königs – aber zu

Hause schenkt man mir schrecklich wenig Beachtung, dort muss ich tun, was mir eine dumme alte Frau vorschreibt, die die Predigt des Priesters verschläft und während des Tischgebets gezuckerte Pflaumen lutscht. Ich betrachte sie als Kreuz, das ich zu tragen habe, und schließe sie in meine Gebete ein.

Diese Gebete werden ihre unsterbliche Seele retten – ihrer wahren Verdienste zum Trotz –, denn der Zufall will es, dass meine Gebete besonders gesegnet sind. Seit ich ein kleines Mädchen war, seit ich fünf Jahre alt war, habe ich gewusst, dass ich in den Augen Gottes etwas Besonderes bin. Viele Jahre lang habe ich das für eine einmalige Gabe gehalten – manchmal habe ich die Gegenwart Gottes gespürt, manchmal den Segen Unserer Lieben Frau. Aber im letzten Jahr kam ein Veteran aus Frankreich an unsere Küchentür, der sich bettelnd zu seiner Gemeinde durchschlug. Ich war gerade dabei, den Rahm von der Milch zu schöpfen, und hörte, wie er das Milchmädchen um etwas zu essen bat, denn er sei Soldat und habe ein Wunder gesehen: Er habe das Mädchen gesehen, das sie die Jungfrau von Orléans nennen.

»Lass ihn hereinkommen!«, befahl ich ihr und kletterte vom Hocker.

»Er ist dreckig«, gab sie zur Antwort. »Er kommt nur bis zur Schwelle.«

Er kam zur Tür geschlurft und ließ sein Bündel fallen. »Wenn Ihr etwas Milch für mich erübrigen könntet, junge Dame«, wimmerte er. »Und vielleicht einen Kanten Brot für einen alten Mann, einen Soldaten für Herrn und Vaterland ...«

»Was hast du über die Jungfrau von Orléans gesagt?«, unterbrach ich ihn. »Und über Wunder?«

Das Mädchen hinter mir murmelte halblaut vor sich hin, schlug die Augen gen Himmel, schnitt einen Kanten dunkles Roggenbrot ab und goss Milch in einen alten Tonbecher. Den riss er ihr fast aus der Hand und stürzte alles in einem Zug herunter, bevor er sich nach mehr umsah.

»Antworte mir«, befahl ich ihm.

Die Magd bedeutete ihm, dass er mir zu gehorchen habe, und so wandte er sich mit einer Verbeugung an mich. »Ich habe unter dem Duke of Bedford in Frankreich gedient, als ich von einem Mädchen hörte, das mit den Franzosen ritt«, begann er. »Einige hielten sie für eine Hexe, andere meinten, sie sei mit dem Teufel im Bunde. Aber meine Dirn ...« Die Magd schnalzte mit den Fingern, und er schluckte das Wort herunter. »Eine junge Frau, die ich zufällig kannte, erzählte mir, dass dieses Mädchen, Johanna aus Domrémy, mit den Engeln gesprochen hat. Sie hatte versprochen, dass sie den französischen Prinzen gekrönt auf dem Thron Frankreichs sehen würde. Sie war nur eine Magd, ein Mädchen vom Lande, aber sie behauptete, dass die Engel zu ihr gesprochen und sie angerufen hätten, ihr Land vor uns zu retten.«

Ich war entzückt. »Engel haben zu ihr gesprochen?«

Er lächelte liebenswürdig. »Ja, junge Dame. Sie war ein Mädchen, kaum älter als Ihr.«

»Aber wie ist es ihr gelungen, die Menschen zum Zuhören zu bewegen? Wie ist es ihr gelungen, den Leuten begreiflich zu machen, dass sie besonders war?«

»Oh, sie ist auf einem großen weißen Pferd geritten und hat Männerkleidung getragen, sogar eine Rüstung. Auf ihrem Banner prangten Lilien und Engel, und als sie sie zu dem französischen Prinzen brachten, hat sie ihn unter all seinen Höflingen erkannt.«

»Sie hat eine Rüstung getragen?«, flüsterte ich erstaunt, als würde sich mein Leben vor mir abspulen und nicht die

Geschichte eines fremden französischen Mädchens. Was könnte ich sein, wenn die Leute nur begreifen würden, dass die Engel zu mir sprechen, so wie sie zu dieser Johanna gesprochen haben?

»Sie trug eine Rüstung und führte ihre Männer in die Schlacht.« Er nickte. »Ich habe sie gesehen.«

Ich winkte das Milchmädchen heran. »Bring ihm etwas Fleisch und Dünnbier zum Trinken.« Sie lief zur Vorratskammer, und der fremde Mann und ich traten aus der Milchkammer. Vor der Hintertür ließ er sich auf einen Stein sinken. Ich wartete ab, bis sie unsanft eine flache Schale vor ihm abgesetzt und er sich das Essen in den Mund gestopft hatte. Er aß wie ein ausgehungerter Hund, ohne Würde, und als er fertig war und seinen Becher heruntergestürzt hatte, nahm ich meine Befragung wieder auf. »Wo hast du sie das erste Mal gesehen?«

»Ah«, gab er von sich und fuhr sich mit dem Ärmel über den Mund. »Wir haben eine französische Stadt namens Orléans belagert und waren siegesgewiss. In jenen Tagen, vor ihr, haben wir immer gewonnen. Wir hatten Langbogen, und sie nicht; wir haben sie einfach alle niedergeschossen, es war ein Kinderspiel, wir brauchten eigentlich nur auf ihre Kehrseite zu zielen. Ich war Bogenschütze.« Dann machte er eine Pause, als schäme er sich, etwas zu weit von der Wahrheit abgekommen zu sein. »Ich war Pfeilmacher«, berichtigte er sich. »Ich habe die Pfeile hergestellt. Aber unsere Bogenschützen haben jede Schlacht gewonnen.«

»Schon gut, aber was war mit Johanna?«

»Ich erzähle doch von ihr. Aber Ihr müsst verstehen, dass sie keine Chance hatten zu gewinnen. Weisere und bessere Männer als sie wussten, dass sie verloren waren. Sie haben jede Schlacht verloren.«

»Aber sie?«, flüsterte ich.

»Sie hat behauptet, sie würde Stimmen hören und Engel würden zu ihr sprechen. Man hat ihr gesagt, sie solle zu dem französischen Prinzen gehen – ein Einfaltspinsel, ein Niemand. Sie solle ihn dazu bewegen, sich als König auf seinen Thron zu setzen und uns von unseren Ländereien in Frankreich zu vertreiben. Sie hat sich zum König durchgeschlagen und ihm gesagt, er müsse sich auf seinen Thron setzen und ihr gestatten, seine Armee anzuführen. Er hat gedacht, vielleicht besitzt sie die Gabe der Prophezeiung, wie sollte er das wissen – und außerdem hatte er nichts zu verlieren. Die Männer haben an sie geglaubt. Sie war nur ein Mädchen vom Lande, aber sie hat sich gekleidet wie eine Kriegerin, und ihr Banner war mit Lilien und Engeln bestickt. Sie hat einen Boten zu einer Kirche geschickt, und dort haben sie ein altes Kreuzfahrerschwert gefunden, genau an der Stelle, die sie bezeichnet hatte – es lag dort seit vielen Jahren versteckt.«

»Wirklich?«

Er lachte, dann hustete er und spuckte Schleim aus. »Wer weiß? Vielleicht ist etwas dran. Meine Dirn…, die Frau, die ich kannte, hat Johanna für eine heilige Magd gehalten, von Gott ausersehen, Frankreich vor uns Engländern zu retten. Sie war überzeugt, sie könnte von keinem Schwert berührt werden. Sie hielt sie für einen Engel.«

»Und wie war sie?«

»Ein Mädchen, bloß ein Mädchen wie Ihr. Klein, mit strahlenden Augen, von sich überzeugt.«

Mir schwoll das Herz. »Wie ich?«

»Ganz wie Ihr.«

»Haben ihr die Leute auch dauernd gesagt, was sie zu tun habe? Haben sie ihr gesagt, sie wisse nichts?«

Er schüttelte den Kopf. »Nein, nein, sie war die Heeresführerin. Sie ist ihrer eigenen Vision von sich selbst gefolgt. Sie hat eine Armee von viertausend Mann befehligt und uns angegriffen, als wir vor Orléans lagerten. Unsere Lords konnten ihre Männer nicht bewegen, gegen sie anzutreten; ihr bloßer Anblick hat uns in Angst und Schrecken versetzt. Niemand hat das Schwert gegen sie erhoben. Wir haben alle gedacht, sie sei unschlagbar. Als wir uns nach Jargeau wandten, jagte sie uns hinterher, sie hat angegriffen, sie hat immer angegriffen. Wir hatten alle entsetzliche Angst vor ihr. Wir haben geschworen, sie sei eine Hexe.«

»Eine Hexe oder von Engeln geleitet?«, verlangte ich von ihm zu wissen.

Er lächelte. »Ich habe sie in Paris gesehen. Es war nichts Böses an ihr. Sie hat ausgesehen, als hielte Gott persönlich sie auf diesem großen Pferd. Mein Lord hat sie eine Blume des Rittertums genannt. Wirklich.«

»Schön?«, flüsterte ich. Ich selbst bin kein schönes Mädchen, und darüber ist meine Mutter sehr enttäuscht. Ich nicht, denn ich stehe über den Eitelkeiten der Welt. Er schüttelte den Kopf und sagte genau das, was ich hören wollte. »Nein, nicht hübsch, kein hübsches kleines Ding, auch nicht mädchenhaft; aber sie hatte ein gewisses Leuchten.«

Ich nickte. In diesem Moment, so ging es mir, verstand ich ... alles. »Kämpft sie noch immer?«

»Gott sei Euch gnädig, Euch kleiner Närrin. Nein, sie ist tot. Tot – seit bald zwanzig Jahren.«

»Tot?«

»Nach Paris hat sich ihr Blatt gewendet; wir haben sie vor den Mauern der Stadt zurückgeworfen, aber es war knapp – denkt nur! Fast hätte sie Paris eingenommen! Am Ende hat ein burgundischer Soldat sie mitten im Kampf von ihrem weißen Pferd gezogen«, teilte mir der Bettler knapp mit.

»Und an uns verkauft. Wir haben sie hingerichtet, als Ketzerin verbrannt.«

Ich war entsetzt. »Aber du hast gesagt, sie wurde von Engeln geleitet!«

»Sie ist ihren Stimmen bis in den Tod gefolgt«, versetzte er nur. »Man hat sie untersucht. Sie war tatsächlich Jungfrau. Sie war tatsächlich Jungfrau Johanna. Und sie hat die Wahrheit gesehen, nämlich dass wir in Frankreich besiegt werden würden. Ich glaube, jetzt sind wir verloren. Sie hat aus ihrem König einen Mann gemacht und aus ihren Soldaten eine Armee. Sie war kein gewöhnliches Mädchen. Ich glaube nicht, dass ich je wieder so eine zu sehen kriege. Sie hat längst gebrannt, bevor wir sie auf den Scheiterhaufen geschafft haben. Der Heilige Geist hat lichterloh in ihr gebrannt.«

Ich holte Luft. »Ich bin wie sie«, flüsterte ich ihm zu.

Er sah in mein verzücktes Gesicht und lachte. »Nein, das sind doch nur alte Geschichten«, sagte er. »Nichts für ein Mädchen wie Euch. Sie ist tot, und bald wird sie vergessen sein. Sie haben ihre Asche in alle Winde verstreut, damit niemand ihr einen Schrein bauen kann.«

»Aber Gott hat zu ihr gesprochen, zu einem Mädchen«, flüsterte ich. »Er hat nicht zum König gesprochen und auch nicht zu einem Jungen. Er hat zu einem Mädchen gesprochen.«

Der alte Soldat nickte. »Ich bezweifele nicht, dass sie fest daran geglaubt hat«, sagte er. »Ich bezweifele auch nicht, dass sie die Stimmen der Engel gehört hat. Es muss so gewesen sein. Sonst hätte sie nicht tun können, was sie getan hat.«

Von der Vordertür war der schrille Ruf meiner Gouvernante zu hören, und während ich einen Augenblick lauschte, nahm der Soldat seinen Beutel und warf ihn über die Schulter.

»Aber ist es denn wahr?«, verlangte ich ernsthaft zu wissen, als er sich mit langen, ausholenden Schritten über den Stallhof zum Tor zur Straße in Bewegung setzte.

»Soldatenmärchen«, sagte er gleichgültig. »Vergesst sie und vergesst Johanna, und weiß Gott, an mich wird sich auch niemand erinnern.«

Ich ließ ihn ziehen, doch weder vergaß ich Johanna, noch werde ich sie je vergessen. Ich rufe ihren Namen an, damit sie mich leitet, und schließe die Augen und versuche, sie zu sehen. Und seit jenem Tag wird jedem Soldaten, der an die Tür von Bletsoe klopft und um Essen bettelt, befohlen zu warten, denn die kleine Lady Margaret wünscht ihn zweifelsohne zu sehen. Ich frage sie immer, ob sie in Les Augustins, Les Tourelles, Orléans, in Jargeau, Beaugency, Patay oder Paris waren. Ich kenne die Orte ihrer Siege, so wie ich die Namen der benachbarten Dörfer in Bedfordshire kenne. Manche Soldaten waren bei diesen Schlachten dabei; einige haben Johanna sogar gesehen. Sie berichten alle von einem schlanken Mädchen auf einem großen Pferd, ein Banner über dem Haupt, das immer dort zu sehen war, wo der Kampf am wildesten tobte, ein Mädchen wie ein Prinz, das schwor, seinem Land Frieden und Sieg zu bringen, und das sich in den Dienst Gottes stellte. Bloß ein Mädchen, ein Mädchen wie ich: aber eine Heldin.

Beim Frühstück am nächsten Morgen erfahre ich, warum mir untersagt wurde, die Nacht hindurch zu beten. Meine Mutter sagt mir, ich müsse mich auf eine Reise vorbereiten, auf eine lange Reise. »Wir gehen nach London«, sagt sie ruhig. »An den Hof.«

Der Gedanke an eine Reise nach London begeistert mich, aber ich hüte mich, wie ein eitles, stolzes Mädchen zu jauchzen. Vielmehr senke ich den Kopf und flüstere: »Wie du wünschst, Frau Mutter.« Dies ist das Beste, was mir passieren konnte. Unser Haus in Bletsoe, im Herzen der Grafschaft Bedfordshire, ist so ruhig und langweilig, dass ich gar keine Gelegenheit bekomme, den Gefahren der Welt zu trotzen. Hier gibt es keine Versuchungen, denen ich widerstehen könnte. Hier sieht mich niemand außer den Dienern und meinen älteren Halbbrüdern und Halbschwestern, die mich alle für ein unbedeutendes, kleines Mädchen halten. Ich versuche an Johanna zu denken, die die Schafe ihres Vaters in Domrémy gehütet hat, die wie ich inmitten von unendlichen matschigen Feldern begraben war. Sie hat sich nicht über die Langeweile auf dem Land beschwert; sie hat auf die Stimmen gewartet, die sie aufgefordert haben, Großes zu tun. Das muss ich auch tun.

Ich frage mich, ob das Geheiß, nach London zu gehen, die Stimme ist, auf die ich gewartet habe und die mich nun zu Großem aufruft. Wir gehen an den Hof des guten Königs Henry VI. Sicherlich wird er mich als seine nächste Verwandte willkommen heißen, denn schließlich bin ich seine Cousine zweiten Grades. Sein Großvater und mein Großvater waren Halbbrüder, und dies ist eine sehr enge Verbindung, wenn einer von beiden König ist und der andere nicht. Und erst recht, wenn der eine ein Gesetz verabschiedet hat, nach dem meine Familie, die Beauforts, als rechtmäßig anerkannt werden, wenn auch nicht von königlichem Geblüt. Bestimmt wird er in mir das heilige Licht sehen, von dem alle sagen, es leuchte in ihm. Gewiss wird er mich als Verwandte und als Seelenverwandte ansehen. Was, wenn er beschließt, dass ich bei ihm am Hof bleiben soll? Warum nicht? Was, wenn er mich zu seiner Ratgeberin macht wie der Dauphin Johanna von Orléans? Ich bin seine Cousine zweiten Grades, und es fehlt nicht mehr viel, und ich habe Visionen von Heiligen. Ich bin zwar erst neun, aber ich höre die Stimmen der Engel, und wenn sie mich lassen, bete ich die ganze Nacht. Wenn ich als Junge zur Welt gekommen wäre, dann wäre ich jetzt fast der Prince of Wales. Manchmal frage ich mich, ob sie sich wünschen, ich wäre als Junge zur Welt gekommen, und deswegen blind sind für das Licht, das in mir leuchtet. Könnte es sein, dass sie so sehr von der Sünde des Stolzes ergriffen sind, dass sie sich wünschen, ich wäre ein Junge? Dass sie meine Größe missachten – die Größe eines heiligen Mädchens?

»Ja, Frau Mutter«, sage ich gehorsam.

»Du klingst nicht besonders begeistert«, sagt sie. »Willst du denn gar nicht wissen, warum wir fahren?«

Unbedingt. »Ja, wenn es dir genehm ist.«

»Es tut mir leid, dir mitteilen zu müssen, dass deine Verlobung mit John de la Pole aufgelöst werden muss. Als die Verbindung eingegangen wurde und du sechs Jahre alt warst, war er eine gute Partie, doch nun wirst du dich von ihm lösen. Du wirst einem richterlichen Gremium vorgeführt, das dich fragen wird, ob du das Verlöbnis beenden möchtest, und du wirst ja sagen. Hast du mich verstanden?«

Das klingt beängstigend. »Aber ich werde nicht wissen, was ich sagen soll.«

»Du wirst einfach nur dem Ende der Verlobung zustimmen. Du wirst einfach nur ja sagen.«

»Was, wenn sie mich fragen, ob ich glaube, dass dies Gottes Wille ist? Was, wenn sie mich fragen, ob dies die Antwort auf meine Gebete ist?«

Sie seufzt, als sei ich ihr lästig. »Das werden sie dich nicht fragen.«

»Und was geschieht dann?«

»Seine Gnaden, der König, wird einen neuen Vormund ernennen, und dafür verspricht er dich einem anderen Mann seiner Wahl.«

»Eine neue Verlobung?«

»Ja.«

»Kann ich nicht ins Kloster gehen?« Ich stelle meine Frage sehr leise, auch wenn ich schon weiß, wie ihre Antwort lauten wird. Niemand achtet meine spirituellen Gaben. »Nun, wo diese Verlobung gelöst ist, wäre das doch möglich, oder?«

»Natürlich kannst du nicht ins Kloster gehen, Margaret. Sei nicht albern. Es ist deine Pflicht, einen Sohn und Erben zu gebären, einen Jungen für unsere Familie, die Beauforts, einen jungen Verwandten des Königs von England, einen Sohn des Hauses Lancaster. Gott weiß, dass das Haus York genügend Söhne hat. Es ist unerlässlich, dass wir einen eigenen haben. Und du wirst uns einen schenken.«

»Aber ich glaube, ich bin berufen...«

»Du bist berufen, die Mutter des nächsten Erben des Hauses Lancaster zu sein«, sagt sie barsch. »Das sollte genug Ehrgeiz sein für ein Mädchen. Nun geh und halt dich zur Abreise bereit. Deine Zofen werden inzwischen deine Kleider gepackt haben; du musst nur noch deine Puppe für die Reise suchen.«

Ich hole meine Puppe und mein eigenes, sorgfältig abgeschriebenes Gebetbuch. Selbstverständlich kann ich Französisch lesen und Englisch auch, aber ich bin weder des Lateinischen noch des Griechischen mächtig, und meine Mutter gestattet mir keinen Privatunterricht. Ein Mädchen ist die Bildung nicht wert, sagt sie. Ich wünschte, ich könnte die Heilsbotschaft und die Gebete auf Latein lesen, aber ich kann es nicht, und auf Englisch gibt es nur wenige kostbare per Hand kopierte Exemplare. Jungen werden in Latein und Griechisch und weiteren Fächern unterrichtet; aber Mädchen brauchen nur Lesen und Schreiben zu lernen, sie müssen Nähen können und Haushaltsbücher führen, sollen ein Instrument spielen und sich an Gedichten erfreuen. Wäre ich Äbtissin, hätte ich eine große Bibliothek zur Hand und könnte all die Texte abschreiben lassen, die ich lesen wollte. Novizinnen müssten mir den ganzen Tag vorlesen. Ich wäre eine gelehrte Frau und kein unwissendes Mädchen, ich wäre nicht dumm wie ein gewöhnliches Mädchen.

Lebte mein Vater noch, hätte er mir vielleicht Latein beigebracht. Er hat sehr viel gelesen und geschrieben; so viel weiß ich immerhin über ihn. Er war viele Jahre lang in Frankreich in Gefangenschaft und hat sich dort täglich seinen Studien gewidmet. Aber er ist wenige Tage vor meinem ersten Geburtstag gestorben. Meine Geburt hat ihm so wenig bedeutet, dass er auf Feldzug in Frankreich war, um sein Vermögen zurückzugewinnen, als meine Mutter mit mir niederkam. Erst kurz vor meinem ersten Geburtstag kehrte er nach Hause zurück, und dann ist er gestorben; also hat er mich und meine Gaben nie kennengelernt.

Wir werden drei Tage benötigen, um nach London zu kommen. Meine Mutter wird ihr eigenes Pferd reiten, aber ich soll hinter einem der Pferdeknechte aufsitzen. Er heißt Wat und hält sich für einen großen Charmeur in den Ställen und in der Küche. Er zwinkert mir zu, als wäre ich zu einem Mann wie ihm freundlich, und ich bedenke ihn mit einem tadelnden Blick, um ihn daran zu erinnern, dass ich eine Beaufort bin und er ein Niemand. Ich sitze hinter ihm auf und muss mich an seinem Ledergürtel festhalten, da sagt er zu mir: »Halt dich gut fest. Du weißt ja: Fällt er in den Sumpf, macht der Reiter plumps.« Ich nicke kalt, um ihn zu warnen, dass ich nicht will, dass er den ganzen Weg bis nach Ampthill mit mir spricht.

Also singt er, und das ist genauso schlimm. In hellem Tenor schmettert er Lieder über die Liebe und die Heuernte, und die Männer, die mit uns reiten, um uns vor bewaffneten Banden zu beschützen, die in diesen Tagen überall in England ihr Unwesen treiben, fallen ein und singen mit. Ich wünschte, meine Mutter würde ihnen befehlen, still zu sein oder wenigstens Psalmen zu singen; aber sie genießt den Ritt in der warmen Frühlingssonne, und als sie an meine Seite kommt, lächelt sie und verspricht: »Jetzt ist es nicht mehr weit, Margaret. Wir übernachten heute in Abbots Langley, und morgen reiten wir weiter nach London. Bist du nicht zu müde?«

Die Menschen, die sich um mich kümmern sollten, haben mich so schlecht auf das Leben vorbereitet, dass ich jetzt nicht einmal reiten kann. Man gestattet mir nicht, auf einem eigenen Pferd zu sitzen und geführt zu werden, nicht einmal, als wir nach London kommen und Hunderte von Menschen in den Straßen, auf Plätzen und aus den Läden heraus die fünfzig Mitglieder unseres Haushaltes angaffen, als wir vorbeireiten. Wie kann ich ihnen als Heldin zur Rettung Englands erscheinen, wenn ich im Damensitz hinter Wat durchgeschüttelt werde, die Hand an seinem Gürtel, wie eine Dorfschlampe auf dem Weg zum Gänsemarkt. Ich erwecke ganz und gar nicht den Eindruck einer Erbin des Hauses Lancaster. Wir übernachten nicht am Hof, sondern in einem Gasthaus. Mein Vormund, der Duke of Suffolk, ist vor seinem Ableben in Ungnade gefallen, und deswegen können wir nicht in seinem Palast absteigen. Ich mache Unsere Liebe Frau darauf aufmerksam, dass wir in London kein eigenes großes Haus haben, doch dann denke ich daran, dass sie in Bethlehem auch mit einem einfachen Gasthaus vorliebnehmen musste, obwohl Herodes im Palast sicherlich einige leerstehende Räume hatte. Es muss doch wohl geeignetere Unterkünfte gegeben haben als einen Stall. Wenn man bedenkt, wer sie war. Und so versuche ich, mich wie sie in mein Schicksal zu ergeben.

Wenigstens bekomme ich ein Londoner Kleid, bevor wir zum Hof gehen, um mein Verlöbnis zu lösen. Meine Frau Mutter bestellt Schneider und Näherinnen in unseren Gasthof ein, und ich werde mit einem wunderbaren Kleid ausgestattet. Sie erzählen, dass die Damen jetzt bei Hofe einen hohen, konischen Kopfschmuck tragen, so hoch, dass sie sich selbst unter einem mehr als zwei Meter hohen Türdurchgang noch ducken müssen, um hindurchzukommen. Die Königin, Margarete von Anjou, liebt schöne Kleider. Sie trägt sie in einem neuen Rubinrot, das aus einem bisher unbekannten Farbstoff hergestellt wird. Man erzählt sich, es sei so rot wie Blut. Im Gegensatz dazu bestellt meine Mutter ein Kleid in engelhaftem Weiß, das mit den roten Rosen des Hauses Lancaster besetzt ist, um alle daran zu erinnern, dass ich zwar nur ein neunjähriges Mädchen bin, aber doch die Erbin unseres Hauses. Erst als die neuen Kleider fertig sind, können wir auf einer Barke den Fluss hinunterfahren, um bei Hofe vorgestellt zu werden und meinen Rücktritt vom Verlöbnis zu erklären.

Die Lösung meines Verlöbnisses ist eine schreckliche Enttäuschung. Ich hatte gehofft, sie würden mich befragen, und ich könnte ihnen schüchtern, aber in klaren Worten mitteilen, ich wisse von Gott, dass John de la Pole nicht mein Gemahl werden könne. Ich hatte mir vorgestellt, wie ich vor einem Tribunal von Richtern stehe und sie in Erstaunen versetze wie Jesus als Kleinkind in der Synagoge. Ich hatte gedacht, ich könnte sagen, dass ich einen Traum hatte, durch den mir bedeutet wurde, dass ich ihn nicht heiraten solle, weil ich für ein größeres Schicksal bestimmt sei: Ich sei durch Gott selbst auserwählt, England zu retten! Dazu bestimmt, Königin von England zu werden und mit dem Namen Margaret Regina – *Margaret R.* – zu unterschreiben. Doch ich bekomme keine Gelegenheit, das Wort an sie zu richten und zu leuchten. Es wurde alles schon aufgeschrieben, bevor wir kamen, und man erlaubt mir nur zu sagen: »Ich widerspreche der Verlobung« und mit meinem Namen zu unterschreiben, der schlicht Margaret Beaufort lautet. Das ist alles. Niemand fragt mich, was ich von der Sache halte.

Wir warten vor dem Audienzsaal, und ein Mann des Königs kommt heraus und ruft »Lady Margaret Beaufort!«, und alle sehen mich an. Einen Moment lang, einen wirklich wunderbaren Moment lang, spüre ich, dass mich alle ansehen, und ich denke daran, in Verachtung weltlicher Eitelkeit die Augen niederzuschlagen. Dann führt mich meine Mutter in den Audienzsaal des Königs.

Der König sitzt auf einem großen Thron unter dem Baldachin. Der Thron der Königin neben ihm ist fast genauso groß. Sie hat helle Haare und braune Augen, ein rundes, teigiges Gesicht und eine gerade Nase. Ich finde, sie sieht schön und verwöhnt aus, und der König neben ihr hell und blass. Ich könnte nicht bchaupten, bei dieser ersten Begutachtung ein heiliges Licht zu erkennen. Er sieht ganz normal aus. Er lächelt mich an, als ich hereinkomme und knickse, aber die Königin sieht von den roten Rosen am Saum meines Gewandes zu der kleinen Krone, die meinen Schleier hält, und wendet den Blick ab, als hielte sie nicht viel von mir. Da sie Französin ist, hat sie vermutlich keine Vorstellung davon, wer ich sein könnte. Man hätte ihr mitteilen sollen, falls sie kein Kind bekäme, müsse ein anderer Junge zum Erben des Hauses Lancaster bestimmt werden, und das könne sehr wohl mein Sohn sein. Bestimmt würde sie mir dann mehr Aufmerksamkeit schenken. Aber sie ist weltlich. Die Franzosen können schrecklich weltlich sein; das ist mir schon bei meiner Lektüre aufgefallen. Sie hätte gewiss nicht einmal das Licht der Jungfrau von Orléans bemerkt. Ich bin nicht überrascht, dass sie mich nicht bewundert.

Neben ihr steht eine unglaublich schöne Frau, vielleicht die schönste Frau, die ich je gesehen habe. Sie trägt ein blaues, silbern durchwirktes Gewand, das wie Wasser schimmert. Man könnte meinen, sie sei geschuppt wie ein Fisch. Als sie bemerkt, wie ich sie anstarre, schenkt sie mir ein Lächeln, und dabei leuchtet ihr Gesicht warm vor Schönheit – wie Sonnenschein auf einer Wasseroberfläche an einem Sommertag.

»Wer ist das?«, frage ich meine Mutter flüsternd, die mich in den Arm zwickt, damit ich still bin.

»Jacquetta Rivers. Hör auf, sie so anzustarren«, blafft sie mich an und zwickt mich noch einmal in den Arm, um mich in die Gegenwart zurückzuholen. Ich sinke in einen tiefen Knicks und lächle den König an.

»Ich übergebe deine Tochter in die Vormundschaft meiner geliebten Halbbrüder, Edmund und Jasper Tudor«, sagt der König zu meiner Mutter. »Sie kann bei dir leben, bis die Zeit für ihre Verehelichung gekommen ist.«

Die Königin flüstert Jacquetta etwas zu, und sie beugt sich zu ihr hinunter wie eine Weide am Fluss. Der Schleier ihres hohen Kopfschmucks bauscht sich auf. Die Königin wirkt ob dieser Nachricht nicht sehr erfreut, und ich bin sprachlos. Ich warte darauf, dass mich jemand um meine Einwilligung bittet, damit ich erklären kann, dass ich für ein Leben der Heiligkeit bestimmt bin, aber meine Mutter knickst nur und tritt zurück. Ein anderer tritt vor, und alles ist vorbei. Der König hat mich kaum angesehen; er weiß nichts über mich – nicht mehr, als er wusste, bevor ich den Raum betreten habe, und doch hat er mich einem neuen Vormund übergeben, einem Fremden obendrein. Wie kann es sein, dass er nicht bemerkt, dass ich – wie er – ein Kind von besonderer Heiligkeit bin? Bekomme ich keine Gelegenheit, ihm zu sagen, dass ich die Knie einer Heiligen habe?

»Darf ich etwas sagen?«, flüstere ich meiner Mutter zu.

»Nein, natürlich nicht.«

Wie soll er wissen, wer ich bin, wenn Gott sich nicht beeilt und es ihm sagt? »Und was geschieht nun?«

»Wir warten, bis der König die anderen Bittsteller vorgelassen hat, dann speisen wir«, antwortet sie.

»Nein, ich meine, was geschieht mit mir?«

Sie sieht mich an, als sei ich dumm und verstünde nichts. »Du gehst eine neue Verlobung ein«, sagt sie. »Hast du denn nicht zugehört, Margaret? Ich wünschte, du wärest aufmerksamer. Das ist eine noch bessere Partie für dich. Erst wirst du Mündel und dann Gemahlin von Edmund Tudor, dem Halbbruder des Königs. Die beiden Tudors sind die Söhne von Katharina von Valois, der Mutter des Königs, aus ihrer zweiten Ehe mit Owen Tudor. Die Brüder Edmund und Jasper sind Lieblinge des Königs. Sie sind zur Hälfte von königlichem Geblüt und stehen hoch in seiner Gunst. Du heiratest den Älteren.«

»Wird er mich denn nicht erst kennenlernen wollen?«

»Warum sollte er?«

»Um zu sehen, ob er mich mag?«

Sie schüttelt den Kopf. »Sie wollen nicht dich«, sagt sie. »Sie wollen den Sohn, den du gebären wirst.«

»Aber ich bin erst neun.«

»Er kann warten, bis du zwölf bist«, gibt sie zurück.

»Werde ich dann verheiratet?«

»Natürlich«, erwidert sie, als sei ich eine Närrin, auch nur zu fragen.

»Und wie alt ist er dann?«

Sie überlegt kurz. »Fünfundzwanzig.«

Ich blinzele. »Und wo soll er schlafen?«, möchte ich wissen. Ich denke an das Haus in Bletsoe, das keine Zimmerflucht für einen jungen Hünen und seine Entourage hat, geschweige denn für seinen jüngeren Bruder.

Sie lacht. »Oh, Margaret. Du bleibst doch nicht zu Hause bei mir. Du wirst bei ihm und seinem Bruder in Wales leben, in Lamphey Palace.«

Ich blinzele. »Frau Mutter, du schickst mich weg, um allein bei zwei erwachsenen Männern in Wales zu leben? Wenn ich zwölf bin?«

Sie zuckt die Achseln, als tue es ihr leid, aber als könne man nichts dagegen tun. »Eine gute Partie«, sagt sie. »Königliches Blut auf beiden Seiten. Wenn du einen Sohn bekommst, hat er einen sehr starken Thronanspruch. Du bist eine enge Verwandte des Königs, und dein Gemahl ist sein Halbbruder. Wenn du einen Jungen bekommst – und das wirst du –, wird er Richard of York ein für alle Mal in Schach halten. Denk daran; denk an nichts anderes.«

AUGUST 1453

Meine Mutter hat gesagt, die Zeit werde schnell vergehen, doch das tut sie natürlich nicht. Die Tage ziehen sich in die Länge, und nichts geschieht. Meine Halbgeschwister aus der ersten Ehe meiner Mutter mit Oliver St. John erweisen mir nicht mehr Respekt als vorher, obwohl ich jetzt mit einem Tudor verheiratet werde und nicht mit einem de la Pole. Sie lachen mich aus, weil ich in Wales leben muss. Sie erzählen mir, dort wohnten Drachen und Hexen und es gebe keine Straßen, sondern nur riesige Burgen in dunklen Wäldern, wo Wasserhexen aus Quellen steigen, um Sterbliche zu bezaubern. Wo Wölfe in großen Rudeln umherstreifen und Jagd auf Menschen machen. Es ändert sich gar nichts, bis wir eines Abends beim Familiengebet eine halbe Stunde länger auf den Knien bleiben müssen. Meine Mutter spricht den Namen des Königs mit noch größerer Inbrunst als sonst, und wir beten für die Genesung des Königs, Henry VI., in dieser seiner Kümmernis. Wir bitten Unsere Liebe Frau, das Kind, das im Leib der Königin wächst, möge ein Junge werden, ein neuer Prinz für das Haus Lancaster.

Ich beende das Gebet für die Gesundheit der Königin nicht mit »Amen«, denn sie war nicht besonders freundlich zu mir. Außerdem macht mir jedes ihrer Kinder die Stellung als nächste Lancaster-Erbin streitig. Ich bitte nicht um eine

Totgeburt, denn das hieße ja, ihr etwas Schlechtes zu wünschen, und außerdem würde ich damit die Sünde des Neids begehen. Aber ich bin mir sicher, dass die Jungfrau Maria meine mangelnde Begeisterung verstehen wird, die Himmelskönigin, die alles über Erbschaft weiß und darüber, wie schwer es ist, Thronerbin zu sein, aber eben nur ein Mädchen. Was auch geschieht, ich könnte nie Königin werden; niemand würde das akzeptieren. Sollte ich aber einen Sohn haben, so hat er einen starken Thronanspruch. Die Jungfrau Maria bekam natürlich auch einen Sohn, das war es, was alle von ihr erwarteten, und so wurde sie zur Muttergottes und Himmelskönigin und konnte sich Maria Regina nennen: *Maria R.*

Ich warte, bis meine Halbgeschwister zum Abendessen vorausgelaufen sind, und frage meine Mutter, warum wir so inständig für die Gesundheit des Königs gebetet haben und was sie mit »dieser seiner Kümmernis« gemeint hat. Ihr Gesicht ist angespannt vor Sorge. »Dein neuer Vormund, Edmund Tudor, hat mir einen Brief geschrieben«, sagt sie. »Er spricht davon, dass der König in eine Art Trance gefallen ist. Er sagt nichts, und er tut nichts; er sitzt still mit gesenkten Augen da und kann nicht geweckt werden.«

»Spricht Gott zu ihm?«

Gereizt rümpft sie die Nase. »Tja, wer weiß? Wer weiß? Deine Frömmigkeit macht dir gewiss alle Ehre, Margaret. Doch wenn Gott zum König spricht, dann hat er sich für diese Unterhaltung nicht die beste Zeit ausgesucht. Sobald der König auch nur das geringste Zeichen von Schwäche zeigt, wird der Duke of York die Gelegenheit ergreifen und die Macht an sich reißen. Die Königin ist vor das Parlament getreten und hat alle Macht des Königs für sich beansprucht, aber sie werden ihr niemals vertrauen. An ihrer Stelle werden sie Richard of York zum Regenten ernennen. So viel ist gewiss. Dann werden wir von den Yorks regiert, und du wirst bald merken, dass sich unser Blatt rasch zum Schlechteren wendet.«

»Inwiefern?«

»Wenn sich der König nicht erholt, werden wir von Richard of York regiert und nicht vom König. Richard und seine Familie werden eine lange Regentschaft genießen, bis das Kind, das die Königin jetzt erwartet, zum Mann herangewachsen ist. Sie haben viele Jahre Zeit, sich in den besten Stellungen in der Kirche, in Frankreich und in England einzunisten.« Von ihrer eigenen Gereiztheit angespornt, eilt sie vor mir her zur großen Halle. »Ich rechne damit, dass sie zu mir kommen werden, um deine Verlobung rückgängig zu machen. Sie werden nicht erlauben, dass du mit einem Tudor aus dem Hause Lancaster verlobt bist. Sie werden wollen, dass du in ihr Haus einheiratest, und wenn das Haus Lancaster durch dich weiterleben soll, muss ich ihm die Stirn bieten. Das wird Richard of York gegen mich aufbringen, und das bedeutet jahrelange Schwierigkeiten.«

»Aber warum spielt das eine so große Rolle?«, frage ich und bemühe mich, im Stechschritt den langen Korridor hinunter mitzuhalten. »Wir sind doch von königlichem Geblüt. Warum müssen wir Rivalen sein? Wir sind alle Plantagenets, wir stammen alle von Edward III. ab. Wir sind alle eng miteinander verwandt. Richard of York ist ein entfernter Cousin des Königs – genau wie ich.«

Sie dreht sich zu mir um, und als der Saum ihres Gewandes die auf dem Boden ausgestreuten Kräuter aufwirbelt, steigt der Geruch von Lavendel empor. »Wir mögen alle einer Familie entstammen, doch das ist auch der Grund, warum wir keine Freunde sind, wir rivalisieren um den Thron. Welche Fehden sind schlimmer als Familienstreitigkeiten? Wir mögen alle nahe und entfernte Cousins sein, aber sie gehören dem Hause York an und wir dem Hause Lancaster. Vergiss das nicht. Wir Lancasters stammen in direkter Linie von Edward III. ab, durch seinen Sohn, John of Gaunt. In direkter Linie! Die Yorks dagegen können ihre Linie nur durch John of Gaunts jüngeren Bruder Edmund zurückverfolgen. Sie sind die nachgeordnete Linie: Sie stammen nicht von Edward ab, sondern von einem jüngeren Bruder. Sie können nur dann den Thron von England besteigen, wenn es keinen Sohn aus dem Hause Lancaster mehr gibt. Also – denk doch nach, Margaret! –, was glaubst du, was sie sich erhoffen, wenn der König von England in Trance fällt, sein Kind aber noch nicht geboren ist? Was glaubst du, was sie sich erträumen, wenn du zwar Erbin Lancasters bist, aber nur ein Mädchen, und obendrein noch nicht einmal verheiratet? Geschweige denn, dass du einen Sohn entbunden hättest?«

»Sie wollen, dass ich in ihr Haus einheirate?«, frage ich verwirrt bei dem Gedanken an ein neues Verlöbnis.

Sie lacht kurz auf. »Ja. Aber um die Wahrheit zu sagen, am liebsten würden sie dich tot sehen.«

Das bringt mich zum Schweigen. Dass eine ganze Familie, ein großes Haus wie York, sich meinen Tod wünscht, ist ein angsteinflößender Gedanke. »Aber der König wird doch gewiss bald aufwachen? Und dann ist alles wieder, wie es sein sollte. Und sein Kind könnte ein Sohn sein, der zum Erben Lancasters wird, und alles ist wieder, wie es sein sollte.«

»Bete zu Gott, dass der König bald aufwacht!«, entfährt es ihr. »Aber du solltest auch dafür beten, dass es kein Kind gibt, das dich verdrängen kann. Und bete zu Gott, dass wir dich unverzüglich verheiraten und deine Ehe unverzüglich vollzogen wird. Denn vor dem Ehrgeiz des Hauses York ist niemand sicher.«

OKTOBER 1453

Der König träumt weiter; in seinem Wachschlaf lächelt er. Wenn ich in meinem Zimmer allein bin, versuche ich mich so hinzusetzen, wie er den Erzählungen nach dasitzt, und starre auf die Dielen. Es könnte ja sein, dass Gott so zu mir kommt, wie er zum König gekommen ist. Ich verschließe meine Ohren vor dem Lärm vom Stallhof unter meinem Fenster, vor dem lauten Singen aus der Waschküche, wo Wäsche gegen ein Brett geschlagen wird. Ich versuche, meine Seele zu Gott treiben zu lassen, und spüre den allumfassenden Frieden, der die Seele des Königs umfangen hält. Er sieht die besorgten Gesichter seiner Ratgeber nicht und ist sogar blind für seine Frau, als sie ihm den neugeborenen Sohn in die Arme legt und ihn auffordert aufzuwachen, um den kleinen Prinz Edward zu begrüßen, den Erben des Throns von England. Selbst als die Wut sie übermannt und sie ihm ins Gesicht schreit, er müsse aufwachen, weil das Haus Lancaster sonst dem Untergang geweiht sei.

Ich versuche mich ganz von Gott einnehmen zu lassen wie der König, aber immer klopft jemand an die Tür oder ruft im Flur, ich solle kommen, um diese oder jene Aufgabe zu erledigen. Dann werde ich in die gewöhnliche, sündige Welt zurückgezerrt und wache auf. Ganz England rätselt, warum der König nicht aufwacht, und während er dort sitzt und nur auf die Worte der Engel lauscht, nimmt Richard of York, der sich selbst zum Regenten von England ernannt hat, die Zügel der Regierung in die Hand und benimmt sich wie der König persönlich. Und so tritt Margaret, die Königin, an ihre Freunde heran, um sie zu warnen, womöglich brauche sie ihre Hilfe zur Verteidigung ihres neugeborenen Sohns. Allein die Warnung reicht aus, um Unbehagen zu schüren. Überall in England beginnen Männer, Truppen anzumustern und sich zu überlegen, ob es ihnen unter einer verhassten französischen Königin mit einem rechtmäßigen neugeborenen Prinzen in den Armen besser geht oder ob sie dem gutaussehenden, beliebten Engländer Richard of York folgen sollen, wohin sein Ehrgeiz ihn auch führen mag.

SOMMER 1455

Endlich ist er da – mein Hochzeitstag. Ich stehe in meinem besten, hochgegürteten Kleid an der Kirchentür. In den lächerlich weiten Ärmeln verlieren sich meine dünnen Arme und kleinen Hände. Der hohe konische Kopfschmuck mit dem Unterbau aus Draht ist ermüdend schwer. Der Flinder, der vom Scheitelpunkt des Hennins herabfällt, verhüllt meine Blässe ebenso wie meinen Unmut. Meine Mutter steht neben mir, um mich zu meinem Vormund Edmund Tudor zu geleiten, der zu dem Schluss gekommen ist – wie zweifellos jeder weise Vormund –, dass mir am besten durch eine Eheschließung mit ihm gedient ist: Er selbst ist die beste Wahl als Sachwalter meiner Interessen.

»Ich habe Angst«, flüstere ich meiner Mutter zu, und sie sieht auf mich herunter. Ich bin einen Kopf kleiner als sie, ich bin zwölf Jahre alt, aber noch ein kleines Mädchen, meine Brust ist flach wie ein Brett, mein Körper unbehaart unter den üppigen Stoffschichten. Sie mussten mein Korsett mit Leinen ausstopfen, um einen Busen anzudeuten. Ich bin ein Kind, das man ausschickt, die Pflichten einer Frau zu erfüllen.

»Du brauchst keine Angst zu haben«, meint sie kurz angebunden.

Ich versuche es noch einmal. »Ich dachte, ich würde Jungfrau bleiben wie Johanna von Orléans«, flüstere ich und zupfe an ihrem Ärmel, um ihre Aufmerksamkeit zu gewinnen. »Das weißt du doch. Ich wollte das schon immer. Ich wollte ins Kloster. Ich will noch immer ins Kloster gehen. Es kann gut sein, dass ich berufen bin. Es könnte Gottes Wille sein. Wir sollten Rat einholen. Wir könnten den Priester fragen. Wir könnten ihn jetzt fragen, bevor es zu spät ist. Was ist, wenn Gott mich für sich selbst will? Dann wäre es Blasphemie, wenn ich heirate.«

Sie wendet sich mir zu und nimmt meine kalten Hände in die ihren. »Margaret«, sagt sie ernst, »wisse, dass du dein Leben nie frei wählen durftest. Du bist ein Mädchen, und Mädchen haben keine Wahl. Niemals hättest du deinen eigenen Gemahl wählen dürfen, denn du bist von königlichem Geblüt. Für dich wäre immer ein Gemahl ausgesucht worden. Auch das weißt du. Und schließlich bist du aus dem Geschlecht der Lancaster. Du kannst deine Loyalität nicht wählen. Du hast deinem Haus zu dienen, deiner Familie und deinem Gemahl. Ich habe dir gestattet, zu träumen und zu lesen, aber jetzt ist die Zeit gekommen, da du deine albernen Geschichten und Träume vergessen und deine Pflicht tun musst. Glaub nicht, du könntest dich wie dein Vater verhalten und der Pflicht entrinnen. Er hat den Weg eines Feiglings gewählt, und der steht dir nicht offen.«

Diese plötzliche Anspielung auf meinen Vater erschüttert mich. Von ihrem zweiten Gemahl, meinem Vater, spricht sie äußerst selten, und dann in vagen Worten. Ich will gerade fragen: Wie ist er weggelaufen? Was war sein feiger Ausweg? Doch schon schwingt das Kirchenportal auf. Ich muss hineingehen und die Hand meines Gemahls nehmen, um mit ihm vor den Priester zu treten und zu schwören, dass ich seine Frau sein werde. Meine Hand verschwindet in seiner großen Hand, und ich höre, wie er mit tiefer Stimme die Fragen beantwortet, auf die ich nur flüsternd entgegnen kann. Er steckt mir einen schweren Ring aus walisischem Gold an den Finger, und ich balle die Hand zur Faust, damit er nicht herunterfällt. Der Ring ist mir viel zu groß. Ich sehe zu ihm empor, verwundert, dass er denkt, aus so einer Ehe könne etwas werden, wo doch sein Ring zu groß ist für meine Hand und ich erst zwölf bin und er doppelt so alt. Er ist ein kampfgestählter, ehrgeiziger Mann, ein harter Mann aus einer machthungrigen Familie. Ich bin nur ein Kind, das sich nach einem spirituellen Leben sehnt, ein Mädchen, das hofft, die Menschen werden erkennen, dass es etwas Besonderes ist. Doch das scheint – wie so vieles – niemanden zu kümmern.

Ich soll mein Eheleben im Palast von Lamphey in Pembrokeshire beginnen, mitten im Herzen des schrecklichen Wales. In den ersten Monaten habe ich keine Zeit, meine Mutter und meine Familie zu vermissen, denn alles ist mir so fremd, dass ich mich völlig umstellen muss. Den größten Teil meiner Zeit verbringe ich mit den Dienerinnen und meinen weiblichen Begleiterinnen auf der Burg. Mein Gemahl und sein Bruder stürmen herein und hinaus wie Regen. Meine adlige Gouvernante und meine Zofe haben mich begleitet, aber alle anderen sind Fremde. Sie sprechen Walisisch und starren mich an, wenn ich sie um einen Schluck Milch, ein Glas Dünnbier oder einen Krug Wasser zum Waschen bitte. Ich sehne mich so sehr nach einem freundlichen, vertrauten Gesicht, dass ich mich sogar freuen würde, den Pferdeknecht Wat zu sehen.

Die Burg steht in einer gottverlassenen Gegend, um mich

herum nur hohe Berge und Himmel. Schon eine halbe Stunde bevor sie sich über den grauen Schieferdächern und den vom Regen gestreiften Mauern öffnen, kann ich die Regenwolken wie einen nassen Vorhang näher kommen sehen. Die Kapelle ist ein kaltes, heruntergekommenes Gebäude, und der Priester zollt mir keine Aufmerksamkeit; er bemerkt meine außergewöhnliche Frömmigkeit nicht einmal. Ich gehe oft in die Kapelle, um zu beten, dann fällt das Licht durch das Westfenster auf meinen gesenkten Kopf, doch niemand bemerkt es. London ist eine beschwerliche Reise von neun Tagen entfernt, genauso weit wie mein altes Zuhause. Ein Brief von meiner Mutter ist bis zu zehn Tagen unterwegs, doch sie schreibt nur selten. Manchmal kommt es mir vor, als wäre ich vom Schlachtfeld entführt worden und würde gegen Lösegeld in Feindesland festgehalten wie mein Vater. Fremder und einsamer als ich kann man sich nicht fühlen.

Das Schlimmste ist, dass ich seit meiner Hochzeitsnacht keine einzige Vision mehr hatte. Ich verbringe ganze Nachmittage auf den Knien; ich schließe die Tür zu meinem Privatgemach und tue, als würde ich nähen. Aber mir erscheint nichts. Keine Vision vom Scheiterhaufen oder von den Schlachten, nicht einmal ein flatterndes Banner mit Engeln und Lilien. Ich bitte die Jungfrau Maria um eine Vision von Johanna von Orléans, doch sie gewährt sie mir nicht, und wenn ich schließlich auf die Fersen zurückfalle, fürchte ich, dass ich nur als Jungfrau heilig war. Als Gemahlin bin ich nichts Besonderes.

Nichts auf der Welt kann mich für diesen Verlust entschädigen. Ich wurde in dem Wissen erzogen, die Tochter eines großen Mannes und Erbin der königlichen Familie zu sein, doch meine Herrlichkeit lag in dem Wissen, dass Gott zu mir sprach, ganz unmittelbar, und dass er mir die Vision der

Jungfrau von Orléans schickte. Er schickte mir einen Engel in der Verkleidung eines Bettlers, um mir alles über sie zu erzählen. Er ernannte William de la Pole zu meinem Vormund, damit er – der Johanna mit eigenen Augen gesehen hat – dieselbe Heiligkeit in mir erkennen konnte. Doch dann hat Gott diesen vernünftigen Plan aus irgendeinem Grund vergessen und mich in den Gewahrsam eines Gemahls gegeben, der nicht das geringste Interesse an meiner Heiligkeit bekundet und mir – in einer einzigen schrecklichen Nacht, in der er die Ehe grob vollzieht – meine Jungfräulichkeit ebenso raubt wie meine Visionen. Warum Gott mich auserwählt und dann missachtet hat, vermag ich nicht zu verstehen. Es ist nicht an mir, den Willen Gottes zu hinterfragen, dennoch frage ich mich: Warum hat er mich auserwählt, um mich hier in Wales zu verlassen? Wäre es nicht Gott, würde man denken, die Sache sei sehr schlecht geplant. Schließlich ist es nicht so, als könnte ich hier irgendetwas tun, und bestimmt betrachtet mich niemand als lebendiges Licht. Es ist noch schlimmer als in Bletsoe, wo sich die Leute wenigstens über meine übertriebene Heiligkeit beschwert haben. Hier bemerken sie sie nicht einmal. Ich fürchte, mein Licht steht hier unter dem Scheffel, und ich kann gar nichts tun, um mich der Welt als Leuchtfeuer zu zeigen.

Ich nehme an, mein Gemahl ist gutaussehend und tapfer. Tagsüber sehe ich ihn und seinen Bruder kaum, da sie immer ausreiten, um den Frieden des Königs gegen ein Dutzend kleinerer Aufstände in der Gegend zu verteidigen. Edmund übernimmt die Führung; Jasper, sein Bruder, folgt ihm wie ein Schatten. Sie gehen sogar im Gleichschritt – Edmund geht mit großen Schritten voran, Jasper folgt ihm auf den Fersen. Sie sind nur ein Jahr auseinander. Als ich sie das erste Mal sah, dachte ich, sie seien Zwillinge. Sie haben dasselbe unselige fuchsrote Haar und lange dünne Nasen. Noch sind sie groß und schlank, aber ich glaube, später werden sie Fett ansetzen, und zwar recht bald. Wenn sie sprechen, kann der eine die Sätze des anderen beenden, und sie lachen dauernd über Witze, die nur sie allein komisch finden. Sie sprechen kaum mit mir, und sie erklären mir nie, was so komisch sein soll. Waffen sind ihre größte Leidenschaft, und sie können sich einen ganzen Abend darüber ereifern, wie man einen Bogen richtig spannt. Ich kann ihren Nutzen in Gottes Plan nicht erkennen.

Die Burg ist ständig in Alarmbereitschaft, weil immerfort bewaffnete Soldaten vorüberziehen und die Dörfer in der Umgebung plündern. Meine Mutter hatte recht mit ihren Befürchtungen: Seit der König in Trance gefallen ist, gibt es nun überall Unruhen. Hier ist es noch schlimmer als andernorts, weil es ohnehin ein ziemlich wildes Land ist. Und eigentlich war es auch nicht anders, als es dem König wieder besser ging, auch wenn man den gemeinen Leuten gesagt hat, sie sollten sich freuen. Jetzt jedenfalls, da er wieder krank geworden ist, sagen einige, so werde es immer sein: Wir werden alle mit einem König leben müssen, von dem man nie weiß, ob er wach bleibt. Das ist ganz offensichtlich ein Nachteil. Selbst ich kann das sehen.

Männer bewaffnen sich gegen die Herrschaft dieses Königs. Zuerst haben sie sich über die erhöhten Steuern für die endlosen Kriege gegen Frankreich beschwert, und nun klagen sie darüber, dass die Kriege zwar vorbei sind, wir aber alles verloren haben, was wir einst unter dem Vater und dem Großvater des Königs gewonnen haben, die tapferer waren als er. Die Königin, eine Französin, ist allen verhasst. Man flüstert, der König stehe unter ihrem Pantoffel und das Land werde von einer Französin regiert; es wäre besser, der Duke of York regierte es.

Wer einen Groll gegen seinen Nachbarn hegt, ergreift die Gelegenheit, dessen Zäune einzureißen, sein Wild zu schießen oder sein Holz zu stehlen. Dann gibt es Streit, und Edmund muss dazwischengehen und mehr schlecht als recht richten. Die Straßen sind gefährlich, weil umherstreifende Soldatenhorden aus den Frankreichfeldzügen plündern und Menschen entführen. Wenn ich hinter einem Diener zwischen den Hütten des kleinen Dorfes hindurchreite, die sich an die Mauern der Burg drängen, muss ich eine bewaffnete Wache mitnehmen. Ich sehe die weißen Gesichter und eingesunkenen Augen des Hungers, und niemand lächelt mich an, auch wenn man meinen sollte, sie würden sich freuen, dass die neue Lady des Palastes sich für sie interessiert. Denn wer wird sich für sie verwenden hier auf Erden und droben im Himmel, wenn nicht ich? Doch ich verstehe nicht, was sie zu mir sagen, denn sie sprechen alle Walisisch, und wenn sie mir zu nahe kommen, senken die Diener ihre Piken und befehlen ihnen zurückzutreten. Für die gemeinen Menschen im Dorf bin ich offensichtlich genauso wenig ein Licht wie für die im Palast. Ich bin zwölf – wenn die Menschen jetzt nicht sehen können, dass ich ein Licht in einer dunklen Welt bin, wann denn dann? Doch wie sollte hier im elenden Wales, wo es nichts gibt als Matsch, irgendjemand irgendetwas sehen?

Eigentlich lebt Edmunds Bruder Jasper ein paar Meilen entfernt auf Pembroke Castle, aber er ist nur selten dort. Entweder hält er sich bei Hofe auf, wo er im Interesse des englischen Friedens versucht, das angespannte Übereinkommen zwischen der Familie York und dem König aufrechtzuerhalten – oder hier bei uns. Ob er nun ausreitet, um den König zu besuchen, oder mit sorgenvollem Gesicht nach Hause kommt, weil der König wieder in Trance gefallen ist, er findet immer einen Weg, der an Lamphey vorbeiführt, um bei uns zu Abend zu essen.

Beim Essen unterhält sich mein Gemahl Edmund nur mit seinem Bruder Jasper. Sie wechseln kein einziges Wort mit mir, und ich muss mit anhören, wie sie sich sorgen, ob Richard of York seinen Thronanspruch geltend machen könnte. Er wird beraten von Richard Neville, Earl of Warwick, und beide, Warwick wie York, sind Männer von zu großem Ehrgeiz, als dass sie einem schlafenden König gehorchen würden. Viele meinen, in den Händen eines Regenten sei das Land nicht sicher, und wenn der König nicht aufwache, werde England die Jahre, bis sein Sohn alt genug ist, um zu regieren, nicht überstehen. Einer muss sich auf den Thron setzen; wir können uns nicht von einem schlafenden König und einem Säugling regieren lassen.

»Wir können keine weitere lange Regentschaft erdulden, wir brauchen einen König«, sagt Jasper. »Ich wünschte mir bei Gott, du hättest sie schon vor Jahren geheiratet und beschlafen. Dann wären wir dem Spiel jetzt voraus.«

Ich erröte und senke den Blick. Auf meinem Teller türmen sich Berge von Wild, verkocht bis zur Unkenntlichkeit. In Wales jagen sie lieber, als Gemüse anzubauen, und für jede Mahlzeit wird irgendein magerer Vogel oder ein wildes Tier geschlachtet. Ich sehne mich nach Fastentagen, wenn es nur Fisch gibt, und ich erlege mir zusätzliche Tage auf, an denen ich Verzicht übe, um diesem klebrigen Einheitsbrei zu entgehen. Jeder spießt die Fleischbrocken mit seinem Dolch von einer gemeinsamen Platte auf und tunkt seinen Kanten Brot in die Soße. Sie wischen sich die Hände an der Hose ab und den Mund am Ärmelaufschlag. Selbst an der herrschaftlichen Tafel wird das Fleisch auf Brottellern serviert, die am Ende der Mahlzeit verzehrt werden. Sie haben keine richtigen Teller. Servietten sind ihnen offensichtlich zu französisch. Man empfindet es hier als patriotische Pflicht, sich den Mund am Ärmel abzuwischen, und jeder zieht bei Tisch seinen eigenen Löffel aus dem Stiefel, als sei er ein Familienerbstück.

Ich nehme mir ein kleines Stück Fleisch und knabbere daran. Der Geruch des Fetts dreht mir den Magen um. Jetzt sprechen sie vor mir, als ob ich taub wäre: Ob ich wohl fruchtbar bin und wie hoch die Wahrscheinlichkeit ist, dass mein Sohn, falls die Königin aus England vertrieben wird oder ihr Kind stirbt, seinen Thronanspruch durchsetzt.

»Glaubst du, die Königin würde das zulassen? Glaubst du, Margarete von Anjou würde nicht für England kämpfen? Dazu kennt sie ihre Pflicht nur allzu gut«, sagt Edmund lachend. »Einige finden sogar, sie sei zu zielstrebig, um sich von einem schlafenden Gemahl aufhalten zu lassen. Sie sagen, sie habe das Kind nicht vom König empfangen. Sie habe sich von einem Stalljungen besteigen lassen, damit die königliche Wiege nicht leer bleibt, während ihr Gemahl träumt.«

Ich lege meine Hände an die heißen Wangen. Dies hier ist unerträglich, aber mein Unbehagen fällt niemandem auf.

»Kein Wort mehr«, sagt Jasper schlicht. »Sie ist eine große Lady, und ich habe Angst um sie und ihr Kind. Sorg du für einen eigenen Erben und wiederhol mir keine Gerüchte. Das Haus York mit seiner Schar von vier Jungen wird mit jedem Tag selbstbewusster. Wir müssen ihnen zeigen, dass ein wahrer Erbe des Hauses Lancaster bereit ist, wir müssen ihrem Ehrgeiz einen Dämpfer versetzen. Die Staffords und Hollands haben schon Erben. Wo bleibt der Tudor-Beaufort-Sohn?«

Edmund lacht kurz auf und schenkt sich Wein nach. »Ich arbeite jede Nacht daran«, sagt er. »Vertrau mir. Ich drücke mich nicht vor meiner Pflicht. Auch wenn sie fast noch ein Kind ist und den Akt nicht mag, tue ich, was getan werden muss.«

Zum ersten Mal wirft Jasper mir jetzt einen Blick zu, als fragte er sich, was ich mit dieser trostlosen Beschreibung meines Ehelebens anfange. Ich sehe ihn ausdruckslos, mit zusammengebissenen Zähnen an. Ich will sein Mitleid nicht. Dies ist mein Martyrium. Die Ehe mit seinem Bruder, in diesem bäuerlichen Palast im schrecklichen Wales, ist mein Martyrium, das ich Gott darbringe, und ich weiß, dass er mich belohnen wird.

Edmund hat seinem Bruder nichts als die Wahrheit gesagt. Nacht für Nacht kommt er in mein Zimmer, etwas wackelig von all dem Wein, mit dem er sein Abendessen hinuntergespült hat. Jede Nacht steigt er zu mir ins Bett und macht sich an meinem Nachthemd zu schaffen, als sei es nicht aus feinster Valenciennesspitze, von meinen Kleinmädchenstichen gesäumt. Er zieht es hoch, um sich an mich zu drücken. Jede Nacht beiße ich die Zähne zusammen und äußere kein Wort des Protests. Ich wimmere auch nicht vor Schmerz, wenn er mich ohne die geringste Freundlichkeit oder Liebenswürdigkeit nimmt. Und jede Nacht steht er wenige Augenblicke später auf, wirft sich das Gewand über und geht ohne Dank und Abschied. Ich sage nichts, kein Wort, von Anfang bis Ende, und er auch nicht. Wenn es rechtmäßig wäre, dass eine Frau ihren Mann hasste, so würde ich ihn als Vergewaltiger hassen. Doch wenn ich ihn hasste, würde das Kind missgebildet werden, und deswegen achte ich darauf, ihn nicht zu hassen, nicht einmal heimlich. Stattdessen gleite ich in der Minute, in der er gegangen ist, aus dem Bett, knie am Fußende nieder – in der Nase noch seinen widerlichen Schweißgeruch, zwischen den Beinen den brennenden Schmerz – und bete zur Jungfrau Maria, die durch den freundlichen Besuch des körperlosen Heiligen Geistes das Glück hatte, dass ihr dies erspart geblieben ist. Ich bete sie an, damit sie Edmund Tudor vergeben möge, dass er mich so peinigt, mich, ihr bevorzugtes Kind. Ich, die ich ohne Sünde bin und ganz sicher ohne Lust. Monate nach meiner Eheschließung bin ich ohne jegliche Begierde, wie ein kleines Mädchen. Es kommt mir vor, als gäbe es keinen besseren Weg, eine Frau von der Lust zu kurieren, als die Ehe. Jetzt verstehe ich endlich, was die Heilige meinte, als sie sagte, es sei besser zu heiraten, als zu brennen. Nach meiner Erfahrung brennt man ganz bestimmt nicht, wenn man heiratet.

SOMMER 1456

Ein langes Jahr voller Einsamkeit, Abscheu und Schmerz, und nun habe ich eine weitere Last zu tragen. Edmunds alte Kinderfrau wartet so ungeduldig auf einen weiteren Tudor-Sohn, dass sie jeden Monat zu mir kommt, um mich zu fragen, ob ich blute, als sei ich ihre Lieblingsstute. Sie hätte gern, dass ich nein sage, denn dann könnte sie es sich an ihren dicken alten Fingern abzählen, dass ihr kostbarer Junge seine Pflicht getan hat. Monatelang enttäusche ich sie und sehe zu, wie ihr runzeliges altes Gesicht zusammenfällt, aber Ende Juni kann ich ihr sagen, dass ich nicht geblutet habe. Sie kniet in meinem Privatgemach nieder und dankt Gott und der Jungfrau Maria, dass das Haus Tudor wieder einen Erben haben wird, der England vor dem Hause Lancaster rettet.

Zuerst halte ich sie für eine Närrin, doch nachdem sie zu meinem Gemahl Edmund und seinem Bruder Jasper gerannt ist und die beiden wie aufgeregte Zwillinge zu mir gelaufen kommen, um ihre besten Wünsche auszusprechen und mich zu fragen, ob ich auf irgendetwas besonderen Appetit habe, ob sie nach meiner Mutter schicken sollen, ob ich einen langsamen Spaziergang im Hof machen oder mich vielleicht doch lieber ausruhen möchte, erkenne ich, dass diese Empfängnis für sie tatsächlich der erste Schritt zur Größe ist und die Rettung unseres Hauses bedeuten könnte.

Als ich mich an diesem Abend zum Beten niederknie, habe ich endlich wieder eine Vision. Sie ist so klar, als wäre helllichter Tag, und die Sonne strahlt wie in Frankreich und ist nicht grau wie in Wales. Es ist keine Vision von Johanna auf dem Weg zum Scheiterhaufen, sondern eine übernatürliche Vision von Johanna, als sie zur Größe gerufen wurde. Ich bin bei ihr in den Feldern in der Nähe ihres Hauses; ich spüre das weiche Gras unter meinen Füßen, und die Helligkeit des Himmels überwältigt mich. Ich höre die Glocken zum Angelus läuten, und sie klingen in meinen Ohren wie Stimmen. Ich höre himmlischen Gesang, und dann sehe ich ein schimmerndes Licht. Ich lasse den Kopf auf den schweren Stoff meines Bettes fallen, doch das grelle Licht brennt noch immer hinter meinen Augenlidern. Ich bin erfüllt von der Überzeugung, dass ich sehe, wie sie gerufen wird, und dass ich selbst gerufen werde. Gott wollte, dass Johanna ihm dient, und nun will er mich. Meine Stunde ist gekommen, und Johanna, meine Heldin, hat mir den Weg gewiesen. Ich erbebe vor Verlangen, heilig zu sein, und das Brennen hinter meinen Augen breitet sich in meinem ganzen Körper aus. Es brennt, dessen bin ich sicher, in meinem Leib, in dem das Kind zum Licht des Lebens heranwächst und in dem sich sein Geist formt.

Ich weiß nicht, wie lange ich kniend im Gebet verharre. Niemand unterbricht mich, und als ich schließlich staunend die Augen öffne und in die tanzenden Kerzenflammen blinzele, fühle ich mich, als wäre ich ein ganzes Jahr lang in heiliges Licht eingetaucht gewesen. Langsam stehe ich auf, indem ich mich am Bettpfosten hochziehe, die Begegnung mit dem Göttlichen hat meine Knie geschwächt. Staunend sitze ich auf meiner Bettstatt und frage mich, welcher Art mein Ruf war. Johanna wurde gerufen, Frankreich vom Krieg zu erretten und den wahren König von Frankreich auf den Thron zu setzen. Es muss einen Grund dafür geben, dass ich mich auf ihren Feldern gesehen habe, dass ich mein Leben lang schon von ihrem Leben träume. Unsere Leben müssen im Gleichschritt verlaufen. Ihre Geschichte muss mir etwas sagen. Auch ich muss aufgerufen worden sein, mein Land zu retten, so wie ihr befohlen wurde, das ihre zu retten. Ich bin aufgerufen, England aus der Gefahr zu befreien, aus Unsicherheit und Krieg, und den wahren König von England auf den Thron zu setzen. Das Kind, das in meinem Leib heranwächst, wird König Henry beerben, selbst wenn sein Sohn überleben sollte. Ich weiß es. Dieses Kind wird ein Sohn – das sagt mir meine Vision. Mein Sohn wird den Thron von England erben. Mein Sohn wird durch seine Herrschaft den entsetzlichen Krieg mit Frankreich beenden. Er wird die Unruhen in unserem Land befrieden. Ich werde ihn auf die Welt bringen, ihn die Wege Gottes lehren und ihn auf den Thron geleiten. Dies ist meine Bestimmung: Meinen Sohn auf den Thron von England zu setzen, und diejenigen, die über meine Vision gelacht und an meiner Berufung gezweifelt haben, werden mich Mylady, Königinmutter nennen. Ich werde mit Margaret Regina unterzeichnen: Königin Margaret.

Ich lege die Hand auf den Bauch, der noch flach ist wie der eines Kindes. »König«, sage ich leise. »Du wirst König von England.« Das Kind hat mich gehört, es kennt jetzt seine Bestimmung. Gott hat mir das Schicksal von ganz England anvertraut.

Die Gewissheit, dass das Kind unter meinem Herzen König wird und dass jeder vor mir knicksen muss, bringt mich über die ersten Monate, auch wenn mir jeden Morgen übel ist und ich mich sterbenselend fühle. Es ist heiß, und Edmund muss unsere Feinde kreuz und quer über die Felder jagen, auf denen die Männer das Heu einholen. William Herbert, ein feuriger yorkistischer Partisan, will sich Wales untertan machen, solange der König schläft und es niemanden gibt, der ihn zur Rechenschaft ziehen kann. Er lässt seine Männer durch unser Land marschieren und zieht unter dem Vorwand, er gebiete für die Regentschaft von York über Wales, unsere Steuern ein. Wohl wahr, sein guter Freund, der Earl of Warwick, hat ihn tatsächlich zum Herrscher über Wales ernannt. Doch wir Tudors wurden schon vor langer Zeit vom König hier eingesetzt, und wir bleiben hier und erfüllen unsere Pflicht, ob unser König nun wach ist oder nicht. So halten Herbert und wir Tudors uns jeweils für die rechtmäßig ernannten Herrscher von Wales; der Unterschied besteht nur darin, dass wir im Recht sind und er nicht. Und natürlich darin, dass Gott auf mich herablächelt.

Edmund und Jasper sind stumm vor Wut über die Einfälle von Herbert und seinen Yorkisten, und sie schreiben an ihren Vater Owen, der im Gegenzug mit seinen Männern ausreitet, die yorkistischen Ländereien verwüstet und mit seinen Söhnen einen gemeinsamen Feldzug plant. Es ist, wie meine Mutter vorhergesagt hat: Der König stammt aus dem Hause Lancaster, aber er schläft tief und fest. Der Regent stammt aus dem Hause York, und er ist nur allzu lebendig. Jasper ist meistens unterwegs, er brütet über dem schlafenden König wie eine irregeleitete Henne auf faulen Eiern. Er sagt, dass die Königin ihren Gemahl in London schon so gut wie verlassen hat. Sie habe Zuflucht in der Stadt Coventry gefunden, die sie mit ihren Stadtmauern für sicherer hält, weil sie sie gegen eine Armee verteidigen kann. Sie scheint zu glauben, dass sie England von dort aus regieren muss, weit fort von dem Verrat, der in der Stadt London an jeder Ecke lauert. Jasper berichtet, dass die Londoner Kaufleute und die Hälfte der südlichen Grafschaften für York sind. Sie hoffen auf friedliche Zeiten, um Geld zu verdienen, und der wahre König und der Wille Gottes sind ihnen gleich.

In der Zwischenzeit rüsten die Lords ihre Männer aus und entscheiden sich für eine Seite. Jasper und Edmund warten nur das Ende der Heuernte ab, dann mustern sie die Männer mit ihren Sensen und Sicheln an und marschieren los, um William Herbert aufzuspüren und ihm beizubringen, wer der wirkliche Herrscher über Wales ist. Ich gehe hinunter zum Burgtor, um ihnen zum Abschied zu winken und eine gute Reise zu wünschen. Jasper versichert mir, dass sie Herbert in zwei Tagen besiegt und Carmarthen Castle eingenommen haben. Und dass ich rechtzeitig zur Ernte nach ihnen Ausschau halten kann. Aber zwei Tage gehen vorüber, ohne dass wir Nachricht von ihnen haben.

Ich soll mich jeden Nachmittag ausruhen. Meine Mutter hat meine adlige Gouvernante angewiesen, sich um meine Gesundheit zu kümmern, nun da ich ein Kind unter dem Herzen trage, das ein königlicher Erbe ist. Sie setzt sich zu mir in die abgedunkelten Räume, um zu gewährleisten, dass ich nicht beim Licht einer eingeschmuggelten Kerze lese oder auf die Knie sinke, um zu beten. Ich muss auf dem Bett liegen und an fröhliche Dinge denken, damit das Kind stark wird und heiteren Gemütes. Weil ich weiß, dass ich den nächsten König austrage, gehorche ich ihr und versuche, an kräftige Pferde und schöne Kleider zu denken, an die Magie des Tjostens und an den Hof des Königs mit der rubinrot gewandeten Königin. Doch eines Tages entsteht vor meiner Tür ein Tumult. Ich setze mich auf und werfe meiner Gouvernante einen Blick zu. Doch die ist tief und fest auf ihrem Stuhl eingeschlafen, statt über mich, die ich den nächsten König gebären werde, zu wachen. Ich stehe auf, trippele zur Tür und öffne sie eigenhändig. Davor steht unsere Magd Gwyneth, ganz blass, mit einem Brief in der Hand. »Wir können ihn nicht lesen«, sagt sie. »Es ist ein Brief für irgendwen. Keiner von uns kann lesen.«

»Meine Gouvernante schläft«, erwidere ich. »Gib ihn mir.«

Dumm, wie sie ist, händigt sie ihn mir aus, obwohl er an meine adlige Gouvernante adressiert und allein für ihre Augen bestimmt ist. Ich erbreche Jasper Tudors Siegel und öffne ihn. Er schreibt von Pembroke Castle:

Edmund verwundet und von William Herbert gefangen genommen. In Carmarthen als Gefangener gehalten. Bereitet Euch, so gut Ihr könnt, auf einen Angriff vor, ich werde ihn retten. Lasst keine Fremden ein; die Pest geht um.

Gwyneth sieht mich an. »Was steht darin?«, will sie wissen.

»Nichts«, sage ich. Die Lüge kommt mir so leicht über die Lippen, dass Gott sie mir eingegeben haben muss, um mir zu helfen, und deswegen zählt sie nicht als Lüge. »Er schreibt, dass sie noch ein paar Tage auf Pembroke Castle bleiben. Er kommt später zurück.«

Ich schließe die Tür vor ihrer Nase und gehe wieder ins Bett. Ich lege die Hand auf meinen dicken Bauch, der sich inzwischen unter meinem Gewand wölbt. Ich werde ihnen die Nachricht später am Abend überbringen. Aber zuerst muss ich entscheiden, was getan werden muss.

Wie immer frage ich mich, was Johanna von Orléans tun würde, wenn sie an meiner Stelle wäre. Das Wichtigste ist jetzt, den zukünftigen König in Sicherheit zu bringen.

Edmund und Jasper können sich um sich selbst kümmern. Ich muss jetzt vor allem dafür sorgen, dass mein Sohn hinter starken Mauern in Sicherheit ist, falls Black Herbert zum Brandschatzen in Tudor-Land einfällt.

Bei dem Gedanken daran, dass William Herbert mit seiner Armee auf mich zumarschiert kommt, gleite ich zum Beten auf die Knie. »Was soll ich tun?«, frage ich Unsere Liebe Frau flüsternd. Noch nie zuvor habe ich so auf eine klare Antwort gehofft. »Wir können uns hier nicht verteidigen; die Mauern umschließen uns nicht vollständig, und es sind nicht genug kampfbereite Männer hier. Ich kann unmöglich in Pembroke Zuflucht suchen, wenn dort die Pest umgeht, außerdem weiß ich nicht einmal, wo es liegt. Wenn Herbert uns hier angreift, wie sollen wir uns in Sicherheit bringen? Was, wenn er mich gegen Lösegeld entführt? Wir könnten versuchen, uns nach Pembroke durchzuschlagen, doch was ist, wenn ich unterwegs krank werde? Vielleicht ist Reisen schlecht für das Ungeborene?«

Nichts als Stille antwortet mir. »Muttergottes?«, frage ich. »Jungfrau Maria?«

Nichts als eine ziemlich unerfreuliche Stille.

Ich seufze. »Was würde Johanna tun?«, gehe ich in mich, »wenn sie vor so einer gefährlichen Entscheidung stünde? Was würde Johanna tun? Was würde ich tun, wenn ich Johanna wäre und ihren Mut besäße?«

Erschöpft stehe ich auf und gehe zu meiner adligen Gouvernante. Es macht mir Spaß, sie wach zu rütteln. »Steh auf«, sage ich. »Es gibt Arbeit für dich. Wir fahren nach Pembroke Castle.«

HERBST 1456

Edmund kommt nicht nach Hause. William Herbert verlangt nicht einmal Lösegeld für ihn, den Erben des Hauses Tudor und Vater meines Kindes. In diesen unsicheren Zeiten weiß niemand recht, wie viel Edmund wert ist, außerdem sagen sie mir, er sei krank. Die Herberts halten ihn auf Carmarthen Castle als Gefangenen fest, und er schreibt mir nicht, da er einer Frau, die fast noch ein Kind ist, nichts zu sagen hat. Und ich schreibe ihm nicht, weil ich ihm ebenfalls nichts zu sagen habe.

Ich warte, allein auf Pembroke Castle, und bereite alles für eine Belagerung vor. Aus Angst, sie könnten die Krankheit mitbringen, lasse ich niemanden aus der Stadt ein. Ich weiß, dass ich diese Burg vielleicht gegen unsere Feinde halten muss, aber ich weiß nicht, wo ich mich nach Hilfe umsehen kann, denn Jasper ist dauernd unterwegs. Wir haben Essen, Waffen und Wasser. Ich schlafe mit dem Schlüssel von Zugbrücke und Fallgatter unter dem Kopfkissen, aber ich kann nicht behaupten, dass ich wüsste, was ich als Nächstes tun soll. Ich warte darauf, dass mein Gemahl es mir sagt, aber ich höre nichts von ihm. Ich warte darauf, dass sein Bruder kommt. Ich wünschte, sein Vater käme vorbeigeritten und würde mich retten. Aber es ist, als hätte ich mich hinter diese Mauern zurückgezogen und wäre vergessen worden. Ich bete zur Jungfrau Maria, dass sie mich leite, denn auch sie hat schwere Zeiten durchlebt, als sie ihr Kind trug. Doch kein Heiliger Geist erscheint, um der Welt zu verkünden, dass ich das Gefäß des Herrn bin. Es scheint, als gebe es keine Verkündigung für mich. Während die Diener, der Priester und sogar meine adlige Gouvernante mit ihrem eigenen Schicksal und ihren kleinlichen Sorgen beschäftigt sind, lenkt die Nachricht vom merkwürdigen Schlaf des Königs und dem Machtkampf zwischen der Königin und dem Regenten des Landes die Aufmerksamkeit sämtlicher Schurken auf die Gelegenheit, in einem herrschaftslosen Land leichte Beute zu machen. Freunde der Herberts in Wales wissen, dass die Tudors auf der Flucht sind, dass ihr Erbe in Gefangenschaft sitzt, sein Bruder vermisst wird und seine Braut ganz allein auf Pembroke Castle ausharrt, krank vor Angst.

Dann, im November, erreicht mich ein Brief von meinem Schwager Jasper, adressiert an Lady Margaret Tudor. Er schreibt zum allerersten Mal an mich, und ich öffne den Brief mit zitternden Händen. Er verliert nicht viele Worte.

Bedaure, Dir mitteilen zu müssen, dass Dein Gemahl, mein geliebter Bruder Edmund, an der Pest gestorben ist. Halte die Burg um jeden Preis. Ich bin auf dem Weg.

Ich begrüße Jasper am Burgtor und bemerke augenblicklich, wie er sich verändert hat. Er hat seinen Zwilling verloren, seinen Bruder, die große Liebe seines Lebens. Er springt mit derselben Anmut vom Pferd, die Edmund einst besaß, doch jetzt klirren nur noch die eisenbeschlagenen Absätze von einem Paar Stiefel auf dem Pflaster. Den Rest seines Lebens wird er vergeblich auf die vertrauten Geräusche seines Bruder lauschen. Seine Miene ist grimmig, seine Augen hohl vor

Trauer. Er nimmt meine Hand, als wäre ich eine erwachsene Lady, und kniet nieder. Dann hält er die Hände hoch wie zum Beten, als schwöre er mir Gefolgschaft. »Ich habe meinen Bruder verloren und du deinen Gemahl«, beginnt er. »Ich schwöre dir, wenn du einen Jungen bekommst, werde ich mich um ihn kümmern, als wäre er mein eigener. Ich werde ihn mit meinem Leben beschützen. Ich werde ihn beschützen und auf den Thron von England setzen, um meines Bruders willen.«

Seine Augen füllen sich mit Tränen, und mir ist dieser große, erwachsene Mann, der vor mir auf die Knie gesunken ist, höchst unangenehm. »Danke«, sage ich und sehe mich unbehaglich um, aber es ist niemand da, der mir erklären könnte, wie ich Jasper zum Aufstehen bewegen soll. Ich weiß nicht, welche Worte von mir erwartet werden. Mir fällt auf, dass er mir nichts versprochen hat, wenn ich ein Mädchen bekomme. Ich seufze und umklammere seine Hände, wie er es zu erwarten scheint. Wenn es Johanna von Orléans nicht gäbe, würde ich denken, Mädchen wären völlig nutzlos.

JANUAR 1457

Zu Beginn des Monats ziehe ich mich in meine Gemächer zurück. Um das graue Winterlicht auszuschließen, werden die Schlafzimmerfenster mit Läden verschlossen. Ich kann mir nicht vorstellen, dass ein Himmel, der niemals blau ist, und eine Sonne, die niemals scheint, für eine schwangere Frau wirklich so gefährlich sein sollen, dass man sie davor abschirmen müsste. Doch die Hebamme besteht darauf, und so muss ich den Monat vor der erwarteten Niederkunft im Halbdunkel verbringen, wie es die Tradition verlangt. Jasper, blass vor Sorge, befindet, es müsse alles Erdenkliche zur Sicherheit des Ungeborenen getan werden.

Die Hebamme glaubt, das Kind kommt zu früh. Sie tastet meinen Bauch ab und sagt, es liege falsch, aber es könne sich noch rechtzeitig drehen. Sie erklärt mir, manchmal würden Ungeborene sich erst sehr spät drehen. Es sei wichtig, dass das Kind mit dem Kopf zuerst herauskommt, auch wenn ich nicht weiß, warum. Sie berichtet Jasper keine Einzelheiten, aber ich weiß, dass er jeden Tag vor meinen Gemächern auf und ab schreitet. Ich höre das Knarren der Dielen, auch wenn er auf Zehenspitzen auf und ab huscht, ängstlich wie ein liebender Gemahl. Da ich mich im zeremoniellen Rückzug befinde, darf ich keinen Mann sehen, und darüber bin ich sehr erleichtert. Aber ich wünschte, ich könnte meine

Gemächer verlassen, um wenigstens zur Kapelle zu gehen. Vater Williams hier in Pembroke war zu Tränen gerührt über meine erste Beichte. Er sagte, er sei noch nie einer jungen Frau von größerer Frömmigkeit begegnet. Ich war froh, endlich jemanden zu finden, der mich versteht. Es ist ihm erlaubt, mit mir zu beten, wenn er auf der einen Seite des Gitters sitzt und ich auf der anderen, aber es ist bei Weitem nicht so beflügelnd, wie vor der Gemeinde zu beten, wo alle mich sehen können.

Nach einer Woche fangen sämtliche Knochen im ganzen Körper an, mir schrecklich wehzutun; wenn ich die engen Grenzen meines Gemachs abschreite. Nan, die Hebamme, und das andere alte Weib, das bei ihr ist – dessen Name wie ein Krähen klingt und das kein einziges Wort Englisch spricht –, kommen überein, dass ich lieber im Bett bleiben und nicht mehr herumgehen soll, ja, nicht einmal mehr aufrecht stehen. Die Schmerzen sind so stark, dass ich fast glaube, mir brechen sämtliche Knochen im Leib. Es ist nicht so, wie es sein soll, aber niemand weiß, was los ist. Sie fragen den Arzt, aber da er mich nicht untersuchen darf, sondern nur fragen kann, was meiner Meinung nach los sei, kommen wir keinen Schritt weiter. Ich bin dreizehn Jahre alt und zierlich für mein Alter. Wie soll ich wissen, was mit dem Kind in meinem Leib nicht stimmt? Sie fragen mich immer wieder, ob es sich wirklich so anfühle, als würden die Knochen in meinem Leib brechen. Und wenn ich ja sage, dann sehen sie einander an, als fürchteten sie, es müsse wahr sein. Aber ich kann nicht glauben, dass ich bei der Geburt sterben werde. Gott hat sich nicht so viel Mühe gegeben, mich hierher nach Wales zu bringen, mit einem Kind im Bauch, das König werden könnte, nur damit ich sterbe, noch bevor es geboren wird.

Sie reden davon, nach meiner Mutter zu schicken, doch

sie ist so weit weg, und die Straßen sind jetzt so gefährlich, dass sie nicht kommen kann. Abgesehen davon wäre sie auch nicht klüger. Niemand weiß, was mit mir los ist, doch sagen sie jetzt, ich wäre zu jung und zu schmächtig, um überhaupt ein Kind zu bekommen. Der Rat kommt jedoch zu spät und ist mir so kurz vor der Niederkunft wahrlich kein Trost. Ich habe nicht zu fragen gewagt, wie das Kind aus meinem Bauch kommen soll. Ich fürchte mich davor, aufzubrechen wie die kleine Hülse einer dicken Erbse, denn dann werde ich gewiss verbluten.

Ich hatte gemeint, die Schmerzen des Wartens seien die schlimmsten, die ich aushalten könnte. Doch nur bis zu jener Nacht, da ich unter Höllenqualen aufwachte, als mein Bauch sich zu heben und einmal in mir umzudrehen schien. Ich schreie vor Schock, die beiden Frauen springen von ihrem Lager auf, meine Gouvernante und meine Zofe eilen herbei, und im nächsten Augenblick ist das Zimmer voller Kerzen und Menschen, die heißes Wasser und Feuerholz holen. In dem ganzen Aufruhr schaut niemand nach mir, obwohl plötzlich eine Flut aus mir herausspült. Bestimmt bin ich am Verbluten.

Sie stürzen sich auf mich, geben mir ein Stück Holz zum Draufbeißen und binden mir einen geweihten Gürtel um meinen sich hebenden und senkenden Bauch. Vater William hat die Monstranz mit der Hostie aus der Kapelle geschickt, und sie stellen sie auf mein Betpult, damit ich den Blick fest auf den Leib des Herrn richten kann. Ich muss sagen, dass mich die Kreuzigung jetzt, unter der Geburt, längst nicht mehr so beeindruckt. Größere Schmerzen als das hier sind unvorstellbar. Das Leiden unseres Herrn betrübt mich natürlich, doch hätte er eine schwere Niederkunft gehabt, hätte er erfahren, was Schmerz ist.

Sie drücken mich auf das Bett herunter, erlauben mir aber, mich an einem Seil hochzuziehen, wenn die Schmerzen kommen. Einmal werde ich dabei sogar ohnmächtig, da flößen sie mir ein starkes Getränk ein, von dem mir schwindlig und übel wird, doch nichts kann mich von den Zangen erlösen, die meinen Bauch auseinanderzureißen scheinen. Stunde um Stunde geht das so, von der Morgendämmerung bis zur Abenddämmerung, und schließlich höre ich sie murmeln, das Kind brauche zu lange. Eine der Hebammen kommt zu mir, es tue ihr leid, aber sie müssten mich in einer Decke hin und her werfen, damit das Kind endlich komme.

»Was?«, stöhne ich, benommen vor Schmerz. Ich verstehe nicht, was sie meint. Auch als sie mir vom Bett auf ein Laken am Boden helfen, begreife ich nicht, was sie vorhaben. Vielleicht wollen sie etwas tun, was mir die reißenden Schmerzen erleichtert, unter denen ich schreie, bis ich zu bersten meine. Also gehorche ich den Händen, die an mir zerren. Zu sechst heben sie das Laken hoch, bis ich in der Luft hänge wie ein Sack Kartoffeln, und dann schleudern sie mich alle auf einmal gleichzeitig in die Höhe und lassen mich wieder herunterplumpsen. Ich bin ein zierliches Mädchen von dreizehn Jahren: Sie können mich hoch in die Luft werfen, und wenn ich hinunterstürze, lande ich unter Höllenqualen. Nur damit sie mich wieder hochwerfen können. Zehn Mal tun sie das, obwohl ich brülle und sie anflehe, doch damit aufzuhören. Dann hieven sie mich zurück ins Bett. Sie sehen mich an, als erwarteten sie, es müsste mir gleich viel bessergehen, während ich mich, halb aus dem Bett heraushängend, schluchzend übergebe.

Ich lehne mich kurz in die Kissen zurück, und für einen gesegneten Augenblick hört das Schlimmste auf. In die plötzliche Stille hinein höre ich meine Gouvernante laut und deutlich sagen: »Euer Befehl lautet, das Kind zu retten, wenn ihr wählen müsst. Vor allem, wenn es ein Junge ist.«

Der Gedanke, Jasper habe meine Gouvernante angewiesen, den Hebammen auszurichten, sie sollen mich sterben lassen, wenn sie zwischen meinem Leben und dem seines Neffen wählen müssen, erzürnt mich dermaßen, dass ich auf den Boden spucke und auffahre: »Oh, und wer sagt das? Ich bin Lady Margaret Beaufort aus dem Hause Lancaster...« Aber sie hören mir gar nicht zu; niemand nimmt Notiz von mir.

»Das ist zwar richtig«, pflichtet Nan ihr bei, »aber gegenüber dem Mädchen kommt es mir doch hart vor...«

»Auf den Befehl ihrer Mutter«, sagt meine Gouvernante. Nun will ich sie nicht mehr anschreien. Meine Mutter? Meine eigene Mutter soll meiner Gouvernante gesagt haben, wenn das Kind und ich in Gefahr seien, sollen sie das Kind retten?

»Armes, kleines Mädchen. Armes, kleines Mädchen«, sagt Nan, und zuerst glaube ich, sie spricht von dem Ungeborenen, vielleicht ist es ja doch ein Mädchen. Doch dann geht mir auf, dass sie von mir spricht, einem dreizehnjährigen Mädchen, dessen Mutter gesagt hat, sie könnten es sterben lassen, wenn nur ein Sohn und Erbe zur Welt kommt.

Das Kind braucht zwei Tage und zwei Nächte, um sich unter unvorstellbaren Qualen aus mir herauszuwinden. Ich sterbe nicht, obwohl es lange Stunden gibt, in denen ich mir nichts sehnlicher wünsche, nur um dem Schmerz zu entfliehen. Sie zeigen ihn mir, kurz bevor ich im Schlaf versinke, im Schmerz ertrinke. Er hat braunes Haar und winzige Hände. Ich will die Hand nach ihm ausstrecken und ihn berühren, doch das Gebräu, das sie mir eingeflößt haben, der Schmerz und die Erschöpfung überfluten mich, und ich sinke in eine dunkle Ohnmacht.

Als ich am Morgen aufwache, steht ein kleiner Fensterladen offen, und die Wintersonne scheint gelb durch die Butzenscheiben. Im Zimmer ist es warm, denn im Kamin glimmen noch Kohlen. Das Kind liegt in seiner Wiege, fest auf ein Brett gewickelt. Das Kindermädchen reicht es mir, doch ich kann seinen Körper gar nicht ertasten, so stramm ist es von Kopf bis Fuß in Windeln gewickelt. Man erklärt mir, der Kleine müsse an sein Brett gebunden werden, damit er Arme und Beine nicht bewegt und den Kopf ruhig hält, damit seine jungen Knochen gerade und gesund wachsen. Aber ich darf seine Füße und Hände und seinen kleinen Körper sehen, wenn sie ihn auspacken, um ihm die Windeln zu wechseln, das wird gegen Mittag sein. Bis dahin darf ich ihn halten, solange er schläft, wie eine steife kleine Puppe. Die Windel ist ums Kinn gewickelt, damit der Hals gerade bleibt, und oben auf dem Kopf mit einer kleinen Schleife zugebunden. Arme Frauen hängen ihre Säuglinge an solchen Schleifen an Deckenbalken auf, wenn sie kochen oder anderen Arbeiten nachgehen müssen, doch dieser Junge, der jüngste Spross des Hauses Lancaster, wird von einer ganzen Schar Kindermädchen gewiegt und herumgetragen werden.

Ich lege ihn auf das Bett neben mich und betrachte sein winziges Gesicht, die kleine Nase und die gebogene Linie seiner rosigen Lider, als lächelte er mit den Augen. Er kommt mir nicht wie etwas Lebendiges vor, sondern eher wie eine in Stein gemeißelte Statue, wie man sie in Kirchen findet, daneben seine tote, steinerne Mutter. Es ist ein Wunder, dass so ein Ding gemacht wurde, dass es gewachsen und in die Welt gekommen ist. Dass ich ihn gemacht habe, fast ganz allein (denn Edmunds betrunkene Bemühungen zählen für mich nicht). Dieses winzig kleine Ding, dieses Miniaturwesen, ist Knochen von meinem Knochen und Fleisch von meinem Fleisch, und ich habe es gemacht. Ich allein.

Nach einer kurzen Weile wacht er auf und fängt an zu weinen. Für so ein kleines Ding ist sein Geschrei unglaublich laut, und ich bin froh, dass die Kinderfrau herbeigelaufen kommt, ihn aus dem Zimmer nimmt und zur Amme bringt. Meine kleinen Brüste schmerzen, weil sie ihn stillen wollen, aber die Frauen haben mich genauso stramm gewickelt wie mein Kind. Wir sind beide festgezurrt, um unsere Pflicht zu tun: ein Kind, das gerade wachsen muss, und eine junge Mutter, die ihr Kind nicht stillen darf. Die Amme hat ihr eigenes Neugeborenes zu Hause gelassen, um in der Burg zu dienen. Sie wird besser essen als je im Leben und bekommt eine ordentliche Ration Ale. Sie braucht sich nicht einmal um meinen Jungen zu kümmern, sie muss nur Milch für ihn erzeugen, wie eine Milchkuh. Er wird nur zum Stillen zu ihr gebracht, die übrige Zeit kümmern sich die Kinderfrauen um ihn. Die Amme macht ein bisschen sauber, wäscht seine Windeln und Laken und hilft in seinem Zimmer aus. Sie nimmt ihn nur zum Stillen auf den Arm. Andere Frauen nehmen ihn hoch, wenn er weint. Neben seiner Wiege steht ein Schaukelstuhl, in dem er schlafen kann, und zwei Kindermädchen warten ihm auf. Sein Arzt kommt einmal die Woche, und die Hebammen bleiben bei uns, bis ich den Segen der Kirche erhalten habe und er getauft ist. Er hat ein größeres Gefolge als ich, und plötzlich begreife ich, dass das daran liegt, dass er wichtiger ist als ich. Ich bin Lady Margaret Tudor, eine geborene Beaufort aus dem Hause Lancaster, eine Cousine zweiten Grades des schlafenden Königs von England. Doch er ist sowohl ein Beaufort als auch ein Tudor.

In seinen Adern fließt das königliche Blut zweier Linien. Er ist Earl of Richmond aus dem Hause Lancaster, und er ist nach dem Sohn des Königs, Prinz Edward, der nächste Anwärter auf den Thron von England.

Meine Gouvernante betritt das Zimmer. »Euer Schwager Jasper bittet Euch, seiner Namenswahl für den Jungen zuzustimmen«, erklärt sie mir. »Er will dem König und Eurer Mutter schreiben, um ihnen mitzuteilen, dass er ihn Edmund Owen nennen wird, nach seinem Vater und Großvater der Tudor-Linie.«

»Nein«, erwidere ich. Ich werde meinen Sohn, der mich so viel Schmerz gekostet hat, weder nach dem Mann nennen, der mich nichts als Schmerz gekostet hat, noch nach dessen dummem Vater. »Nein, ich werde ihn nicht Edmund nennen.«

»Aber Ihr könnt ihn nicht Edward taufen«, wendet sie ein. »Der Sohn des Königs heißt Prinz Edward.«

»Ich werde ihn Henry nennen«, erwidere ich mit Nachdruck und denke an den schlafenden König. Vielleicht wacht er ja auf für einen Jungen des Hauses Lancaster, der Henry heißt, auch wenn er die Geburt des Prinzen namens Edward verschlafen hat. »Henry ist ein königlicher Name in England, einige unserer besten und tapfersten Könige hießen Henry. Dieser Junge wird Henry Tudor sein.« Stolz wiederhole ich den Namen: »Henry Tudor.« Und ich denke bei mir, wenn der schlafende König Henry VI. tot ist, wird dieser Junge Henry VII. sein.

»Er hat Edmund Owen gesagt«, wiederholt sie, als wäre ich nicht nur taub, sondern auch schwachsinnig.

»Und ich sage Henry«, erwidere ich. »Das ist sein Name. Es ist entschieden. Ich habe ihn schon in meinen Gebeten so genannt. Er ist bereits so gut wie auf Henry getauft.«

Sie hebt die Augenbrauen ob meiner Entschlossenheit. »Das wird ihnen nicht gefallen«, sagt sie und verlässt mein Gemach, um meinem Schwager Jasper mitzuteilen, dass das Mädchen stur ist und seinen Sohn nicht nach seinem toten Gemahl nennen will, sondern selbst einen Namen für ihn ausgewählt hat und sich nicht davon abbringen lässt.

Ich lege mich wieder in die Kissen und schließe die Augen. Mein Sohn wird Henry Tudor sein, da können sie sagen, was sie wollen.

FRÜHJAHR 1457

Nach der Geburt meines Sohnes muss ich mich noch sechs Wochen auf meine Gemächer beschränken, bevor ich in der Kapelle durch den priesterlichen Segen von der Sünde der Niederkunft gereinigt werden kann. Als ich in meine Zimmer zurückkehre, sind die Läden und die dunklen Vorhänge fort. Auf dem Tisch stehen Weinkrüge und Teller mit kleinen Kuchen. Jasper ist gekommen, um mir zur Geburt meines Kindes zu gratulieren. Die Kindermädchen erzählen mir, dass Jasper den Kleinen jeden Tag aufsucht, wie ein vernarrter Vater. Er sitzt an der Wiege, wenn das Kind schläft, streichelt sanft über seine Wange oder legt die großen Hände um den kleinen, fest umwickelten Kopf. Wenn der Junge wach ist, sieht Jasper zu, wie er gestillt wird, oder er steht hinter ihnen, wenn sie ihn aus den Windeln erlösen, und bewundert seine geraden Beine und starken Arme. Sie erzählen mir, dass Jasper sie oft bittet, ihn für einen Augenblick ungewickelt zu lassen, damit er die kleinen Fäuste und die pummeligen Füßchen betrachten kann. Sie finden es weibisch, dass er sich über die Wiege beugt, und ich pflichte ihnen bei, aber alle Tudors tun einzig und allein, was sie wollen.

Er schenkt mir ein vorsichtiges Lächeln, und ich erwidere es. »Geht es dir gut, Schwester?«, fragt er.

»Ja«, antworte ich.

»Man hat mir berichtet, dass es eine schwere Geburt war.«

»Ja, das war es.«

Er nickt. »Ich habe einen Brief von deiner Mutter für dich, sie hat auch an mich geschrieben.«

Er reicht mir ein Blatt Papier, zu einem Quadrat gefaltet und mit dem Beaufort-Familienwappen meiner Mutter mit dem Fallgatter versiegelt. Behutsam erbreche ich das Siegel und lese ihren Brief. Sie hat auf Französisch geschrieben, und sie befiehlt mir, mich mit ihr in Greenfield House in Newport, Gwent, zu treffen. Das ist alles. Kein Wort der Zuneigung, keine Frage nach meinem Sohn, ihrem Enkel. Ich erinnere mich, dass sie ihnen gesagt hat, wenn sie zwischen dem Leben des Jungen und meinem wählen müssten, dann sollten sie mich sterben lassen. Ich gehe über ihre Kälte hinweg und wende mich an Jasper. »Hat sie dir geschrieben, warum ich nach Newport kommen soll? Sie macht sich nicht die Mühe, sich mir gegenüber zu erklären.«

»Ja«, antwortet er. »Ich soll dich mit einer bewaffneten Eskorte begleiten, dein Kind soll hierbleiben. Du sollst dich mit Humphrey, Duke of Buckingham, treffen. In seinem Haus.«

»Warum?«, verlange ich zu wissen. Ich erinnere mich vage an den Herzog, das Oberhaupt einer der großen, wohlhabenden Familien des Königreichs. Wir sind entfernt miteinander verwandt. »Soll er mein neuer Vormund werden? Kannst du jetzt nicht mein Vormund sein, Jasper?«

Er wendet den Blick ab. »Nein. Darum geht es nicht.« Er möchte mir ein Lächeln schenken, doch in seinen Augen steht Mitleid. »Du wirst wieder verheiratet, meine Schwester. Sobald das Trauerjahr abgelaufen ist, heiratest du den Sohn des Duke of Buckingham. Doch der Ehevertrag und die Verlobung werden jetzt geschlossen. Du wirst den Sohn des Herzogs heiraten: Sir Henry Stafford.«

Ich sehe ihn an, und ich weiß, dass sich in meiner Miene das reine Entsetzen spiegelt. »Ich muss wieder heiraten?«, platze ich heraus. Ich kann nur an die Qualen der Geburt denken und dass es mich beim nächsten Mal wahrscheinlich umbringt. »Jasper, kann ich mich nicht weigern? Kann ich nicht hier bei dir bleiben?«

Er schüttelt den Kopf. »Ich fürchte nicht.«

MÄRZ 1457

Ein Paket, mehr bin ich nicht – von einem Ort zum anderen gebracht, von einem Besitzer zum nächsten gereicht, nach Belieben geschnürt und wieder ausgepackt. Ein Gefäß, in das sie ihren Samen pflanzen, damit ich ihnen Söhne gebäre, diesem oder jenem hohen Adligen: für welchen, spielt kaum eine Rolle. Niemand sieht mich als das, was ich bin: eine junge Frau aus vornehmer Familie mit königlichen Verbindungen, eine junge Frau von außergewöhnlicher Frömmigkeit, die – bei Gott – ein wenig Anerkennung verdient. Aber nein, nachdem ich in einer Sänfte nach Lamphey Castle expediert wurde, reite ich jetzt auf einem fetten kurzbeinigen Pferd nach Newport. Ich muss hinter einem Diener sitzen, wo ich gar nichts von der Straße sehen und nur durch die Reihen der Bewaffneten hindurch hier und da einen Blick auf schlammige Felder und fahles Weideland erhaschen kann. Sie sind mit Lanzen und Knütteln bewaffnet und tragen das Emblem mit dem Tudor-Wappen am Kragen. Jasper reitet auf seinem Schlachtross voran; er hat sie gewarnt, auf einen Hinterhalt von Herberts Männern oder einen Überfall durch eine herumstreunende Diebesbande gefasst zu sein. Je näher wir dem Meer kommen, desto größer ist die Gefahr plündernder Piratenhorden. Die Bewaffneten sollen mich beschützen. So ist das Land, in dem ich lebe. Ein guter König, ein starker König, sollte so etwas verhindern.

Wir reiten unter dem Fallgatter von Greenfield House durch, und das Tor fällt hinter uns dröhnend zu. Im Hof sitzen wir ab, und meine Mutter kommt zur Begrüßung heraus. Ich habe sie fast zwei Jahre nicht gesehen, seit meinem Hochzeitstag, an dem sie mir sagte, ich hätte nichts zu befürchten. Als sie jetzt zu mir tritt und ich niederknie, um ihren Segen zu empfangen, wird mir bewusst: Sie wird mir ansehen, dass ich weiß, dass sie mich an diesem Tag angelogen hat, denn ich habe Todesängste ausgestanden und musste auch noch erfahren, dass sie bereit war, mich für einen Enkel zu opfern. Sie hatte nichts zu befürchten – in dem Punkt hatte sie recht. Doch ich umso mehr.

»Margaret«, sagt sie leise. Sie legt mir die Hand auf den Kopf, um mich zu segnen. Sie bedeutet mir mit einer Geste, mich zu erheben, und küsst mich auf beide Wangen. »Du bist groß geworden! Und gut siehst du aus!«

Ich sehne mich danach, dass sie mich in die Arme nimmt und mir sagt, dass sie mich vermisst hat, doch das ist, als würde ich mir eine andere Mutter wünschen, und dann wäre ich ein anderes Mädchen. Sie betrachtet mich vielmehr mit kühler Anerkennung und wendet sich zur Haustür, als der Herzog herauskommt. »Dies ist meine Tochter«, sagt sie. »Lady Margaret Tudor. Margaret, dies ist dein Verwandter, der Duke of Buckingham.«

Ich sinke in einen tiefen Knicks. Dieser Herzog ist sehr eigen, was seine Stellung angeht. Es heißt, er habe vor dem Parlament verhandeln lassen, wer hinter ihm zu gehen hat. Er erhebt mich und küsst mich auf beide Wangen. »Sei willkommen«, sagt er. »Du bist sicher durchgefroren und müde von der Reise. Komm herein.«

Das Haus ist in einem Luxus möbliert, der mir fremd und ungewohnt ist nach den Jahren im Exil in Lamphey und Pembroke. Dicke warme Gobelins hängen vor den Steinmauern, und die Holzbalken an der Decke sind vergoldet und mit bunten Bemalungen verziert. Überall prangt das goldene Wappen des Herzogs. Die Binsenmatten auf dem Boden sind frisch und süß, sodass alle Räume leicht nach Kräutern und Lavendel duften. In sämtlichen Steinkaminen brennen Feuer, und ein Junge geht mit einem Korb herum und legt Brennholz nach. Selbst er trägt die Livree des Herzogs; es heißt, dieser unterhalte eine kleine hochgerüstete Armee, die auf seinen Befehl hin sofort marschbereit ist. Der Junge hat sogar Stiefel an. Wenn ich an die barfüßige Nachlässigkeit im Heim meines Gemahls denke, ist mir bei dieser Verlobung etwas wohler, wenn sie mich in ein Haus führen wird, das sauber gehalten wird und in dem die Dienerschaft anständig gekleidet ist.

Der Herzog bietet mir ein Glas Dünnbier an, heiß, stark gewürzt und süß, um die Kälte der Reise aus meinen Knochen zu vertreiben. Während ich es trinke, kommt Jasper mit einem älteren Mann mit grauen Schläfen und faltigem Gesicht herein, der mindestens vierzig sein muss. Ich schaue zu Jasper hinüber, damit er mir diesen Fremden vorstellt, und als ich sein ernstes Gesicht sehe, geht mir ein Licht auf. Mit einem erschrockenen Keuchen begreife ich, dass dieser alte Mann Henry Stafford ist. Vor mir steht mein neuer Gemahl. Er ist kein Junge meines Alters wie John de la Pole, mein erster Verlobter. Er ist kein junger Mann wie Edmund – und Gott weiß, dass der zu alt und hart für mich war. Nein, diesmal haben sie einen Mann ausgewählt, der alt genug ist, mein Vater zu sein, alt genug, mein Großvater zu sein, sogar mein Ahnherr. Er ist vierzig Jahre alt, fünfzig, wahrscheinlich sechzig. Ich merke, dass ich ihn anstarre und beinahe zu knicksen vergesse, bis meine Mutter mich scharf mit »Margaret!« anfährt, ich murmelnd um »Verzeihung« bitte und in einen demütigen Knicks sinke. Ich sinke vor einem Mann nieder, der mich ebenfalls zwingen wird, bei ihm zu leben, wo immer es ihm beliebt, und der mit mir einen weiteren Lancaster-Erben zeugen wird, ob es mir nun gefällt oder nicht.

Jasper hält den Blick finster auf seine Stiefel gerichtet, doch er hebt den Kopf, um meine Mutter mit seiner gewohnten Höflichkeit zu begrüßen und sich vor dem Herzog zu verneigen.

»Ich sehe, du hast meine Tochter sicher durch diese äußerst unruhigen Zeiten gebracht«, sagt meine Mutter zu ihm.

»Ich werde ganz Wales sichern, wenn es mir möglich ist«, erwidert er. »Es scheint zumindest, als würden wir an Boden gewinnen. Ich habe die Burgen zurückerobert, die die yorkistischen Truppen eingenommen hatten, und William Herbert ist auf der Flucht und bleibt in Deckung. Wenn er in Wales ist, finde ich ihn. Wir Tudors werden hier sehr geliebt, irgendjemand wird ihn mir ausliefern.«

»Und dann?«, fragt ihn der Duke of Buckingham. »Was dann?«

Jasper zuckt die Achseln. Er weiß, dass der Duke of Buckingham nicht nach dem Schicksal von William Herbert fragt, nicht einmal nach dem Schicksal von Wales. Er stellt die Frage, die sich jeder Engländer in diesen Tagen stellt: Was dann? Wie können wir weiterleben mit einem Hof, der so unbeliebt ist, dass er es nicht einmal wagt, in London zu residieren? Wie können wir weiterleben mit einem König, der ohne jede Vorwarnung in Träume gleitet, und mit einer Königin, die allgemein verhasst ist? Wie können wir zuversichtlich in die Zukunft sehen, wo ihr Erbe erst ein kleiner schwacher Junge ist? Wie können wir sicher sein, wenn das Königreich in die Hände unserer Feinde gerät: in die Hände des Hauses York?

»Ich habe versucht, vernünftig mit Richard of York und seinem Ratgeber, dem Earl of Warwick, zu reden«, sagt Jasper. »Und habe sie mit aller Macht davon zu überzeugen versucht, mit der Königin zusammenzuarbeiten. Ich habe mit Engelszungen auf die Königin eingeredet. Aber sie hat Angst vor ihnen und fürchtet, sie könnten sie und ihren Sohn angreifen, sobald der König das nächste Mal kränkelt. Das Haus York seinerseits befürchtet, dass sie es zerstören wird, sowie es dem König so gut geht, dass sie ihm ihre Bitte vortragen kann. Ich sehe keine Lösung.«

»Könnte man sie aus dem Land schicken?«, schlägt Buckingham vor. »Einen von ihnen nach Calais? Oder York nach Dublin?«

Jasper zuckt die Achseln. »Ich würde nachts nicht ruhig schlafen, wenn ich sie mit ihren Armeen vor unseren Küsten liegen wüsste«, erwidert er. »Von Calais aus befehligen sie den Ärmelkanal und die Irische See, an der ganzen Südküste wäre kein Hafen sicher. Von Dublin aus könnte Richard of York eine Armee aufstellen und gegen uns ziehen. Die Iren verehren York schon jetzt wie ihren König.«

»Vielleicht wird der König ja nicht mehr krank«, äußert meine Mutter voller Hoffnung.

Das missliche Schweigen, das dieser Bemerkung folgt, verrät mir, wie schwer krank Seine Gnaden ist. »Vielleicht«, schließt der Herzog.

Sie vergeuden keine Zeit. Weder darf Henry Stafford um mich werben, noch können wir einander richtig kennenlernen. Warum auch? Dies ist eine Angelegenheit für die Anwälte und die Haushofmeister, die das Vermögen verwalten. Es würde keine Rolle spielen, wenn Henry Stafford und ich uns auf Anhieb hassten. Genauso wenig wie die Tatsache, dass ich nicht heiraten will, dass ich Angst vor der Hochzeit habe, Angst vor dem Vollzug der Ehe und Angst vor der Niederkunft – Angst vor allem, was es bedeutet, Gemahlin zu sein. Niemand hat mich je gefragt, was aus meiner Berufung geworden ist, an der ich seit Kindertagen festgehalten habe, oder ob ich immer noch Nonne werden will. Niemand schert sich im Geringsten darum, was ich denke. Sie behandeln mich wie eine gewöhnliche junge Frau, die zum Heiraten und Kinderkriegen geboren wurde, und da sie mich nicht fragen, was ich denke, noch bemerken, was ich empfinde, sehen sie keinen Grund, auch nur einen Augenblick innezuhalten.

Sie setzen die Verträge auf, und wir unterzeichnen sie. Wir gehen in die Kapelle und schwören vor Zeugen und einem Priester, einander im Januar zu heiraten, sodass ich ein Jahr Zeit habe, um meine erste Ehe zu trauern, die mir so wenig Freude gebracht hat und so schnell zu Ende ging. Dann bin ich vierzehn und er zwar noch nicht ganz vierzig, aber im Vergleich zu mir dennoch ein alter Mann von dreiunddreißig Lenzen.

Nach der Verlobung gehen wir zurück ins Haus, und meine Mutter und ich setzen uns ins private Wohngemach, wo ein Feuer brennt und wir im Kreis der Ladys den Musikern lauschen. Ich ziehe meinen Schemel ein wenig näher zu meiner Mutter, damit wir uns endlich einmal unter vier Augen unterhalten können.

»Erinnerst du dich noch, was du gesagt hast, bevor ich mit Edmund Tudor verheiratet wurde?«, frage ich sie.

Sie schüttelt den Kopf und wendet den Blick ab, als würde sie dieses Gespräch am liebsten vermeiden. Ich bin mir sicher, dass sie meine Vorwürfe nicht hören möchte, sie habe damals gesagt, ich hätte nichts zu befürchten. Dabei hat sie doch meine Gouvernante angewiesen, mich sterben zu lassen. »Nein, ich erinnere mich nicht«, sagt sie rasch. »Es scheint schon Jahre her zu sein.«

»Du hast gesagt, mir stehe der feige Weg nicht offen, der Ausweg meines Vaters.«

Sie zuckt sogar zurück, wenn ich nur auf ihn anspiele, auf meinen Vater, der schon vor langer Zeit in aller Stille beerdigt wurde. »Tatsächlich?«

»Ja.«

»Ich weiß wirklich nicht, was ich mir dabei gedacht habe.«

»Also, was hat er getan?«

Sie wendet sich mit einem falschen Lachen ab. »Hast du all die Zeit darauf gewartet, mich bitten zu können, diese dumme Sache aufzuklären, auf die ich damals am Kirchenportal zu sprechen kam?«

»Ja.«

»Oh, Margaret, du bist so ...« Sie unterbricht sich, und ich frage mich, wie ich bin, dass sie den Kopf schütteln und die Stirn runzeln muss. »Du bist so ernst.«

»Ja.« Ich nicke. »Das stimmt. Ich bin sehr ernst, Frau Mutter. Ich hätte gedacht, das wüsstest du inzwischen. Ich war immer schon so ernst und wissbegierig. Du hast etwas über meinen Vater gesagt, und ich habe das Recht, es zu verstehen. Das nehme ich ernst.«

Sie steht auf, tritt ans Fenster und sieht hinaus, als bewunderte sie die Nacht. Sie zuckt die Schultern über diese schwierige Tochter, ihr einziges Beaufort-Kind. Ihre Hofdame schaut zu ihr auf, ob sie etwas braucht, und ich fange ihre Blicke ab, mit denen sie sich darüber verständigen, was für ein schwieriges Mädchen ich bin. Meine Wangen glühen vor Verlegenheit.

»Ach«, seufzt meine Mutter. »Das ist alles so lange her. Wie alt bist du jetzt? Dreizehn? Um Himmels willen, das ist vor zwölf Jahren geschehen.«

»Dann kannst du es mir auch erzählen. Ich bin alt genug. Und wenn du es mir nicht sagst, wird jemand anders es mir verraten. Du willst doch nicht, dass ich die Dienstboten danach frage?«

Die Röte, die plötzlich ihr Gesicht überzieht, verrät mir, dass das gar nicht in ihrem Sinne ist. Vielmehr scheint sie die Dienstboten gewarnt zu haben, mir gegenüber niemals ein Wort über diese Angelegenheit zu verlieren. Vor zwölf Jahren ist etwas geschehen, was sie am liebsten vergessen würde. Und sie möchte auch nicht, dass ich es erfahre. Irgendetwas Unehrenhaftes ist damals geschehen.

»Wie ist er gestorben?«, frage ich.

»Durch seine eigene Hand«, sagt sie schnell und leise. »Wenn du es unbedingt wissen musst. Wenn du darauf bestehst, von seiner Schande zu erfahren. Er hat dich und mich verlassen. Er fand den Tod durch seine eigene Hand. Ich habe ein Kind unter dem Herzen getragen, das ich vor Kummer und Schrecken verloren habe. Es war womöglich ein Sohn für das Haus Lancaster, doch daran hat er gar nicht gedacht. Es war wenige Tage vor deinem ersten Geburtstag, und ihm lag so wenig an uns, dass er nicht einmal abwarten konnte, bis du dein erstes Lebensjahr vollendet hattest. Deswegen habe ich dir eingebläut, deine Zukunft liege in deinem Sohn. Ein Gemahl kann aus eigenem Antrieb kommen und gehen, wie es ihm beliebt. Er kann in den Krieg ziehen, krank werden oder sich das Leben nehmen, aber wenn du dir deinen Sohn zu eigen machst, ihn ganz zu deinem Geschöpf machst, dann bist du in Sicherheit. Dann passt er auf dich auf. Wenn du ein Junge geworden wärst, hätte ich dir mein Leben gewidmet. Du wärst meine Bestimmung gewesen.«

»Aber da ich ein Mädchen war, hast du mich nicht geliebt, und er hat nicht einmal meinen ersten Geburtstag abgewartet?«

Sie sieht mich offen an und wiederholt ihre grausamen Worte. »Natürlich nicht, du warst doch nur ein Mädchen und konntest nur die Brücke zur nächsten Generation sein. Konntest nur Mittel sein zum Zweck, unserer Familie einen Sohn zu gebären.«

Für einen Augenblick herrscht Schweigen, während ich in mich aufnehme, wie unbedeutend ich für meine Mutter bin. »Verstehe. Ich habe das Glück, von Gott geachtet zu werden, auch wenn du mir keine Wertschätzung entgegenbringst. So wenig wie mein Vater.«

Sie nickt, als spielte das keine große Rolle. Sie versteht mich nicht und wird mich auch nie verstehen. Niemals wird sie der Meinung sein, es sei der Mühe wert, mich verstehen zu wollen. Für sie bin ich, wie sie mir soeben offen erklärt hat, nur eine Brücke.

»Und warum hat mein Vater sich umgebracht?«, kehre ich zu ihrer ersten Enthüllung zurück. »Warum hat er so etwas getan? Seine Seele muss in der Hölle schmoren. Sie müssen unendlich viele Lügen erzählt haben, damit er auf heiligem Boden beerdigt werden konnte.« Ich verbessere mich: »*Du* musst unendlich viele Lügen erzählt haben.«

Meine Mutter lässt sich auf die Bank am warmen Feuer sinken. »Ich habe getan, was ich konnte, um unseren guten

Namen zu schützen«, sagt sie leise. »Jeder, der einen großen Namen trägt, hätte das getan. Dein Vater kam mit Geschichten über einen Sieg aus Frankreich zurück, doch die Leute fingen an zu flüstern. Sie sagten, er hätte nichts von Wert getan, ja, er hätte sogar Truppen und Geld veruntreut, die sein Befehlshaber Richard of York – der große Held – dringend benötigt hätte, um Frankreich für England zu halten. Richard of York rückte vor, doch dein Vater hat seinen Vorstoß zunichtegemacht. Dein Vater hat eine Stadt belagert, doch es war die falsche Stadt, denn sie war im Besitz des Herzogs der Bretagne, und er musste sie ihm schließlich zurückgeben. Durch seine Dummheit hing das Bündnis mit der Bretagne am seidenen Faden. Das wäre unser Land teuer zu stehen gekommen, doch darüber hat er sich keine Gedanken gemacht. In den besiegten Gegenden Frankreichs hat er Steuern erhoben, doch das war ungesetzlich, und was noch schlimmer war, er hat die Einnahmen für sich behalten. Er hat behauptet, er hätte einen großartigen Feldzug geplant, doch er hat seine Männer im Kreis geführt und sie nach Hause gebracht, ohne dass sie einen Sieg errungen oder irgendwo Beute gemacht hätten, sodass sie ihm abschworen und sagten, er wäre ihnen kein guter Herr. Unser König hat ihn von Herzen geliebt, aber nicht einmal er konnte so tun, als hätte dein Vater seine Sache gut gemacht.

In London sollte sein Betragen eingehend geprüft werden; dieser Schande konnte er nur durch den Tod entgehen. Womöglich hätte der Papst ihn sogar exkommuniziert. Sie hätten deinen Vater abgeholt und ihn des Verrats bezichtigt, das hätte er auf dem Schafott mit seinem Leben bezahlt. Du hättest dein Vermögen verloren, und wir wären mit ihm untergegangen. Das hat er uns erspart – aber nur dadurch, dass er die Flucht in den Tod angetreten hat.«

»Exkommuniziert?« Das entsetzt mich mehr als alles andere.

»Die Leute haben Balladen über ihn geschrieben«, fügt sie bitter hinzu. »Sie haben seine Dummheit verspottet und sich an unserer Schande geweidet. Eine solche Schmach kannst du dir nicht vorstellen. Davor, vor seiner Schande, habe ich dich beschützt – und was ernte ich dafür? Nichts als Undank. Du bist so naiv, du kannst vielleicht nicht wissen, dass er verschrien war, dass er als Musterbeispiel seiner Zeit für die Tücken des Schicksals gehandelt wird, ja, dafür, wie grausam das Rad des Schicksals sich dreht. Als er geboren wurde, hätte er keine besseren Aussichten haben können, doch er wurde vom Pech verfolgt. Es war ihm stets dicht auf den Fersen. Als er als Junge in Frankreich in seine allererste Schlacht zog, wurde er gefangen genommen und siebzehn Jahre in Gefangenschaft gehalten. Er dachte, es läge niemandem genug an ihm, um ihn freizukaufen. Vielleicht ist das die Lektion, die ich dir hätte beibringen sollen – ungeachtet deiner religiösen Studien, ungeachtet deines ewigen Bettelns nach Büchern, nach einem Lehrer, nach Lateinunterricht. Ich hätte dir beibringen sollen, niemals Pech zu haben, dich niemals so vom Pech verfolgen zu lassen wie dein Vater.«

»Und alle wissen es?«, frage ich, entsetzt ob der Schande, die über mich gekommen ist, ohne dass ich es gewusst hätte. »Jasper zum Beispiel? Weiß Jasper, dass ich die Tochter eines Feiglings bin?«

Meine Mutter zuckt die Achseln. »Alle wissen es. Wir haben verlautbaren lassen, er wäre erschöpft gewesen von den Feldzügen und sei im Dienst des Königs gestorben. Doch die Leute tratschen immer über die, die über ihnen stehen.«

»Wird unsere ganze Familie vom Pech verfolgt?«, frage ich sie. »Glaubst du, ich habe sein Pech geerbt?«

Sie will mir nicht antworten. Sie steht auf und streicht den Rock ihres Kleides glatt, als müsste sie Rußflocken vom Feuer abstreifen oder Unglück abschütteln.

»Sind wir vom Pech verfolgt?«, frage ich. »Frau Mutter?«

»Also, ich nicht«, sagt sie abwehrend. »Ich bin eine geborene Beauchamp, nach dem Tod deines Vaters habe ich wieder geheiratet und einen neuen Ehenamen angenommen. Ich bin jetzt eine Welles. Aber du könntest vom Pech verfolgt sein. Die Beauforts vielleicht. Aber vielleicht gelingt es dir auch, das Schicksal zu wenden«, sagt sie gleichgültig. »Jetzt, da du einen Lancaster-Erben hast.«

Das Abendessen wird sehr spät serviert; der Duke of Buckingham hält sich an das Hofprotokoll und stört sich nicht an den Kosten für Kerzen. Wenigstens ist das Fleisch besser zubereitet, und es gibt mehr Beilagen, Gebäck und Bonbons als in Pembroke Castle. Jaspers Manieren an dieser elegant gedeckten Tafel sind eindeutig höfisch, und erst jetzt wird mir deutlich, dass er in seiner Feste unmittelbar an der Grenze des Königreichs das Leben eines Soldaten führt, doch in einem vornehmen Haus ein Höfling ist. Als er bemerkt, dass ich ihn beobachte, zwinkert er mir zu, als teilten wir beide das Geheimnis, wie unser Leben aussieht, wenn wir nicht unser bestes Benehmen an den Tag legen müssen.

Wir nehmen ein gutes Abendessen zu uns, und darauf werden wir von Hofnarren, einem Jongleur und einer jungen Sängerin unterhalten. Dann schickt meine Mutter mich mit einem Nicken ins Bett, als wäre ich noch ein Kind, und vor der vornehmen Gesellschaft bleibt mir nichts anderes übrig, als vor ihr niederzuknien, damit sie mich segnet, und mich zurückzuziehen. Beim Hinausgehen werfe ich meinem zukünftigen Gemahl einen Blick zu. Er betrachtet die Sängerin mit zusammengekniffenen Augen, um seine Lippen spielt ein leichtes Lächeln. Nach diesem Blick macht es mir nichts aus zu gehen. Ich habe Männer so satt, alle Männer, mehr, als ich es mir einzugestehen wage.

Am nächsten Tag werden die Pferde in den Stallhof geführt. Man schickt mich zurück nach Pembroke Castle, bis mein Trauerjahr vorüber ist und man mich mit dem lächelnden Fremden verheiraten kann. Meine Mutter kommt, um mir Lebewohl zu sagen, und sieht zu, wie der Diener mich hinter Jaspers Oberstallmeister in den Damensattel hebt. Jasper ist schon mit seiner Leibgarde vorausgeritten. Die Nachhut wartet auf mich.

»Wenn du Sir Henry heiratest, wirst du deinen Sohn in der Obhut von Jasper Tudor lassen«, bemerkt meine Mutter, als wäre ihr dies erst in der Minute meiner Abreise in den Sinn gekommen.

»Nein, er kommt mit mir. Ich nehme ihn auf jeden Fall mit«, platze ich heraus. »Er muss mit mir kommen. Er ist mein Sohn. Wo sonst sollte er sein, wenn nicht bei mir?«

»Das ist nicht möglich«, sagt sie entschieden. »Es ist alles verabredet. Er bleibt bei Jasper. Jasper wird sich um ihn kümmern und für seine Sicherheit sorgen.«

»Aber er ist mein Sohn!«

Meine Mutter lächelt. »Du bist doch selbst kaum mehr als ein Kind. Du kannst dich nicht um den Erben unseres Hauses kümmern und für seine Sicherheit sorgen. Dies sind gefährliche Zeiten, Margaret. Das solltest du inzwischen begriffen haben. Er ist ein kostbarer Junge. Solange die Yorks an der Macht sind, ist es sicherer, wenn er sich in einiger Entfernung von London aufhält. In Pembroke ist er sicherer als anderswo im Land. Wales liebt die Tudors. Jasper wird ihn beschützen, als wäre er sein eigener Sohn.«

»Aber er ist *mein* Sohn! Nicht Jaspers!«

Meine Mutter tritt näher und legt mir eine Hand aufs Knie. »Dir gehört gar nichts, Margaret. Du selbst bist Besitz deines Gemahls. Auch diesmal habe ich einen guten Gemahl für dich ausgewählt, einen, der der Krone nahesteht, einen Verwandten der Nevilles, Sohn des größten Herzogs in England. Sei dankbar, Kind. Man wird sich gut um deinen Sohn kümmern. Du bekommst noch mehr Söhne, dieses Mal für das Geschlecht der Staffords.«

»Beim letzten Mal wäre ich fast gestorben«, platze ich heraus, ohne auf den Mann zu achten, der mit hochgezogenen Schultern vor mir auf dem Pferd sitzt und angestrengt vorgibt, nicht zuzuhören.

»Ich weiß«, sagt meine Mutter. »Das ist der Preis dafür, eine Frau zu sein. Dein Gemahl hat seine Pflicht getan und ist dabei umgekommen. Du hast deine Pflicht getan und hast überlebt. Diesmal hattest du Glück, er nicht. Wollen wir hoffen, dass das Glück dir hold bleibt.«

»Und was, wenn ich das nächste Mal kein solches Glück habe? Was, wenn ich das Pech der Beauforts geerbt habe und die Hebammen das nächste Mal tun, was du befohlen hast, und mich sterben lassen? Was, wenn sie tun, wie du ihnen befohlen hast, und einen Enkelsohn aus dem leblosen Körper deiner Tochter ziehen?«

Sie blinzelt nicht einmal. »Das Kind sollte immer vor der Mutter gerettet werden. So rät es, wie du sehr wohl weißt, die heilige Kirche. Ich habe die Frauen bloß an ihre Pflicht gemahnt. Du musst nicht alles persönlich nehmen, Margaret. Du deutest alles zu deiner persönlichen Tragödie um.«

»Ich glaube, es ist sehr wohl meine Tragödie, wenn du meine Hebammen anweist, mich sterben zu lassen!«

Sie zuckt kaum merklich die Achseln und tritt zurück. »Das ist das Schicksal, dem eine Frau sich stellen muss. Männer sterben in der Schlacht, Frauen im Kindbett. Die Schlacht ist gefährlicher. Die Chancen stehen zu deinen Gunsten.«

»Aber was ist, wenn die Chancen gegen mich stehen, wenn ich Pech habe? Was, wenn ich sterbe?«

»Dann hast du immerhin die Befriedigung zu wissen, dass du dem Hause Lancaster einen Sohn geboren hast.«

»Mutter«, bringe ich unter Tränen, mit zitternder Stimme, hervor, »ich schwöre bei Gott, dass ich glaube, dass das Leben mir mehr zu bieten hat, als einem Mann nach dem anderen angetraut zu werden und zu hoffen, nicht bei der Niederkunft zu sterben!«

Sie schüttelt den Kopf und lächelt, als würde ich mich aufregen wie ein kleines Mädchen, das nach seinen Spielsachen kreischt. »Nein, in aller Offenheit, Liebes, mehr hält das Leben nicht für dich bereit«, schließt sie. »Also erfülle deine Pflicht gehorsamen Herzens. Wir sehen uns im Januar auf deiner Hochzeit.«

In mürrischem Schweigen reite ich zurück nach Pembroke Castle. Die Zeichen des herannahenden Frühlings am Wegesrand bereiten mir nicht die geringste Freude. Ich wende den Kopf ab von den wilden Narzissen, die die Wiesen gelbgolden leuchten lassen, und ich bin taub für den beharrlichen fröhlichen Gesang der Vögel. Der Kiebitz, der forsch über einem gepflügten Feld aufsteigt und sein schrilles Pfeifen ausstößt, bedeutet mir nichts, denn nichts bedeutet mir etwas. Die Schnepfe, die im Sinkflug Laute wie einen Trommelwirbel ausstößt, ruft nicht nach mir. Mein Leben wird nicht Gott geweiht sein, es wird überhaupt nicht besonders sein. Ich werde mit Margaret Stafford unterzeichnen – ich bin nicht einmal Herzogin.

Ich werde unauffällig wie eine Heckenbraunelle auf einem Zweig leben, bis der Sperber mich tötet, und mein Tod wird unbemerkt bleiben und von niemandem betrauert werden. Meine Mutter selbst hat mir gesagt, dass es in meinem Leben nichts gibt, was es wert ist, getan zu werden, und ich bestenfalls hoffen kann, einem frühen Tod im Kindbett zu entrinnen.

Sobald Jasper der hohen Türme von Pembroke ansichtig wird, gibt er seinem Pferd die Sporen und begrüßt mich am Burgtor mit meinem Sohn in den Armen, strahlend vor Freude. »Er kann lächeln!«, ruft er, noch bevor die Pferde stehen. »Er lächelt. Ich habe es gesehen. Ich habe mich über seine Wiege gebeugt, um ihn hochzunehmen, und er hat mich angesehen und gelächelt. Ich bin mir ganz sicher. Ich hätte nicht gedacht, dass er so früh lächeln würde. Aber es war ganz bestimmt ein Lächeln. Vielleicht schenkt er dir auch eines.«

Wir warten gespannt und sehen in die dunkelblauen Augen des kleinen Jungen. Er ist immer noch so fest gewickelt, als warte der Sarg auf ihn, nur seine Augen bewegen sich, er kann nicht einmal den Kopf wenden. Er ist zur Reglosigkeit verdammt.

»Vielleicht lächelt er später«, tröstet Jasper mich. »Da! Hat er jetzt? Nein.«

»Es spielt keine Rolle, denn in einem Jahr, wenn ich Sir Henry Stafford heirate, muss ich ihn sowieso verlassen, um Söhne für das Haus Stafford zur Welt zu bringen, auch wenn ich womöglich dabei sterbe. Vielleicht hat er nichts zu lächeln, vielleicht weiß er, dass er bald Waise sein wird.«

Jasper wendet sich dem Haupteingang der Burg zu und geht neben mir her, während der Kleine in seinen Armen ruht. »Sie werden dir erlauben, ihn zu besuchen«, versucht er mich aufzumuntern.

»Aber du wirst ihn behalten. Ich nehme an, das war dir bekannt. Das habt ihr alle zusammen wohl so geplant, du und meine Mutter und mein Schwiegervater und der alte Mann, der künftig mein Gemahl sein wird.«

Er blickt auf mein tränenfeuchtes Gesicht herab. »Er ist ein Tudor«, sagt er vorsichtig. »Der Sohn meines Bruders. Der einzige Erbe unseres Namens. Wen auch immer du wählen würdest, niemand würde besser auf ihn achtgeben als ich.«

»Du bist nicht einmal sein Vater«, sage ich gereizt. »Warum sollte er bei dir bleiben und nicht bei mir?«

»Verehrte Schwägerin, du bist selbst kaum mehr als ein Kind, und dies sind gefährliche Zeiten.«

Zornig stampfe ich mit dem Fuß auf. »Ich bin immerhin alt genug, um ein zweites Mal verheiratet zu werden. Ich bin alt genug, um ohne jede Zärtlichkeit oder Rücksicht beschlafen zu werden. Ich bin alt genug, um dem Tod im Kindbett ins Auge zu sehen und mit anhören zu müssen, dass meine Mutter – meine eigene Mutter – befohlen hat, das Kind zu retten und nicht mich! Ich denke doch, dass ich jetzt eine Frau bin. Ich habe ein Kind zur Welt gebracht, ich war verheiratet und bin verwitwet und wieder verlobt. Ihr behandelt mich wie das Paket eines Tuchhändlers und schickt mich hin und her wie einen Ballen Stoff, aus dem sich jeder ganz nach Belieben sein Muster ausschneiden kann. Meine Mutter hat mir erzählt, dass mein Vater durch seine eigene Hand den

Tod gefunden hat und dass wir eine vom Pech verfolgte Familie sind. Ich glaube, ich bin jetzt eine Frau! Wenn es euch passt, behandelt ihr mich wie eine erwachsene Frau, aber dann könnt ihr mich nicht wieder zum Kind machen!«

Er nickt, als hörte er mir zu und bedächte, was ich zu sagen habe. »Du hast allen Grund zur Klage«, erwidert er ruhig. »Aber das ist der Lauf der Welt, Lady Margaret; wir können für dich keine Ausnahme machen.«

»Das solltet ihr aber!«, fahre ich auf. »Sage ich das nicht schon seit meiner frühen Kindheit? Ihr solltet für mich eine Ausnahme machen. Unsere Liebe Frau spricht zu mir, die heilige Johanna erscheint mir, ich bin von Gott gesandt, um euch ein Licht zu sein. Ich kann nicht schon wieder mit einem gewöhnlichen Mann verheiratet und Gott weiß wohin geschickt werden. Man sollte mir ein eigenes Nonnenkloster geben, wo ich Äbtissin sein kann! Du solltest dies für mich tun, Bruder Jasper. Befehligst du nicht Wales? Du solltest mir ein Nonnenkloster schenken, ich möchte einen Orden gründen!«

Er drückt den Säugling an sich und wendet sich von mir ab. Ich denke, er ist zu Tränen gerührt von meinem rechtschaffenen Zorn, doch dann sehe ich, dass sein Gesicht gerötet ist und seine Schultern vor Lachen beben. »O mein Gott«, sagt er. »Verzeih mir, Margaret, aber du bist so ein Kind. Du bist ein kleines Kind wie unser Henry und ich werde mich um euch beide kümmern.«

»Niemand soll sich um mich kümmern«, schreie ich. »Denn ihr täuscht euch alle in mir, und du bist ein Narr, dass du über mich lachst. Ich stehe unter der Obhut Gottes, und ich heirate niemanden! Ich werde Äbtissin.«

Er hält die Luft an, sein Gesicht strahlt immer noch vor Lachen. »Äbtissin. Gewiss. Und geruht Ihr, heute Abend mit uns zu dinieren, Mutter Oberin?«

Ich bedenke ihn mit einem finsteren Blick. »Ich werde mir mein Essen in meine Gemächer bringen lassen«, entgegne ich zornig. »Ich werde nicht mit dir speisen. Womöglich werde ich nie wieder mit dir speisen. Aber du kannst Vater William ausrichten, er möge zu mir kommen. Ich muss beichten, dass ich gegen die gesündigt habe, die sich gegen mich versündigt haben.«

»Ich schicke ihn zu dir«, sagt Jasper freundlich. »Und lasse dir die besten Gerichte in deine Gemächer schicken. Morgen, so hoffe ich, wirst du dich mit mir im Stallhof treffen, damit ich dir zeigen kann, wie man reitet. Eine Dame von deinem Rang sollte ihr eigenes Pferd haben, sie sollte ein schönes Pferd gut reiten können. Wenn du nach England zurückkehrst, solltest du auf deinem eigenen prächtigen Pferd reiten.«

Ich zögere. »Ich lasse mich nicht durch weltliche Eitelkeiten in Versuchung führen«, warne ich ihn. »Ich werde Äbtissin, und nichts wird mich daran hindern. Du wirst schon sehen. Ihr werdet es alle sehen. Ihr sollt mit mir nicht verfahren wie mit etwas, was man handelt und verkauft. Ich werde über mein eigenes Leben verfügen.«

»Gewiss«, sagt er freundlich. »Es ist nicht recht, dass du das Gefühl hast, wir würden so von dir denken, denn ich liebe und respektiere dich, wie ich es versprochen habe. Ich werde ein teures Pferd für dich finden, und du wirst wunderschön aussehen auf seinem Rücken, und alle werden dich bewundern, auch wenn all das dir überhaupt nichts bedeuten kann.«

Im Schlaf träume ich von weißgetünchten Klostermauern und einer riesengroßen Bibliothek, in der Folianten mit Buchmalereien an die Tische gekettet sind. Jeden Tag kann ich hingehen und studieren. Ich träume von einem Lehrer, der mich Griechisch und Latein und sogar Hebräisch lehrt, und ich lese die Bibel in der Sprache, die den Engeln am nächsten ist. Ich kann alles lernen. Im Traum sind mein Wissensdurst und mein Wunsch, etwas Besonderes zu sein, besänftigt. Wenn ich eine Gelehrte sein könnte, könnte ich in Frieden leben. Wenn ich jeden Tag zur strengen Regelmäßigkeit des Stundengebets erwachen und meine Tage ganz dem Studium widmen könnte, würde ich wohl ein Leben führen, das Gott ebenso wohlgefällig wäre wie mir. Wenn mein Leben wirklich etwas Besonderes wäre, wäre es mir egal, ob die Leute das erkennen könnten. Wenn ich wirklich ein Leben als gottesfürchtige Gelehrte führen könnte, wäre es mir egal, ob die Menschen mich als fromm betrachteten. Ich möchte sein, was ich zu sein scheine. Ich benehme mich, als wäre ich besonders heilig, ein besonderes Mädchen, aber genau das möchte ich wirklich sein. Von ganzem Herzen.

Ich erwache am Morgen und kleide mich an, und bevor ich zum Frühstück nach unten gehe, begebe ich mich in den Kindertrakt, um meinen Sohn zu sehen. Er liegt noch in der Wiege, doch ich höre sein Gurren, kleine, leise Laute – wie ein Entchen, das auf einem ruhigen Teich schwimmend vor sich hin quakt. Ich beuge mich über die Wiege, um ihn zu sehen, und er lächelt mich an. Er lächelt! In seinen dunkelblauen Augen steht ein unmissverständliches Wiedererkennen, und sein fröhliches, zahnloses, dreieckiges Grinsen verwandelt ihn augenblicklich von einer hübschen Puppe in einen kleinen Menschen.

»Na, Henry«, sage ich, und das kleine Strahlen wird breiter, als würde er seinen Namen kennen und meinen, als wüsste er, dass ich seine Mutter bin, und glaubte, dass wir Glück haben und uns alle Möglichkeiten offenstehen, als wäre unser Leben voller Versprechungen und ich könnte auf mehr hoffen als auf bloßes Überleben.

Er strahlt noch einen Augenblick, dann wird er von etwas abgelenkt. Ein überraschter Ausdruck huscht über sein Gesicht, und er spuckt und weint. Schon eilen seine Kindermädchen herbei und schieben mich unsanft beiseite, um ihn aus der Wiege zu nehmen und der Amme zu bringen. Ich lasse es zu und gehe hinunter in die große Halle, um Jasper zu erzählen, dass der kleine Henry mich jetzt ebenfalls angelächelt hat.

Jasper wartet im Stallhof auf mich, neben sich ein großes, dunkles Pferd mit langem, gebogenem Hals und hin- und herschwingendem Schweif. »Ist das für mich?« Ich bemühe mich, nicht ängstlich zu klingen, aber es ist fraglos ein sehr großes Pferd, und bisher bin ich nur auf Ponys geritten, die vom Oberstallmeister geführt wurden, oder auf längeren Reisen auf einem Damensattel hinter einem Stallburschen.

»Das ist Arthur«, sagt Jasper freundlich. »Sicher ist er groß. Aber er ist ruhig und zuverlässig, ein gutes Pferd zum Reitenlernen. Er war das Schlachtross meines Vaters, aber jetzt ist er zu alt für die Schlacht. Doch er fürchtet sich vor nichts und niemandem, und er wird dich sicher dorthin tragen, wohin du ihm befiehlst.«

Das Pferd hebt den Kopf und sieht mich an. In seinem dunklen Blick liegt etwas so Vertrauenswürdiges, dass ich vortrete und die Hand ausstrecke. Der große Kopf senkt sich, und mit geweiteten Nüstern schnuppert er an meinem Handschuh und versucht, ihn behutsam mit den Lippen von meinen Fingern zu zupfen.

»Ich laufe nebenher, und Arthur geht im Schritt«, verspricht Jasper mir. »Komm her, dann hebe ich dich in den Sattel.«

Er hievt mich rittlings in den Sattel. Als ich fest sitze, zieht er am Saum meines Kleides, damit es auf beiden Seiten gleichmäßig herunterhängt und meine Stiefel bedeckt. »So«, sagt er, »und jetzt halt die Beine ruhig und drück sie behutsam gegen seinen Leib, damit er weiß, dass du da bist. Sitz gerade und nimm die Zügel auf.«

Ich hebe sie an, und Arthur reckt aufmerksam den großen Kopf. »Er rennt nun aber nicht gleich los, oder?«, frage ich nervös.

»Nur, wenn du ihn sanft trittst zum Zeichen, dass du bereit bist. Und wenn du willst, dass er stehen bleibt, ziehst du vorsichtig die Zügel an.« Jasper zeigt mir, wie ich die Zügel aufnehmen muss. »Lass ihn zuerst einmal nur zwei Schritte machen, damit du merkst, dass du anreiten und anhalten kannst.«

Vorsichtig drücke ich ein wenig mit beiden Fersen gegen seinen Leib und erschrecke so über den ersten großen wiegenden Schritt vorwärts, dass ich gleich an den Zügeln ziehe. Sofort bleibt er gehorsam stehen. »Ich hab's getan!«, rufe ich atemlos. »Er ist für mich stehen geblieben! Nicht wahr? Er ist stehen geblieben, weil ich es ihm gesagt habe?«

Jasper lächelt zu mir auf. »Er wird alles für dich tun. Du musst ihm nur deutliche Signale geben, damit er weiß, was du von ihm willst. Er hat meinem Vater treu gedient. Edmund und ich haben auf ihm tjosten gelernt, und jetzt wird er dein Lehrer sein. Vielleicht lebt er sogar lange genug, dass der kleine Henry auch noch auf ihm reiten lernen kann. Jetzt geh im Schritt aus dem Stallhof und auf den Platz vor der Burg.«

Etwas selbstbewusster gebe ich Arthur das Zeichen zum Anreiten, und diesmal lasse ich ihn weitergehen. Seine gewaltigen Schultern bewegen sich voran, aber sein Rücken ist so breit, dass ich fest und sicher auf ihm sitze. Jasper läuft auf Höhe seines Kopfes neben ihm her, doch ohne die Zügel zu berühren. Ich, ich ganz allein, bringe das Pferd dazu, auf den Hof zu gehen und durch das Tor auf die Straße, die hinunter nach Pembroke führt.

Jasper schreitet neben mir her, als machte er einen Spaziergang, um frische Luft zu schnappen. Er schaut nicht zu mir auf und auch nicht zu dem Pferd. Er erweckt den Eindruck eines Mannes, der neben einer begabten Reiterin herschlendert, als wollte er ihr Gesellschaft leisten. Erst als ich ein gutes Stück die Straße hinuntergeritten bin, fragt er: »Würdest du ihn jetzt wenden und nach Hause reiten?«

»Wie macht man das?«

»Du wendest seinen Kopf, indem du sacht am Zügel ziehst. Er weiß, was du meinst. Und du übst etwas Druck mit dem Bein aus, damit er weiß, dass er weitergehen soll.«

Ich zupfe kaum am Zügel, da wendet das Pferd den großen Kopf, dreht sich um und schreitet gemächlich nach Hause. Mühelos bewegt es sich den Hügel hinauf, und dann lenke ich Arthur durch den Hof zu den Ställen. Er stellt sich neben den Aufsitzblock und wartet darauf, dass ich absitze.

Jasper hilft mir herunter und steckt mir einen Brotkanten zu, den ich dem Pferd geben soll. Er zeigt mir, wie ich ihn Arthur mit der flachen Hand hinhalten soll, damit er den Leckerbissen mit seinen weichen Lippen finden kann, und dann ruft Jasper nach einem Stalljungen, der das Pferd wegbringen soll.

»Möchtest du morgen wieder reiten?«, fragt er. »Ich könnte dich auf meinem Pferd begleiten, dann könnten wir weiter reiten. Vielleicht hinunter an den Fluss.«

»Sehr gern«, sage ich. »Gehst du jetzt ins Kinderzimmer?«

Er nickt. »Normalerweise ist Henry um diese Zeit wach. Dann erlauben sie mir, die Windeln zu entfernen, damit er ein Weilchen mit den Beinen strampeln kann. Er mag es, wenn er frei ist.«

»Du hast ihn sehr gern, nicht wahr?«

Er nickt befangen. »Henry ist alles, was mir von Edmund geblieben ist«, sagt er. »Er ist der Letzte von uns Tudors. Er ist das Kostbarste in der ganzen Burg. Und wer weiß? Eines Tages ist er vielleicht das Kostbarste in ganz Wales, womöglich sogar in England.«

In Henrys Kinderzimmer sehe ich, dass Jasper ein willkommener und regelmäßiger Besucher ist. Er hat seinen eigenen Stuhl, auf dem er zusieht, wie der Kleine langsam aus den Windeln gewickelt wird. Er schreckt nicht vor dem Geruch der schmutzigen Windel zurück und wendet auch nicht das Gesicht ab. Vielmehr untersucht er das Gesäß des Kleinen sorgfältig auf Zeichen von Röte oder Wundsein, und als sie ihm sagen, dass sie ihn, wie er es befohlen hat, mit dem Öl aus dem Schafsfell eingerieben haben, nickt er und ist zufrieden. Und als Henry sauber ist, breiten sie eine warme Wolldecke über Jaspers Knie, auf die er den Kleinen auf den Rücken legt und ihn an seinen winzigen Füßen kitzelt und auf seinen nackten Bauch pustet. Henry strampelt und krümmt sich vor Freude über so viel Freiheit.

Ich sehe ihnen zu wie eine Fremde und fühle mich seltsam fehl am Platze. Dies ist mein Sohn, aber so gelöst gehe ich nicht mit ihm um. Unbeholfen knie ich mich neben Jasper, um eine der kleinen Hände zu nehmen und die winzigen Fingernägel zu betrachten, die Falte in der pummeligen Handfläche und die zarten Linien um das mollige Handgelenk. »Er ist wunderschön«, staune ich. »Aber hast du nicht Angst, ihn fallen zu lassen?«

»Warum sollte ich ihn fallen lassen?«, fragt Jasper. »Wenn überhaupt, dann verwöhne ich ihn höchstens mit meiner Aufmerksamkeit. Deine Gouvernante sagt, ein Kind sollte man allein lassen und nicht jeden Tag mit ihm spielen.«

»Sie würde alles sagen, wenn sie dann länger beim Abendessen sitzen oder in ihrem Sessel schlafen könnte«, gebe ich bissig zurück. »Sie hat meine Mutter überredet, mir keinen Lateinlehrer zu gewähren, denn sie wusste, dass sie dann mehr Arbeit hätte. Ich werde nicht erlauben, dass sie ihn auch unterrichtet.«

»O nein«, sagt Jasper. »Dein Sohn bekommt einen richtigen Gelehrten. Wir holen jemanden von einer der Universitäten, vielleicht aus Cambridge. Jemand, der ihm in allem, was er lernen muss, gute Grundlagen vermitteln kann. Die modernen Themen wie auch die klassischen: Geografie und Mathematik sowie Rhetorik.«

Er beugt sich vor und drückt Henry einen schmatzenden Kuss auf seinen kleinen warmen Bauch. Der Kleine gurgelt vor Vergnügen und wirft die Hände in die Luft.

»Es ist nicht sehr wahrscheinlich, dass er den Thron erbt, weißt du«, erinnere ich ihn meiner Überzeugung zum Trotz. »Er muss nicht die Bildung eines Prinzen erhalten. Auf dem

Thron sitzt der König, nach ihm kommt Prinz Edward, und die Königin ist jung, sie kann leicht noch Kinder bekommen.«

Jasper legt dem Jungen eine kleine Serviette übers Gesicht und zieht sie weg. Der Kleine jauchzt erstaunt auf. Jasper wird nicht müde, das Spielchen zu wiederholen. Immer und immer wieder. Er erweckt den Eindruck, als könnte er den ganzen Tag so weitermachen.

»Vielleicht wird er nie mehr sein als ein entfernter Verwandter des Königs«, wiederhole ich. »Und du kümmerst dich um ihn, und am Ende ist seine ganze Bildung vergeudet.«

Jasper drückt den Säugling an sich, warm eingewickelt in seine Decke. »Nicht doch. Er ist ein kostbares kleines Wesen, Thronanspruch hin oder her«, sagt er. »Er ist kostbar als das Kind meines Bruders und als Enkelsohn meines Vaters, Owen Tudor, und meiner Mutter, Gott segne sie, die Königin von England war. Er ist mir kostbar als dein Kind ... ich habe nicht vergessen, wie sehr du bei seiner Niederkunft gelitten hast. Und er ist kostbar als Mitglied des Hauses Tudor. Und was den Rest angeht ... wir werden sehen, was die Zukunft bringt, wenn es Gott gefällt. Aber wenn man je nach Henry Tudor ruft, wird man feststellen, dass ich für seine Sicherheit gesorgt und ihn vorbereitet habe und dass er bereit ist zu regieren.«

»Wogegen man nie nach mir rufen wird, und ich auch auf nichts anderes vorbereitet bin als darauf, eine Ehefrau zu sein – wenn ich es überhaupt erlebe«, sage ich gereizt.

Jasper sieht mich an, ohne zu lachen. Mir ist, als hätte mich zum ersten Mal in meinem Leben jemand angesehen und verstanden. »Du bist die Erbin, die Henry seinen Anspruch auf den Thron gibt«, sagt er. »Du, Margaret Beaufort.

Und du bist kostbar vor Gott. So viel zumindest weißt du. Ich bin noch nie einer frommeren Frau begegnet. Du bist eher wie ein Engel als wie ein Mädchen.«

Ich glühe, so wie eine geringere Frau erröten würde, wenn jemand ihre Schönheit priese. »Ich wusste gar nicht, dass es dir überhaupt aufgefallen ist.«

»Doch, und ich finde, du hast eine wahre Berufung. Ich weiß, dass du nicht Äbtissin werden kannst, natürlich nicht. Aber ich glaube doch, dass Gott dich berufen hat.«

»Ja, aber Jasper, was nützt mir meine Frömmigkeit, wenn ich der Welt kein Beispiel geben darf? Wenn für mich nur die Heirat mit jemandem vorgesehen ist, dem kaum etwas an mir liegt, und ein früher Tod im Kindbett?«

»Es sind gefährliche und schwere Zeiten«, räumt er nachdenklich ein, »und es ist schwer zu sagen, was man tun soll. Ich dachte, es sei meine Pflicht, meinem Bruder ein guter kleiner Bruder zu sein und Wales für König Henry zu halten. Aber nun ist mein Bruder tot, und Wales für den König zu halten ist ein ständiger Kampf. Wenn ich an den Hof gehe, sagt mir die Königin, ich solle meine Befehle von ihr entgegennehmen und nicht vom König. Denn einzig sicher für England sei es, ihr zu folgen, sie werde uns in den Frieden und die Allianz mit unserem großen Feind Frankreich führen.«

»Und woher weißt du, was du tun sollst?«, frage ich. »Sagt Gott es dir?« Ich halte es für sehr unwahrscheinlich, dass Gott zu Jasper spricht, dessen Haut so schrecklich viele Sommersprossen hat, selbst jetzt im März.

Er lacht. »Nein, Gott spricht nicht zu mir. Ich versuche, den Glauben an meine Familie nicht zu verlieren, an meinen König und an mein Vaterland, in der Reihenfolge. Und ich stelle mich darauf ein, dass es Probleme gibt, und hoffe das Beste.«

Ich komme ihm ganz nah, um leise mit ihm sprechen zu können. »Glaubst du, Richard of York würde es wagen, den Thron an sich zu reißen, wenn der König sehr lange Zeit krank wäre? Wenn er nicht mehr gesund würde?«

Er blickt finster drein. »Ich gehe davon aus.«

»Und was soll ich tun, wenn ich weit weg bin von dir und ein falscher König setzt sich auf den Thron?«

Nachdenklich betrachtet Jasper den Jungen. »Sagen wir, König Henry stirbt und dann sein Sohn, der Prinz.«

»Gott behüte.«

»Amen. Aber sagen wir einmal, sie sterben, einer nach dem anderen. Von diesem Tag an ist dieser kleine Junge hier der nächste Anwärter auf den Thron.«

»Das weiß ich sehr wohl.«

»Glaubst du nicht, das könnte deine Berufung sein? Für die Sicherheit dieses Jungen zu sorgen und ihn zu lehren, ein guter König zu sein, ihn für die höchste Aufgabe im Land vorzubereiten – mitzuerleben, wie er zum König gekrönt und gesalbt wird – wenn er über die Menschen erhoben wird, als König, als beinahe göttliches Wesen?«

»Ich habe davon geträumt«, vertraue ich ihm leise an. »Als er empfangen wurde. Ich träumte, es sei meine Berufung, ihn unter meinem Herzen zu tragen und zur Welt zu bringen, wie es Johannas Berufung war, den französischen König nach Reims zu bringen. Aber ich habe nie mit jemandem darüber gesprochen, außer mit Gott.«

»Sagen wir, du hast recht.« Flüsternd webt Jasper uns beide in einen Zauber ein. »Sagen wir, mein Bruder ist nicht umsonst gestorben, denn durch seinen Tod wurde dieser Junge zum Earl of Richmond. Der Samen meines Bruders hat diesen Jungen zu einem Tudor gemacht und damit zu einem Neffen zweiten Grades des Königs von England. Weil du ihn ausgetragen hast, ist er ein Beaufort und der Nächste in der direkten Erbfolge des Königs von England. Sagen wir, es sei deine Berufung, diese schweren Zeiten zu überstehen, um diesen Jungen auf den Thron zu bringen. Hältst du das nicht für möglich? Spürst du es nicht?«

»Ich weiß nicht«, sage ich zögerlich. »Ich dachte, meine Berufung zielte auf etwas Höheres. Ich dachte, ich würde Mutter Oberin werden.«

»Es gibt auf der Welt keine Mutter, die einen höheren Rang einnimmt«, sagt er und lächelt mich an. »Du kannst Mutter des Königs von England sein.«

»Wie würde man mich dann nennen?«

»Was?« Meine Frage irritiert ihn.

»Wie würde man mich nennen, wenn mein Sohn König von England wäre, aber ich nicht als Königin gekrönt wäre?«

Er überlegt. »Wahrscheinlich ›Eure Hoheit‹. Dein Sohn würde deinen Gemahl womöglich zum Herzog ernennen. Dann wärst du ›Eure Hoheit‹.«

»Mein Gemahl würde Herzog werden?«

»Das ist die einzige Möglichkeit, wie du Herzogin werden kannst. Ich glaube nicht, dass du als Frau einen eigenen Titel führen kannst.«

Ich schüttele den Kopf. »Warum sollte mein Gemahl in den Adelsstand erhoben werden, wenn ich die ganze Arbeit geleistet habe?«

Jasper unterdrückt ein Lachen. »Welchen Titel hättest du denn gern?«

Ich überlege einen Augenblick. »Man sollte mich ›Mylady, Königinmutter‹ nennen«, beschließe ich. »Ja, ›Mylady, Königinmutter‹, und ich werde meine Briefe mit ›Margaret R.‹ unterzeichnen.«

»›Margaret R.‹? Du würdest mit ›Margaret Regina‹ unterzeichnen? Du würdest dich Königin nennen?«

»Warum nicht?«, fahre ich auf. »Ich werde Mutter eines Königs sein. Ich werde nichts Geringeres sein als Königin von England.«

Er verneigt sich in gespieltem Zeremoniell. »Dann sollst du Mylady Königinmutter sein, und alle müssen tun, was du sagst.«

SOMMER 1457

Wir sprechen nicht mehr über meine Bestimmung und auch nicht über die Zukunft Englands. Jasper ist zu beschäftigt, wochenlang ist er der Burg fern. Im Frühsommer kehrt er zurück, seine Männer zerlumpt, das Gesicht voller Blessuren, aber lächelnd. Er ist nach Süden geritten und hat William Herbert gefangen gesetzt; der Frieden in Wales ist wiederhergestellt. Die Herrschaft über Wales liegt wieder in unseren Händen. Wales wird abermals von einem Tudor für das Haus Lancaster gehalten.

Jasper schickt Herbert als erklärten Verräter nach London, und wir hören, dass er wegen Verrats vor Gericht gestellt und in den Tower geworfen wird. Mich schaudert bei dem Gedanken, denn ich denke an meinen alten Vormund, William de la Pole. Als er im Tower saß, hat man mich – damals noch ein kleines Mädchen – gezwungen, mein Verlöbnis mit ihm zu lösen.

»Das spielt keine Rolle«, erklärt Jasper mir beim Abendessen. Vor lauter Gähnen fällt ihm das Sprechen schwer. »Verzeih mir, Schwester, ich bin todmüde. Morgen schlafe ich bestimmt den ganzen Tag. Herbert muss mit Sicherheit nicht aufs Schafott, obwohl er es verdient hätte. Die Königin selbst hat mich gewarnt, dass der König Herbert begnadigen und freilassen wird, und dann wird er wieder gegen uns ziehen.

Denk an meine Worte. Unser König ist ein Meister im Vergeben. Er vergibt noch dem Mann, der das Schwert gegen ihn erhebt und ganz England gegen ihn aufbringt. Herbert wird freigelassen, und nach einer Zeit wird er nach Wales zurückkehren. Er und ich werden wieder um dieselbe Handvoll Burgen kämpfen. Der König vergibt den Yorks und denkt, sie werden ihm in christlicher Nächstenliebe gewogen sein. Das ist ein Zeichen seiner Größe, ehrlich, Margaret – auch du strebst nach Heiligkeit, es muss in deiner Familie liegen, denn ich glaube, er besitzt sie. Seine Freundlichkeit und sein Vertrauen kennen keine Grenzen. Er erträgt keinen Streit. Er betrachtet jeden Menschen als Sünder, der danach strebt, sich zu bessern, und er tut, was er kann, um ihm zu helfen. Man muss ihn einfach lieben und bewundern. Es steht seinen Feinden nicht gut zu Gesicht, dass sie seine Barmherzigkeit als Freibrief betrachten, nach Gutdünken fortzufahren.« Er unterbricht sich. »Er ist ein großer Mann, aber vielleicht kein großer König. Er steht über uns allen, was es für uns Übrige sehr schwer macht. Und das gemeine Volk sieht nicht die Erhabenheit des Geistes, sondern nur Schwäche.«

»Aber jetzt geht es ihm doch sicher gut? Der Hof ist wieder nach London umgesiedelt. Die Königin lebt mit dem König zusammen, und du hältst Wales für ihn. Vielleicht bleibt er gesund, ihr Sohn ist stark, sie könnten noch ein Kind bekommen. Bestimmt geben sich nun auch die Yorks damit zufrieden, als große Männer unter einem großen König zu leben. Sie kennen doch gewiss ihren Platz?«

Er schüttelt den Kopf, füllt seine Schüssel noch einmal mit Schmorfleisch und nimmt sich eine Scheibe helles Weizenbrot. Nachdem er wochenlang mit seinen Männern geritten ist, ist er sehr hungrig. »Ehrlich, Margaret, ich glaube nicht, dass die Yorks je Ruhe geben. Sie sehen sich den König an, manchmal tun sie sogar ihr Bestes, mit ihm zusammenzuarbeiten, doch selbst wenn er gesund ist, ist er schwach, und wenn er krank ist, ist er der Welt ganz entrückt. Wenn ich nicht sein Vasall wäre, ihm mit Herz und Seele verpflichtet, würde es mir schwerfallen, ihm treu zu sein. Ich hätte große Angst vor der Zukunft. Ich kann ihnen tief im Herzen keinen Vorwurf machen, dass sie Einfluss darauf haben möchten, was als Nächstes geschieht. Ich zweifle nicht an Richard of York. Ich glaube, er kennt und liebt den König, und er weiß, dass er von königlicher Abstammung ist, doch kein geweihter König. Aber Richard Neville, Earl of Warwick, würde ich nicht weiter trauen, als ich der Flugbahn eines Pfeils mit den Augen folgen kann. Er ist daran gewöhnt, den ganzen Norden zu regieren, er wird niemals einsehen, warum er nicht das ganze Königreich regieren kann. Gott sei es gedankt: Beide würden niemals Hand an einen geweihten König legen. Und doch stellt sich jedes Mal, wenn der König krank ist, die Frage: Wann wird er wieder gesund? Und was sollen wir tun, bis er wieder gesund ist? Und die Frage, die niemand laut zu stellen wagt: Was sollen wir tun, wenn er nicht mehr gesund wird?

Das Schlimmste aber ist, dass wir eine Königin haben, die tut, was sie will. Wenn der König tot ist, segeln wir auf einem Schiff ohne Ruder, und die Königin ist der Wind, der uns in jede Richtung pusten kann. Wenn ich glauben würde, Johanna von Orléans sei keine Heilige, sondern, wie einige behaupten, eine Hexe, würde ich denken, sie hätte uns mit einem König verflucht, der nur in seinen Träumen lebt, und mit einer Königin, deren oberste Loyalität Frankreich gilt.«

»Um Gottes willen! Sag das nicht!«, verwahre ich mich gegen die Schmähung Johannas und lege meine Hand rasch auf die seine, um ihn zum Schweigen zu bringen. Wir halten uns einen kurzen Moment umklammert, dann zieht er seine Hand behutsam unter der meinen hervor, als dürfte ich ihn nicht berühren, nicht einmal wie eine Schwester ihren Bruder.

»Ich spreche so offen zu dir in dem Vertrauen darauf, dass all das nicht weiter dringt als in deine Gebete«, sagt er. »Aber wenn du diesen Januar verheiratet wirst, spreche ich mit dir nur noch über Familienangelegenheiten.«

Es kränkt mich, dass er mir seine Hand entzieht. »Jasper«, flüstere ich. »Von Januar an habe ich niemanden mehr in der Welt, der mich liebt.«

»Ich werde dich lieben«, verspricht er mir leise. »Als Bruder, als Freund, als Vormund deines Sohnes. Du kannst mir immer schreiben, und ich kann dir immer antworten, als Bruder, als Freund und als Vormund deines Sohnes.«

»Aber wer wird mit mir reden? Wer wird mich als die sehen, die ich bin?«

Er zuckt die Achseln. »Einigen von uns ist ein einsames Leben vorherbestimmt«, sagt er. »Du wirst verheiratet, aber sehr einsam sein. Ich werde an dich denken – in deinem prächtigen Haus in Lincolnshire mit Henry Stafford, während ich hier ohne dich lebe. Ohne dich wird mir die Burg sehr still und fremd vorkommen. Die Steintreppen und die Kapelle werden deine Schritte vermissen, die Tore dein Lachen und die Mauern deinen Schatten.«

»Aber mein Sohn wird bei dir sein«, sage ich, eifersüchtig wie eh und je.

Er nickt. »Er wird bei mir leben, auch wenn ich Edmund und dich verloren habe.«

JANUAR 1458

Getreu ihrem Wort kommen meine Mutter, Sir Henry Stafford und der Duke of Buckingham im Januar trotz Schnees und eisigen Nebels nach Pembroke Castle, um mich zur Hochzeit abzuholen. Jasper und ich mühen uns ab, für die großen offenen Kamine in allen Räumlichkeiten genug Brennholz herbeizuschaffen und dem hungernden Landstrich im Winter genug Fleisch für ein Hochzeitsfest abzutrotzen. Am Ende müssen wir uns mit der Tatsache abfinden, dass es nicht mehr als drei Fleischgänge gibt, zweierlei Eingemachtes und nur wenige kandierte Früchte und Marzipangerichte. Es wird nicht das sein, was der Herzog erwartet, doch wir sind mitten im winterlichen Wales. Jasper und ich verbünden uns in einem fast rebellischen Stolz: Wir haben getan, was in unserer Macht stand, und wenn es nicht gut genug ist für Seine Gnaden und meine Mutter, dann sollen sie doch zurück nach London reiten, wo jeden Tag Händler aus Burgund mit frischen Luxuswaren anlegen für all jene, die reich und eitel genug sind, ihr Geld dafür zu verschwenden.

Am Ende bemerken sie die magere Kost kaum, denn sie bleiben nur zwei Tage. Sie haben mir eine Pelzmütze und Handschuhe für die Reise mitgebracht, und meine Mutter erlaubt mir, einen Teil des Weges auf Arthur zu reiten. Der Aufbruch wird für den frühen Morgen verabredet, um das kurze Tageslicht des Winters so gut wie möglich zu nutzen. Ich muss pünktlich im Stallhof erscheinen, um nicht ungefällig zu sein gegen meine neue Familie und meinen schweigsamen zukünftigen Gemahl. Zuerst werden sie mich zum Haus meiner Mutter bringen, wo wir heiraten, und dann nimmt mich mein neuer Gemahl mit in sein Haus in Bourne in Lincolnshire, wo auch immer das sein mag. Ein neuer Gemahl, ein neues Haus, ein neues Land. Doch ich habe nie irgendwo hingehört, und ich habe nie irgendetwas besessen.

Als alles bereit ist, laufe ich nach oben ins Kinderzimmer, um mich von meinem Sohn zu verabschieden. Jasper begleitet mich. Henry ist den Wickelbändern und der Wiege entwachsen und schläft inzwischen in einem kleinen Bett mit hohen Gitterstäben auf beiden Seiten. Er wird jetzt sehr bald anfangen zu laufen, und ich bringe es kaum über mich, ihn zu verlassen. Er kann schon stehen und klammert sich auf unglaublich süßen O-Beinchen an den Betschemel oder an den niedrigen Hocker, hält Ausschau nach dem nächsten sicheren Halt und stürzt los, macht einen wackligen Schritt und plumpst hin. Wenn ich hinaufgehe, um mit ihm zu spielen, nimmt er meine Hände und marschiert quer durch den ganzen Raum, während ich ihn an beiden Händen festhalte. Wenn Jasper in den Kindertrakt kommt, kräht er wie ein junger Hahn, denn er weiß, dass Jasper mit ihm auf und ab geht, wieder und immer wieder; gehorsam, wie ein Ochse das Dreschrad im Kreise dreht, hält er unermüdlich Henrys kleine Hände, während der Junge auf seinen pummeligen kleinen Füßen einen tapsigen Schritt nach dem nächsten macht.

Doch der magische Augenblick, in dem er allein läuft, ist noch nicht gekommen, obwohl ich gebetet habe, dass er vor meiner Abreise kommen möge. Seine ersten Schritte wird er ohne mich machen. Und jeden weiteren Schritt danach ebenfalls. All die Schritte seines Lebens – und ich bin nicht dabei.

»Ich schreibe dir, sowie er allein läuft«, schwört Jasper.

»Und schreib mir auch, wenn du ihn so weit hast, dass er das erste Mal Fleisch isst«, sage ich. »Er kann sich nicht sein ganzes Leben lang von Haferschleim ernähren.«

»Und wenn er zahnt«, verspricht er mir. »Ich schreibe dir bei jedem einzelnen Zahn, der durchbricht.«

Ich zupfe an seinem Ärmel, und er dreht sich zu mir um. »Und wenn er krank ist«, flüstere ich, »auch wenn sie dir sagen, du sollst mich nicht beunruhigen. Es wird mir sonst keine Ruhe lassen, wenn ich glauben muss, er könnte krank sein und niemand würde mir Bescheid sagen. Schwör, dass du mir schreibst, wenn er krank werden sollte oder stürzt oder einen Unfall hat.«

»Ich schwöre es«, sagt er. »Und ich passe so gut auf ihn auf, wie ich kann.«

Wir gehen ans Gitterbett, in dem Henry sich am Geländer festhält und strahlend zu uns aufschaut. Für einen Augenblick erhasche ich einen Blick auf unser Spiegelbild in den Butzenscheiben des Fensters hinter ihm. Ich bin fast fünfzehn, und Jasper wird siebenundzwanzig. In dem dunklen Glas sehen wir aus wie die Eltern, wie die gutaussehenden jungen Eltern eines geliebten Erben. »Sobald man es mir erlaubt, komme ich ihn besuchen«, sage ich unglücklich.

Mein kleiner Henry weiß nicht, dass ich gekommen bin, um Lebewohl zu sagen. Er streckt mir die Ärmchen entgegen, um auf den Arm genommen zu werden. »Ich bringe dir Neuigkeiten von ihm, sooft ich in England bin«, verspricht Jasper.

Er beugt sich hinunter und hebt unseren Jungen hoch.

Henry umklammert ihn und schmiegt sein kleines Gesicht an Jaspers Hals. Ich trete zurück und versuche, mir dieses Bild meines Sohnes und seines Vormunds gut einzuprägen, damit ich es vor meinem geistigen Auge heraufbeschwören kann, wenn ich für sie bete. Ich weiß, dass ich sie zu jedem Stundengebet sehen werde, fünfmal am Tag. Ich weiß, dass mein Herz sich den ganzen Tag nach ihnen verzehren wird, jeden Tag – und auch jede Nacht, wenn ich vor Sehnsucht nach ihnen nicht schlafen kann.

»Komm nicht mit hinunter, um mich zu verabschieden«, bitte ich ihn ängstlich. »Ich sage ihnen, du seiest gerufen worden. Ich ertrage es nicht.«

Er sieht mich starr an. »Natürlich komme ich mit hinunter, und ich bringe auch deinen Sohn mit«, sagt er rau. »Es würde einen sehr seltsamen Eindruck machen, wenn ich, als dein Schwager und Vormund deines Sohnes, dir nicht Lebewohl sagen würde. Du bist jetzt verlobt, Margaret, du musst darauf achten, welchen Eindruck du der Welt vermittelst und wie du auf deinen zukünftigen Gemahl wirkst.«

»Glaubst du wirklich, dass ich ausgerechnet heute Rücksicht auf ihn nehme?«, platze ich heraus. »Wo ich dich verlassen und meinem Sohn Lebewohl sagen muss? Glaubst du, es liegt mir etwas daran, was er von mir denkt, wenn mir das Herz bricht?«

Doch Jasper nickt. »Heute und an jedem anderen Tag. Achte gut auf ihn. Er wird all dein Land besitzen. Er ist der Hüter deines guten Rufes, er wird über das Erbe deines Sohnes entscheiden. Wenn du ihm keine liebevolle Gemahlin sein kannst«, er hebt die Hände, damit ich meinen Widerspruch hinunterschlucke, »dann sei ihm wenigstens eine Gemahlin, über die er sich nicht beschweren kann. Seine Familie gehört zu den bedeutendsten im Land. Er wird ein

Vermögen erben. Wenn er stirbt, geht ein Teil davon an dich. Sei eine Gemahlin, über die er sich nicht beklagen kann, Margaret. Das ist der beste Rat, den ich dir geben kann. Du wirst ihm angetraut, das heißt, du wirst seine Dienerin sein, sein Besitz. Er ist dein Herr. Sei ihm gefällig.«

Ich komme ihm nicht näher, und ich berühre ihn nicht. Nach dem einen Mal beim Abendessen, da ich meine Hand auf die seine gelegt habe und er seine weggezogen hat, habe ich ihn nie wieder berührt. Ich mag ein Mädchen von vierzehn Jahren sein, aber ich habe meinen Stolz, und abgesehen davon sind manche Dinge einfach zu mächtig für Worte. »Lass mich dir wenigstens dieses eine Mal sagen, dass ich ihn nicht heiraten will und dass ich nicht von hier wegwill«, vertraue ich ihm leise an.

Über dem runden Köpfchen meines Sohnes lächelt Jasper mich an, doch der Schmerz hat seine Augen verdunkelt. »Ich weiß«, sagt er. »Und ich kann dir versichern, dass mein Herz von Trauer erfüllt sein wird, wenn du fort bist. Ich werde dich vermissen.«

»Du liebst mich wie eine Schwester«, beharre ich, weil ich ihn zum Widerspruch herausfordern muss.

Er wendet sich ab, macht einen Schritt und kommt dann zu mir zurück. Henry gluckst und streckt seine Ärmchen nach mir aus, weil er glaubt, es sei ein Spiel. Doch Jasper bleibt abrupt stehen – nur einen halben Schritt von mir entfernt, nah genug, dass ich seinen warmen Atem auf meiner Wange spüre, nah genug, dass ich mich ihm in die Arme werfen könnte, wenn ich es nur wagte. »Du weißt, dass ich es nicht sagen darf«, sagt Jasper gepresst. »In wenigen Tagen wirst du Lady Stafford sein. Geh in dem Wissen, dass ich jedes Mal, wenn ich deinen Jungen aus seinem Bett hebe, an dich denken werde, jedes Mal, wenn ich mich zum Gebet niederknie, jedes Mal, wenn ich mir mein Pferd bringen lasse, jede Stunde des Tages. Es gibt Dinge, die können zwischen dem Earl of Pembroke und Lady Stafford nicht in Ehren ausgesprochen werden, also werde ich sie nicht aussprechen. Damit wirst du dich zufriedengeben müssen.«

Ich reibe mir kräftig die Augen, und als ich die Fäuste senke, sind sie nass vor Tränen. »Aber das ist nichts«, fahre ich auf. »Nichts im Vergleich zu dem, was ich zu dir sagen würde. Ganz und gar nicht das, was ich hören möchte.«

»Und so soll es auch sein. So hast du nichts zu beichten, weder einem Priester, noch einem Gemahl. Und ich auch nicht.« Er unterbricht sich. »Und jetzt geh.«

Ich gehe voran, die Treppe hinunter in den Hof der Burg, wo die Pferde warten. Mein Verlobter steigt schwer aus dem Sattel, um mich auf mein Pferd zu heben, und murmelt schon wieder, es sei ein langer Weg, ob ich nicht doch lieber im Damensattel reiten oder eine Sänfte nehmen wolle. Und ich antworte noch einmal, dass ich reiten gelernt habe, dass ich gern reite und dass Arthur, den Jasper mir zur Hochzeit geschenkt hat, mich den ganzen Tag ruhig und sicher tragen wird.

Die Garde sitzt auf und formiert sich zur Reihe. Die Männer senken die Banner zum Earl of Pembroke, der den kleinen Earl of Richmond, meinen Sohn, in den Armen hält. Sir Henry salutiert ihm flüchtig. Jasper sieht mich an, und einen unerschrockenen Augenblick erwidere ich seinen Blick, und dann wende ich mein Pferd und reite davon, fort von Pembroke, fort von der Burg und ihrem Graf. Ich muss mich nicht umdrehen, um zu sehen, ob er mir hinterherblickt, ich weiß, dass er es tut.

Wir reiten zum Haus meiner Mutter in Bletsoe, und ich werde in der kleinen Kapelle getraut, meine Halbschwestern sind die Brautjungfern. Diesmal frage ich meine Mutter nicht, ob man mir die Heirat nicht ersparen kann, und sie beschwichtigt mich nicht mit falschen Versprechungen. Ich werfe einen Seitenblick auf meinen neuen Gemahl. Obwohl er doppelt so alt ist wie ich, wird er vielleicht freundlicher zu mir sein als ein jüngerer Mann. Als ich vor dem Altar niederknie, um den Hochzeitssegen zu empfangen, bete ich voller Inbrunst, er möge so alt sein, dass er impotent ist.

Sie servieren uns ein Hochzeitsmahl und schicken uns danach ins Bett. Ich knie am Fuß des Bettes, um Mut betend und darum, dass seine Kräfte ihn verlassen mögen. Er kommt ins Zimmer, bevor ich fertig bin, zieht sich aus und zeigt sich mir nackt, als wäre nichts dabei. »Wofür betest du?«, fragt er mit nackter Brust und nacktem Hintern, abstoßend und schockierend. Aber er spricht, als wäre es ihm gar nicht bewusst.

»Dass ich verschont werde«, platze ich heraus und schlage mir augenblicklich entsetzt die Hand vor den Mund. »Es tut mir leid, ich bitte um Verzeihung. Ich meinte, dass ich von Angst verschont werde.«

Erstaunlicherweise bekommt er keinen Wutanfall. Er scheint nicht einmal verärgert zu sein. Er lacht und steigt nackt ins Bett. »Armes Kind«, sagt er. »Armes Kind. Von mir hast du nichts zu befürchten. Ich werde versuchen, dir nicht wehzutun, und ich werde immer freundlich zu dir sein. Aber du musst lernen, deine Zunge zu hüten.«

Ich laufe puterrot an vor Scham und steige ins Bett. Er zieht mich behutsam an sich, legt den Arm um mich und schmiegt mich an seine Schulter, als wäre es das Natürlichste von der Welt. Kein Mann hat mich je im Arm gehalten, und ich bin starr vor Angst bei seiner Berührung und seinem Geruch. Ich warte darauf, dass er sich grob auf mich stürzt, wie Edmund einst, doch nichts geschieht. Er rührt sich nicht, und irgendwann lassen seine ruhigen Atemzüge mich glauben, dass er eingeschlafen ist. Ganz allmählich wage ich zu atmen, und dann merke ich, dass ich in dem weichen Bett zwischen den feinen Laken langsam zur Ruhe komme. Er ist warm, und seine massige Gestalt und die Stille, in der er neben mir liegt, strahlen etwas Tröstliches aus. Er erinnert mich an Arthur, das Pferd, so stark und groß und sanft ist er. Ich erkenne, dass Gott meine Gebete erhört hat: Mit dreiunddreißig ist mein neuer Gemahl so alt, dass er vollkommen impotent ist. Warum sollte er sonst so still und ruhig daliegen und mir nur zärtlich den Rücken streicheln? Liebe Muttergottes, sei gepriesen! Er ist entmannt, und wie ich so neben ihm liege, fühle ich mich sicher und warm und sogar geliebt. Er rührt sich nicht, er gibt keinen Laut von sich, außer einem leisen Seufzer, und als die Angst endlich von mir abfällt, schlafe ich in seinen Armen ein.

SOMMER 1459

Ich bin anderthalb Jahre lang verheiratet, als ich meinen Schwager Jasper wiedersehe, und während ich in der Halle unseres großen Hauses in Lincolnshire auf ihn warte, überkommt mich eine seltsame Verlegenheit, als müsste ich mich für die Annehmlichkeiten meines Lebens mit meinem Gemahl, Sir Henry, schämen. Jasper wird mich vermutlich sehr verändert finden, denn ich habe mich verändert. Ich bin nicht mehr so ruhelos wie das Mädchen, das geschworen hat, nie wieder zu heiraten; ich bin viel glücklicher als das Mädchen, das mit seiner Mutter im Streit lag, weil sie gesagt hatte, es gebe keine andere Zukunft für mich als Ehe und Beischlaf. In den vergangenen achtzehn Monaten habe ich erfahren, dass mein Mann nicht impotent ist, sondern vielmehr sehr freundlich und sanft. Seine Zärtlichkeit und Liebenswürdigkeit haben mich Zärtlichkeit gelehrt, und ich muss zugeben, dass ich eine glückliche und zufriedene Gemahlin bin.

Er gewährt mir viel Freiheit in unserem gemeinsamen Leben; er erlaubt mir, so oft in die Kapelle zu gehen, wie ich wünsche; und ich darf über den Priester und die Kirche gebieten, die an unser Haus grenzt. Ich habe angeordnet, dass die Gottesdienste abgehalten werden sollen wie im Kloster, und nehme an den meisten teil, an Feiertagen sogar in der

Nacht. Er hat nichts dagegen. Er gewährt mir ein großzügiges Nadelgeld und ermutigt mich, Bücher zu kaufen. Ich habe begonnen, meine eigene Bibliothek aus Übersetzungen und Manuskripten zusammenzustellen, und gelegentlich setzt er sich abends zu mir und liest mir aus dem lateinischen Evangelium vor, während ich den Worten in einer Übersetzung folge, die er für mich abgeschrieben hat, und so verstehe ich mit der Zeit auch das Lateinische immer besser. Kurz gesagt, behandelt mich dieser Mann eher wie ein Mündel als wie seine Frau, ihm ist an meiner Gesundheit ebenso gelegen wie an meiner Erziehung und meinem religiösen Leben.

Er ist freundlich und fürsorglich um meine Bequemlichkeit bemüht. Er beschwert sich nicht, dass ich noch kein Kind empfangen habe, und er erfüllt seine Pflicht behutsam.

Als ich nun auf Jasper warte, bin ich seltsam beschämt, als wäre ich schmachvoll vor den Gefahren und Ängsten in Wales davongelaufen und hätte mich in einen sicheren Hafen geflüchtet. Dann sehe ich auf der Straße eine Staubwolke, höre Hufschläge und Waffengeklirr, und Jasper und seine Männer reiten in den Stallhof ein. Er ist mit fünfzig bewaffneten Reitern unterwegs. Sie schneiden grimmige Gesichter, bereit für den Krieg. Sir Henry ist an meiner Seite, und gemeinsam treten wir vor, um Jasper zu begrüßen. Die Hoffnung, er könnte meine Hand ergreifen oder meine Lippen küssen, löst sich im Nu in Luft auf, denn es ist unübersehbar, dass Sir Henry und Jasper begierig sind, miteinander zu sprechen, und dazu brauchen sie mich nicht. Sir Henry fasst Jasper am Ellbogen. »Schwierigkeiten auf der Straße?«

Jasper schlägt ihm auf den Rücken. »Briganten mit der weißen Rose von York, sonst nichts«, sagt er. »Wir mussten uns gegen sie zur Wehr setzen, und sie sind geflohen. Was gibt's hier Neues?«

Sir Henry zieht eine Grimasse. »Die Grafschaft Lincolnshire ist mehrheitlich für York; Herefordshire, Essex und East Anglia für ihn oder seinen Verbündeten Warwick. Südlich von London, Kent, ist halb rebellisch wie immer. Sie leiden so sehr unter den französischen Piraten und der Handelsblockade, dass sie den Earl of Warwick in Calais als ihren Retter ansehen, und sie werden der Königin nie verzeihen, dass sie Französin ist.«

»Komme ich unbeschadet nach London, was meint Ihr? Ich will übermorgen weiter. Gibt es viele bewaffnete Banden auf den Straßen? Soll ich lieber querfeldein reiten?«

»Solange Warwick in Calais bleibt, müsst Ihr Euch nur mit den üblichen Schurken auseinandersetzen. Doch erzählt man sich, dass er jederzeit landen könnte. Dann würde er mit York in Ludlow zusammentreffen, und Eure Pfade könnten sich kreuzen. Schickt lieber Späher aus, und eine Gruppe sollte Euch folgen. Wenn Ihr auf Warwick trefft, wird er Euch sofort in eine Schlacht verwickeln, vielleicht die erste eines Krieges. Geht Ihr zum König?«

Sie drehen sich um und gehen zusammen ins Haus, und ich folge ihnen, nur dem Namen nach die Herrin des Hauses. Sir Henrys Hausbedienstete haben wie immer alles vorbereitet. Ich bin kaum mehr als ein Gast.

»Nein, der König ist in Coventry, Gott schütze ihn und sei ihm gnädig. Dort wird er die yorkistischen Lords einberufen, damit sie seine Herrschaft anerkennen. Er fühlt ihnen auf den Zahn. Weigern sie sich zu kommen, werden sie angeklagt. Zu ihrer eigenen Sicherheit sind die Königin und der Prinz bei ihm. Mir wurde befohlen, mich in den Westminster Palace zu begeben und London für den König zu halten. Ich soll mich auf eine Belagerung einstellen. Wir treffen alle Vorkehrungen für einen Krieg.«

»Die Kaufleute und Lords der Stadt werden Euch keine Unterstützung zuteil werdenlassen«, warnt ihn mein Gemahl. »Sie sind alle für York. Wenn der König den Frieden nicht garantiert, können sie keine Geschäfte machen, und das ist das Einzige, woran ihnen etwas liegt.«

Jasper nickt. »Das habe ich auch gehört. Ich werde mich über sie hinwegsetzen. Mir wurde befohlen, Männer zu rekrutieren und die Stadt mit Gräben zu durchziehen. Ich werde London zu einer von Mauern umgebenen Stadt für Lancaster machen, was auch immer die Bürger wollen.«

Sir Henry führt Jasper in ein privates Gemach. Ich folge ihnen, und wir schließen die Tür, damit sie offen miteinander sprechen können. »Wer im Lande sollte leugnen, dass York einen gerechten Grund hat«, bemerkt mein Gemahl. »Ihr wisst doch, wie er ist. Er ist dem König treu, mit Leib und Seele. Solange der König von der Königin regiert wird und sie mit dem Duke of Somerset Komplotte schmiedet, wird es für das Haus York und alle, die ihm angehören, keinen Frieden und keine Sicherheit geben.« Er zögert. »Ja, für uns alle nicht«, fügt er hinzu. »Welcher Engländer kann sich in Sicherheit wähnen, wenn eine französische Königin die Befehlsgewalt hat? Wird sie uns nicht den Franzosen ausliefern?«

Jasper schüttelt den Kopf. »Sie ist Königin von England«, gibt er sachlich zu bedenken. »Und die Mutter des Prinzen von Wales, die ranghöchste Lady des Hauses Lancaster, unseres Hauses. Unsere Loyalität gebührt ihr. Sie ist unsere Königin, wo auch immer sie geboren wurde, welche Freunde sie auch haben mag, wen oder was auch immer sie befehligt.«

Sir Henry lächelt sein schiefes Lächeln, das bedeutet, so viel weiß ich nach einem Jahr in seiner Gesellschaft, dass ihm das etwas zu simpel erscheint. »Und doch sollte sie nicht den

König beherrschen«, erwidert er. »Der Kronrat sollte ihn beraten, nicht sie. Er sollte York und Warwick konsultieren, sie sind die größten Männer seines Königreichs, sie sind Anführer. Sie sollten ihn beraten.«

»Mit den Mitgliedern des königlichen Rates können wir uns beschäftigen, sobald die Bedrohung durch York vorbei ist«, meint Jasper ungeduldig. »Jetzt ist nicht die Zeit, darüber zu diskutieren. Bewaffnet Ihr Eure Pächter?«

»Ich?«

Jasper wirft mir einen schockierten Blick zu.

»Ja, Sir Henry, Ihr. Der König hat alle loyalen Untertanen aufgerufen, sich auf einen Krieg vorzubereiten. Ich rekrutiere Männer. Ich bin wegen Eurer Pächter hierhergekommen. Kommt Ihr mit mir, um London zu verteidigen? Oder marschiert Ihr los, um in Coventry zu Eurem König zu stoßen?«

»Keins von beiden«, gibt mein Gemahl leise zurück. »Mein Vater ruft seine Männer zusammen, und mein Bruder reitet mit ihm. Sie mustern eine kleine Armee für den König an, und ich sollte meinen, das reicht für eine Familie. Wenn mir mein Vater befiehlt, ihn zu begleiten, werde ich das selbstverständlich tun, denn es ist meine Pflicht als Sohn. Wenn Yorks Männer hierherkommen, werde ich sie bekämpfen, wie ich jeden bekämpfen würde, der über meine Felder marschiert. Wenn Warwick versucht, ohne Umsicht über mein Land zu preschen, werde ich es verteidigen; aber ich breche diesen Monat nicht auf eigene Faust auf.«

Jasper wendet den Blick ab, und ich erröte vor Scham über meinen Gemahl, der am Kamin sitzen bleibt, wenn der Schlachtruf ertönt. »Es tut mir leid, das zu hören«, entgegnet Jasper schroff. »Ich habe Euch für einen loyalen Lancastrianer gehalten. Das hätte ich nicht von Euch gedacht.«

Mein Gemahl wirft mir lächelnd einen Blick zu. »Ich fürchte, meine Frau denkt jetzt auch schlechter von mir, aber ich kann es nicht mit meinem Gewissen vereinbaren, loszuziehen und meine eigenen Landsleute zu töten, um das Recht einer närrischen Französin zu verteidigen, ihrem Gemahl eine schlechte Ratgeberin zu sein. Der König braucht die besten Männer als Ratgeber; York und Warwick sind die besten Männer, sie haben sich als treu erwiesen. Wenn er sie sich zu Feinden macht, könnten sie gegen ihn marschieren. Doch bin ich sicher, dass sie nichts weiter wollen, als den König zum Zuhören zu zwingen. Sie werden nichts anderes tun, als darauf zu bestehen, in seinen Rat aufgenommen und dort angehört zu werden. Das halte ich für ihr gutes Recht. Wie sollte ich es mit meinem Gewissen vereinbaren, gegen sie zu kämpfen? Ihre Sache ist gerecht. Sie haben das Recht, ihn zu beraten, und die Königin hat es nicht. Das wisst Ihr so gut wie ich.«

Ungeduldig springt Jasper auf die Füße. »Sir Henry in allen Ehren, Ihr habt keine Wahl. Ihr müsst kämpfen, denn Euer König hat Euch gerufen, das Oberhaupt Eures Hauses hat Euch gerufen. Wer aus dem Hause Lancaster ist, folgt einem solchen Ruf.«

»Ich bin kein Meutehund, der anschlägt, wenn das Jagdhorn geblasen wird«, erwidert mein Gemahl ruhig, von Jaspers erhobener Stimme ungerührt. »Ich belle nicht auf Befehl. Sollte es je eine Sache geben, die ich meines Lebens für würdig befinde, so werde ich in den Krieg ziehen – vorher nicht. Aber ich bewundere Euren ... ähm, kriegerischen Geist.«

Jasper errötet bis in die Wurzeln seines fuchsroten Haares über den Ton des älteren Mannes. »Dies ist keine lachhafte Angelegenheit, Sir. Ich kämpfe seit zwei Jahren für meinen

König und mein Haus, und ich muss Euch daran erinnern, dass es mich teuer zu stehen gekommen ist. Ich habe meinen Bruder an den Mauern von Carmarthen verloren, den Erben unseres Namens, die Krönung unseres Hauses, Margarets Gemahl, der seinen Sohn nie gesehen hat…«

»Ich weiß, ich weiß, und ich lache nicht. Auch ich habe einen Bruder verloren, vergesst das nicht. Diese ewigen Schlachten sind eine Tragödie für England, gewiss nichts zum Lachen. Kommt, lasst uns zum Essen gehen und unsere Differenzen vergessen. Ich bete dafür, dass es nicht zum Kampf kommt, und das solltet Ihr auch tun. Wenn England wieder stark und reich werden will, braucht das Land unbedingt Frieden. Wir haben Frankreich besiegt, weil sich die Menschen dort nicht einig waren. Lasst uns nicht vom Weg abkommen, wie es ihnen geschehen ist; lasst uns nicht zu unseren schlimmsten Feinden in unserem eigenen Land werden.«

Jasper will einen Einwand vorbringen, doch mein Gemahl nimmt ihn beim Arm und führt ihn in die große Halle, wo die Männer bereits zu zehnt an den Tischen sitzen und auf das Abendessen warten. Als Jasper hereinkommt, klopfen die Männer mit den Heften ihrer Dolche auf den Tisch, als applaudierten sie. Ich finde es großartig, was für ein Feldherr er ist und wie er von seinen Männern geliebt wird. Er ist ihr Held, wie ein fahrender Ritter aus den Geschichten. Die Diener und das Gefolge meines Mannes senken nur die Köpfe und lüften respektvoll die Kappen, als er vorbeigeht. Niemand hat Henry Stafford je lauthals bejubelt. Und niemand wird es je tun.

Wir schreiten durch das dunkle Rumoren zur Tafel. Jasper wirft mir einen Blick zu, als bemitleidete er mich, weil ich einen Mann geheiratet habe, der nicht für seine Familie kämpft. Ich halte den Blick gesenkt. Wahrscheinlich wissen alle, dass ich die Tochter eines Feiglings und die Frau eines Feiglings bin und mit dieser Schande leben muss.

Als uns ein Diener Wasser über die Hände gießt und sie mit einer Serviette abtrocknet, lenkt mein Gemahl freundlich ein: »Nun sind wir noch gar nicht auf das zu sprechen gekommen, was meine Frau am meisten interessiert: die Gesundheit ihres Sohnes. Was macht der junge Henry? Geht es ihm gut?«

Jasper wendet sich an mich. »Ja, er ist wohlauf und kräftig. Ich habe dir geschrieben, dass seine Backenzähne durchgekommen sind; in den Tagen hat er gefiebert, aber jetzt ist er damit durch. Er steht und läuft. Er spricht viel, nicht immer deutlich, aber er plappert den ganzen Tag. Sein Kindermädchen behauptet, er sei eigensinnig, aber nicht mehr, als es ihm in seiner Stellung in der Welt und in seinem Alter ziemt. Ich habe ihr aufgetragen, nicht zu streng mit ihm zu sein. Er ist der Earl of Richmond – niemand darf seinen Willen brechen, er hat ein Recht auf seinen Stolz.«

»Erzählst du ihm etwas von mir?«, frage ich ihn.

»Selbstverständlich«, antwortet er lächelnd. »Ich erzähle ihm, dass seine Mutter eine große Lady in England ist und dass sie bald kommt, um ihn zu sehen, und dann sagt er ›Mama!‹, einfach so.«

Über seine Nachahmung der flötenden Stimme des Zweijährigen muss ich lachen. »Und sein Haar?«, will ich wissen. »Setzt sich Edmunds Rot durch?«

»Leider nicht«, sagt Jasper mit einer Enttäuschung, die ich nicht teile. »In der Hinsicht ist er kein Tudor. Seine Löckchen sind von der Farbe eines kastanienbraunen Pferds. Sein Kindermädchen meint, im Sommer werde er heller, wenn er draußen in der Sonne spielt, aber sein Kopf wird nicht messingfarben wie der von uns Tudors.«

»Spielt er gern? Kennt er seine Gebete?«

»Er spielt mit Schlagholz und Ball – wenn ihm einer den Ball zuwirft, am liebsten den ganzen Tag. Er lernt das Vaterunser und den Katechismus. Dein Freund, Vater William, kommt jeden Morgen zum Beten, und sein Kindermädchen lässt ihn abends am Fuße seines Bettes knien. Er schließt dich in seine Gebete ein.«

»Hat er Spielkameraden?«, fragt mein Gemahl. »Nachbarskinder?«

»Wir leben auf der Burg sehr abgeschieden«, erwidert Jasper. »Es gibt in der Nähe keine Familien seines Standes, und so gibt es keine geeigneten Gefährten für einen Jungen wie ihn. Er ist der Earl of Richmond, ein Verwandter des Königs. Ich kann ihn nicht mit den Dorfkindern spielen lassen. Außerdem hätte ich Angst vor Krankheiten. Er spielt mit seinen Kindermädchen. Und ich spiele mit ihm. Er braucht sonst niemanden.«

Ich nicke. Auch ich möchte nicht, dass er mit den Dorfkindern spielt und sich ihren rauen Umgangston angewöhnt.

»Er sollte aber mit Kindern seines Alters spielen«, wendet mein Gemahl ein. »Er muss sich mit anderen Jungen messen, selbst wenn sie aus den einfachen Dorfhütten kommen.«

»Wenn es so weit ist«, antwortet Jasper steif. »Noch braucht er keine Gefährten außer denen, die ich ihm gebe.«

Unbehagliches Schweigen. »Isst er gut?«, will ich wissen.

»Isst gut, schläft gut, rennt den ganzen Tag herum«, sagt Jasper. »Er wächst auch schnell. Ich glaube, er wird einmal groß. Er hat Edmunds Figur: groß und schlank.«

»Wir kommen ihn besuchen, sowie es sicher ist zu reisen«, verspricht mein Gemahl. »Und Jasper, wisst Ihr auch bestimmt, dass er bei Euch sicher ist?«

»In ganz Wales ist kein Yorkist übrig geblieben, der genug Männer anmustern könnte, um das Dorf Pembroke einzunehmen, geschweige denn meine Burg«, versichert Jasper uns. »William Herbert ist jetzt ein Mann des Königs; nach seiner Begnadigung ist er zu den Lancastrianern übergelaufen. Für einen Sohn des Hauses Lancaster ist Wales sicherer als England. Ich habe alle wichtigen Burgen eingenommen und lasse die Straßen patrouillieren. Ich passe auf ihn auf, wie ich es versprochen habe. Ich werde ihn immer beschützen.«

Jasper bleibt nur zwei Nächte. Tagsüber reitet er zu unseren Pächtern und mustert all diejenigen an, die willens sind, mit ihm zur Verteidigung des Königs nach London zu marschieren. Es sind nur wenige. Wir mögen aus dem Haus Lancaster sein, aber wer nahe genug an London lebt, dass ihm die Gerüchte vom Hof zu Ohren kommen, opfert sein Leben nicht für einen König, von dem es heißt, er sei halb verrückt, oder für eine Königin, die nicht nur Französin ist, sondern obendrein auch noch ein Mannweib.

Am dritten Tag ist Jasper reisefertig, und ich muss mich von ihm verabschieden. »Du scheinst jedenfalls glücklich zu sein«, sagt er im Stallhof leise zu mir, als seine Männer die Sättel auflegen und aufsitzen.

»Mir geht es ganz gut. Er ist freundlich zu mir.«

»Ich wünschte, du könntest ihn überreden, seinen Teil beizutragen«, sagt Jasper.

»Ich tue, was ich kann, aber ich bezweifle, dass er auf mich hört. Ich weiß, dass er dem König dienen sollte, Jasper, aber er ist älter als ich und glaubt, er wüsste es besser.«

»Es kann sein, dass unser König für sein Recht auf Herrschaft kämpfen muss«, fügt Jasper hinzu. »Ein wahrer Mann steht ihm zur Seite. Ein Mann aus dem Haus Lancaster sollte nicht darauf warten, dass er einbestellt wird, geschweige denn den Ruf ignorieren.«

»Ich weiß, ich sage es ihm noch einmal. Und richte Baby Henry aus, dass ich komme, sobald die Straßen sicher sind.«

»Es wird erst Frieden und sichere Straßen geben, wenn York und Warwick sich ihrem rechtmäßigen König untergeordnet haben!«, setzt Jasper gereizt hinzu.

»Ich weiß«, versichere ich ihm. »Aber was Sir Henry angeht...«

»Was?«

»Er ist alt«, sage ich mit der Weisheit einer Sechzehnjährigen. »Er versteht nicht, dass Gott uns manchmal einen Augenblick schenkt und dass wir ihn ergreifen müssen. Johanna von Orléans wusste das, und du auch. Wenn Gott uns einen schicksalhaften Augenblick schenkt, müssen wir den Ruf hören und ihm folgen.«

Ein Lächeln geht über Jaspers Gesicht. »Ja«, sagt er. »Du hast recht, Margaret. Genauso ist es. Manchmal gibt es so einen Augenblick, und du musst darauf reagieren. Sollen sie doch ruhig denken, man wäre nur ein dummer Meutehund, der dem Jagdhorn folgt.«

Er küsst mich zärtlich auf den Mund, wie es einem Schwager zusteht, und hält mich einen Augenblick bei den Händen. Ich schließe die Augen und spüre, wie ich schwanke, seine Berührung lässt mich schwindeln. Dann wendet er sich ab und schwingt sich in den Sattel.

»Trägt unser altes Pferd Arthur dich noch immer gut?«, fragt er und versucht damit zu überspielen, dass er mich wiederum verlässt und der Gefahr entgegenreitet.

»Ja«, antworte ich. »Ich reite fast täglich mit ihm aus. Geh mit Gott, Jasper.«

Er nickt. »Gott wird mich schützen, denn wir sind im Recht. Noch im Schlachtgetümmel weiß ich, dass Gott immer den Mann schützen wird, der dem König dient.«

Dann treibt er das Pferd an die Spitze seiner Männer, die gegen Süden nach London reiten, um den Palast von Westminster vor unseren Feinden zu schützen.

HERBST 1459

Ich höre erst wieder von Jasper, als einer unserer Pächter, den er zum Mitreiten überredet hat, Mitte September nach Hause zurückkehrt – auf seinem kleinen Pony festgebunden, ein Arm nur noch ein schwärender Stumpf, mit weißem Gesicht und vom Geruch des Todes umgeben. Seine Frau, ein Mädchen, kaum älter als ich, schreit auf vor Entsetzen und wird ohnmächtig, als sie ihn zur Tür bringen. Sie kann ihn nicht pflegen; sie weiß nicht, wie sie mit den verfaulenden Überresten des jungen Mannes umgehen soll, den sie aus Liebe geheiratet hat, und so bringen sie ihn hoch zur Burg, wo er besser versorgt werden kann als in seiner dreckigen Hütte. Einen leerstehenden Raum neben der Milchkammer verwandle ich in ein Krankenzimmer, und ich frage mich, wie viele Männer aus der Schar, die Jasper hastig rekrutiert hat, wohl noch verwundet nach Hause zurückkommen. Jaspers Freiwilliger, John, erklärt meinem Gemahl, dass Warwicks Vater, der Earl of Salisbury, mit seinen Männern bei Ludlow auf den Duke of York habe stoßen wollen, doch zwei unserer Lords, Dudley und Audley, hätten ihn auf der Straße nach Wales, in Market Drayton, in einen Hinterhalt laufen lassen. Unsere Truppe war doppelt so groß wie Salisburys Armee, und John weiß zu berichten, dass die yorkistischen Soldaten auf die Knie gefallen sind und den Boden geküsst haben, weil sie dachten, er sei ihr Totenbett.

Doch die yorkistische Armee hat unsere Männer ausgetrickst. Das konnte gelingen, weil Salisburys Männer alles für ihn tun würden – zurückfallen, standhalten, angreifen –, und so befahl er ihnen abzuziehen, als gäben sie den Kampf auf. Unsere Kavalleristen haben sie über den Haufen geritten, denn sie vermeinten, eine fliehende Armee zu jagen. Sie bemerkten erst, dass sie in eine aussichtslose Lage geraten waren, als sie durch den Bach wateten. Denn der Feind hatte angehalten und sich, schnell wie eine angreifende Schlange, umgewandt. Unsere Männer mussten sich mit ihren Pferden und den schweren Geschützen durch das aufgewühlte Flussufer hügelan kämpfen, um die Kanonen erneut in Stellung zu bringen. Die Bogenschützen der Yorkisten konnten auf unsere Männer hinabschießen, und Soldaten und Pferde gingen – inmitten von Matsch und Chaos – im Pfeilhagel unter und waren verloren. John sagte, der Fluss wäre rot vom Blut der Verwundeten und Sterbenden gewesen, und die Männer, die durch das Wasser gewatet sind, um der Schlacht zu entfliehen, waren blutrot.

Nacht senkte sich auf das Schlachtfeld, wo unsere Sache verloren war, und die sterbenden Männer blieben auf den Feldern sich selbst überlassen. Salisbury, der Feldherr der Yorkisten, entwischte, bevor unsere Armee oben angekommen war. Er hatte die Kanonen auf dem Feld zurückgelassen und einen abtrünnigen Mönch dafür bezahlt, sie die ganze Nacht hindurch abzufeuern. Als die königliche Armee in der Erwartung, die Yorkisten hätten sich in der Defensive hinter ihren Kanonen verkrochen, in der Morgendämmerung schlachtbereit den Hügel hochdonnerte, war niemand da – abgesehen von einem betrunkenen Mönch, der von Geschütz zu Geschütz hüpfte und ihnen erklärte, ihr Feind sei lachend über den Sieg über die beiden lancastrianischen Lords nach Ludlow entkommen.

※

»Es ist also zur Schlacht gekommen«, sagt mein Gemahl grimmig, »und sie wurde verloren.«

»Sie sind nicht auf den König selbst gestoßen«, wende ich ein. »Der König hätte sie geschlagen, ohne Zweifel. Sie sind nur auf zwei unserer Lords getroffen, nicht auf den König, den Oberbefehlshaber.«

»Tatsächlich hatten unsere beiden Lords es nur mit einem jämmerlichen Mönch zu tun«, betont mein Gemahl.

»Unsere Männer hätten bestimmt gewonnen, wenn die Yorkisten fair gewesen wären«, beharre ich.

»Bestimmt. Aber einer dieser Lords ist nun tot und der andere in Gefangenschaft. Ich denke, wir können uns darauf einigen, dass unsere Feinde die erste Runde gewonnen haben.«

»Aber es wird doch weitere Schlachten geben? Können wir uns nicht neu formieren? Als es Johanna misslang, Paris einzunehmen, hat sie nicht aufgegeben…«

»Ach, Johanna«, sagt er müde. »Ja, wenn wir uns Johanna zum Vorbild nehmen, dann sollten wir bis zum Tod gehen, denn dann winkt uns ein glückliches Martyrium. Du hast recht. Es wird noch mehr Schlachten geben. Dessen kannst du dir sicher sein. Jetzt umkreisen sich zwei Mächte wie kampflustige Hähne, jeder auf seinen Vorteil bedacht. Du kannst davon ausgehen, dass es zum Kampf kommt, danach zu einem weiteren und zu noch einem, bis einer von ihnen unterliegt oder stirbt.«

Ich bin taub für seinen verletzenden Ton. »Mein Gatte, wirst du jetzt deinem König dienen? Nun, wo die erste Schlacht geschlagen wurde und wir verloren haben. Wo du sehen kannst, wie sehr du gebraucht wirst. Und jeder Ehrenmann gehen muss.«

Er sieht mich an. »Ich werde gehen, wenn ich muss«, sagt er grimmig. »Aber keine Minute vorher.«

»Jeder wahre Engländer wird dort sein, nur du nicht!«, protestiere ich hitzig.

»Dann wird es dort so viele wahre Engländer geben, dass sie keine Verwendung haben für einen Feigling wie mich«, sagt Sir Henry und verlässt das Krankenzimmer, in dem Jaspers Freiwilliger stirbt, bevor ich etwas erwidern kann.

Danach breitet sich Kälte zwischen Henry und mir aus, und deswegen sage ich ihm nichts davon, als ich ein zerknittertes Stück Papier von Jasper bekomme, auf dem er mir mit seiner spitzen, ungelenken Handschrift mitteilt:

Hab keine Angst. Der König selbst geht aufs Schlachtfeld. Wir marschieren los.
– J.

Ich warte, bis wir nach dem Abendessen allein sind. Mein Gemahl spielt geräuschlos auf einer Laute. »Hast du Nachrichten von deinem Vater? Ist er beim König?«, frage ich ihn.

»Sie jagen die Yorkisten zurück in ihre Burg bei Ludlow«, antwortet er und spielt halbherzig eine kleine Melodie. »Mein Vater berichtet, dass mehr als zwanzigtausend Mann für den König angetreten sind. Wie es scheint, denken die meisten Männer, dass er gewinnt, dass York gefangen genommen und getötet wird, auch wenn der König mit seinem weichen Herzen gesagt hat, wenn sie sich ergeben, werde er ihnen allen vergeben.«

»Gibt es eine weitere Schlacht?«

»Nur, wenn York sich entschließt, dem König persönlich entgegenzutreten. Doch ist es schon eine Sünde, deine Freunde und Verwandten zu töten, so ist es noch etwas ganz anderes, deinen Bogenschützen zu befehlen, auf das Banner des Königs zu zielen und auf den König selbst. Was, wenn der König in der Schlacht fällt? Was, wenn York sein Breitschwert auf des Königs geheiligtes Haupt niedergehen lässt?«

Bei dem Gedanken, dass der König, nahezu ein Heiliger, durch die Hand seines Untertanen, der ihm Loyalität geschworen hat, den Märtyrertod stirbt, schließe ich meine Augen voller Entsetzen. »Das kann der Duke of York nicht tun! Gewiss kann er so etwas doch nicht einmal in Erwägung ziehen?«

OKTOBER 1459

Wie sich herausstellt, konnte er das tatsächlich nicht. Als die Yorkisten ihrem rechtmäßigen König auf dem Schlachtfeld gegenüberstanden, konnten sie sich nicht überwinden, ihn anzugreifen. Während die yorkistischen Truppen sich hinter ihren Geschützen und Pferdegespannen zusammenzogen und vom Hügel auf die Brücke bei Ludford und das Banner des Königs blickten, verbrachte ich den Tag auf den Knien. Während sie sich in Stellung brachten, rang ich mit meinen Gebeten. In der Nacht verließ sie ihr sündiger Mut, und sie liefen davon. Sie rannten fort wie die Feiglinge, die sie waren, und am nächsten Morgen ging der König – ein Heiliger, aber Gott sei Dank kein Märtyrer – durch die Reihen der einfachen yorkistischen Soldaten, die von ihren Anführern im Stich gelassen worden waren, vergab ihnen und schickte sie freundlich nach Hause. Mit den Schlüsseln zur Burg in der Hand und flankiert von ihren beiden kleinen zitternden Söhnen, George und Richard, musste Yorks Frau, Herzogin Cecily, unter dem Kreuz der Stadt Ludlow warten, während der Pöbel des Königs zum Plündern in die Stadt strömte. Sie musste vor dem König kapitulieren und ihre Söhne in Gefangenschaft geben, ohne zu wissen, wohin ihr Gemahl und die beiden älteren Söhne geflohen waren. Sie muss sich geschämt haben bis ins Mark. Die große Rebellion des Hauses York und ihres Verbündeten Warwick gegen den von Gott ernannten König endete im Handgemenge der Plünderer in Yorks Burg, die Herzogin im Gefängnis, ihre kleinen Söhne an sich gepresst, in Tränen aufgelöst ob ihrer Niederlage.

»Was für Feiglinge«, flüstere ich der Statue der Jungfrau Maria in meiner privaten Kapelle zu. »Und du hast sie mit Schande bestraft. Ich habe gebetet, dass du die Verräter besiegst, und du hast meine Gebete erhört und sie scheitern lassen.«

Als ich mich von den Knien erhebe und aus der Kapelle schreite, bin ich ein bisschen größer als vorher, denn ich weiß, dass mein Haus von Gott gesegnet ist, dass es von einem Mann geführt wird, der ein Heiliger ist und ein König, und dass unsere Sache gerecht ist und gewonnen wurde, ohne dass auch nur ein Pfeil abgeschossen wurde.

FRÜHJAHR 1460

»Außer, dass wir noch nicht gewonnen haben«, bemerkt mein Gemahl säuerlich. »Es gibt keine Vereinbarung mit York und keine Antwort auf seine Beschwerden. Salisbury, Warwick und die beiden älteren Söhne Yorks sind in Calais, wo sie keine Zeit verschwenden werden. York ist nach Irland geflohen, sicherlich, um dort Truppen zusammenzuziehen. Die Königin besteht darauf, sie alle des Verrats anzuklagen, und nun fordert sie Listen aller tauglichen Männer aus sämtlichen Grafschaften Englands an. Sie bildet sich ein, sie hätte das Recht, sie direkt in ihre Armee einzuberufen.«

»Bestimmt will sie doch nur die Lords darum bitten, ihre eigenen Männer auszuheben, wie es üblich ist?«

Er schüttelt den Kopf. »Nein, sie beabsichtigt Truppen auf die französische Art zu rekrutieren. Sie will das Fußvolk direkt befehligen; sie will sie unter ihr Banner einberufen, als wäre sie ein französischer König. Das macht hier niemand mit. Das Fußvolk wird sich weigern, für sie in den Krieg zu ziehen. Wie kämen die Männer auch dazu? Schließlich ist sie nicht ihr Lehnsherr. Und die Lords werden es als Affront gegen sie betrachten, mit dem die Königin versucht, ihre Macht zu unterminieren. Sie werden sie verdächtigen, sich hinter ihrem Rücken an ihre eigenen Pächter zu wenden. Sie werden das Gefühl haben, die französische Tyrannei greife auf England über. So macht sie sich ihre natürlichen Verbündeten zu Feinden. Gott weiß, sie macht es den Leuten schwer, ihrem König treu zu bleiben.«

Nach dieser düsteren Vorhersage beichte ich dem Priester, dass ich an dem Urteilsvermögen meines Gemahls zweifele. Er ist ein vorsichtiger Mann und zu diskret, um sich näher nach meinen Zweifeln zu erkundigen – schließlich gehören die Kapelle und die Pfründe meinem Gemahl, und er zahlt auch für die Musik und die Messen in der Kirche –, aber er gibt mir zehn Ave-Maria auf und eine Stunde reumütigen Gebets auf den Knien. Ich knie nieder, aber ich bereue nichts. Ich befürchte, dass mein Gemahl schlimmer ist als ein Feigling. Ich befürchte das Schlimmste: dass er mit der Sache der Yorkisten sympathisiert. Ich beginne, seine Loyalität zum König in Zweifel zu ziehen. Ich halte noch die Perlen meines Rosenkranzes in der Hand, als ich mir diesen Gedanken eingestehe. Was kann ich tun? Was soll ich tun? Wie soll ich leben, wenn ich mit einem Verräter verheiratet bin? Wie kann ich ihm als Gemahlin treu bleiben, wenn er unserem König und unserem Haus nicht treu ist? Ist es möglich, dass Gott mich aufruft, meinen Gemahl zu verlassen? Und wo will Gott mich haben, wenn nicht an der Seite eines Mannes, der mit Leib und Seele der Sache dient? Will Gott, dass ich zu Jasper gehe?

Wovor mich mein Gemahl in der Garnison in Calais gewarnt hat, wird im Juli schließlich auf erschreckende Weise wahr, als York auf halbem Weg nach London mit einer Flotte in Sandwich landet und auf die Hauptstadt zumarschiert, ohne dass ein einziger Schuss fällt, ohne dass ihm eine einzige Tür vor der Nase zugeschlagen wird. Gott vergib den Männern Londons, sie reißen die Stadttore weit für ihn auf, und er marschiert unter ihrem Beifall ein, als befreite er die Stadt von einem Thronräuber. Der König hält sich mit seinem Hof in Coventry auf. Sowie die Nachricht zu ihnen gedrungen ist, geht des Königs Ruf durchs Land, dass er sämtliche Verwandten einberuft. York hat London eingenommen; Lancaster muss marschieren.

»Ziehst du jetzt in die Schlacht?«, verlange ich von meinem Gemahl zu wissen, als ich ihn im Stallhof finde, wo er Rüstungen und Zaumzeug für Männer und Pferde prüft. Endlich, denke ich, erkennt er die Gefahr für den König und sieht ein, dass er ihn verteidigen muss.

»Nein«, antwortet er kurz angebunden. »Obwohl mein Vater dort ist. Gott behüte ihn in seinem Wahnsinn.«

»Du gehst nicht einmal, um deinem Vater in der Gefahr beizustehen?«

»Nein«, wiederholt er. »Ich liebe meinen Vater, und ich werde zu ihm stoßen, wenn er es mir befiehlt. Doch bis jetzt hat er mich noch nicht an seine Seite berufen. Er wird die Standarte von Buckingham entrollen, unter der er mich noch nicht sehen will.«

Ich weiß, dass kalte Wut über mein Gesicht flackert, und erwidere seinen Blick mit Härte. »Wie hältst du es aus, nicht dort zu sein?«

»Ich zweifle an der Sache«, sagt er offen. »Wenn der König London zurückhaben will, muss er nur in die Stadt gehen und mit dem Duke of York die Bedingungen aushandeln. Er braucht seine eigene Hauptstadt nicht anzugreifen; er muss nur bereit sein, mit ihnen zu sprechen.«

»Er sollte York wie einen Verräter niederstrecken, und du solltest dabei sein!«, fahre ich hitzig auf.

Er seufzt. »Du bist sehr schnell bereit, mich in Gefahr zu schicken, Gattin«, bemerkt er mit einem ironischen Lächeln. »Ich muss sagen, mir wäre es doch sehr viel lieber, wenn du mich bitten würdest, zu Hause zu bleiben.«

»Ich bitte dich nur, deine Pflicht zu tun«, sage ich stolz. »Wenn ich ein Mann wäre, würde ich zum König reiten. Wenn ich ein Mann wäre, wäre ich jetzt an seiner Seite.«

»Du wärst gewiss eine wahre Johanna von Orléans«, sagt er leise. »Aber ich habe Schlachten miterlebt, und ich weiß, was sie kosten, und im Augenblick betrachte ich es als meine Pflicht, für die Sicherheit und den Frieden unserer Ländereien und unserer Leute zu sorgen, während andere dieses Land mit ihrem Ehrgeiz auseinanderreißen.«

Ich bin so aufgebracht, dass ich kein Wort mehr herausbringe. Also mache ich auf dem Absatz kehrt und gehe in den Stall zu Arthur, dem alten Schlachtross. Sanft beugt er den Kopf zu mir herunter. Ich klopfe ihm den Hals, kraule ihn hinter den Ohren und flüstere ihm zu, wir sollten nach Coventry reiten und Jasper suchen, der bestimmt dort ist. Und wir sollten für den König kämpfen.

10. JULI 1460

Selbst wenn Arthur und ich gleich losgeritten wären, wären wir zu spät gekommen. Der König hat seine Armee vor Northampton hinter einer Palisade aus spitzen Pfählen verschanzt, um mit der neu geschmiedeten, gefechtsbereiten Kanone auf die Kavallerie zu schießen. Die Yorks, angeführt von dem Jungen, Edward of March, den Verrätern Lord Fauconberg und Lord Warwick, rückten im strömenden Regen in drei Kampftrupps näher. Unter den Hufen der Pferde wurde der Boden zu Matsch, und der Kavallerieangriff blieb im Morast stecken. Gott ließ es auf diese Rebellen regnen, und es sah ganz so aus, als würden sie im Sumpf versinken. Der Junge Edward of York musste all seinen Mut aufbringen, um seine Männer durch dieses Sumpfgebiet dem Pfeilhagel der Lancastrianer entgegenzuführen. Dies wäre ihm gewiss missglückt, und er hätte sein Leben im Matsch ausgehaucht, wäre in dem Augenblick nicht der Anführer unserer linken Flanke, Lord Grey of Ruthin, zum Verräter geworden. Er zog die Yorkisten über die Barrikaden und wandte sich im erbitterten Nahkampf gegen sein eigenes Haus. Er trieb unsere Männer zurück zum Fluss Nene, in dem viele ertranken, bis Warwick und Fauconberg die Oberhand gewannen.

Im Sieg waren sie ohne Gnade. Sie ließen das Fußvolk ziehen, aber jeder, der Rüstung trug, wurde sofort ohne Lösegeldforderung getötet. Das Schlimmste war, dass sie in unser Lager einmarschierten und dort auf das Zelt des Königs stießen. Seine Gnaden saß gedankenversunken und friedlich da, als betete er in seiner Kapelle und wartete darauf, dass sie ihn als großen Preis der Schlacht gefangen nähmen.

Schändliche Verräter, die sie sind, haben sie genau das getan.

Zwei Abende später kommt mein Gemahl in mein Gemach, als ich mich gerade zum Abendessen umkleide. »Lass uns allein«, sagt er brüsk zu meiner Zofe. Sie wirft mir einen Blick zu, doch als sie sein düsteres Gesicht sieht, huscht sie aus dem Zimmer.

»Mein Vater ist tot«, sagt er ohne Einleitung. »Ich habe es eben erfahren. England hat einen großen Herzog im Matsch von Northampton verloren und ich einen lieben Vater. Sein Erbe, mein Neffe, der kleine Henry Stafford, hat keinen Großvater und Beschützer mehr.«

Ich ringe nach Luft. »Es tut mir leid. Es tut mir so leid, Henry.«

»Sie haben ihn auf einem morastigen Feld niedergemetzelt, als er versuchte, zu seinem Pferd zu gelangen«, fährt er fort und erspart mir nichts. »Ihn und den Earl of Shrewsbury, Lord Beaumont, Lord Egremont – lieber Gott, die Liste ist endlos. Wir haben eine ganze Generation von Edelleuten verloren. Wie es scheint, haben die Regeln des Krieges sich geändert, und es gibt in England keine Gefangenschaft und kein Lösegeld mehr. Keine Möglichkeit, sich zu ergeben.

Der Schwertarm hat die Herrschaft übernommen, und jede Schlacht wird bis auf den Tod geschlagen. Eine Herrschaft der Grausamkeit.«

»Und der König?«, frage ich leise. »Sie haben es doch nicht gewagt, ihm etwas anzutun?«

»Der König wurde ergriffen, sie haben ihn als ihren Gefangenen nach London gebracht.«

»Als Gefangenen?« Ich traue meinen Ohren nicht.

»So gut wie.«

»Und die Königin?«

»Wird vermisst, mit ihrem Sohn.«

»Vermisst?«

»Nicht tot. Wahrscheinlich entkommen. Versteckt sich irgendwo. Was wird nur aus diesem Land? Mein Vater...«

Er schluckt schwer und wendet sich zum Fenster. Die Bäume stehen im schönsten sattgrünen Laub, und die Felder hinter ihnen färben sich schon golden. Es fällt schwer, sich meinen Schwiegervater, den eitlen Aristokraten, in einem aufgewühlten Matschfeld vorzustellen, wie er auf der Flucht niedergemetzelt wird.

»Ich werde heute nicht in der Halle zu Abend speisen«, sagt mein Gemahl gepresst. »Du kannst dort oder in deinen Gemächern essen, ganz wie es dir beliebt. Ich muss seinen Leichnam von Northampton nach Hause überführen. Ich reite in der Morgendämmerung los.«

»Es tut mir leid«, wiederhole ich kläglich.

»Viele Hundert Söhne werden dieselbe Reise unternehmen«, sagt er. »Wir reiten alle mit gebrochenem Herzen, wir alle denken an Rache. Genau das habe ich befürchtet, genau davor hatte ich Angst. Es leuchtet nicht so hell und ist nicht so ehrenhaft, wie du immer gedacht hast, es ist keine Ballade. Es ist Durcheinander und Unordnung, sündige Verschwendung. Gute Männer sind gestorben, und weitere werden ihnen folgen.«

Ich verberge vor meinem Gemahl meine Angst, bis er sich dann verabschiedet und den Weg nach Süden eingeschlagen hat, aber ich stehe Todesängste um Jaspers Sicherheit aus. Er wird dort gewesen sein, wo der Kampf am heftigsten tobte; ich zweifle nicht daran, dass jeder, der zum Zelt des Königs vordringen wollte, an Jasper vorbeimusste. Wenn der König gefangen genommen wurde, kann Jasper nicht mehr leben. Wie könnte er noch leben, wenn so viele tot sind?

Ich bekomme die Antwort, noch bevor mein Gemahl nach Hause zurückkehrt.

Schwester,
ich habe eine sehr große Lady mit ihrem Sohn in Sicherheit gebracht. Wir verstecken uns. Ich sage Dir nicht, wo, falls dieser Brief in die Hände eines Verräters gerät. Ich bin in Sicherheit, und Dein Sohn ist dort, wo ich ihn verlassen habe, in Sicherheit. Ich passe auf die Lady auf, bis sie fliehen kann. Es ist ein Rückschlag, aber es ist noch nicht vorbei. Sie ist unerschrocken und kampfbereit.
– J.

Es dauert einen Moment, bis mir aufgeht, dass er die Königin in sicherem Gewahrsam hat, dass er sie kühn aus der Schlacht errettet und in ein Versteck in Wales gebracht hat. Mag der König auch in Gefangenschaft sein, solange sie frei ist, haben wir eine Gebieterin, und solange ihr Sohn frei ist, haben wir einen Thronerben. Jasper hat unserer Sache treu gedient. Er schützt das Herz unserer Sache, und ich zweifele nicht daran, dass sie bei ihm sicher ist. Er hält sie auf Pembroke Castle oder Denbigh Castle versteckt und wird sie in seiner Nähe behalten. Und sie wird ihm dankbar sein für den Schutz. Er wird ihr wie ein Ritter zu Gebote stehen; er wird ihr mit gebeugtem Knie dienen, und sie wird hinter ihm aufsitzen, die schlanken Hände an seinem Gürtel. Nun muss ich in die Kapelle gehen und dem Priester beichten, dass mich die Sünde der Eifersucht heimgesucht hat, aber ich lasse ihn keine Einzelheiten wissen.

Finsteren Gemüts kehrt mein Gemahl nach Hause zurück, nachdem er den Vater begraben und seinen Neffen einem neuen Vormund übergeben hat. Der kleine Henry Stafford, der neue Duke of Buckingham, ist erst fünf Jahre alt, das arme Kind. Sein Vater starb im Kampf für Lancaster, als er noch ein Säugling war, und nun hat er auch noch den Großvater verloren. Mein Gemahl ist wie benommen von diesem Schlag gegen sein Haus, doch ich habe kein Mitgefühl mit ihm. Denn wer trägt die Schuld für unsere Niederlage, wenn nicht er und alle diejenigen, die zu Hause geblieben sind, obwohl ihre Königin sie gerufen hat und wir in der größten Gefahr waren? Mein Schwiegervater starb, weil er in der Schlacht geschlagen wurde. Wessen Schuld soll das sein, wenn nicht die seines Sohnes, der nicht an seiner Seite reiten wollte? Henry erzählt mir, dass der Duke of York von betäubtem Schweigen empfangen wurde, als er – den König als Gefangenen neben sich – in London einritt. Die Bürger von London sind, wie sich jetzt erweist, nur halbherzige Verräter, denn als York die Hand auf den marmornen Thron legte, um die Königswürde zu beanspruchen, bekommt er keine Unterstützung.

»Wie sollte es auch anders sein?«, frage ich. »Wir haben schon einen König. Das wissen selbst die treulosen Männer Londons.«

Mein Gatte seufzt, als sei er meiner Überzeugungen überdrüssig. Mir fällt auf, wie erschöpft und alt er aussieht und wie tief die Furche zwischen seinen Augenbrauen ist. Der Kummer und die Verantwortung für sein Haus drücken ihn nieder. Wenn unser König in Gefangenschaft ist und wir keine Macht mehr haben, wird uns jemand unseren kleinen Herzog wegnehmen und ihn als Mündel zu sich nehmen, um sich an seinen Ländereien zu bereichern. Wäre mein Gatte bei Lancaster oder York einer der Großen, so hätte er beim weiteren Schicksal seines Neffen, des zukünftigen Oberhauptes unserer Familie, ein Wort mitzureden gehabt. Hätte er sich Mühe gegeben, wäre er heute einer der großen Männer. Doch da er sich dafür entschied, zu Hause zu bleiben, ist er jetzt in der Bedeutungslosigkeit versunken. Er hat sich selbst zu einem Niemand gemacht. Die großen Entscheidungen der Welt werden ohne ihn fallen, und er kann noch nicht einmal die Seinen schützen, wie er es behauptet hat.

»Sie haben eine neue Vereinbarung aufgesetzt.«

»Was für eine Vereinbarung?«, frage ich ihn. »Wer hat ihr zugestimmt?«

Er wirft einem Hausdiener seinen Reiseumhang zu. Dann lässt er sich auf einen Stuhl fallen und winkt einem Knappen, ihm die Stiefel auszuziehen. Ich frage mich, ob er krank ist – er sieht so grau und erschöpft aus. Allerdings ist er auch sehr alt für eine solche Reise, schon fünfunddreißig. »Der König soll den Thron bis an sein Lebensende behalten, und der nächste König soll dann ein York sein«, sagt er nur. Er wirft mir einen Blick zu, nur um gleich wieder wegzusehen. »Ich wusste, dass dir das nicht gefällt. Es gibt keinen Grund, dich deswegen zu beunruhigen, es wird wahrscheinlich ohnehin nicht von Dauer sein.«

»Der Prince of Wales wird seiner Rechte beraubt?« Ich bin so schockiert, dass mir die Worte kaum über die Lippen kommen. »Wie kann er Prince of Wales sein und nicht König werden? Wie kann irgendjemand glauben, er könnte ihn übergehen?«

Henry zuckt die Achseln. »Ihr alle, die ihr in der Thronfolge standet, sollt beraubt werden. Du gehörst nun nicht mehr dem regierenden Haus an. Dein Sohn ist nicht mehr mit dem König verwandt, und er ist auch kein Thronerbe mehr. Nun heißt es York, York und seine Linie. Ja«, wiederholt er, trotz meiner Fassungslosigkeit, »er hat für seine Söhne das gewonnen, was ihm niemand geben wollte. Yorks Söhne folgen auf den König. Die neue königliche Linie entstammt jetzt dem Hause York. Die Lancasters werden zu königlichen Cousins. Darauf haben sie sich geeinigt. Der König hat geschworen, dem zu folgen.«

Er erhebt sich und will auf Strümpfen in seine Gemächer gehen.

Ich lege ihm die Hand auf den Arm. »Aber das ist genau das, was Johanna gesehen hat!«, rufe ich aus, »als ihr König übergangen und sein Erbe einem anderen übergeben wurde. Genau das hat sie gesehen, als sie ihren König nach Reims zur Krönung gebracht hat, einer gotteslästerlichen Vereinbarung zum Trotz, dass er nicht gekrönt werden sollte. Sie sah, dass die gottgegebene Ordnung übergangen werden sollte, und kämpfte für den wahren Erben. Das war ihre Größe. Sie hat den wahren Erben erkannt und für ihn gekämpft.«

Sein übliches Lächeln für mich will ihm nicht gelingen. »Na

und? Glaubst du, du könntest Edward, den Prince of Wales, nach London bringen und ihn trotz dieser Niederlage, trotz dieser Vereinbarung, krönen lassen? Willst du eine geschlagene Armee anführen? Willst du Englands Johanna sein?«

»Einer muss es ja tun«, rufe ich leidenschaftlich. »Der Prinz darf seines Thrones nicht beraubt werden. Wie konnten sie sich nur darauf einlassen? Wie konnte der König dem zustimmen?«

»Wer weiß, was in seinem Kopf vorgeht, diese arme Seele?«, lenkt mein Gemahl ein. »Wer weiß, was er noch mitbekommt und ob er diesmal wirklich wach bleibt? Und wenn er wieder einschläft oder gar stirbt und York den Thron an sich reißt, dann wird York zumindest imstande sein, dem Land Frieden zu bringen.«

»Darum geht es doch gar nicht!«, fahre ich ihn an. »York ist nicht von Gott berufen. York stammt nicht von der älteren Linie von Edward III. ab. York ist nicht aus königlichem Hause – aber wir, wir sind es! Ich! Mein Sohn! Dies ist meine Bestimmung, die der König verschenkt!« Ich schluchze zitternd auf. »Dafür wurde ich geboren; dafür wurde mein Sohn geboren! Der König kann uns nicht zu königlichen Cousins machen; wir sind in die königliche Linie hineingeboren worden!«

Er sieht auf mich herab, und dieses eine Mal sind seine braunen Augen nicht freundlich, sondern finster vor Zorn. »Genug«, knurrt er. »Du bist eine dumme, junge Frau von, wie vielen? ... ja, von siebzehn Jahren, und du verstehst nichts, Margaret. Du solltest still sein. Dies ist keine Ballade, kein Märchen, kein Ritterroman. Dies ist ein Verhängnis, das die Männer und Frauen Englands jeden Tag teuer zu stehen kommt. Dies hat weder etwas mit Johanna von Orléans zu tun noch mit dir und – Gott weiß – gewiss nichts mit ihm.«

Er macht sich los und geht fort, vorsichtig schreitet er die Stufen zu seinen Gemächern hinauf. Er ist steif vom langen Reiten und humpelt o-beinig. Hasserfüllt sehe ich ihm nach, ich halte die Hand vor den Mund, um mein Schluchzen zu unterdrücken. Er ist ein alter Mann, ein alter Narr. Ich kenne den Willen Gottes besser als er. Gott ist – und war – immer für Lancaster.

WINTER 1460

Ich habe vollkommen recht, und mein Gemahl hat unrecht, obwohl er mein Gemahl ist und gesetzlich über mir steht. Dies erweist sich in der Weihnachtszeit, als der Duke of York, zusammen mit einer kleinen Wachmannschaft – darunter sein Sohn Edmund, Earl of Rutland –, vor den Mauern seiner eigenen Burg in Sandal gefangen genommen wird und beide, York und sein Sohn, brutal von unseren Soldaten niedergemetzelt werden. Ausgerechnet er, der angeblich so schlau ist, so brillant in der Schlacht. So viel zu dem Mann, der König werden und die königliche Linie für sich reklamieren wollte!

Die Armee der Königin verhöhnt seinen zerfleischten Leichnam. Sie enthauptet ihn, setzt ihm eine Papierkrone auf und steckt den Kopf auf das Tor von York, damit er sein Königreich sehen kann, bevor ihm Krähen und Bussarde die toten Augen auspicken. Er stirbt den Tod eines Verräters, und mit ihm sterben die Hoffnungen von York. Denn wer ist noch übrig? Ein großer Verbündeter, der Earl of Warwick, hat nur nutzlose Töchter, und die drei restlichen Söhne Yorks – Edward, George und Richard – sind zu jung, um aus eigener Kraft eine Armee anzuführen.

Ich triumphiere nicht über meinen Gemahl, denn wir haben uns darauf geeinigt, friedlich zusammenzuleben. Wir feiern Weihnachten mit unseren Pächtern, unserem Gefolge und den Dienern, als bebte die Welt nicht vor Unsicherheit. Wir sprechen nicht über das geteilte Königreich; er bekommt zwar Briefe von Kaufleuten und Händlern in London, doch er teilt mir nicht mit, was er hört. Ebenso wenig erfahre ich von ihm, dass ihn seine Familie beharrlich drängt, den Tod seines Vaters zu rächen. Obwohl er weiß, dass Jasper mir aus Wales schreibt, fragt er mich nicht nach dessen kürzlich zurückeroberter Burg, Denbigh Castle, geschweige denn, wie der tapfere Jasper sie wieder in seine Gewalt gebracht hat.

Zu Weihnachten schicke ich meinem Sohn Henry einen kleinen Karren auf hölzernen Rädern, den er hinter sich herziehen kann, und mein Gemahl gibt mir einen Shilling, den ich ihm als Kirmesgeschenk mitsenden soll. Im Gegenzug schenke ich ihm einen silbernen Sixpence, für den kleinen Duke of Buckingham, Henry Stafford. Wir sprechen nicht über den Krieg, auch nicht vom Marsch der Königin nach Süden an der Spitze von fünftausend mordlustigen Schotten, von Jägern, die das Blut des yorkistischen Rebellen geleckt haben und noch mehr verlangen. Ich verschweige ihm auch, dass ich glaube, dass unser Haus wieder triumphiert hat und im nächsten Jahr siegreich sein wird, weil es einfach so sein muss, da wir von Gott gesegnet sind.

FRÜHJAHR 1461

Wie jeder andere von klarem Verstand glaube auch ich, dass die Kriege mit dem Tod des Duke of York beendet sind. Sein Sohn Edward ist erst achtzehn Jahre alt und hält sich ganz allein an der Grenze zu Wales auf, wo alle Jasper und dem Hause Lancaster folgen. Seine Mutter, Herzogin Cecily, trägt Schwarz in ihrer Witwenschaft, denn sie weiß: Dies war ihre endgültige Niederlage. Sie schickt ihre beiden jüngeren Söhne George und Richard ins Versteck nach Flandern, zum Herzog von Burgund. Herzogin Cecily muss sich vor der Ankunft der Königin in London fürchten, am Kopf einer Armee wilder Männer, die Vergeltung für diese zweite gescheiterte Rebellion fordern. Ihren ältesten Sohn kann sie nicht retten, Edward, zahlenmäßig hoffnungslos unterlegen, wird wahrscheinlich an der Grenze zu Wales im Kampf für die verlorene Sache seines toten Vaters fallen.

Mein Schwager Jasper und sein Vater, Owen Tudor, der mit ihm marschiert, werden die Ihren verteidigen. Gegen eine Armee, angeführt von einem Jungen, der seinen Bruder und seinen Vater und Kommandanten verloren hat, können sie nicht scheitern, wie Jasper bestätigt:

Wir müssen das Junge töten, um die Familie auszurotten. Dank Gott, dass der Löwe von uns gegangen ist. Mein Vater und ich mustern Männer gegen den neuen Duke of York, den jungen Edward, an. In wenigen Tagen stoßen wir auf ihn. Dein Sohn ist auf Pembroke Castle in Sicherheit. Es sollte ein Kinderspiel sein. Fürchte Dich nicht.

»Ich glaube, es wird zu einer weiteren Schlacht kommen«, sage ich zögernd vom Kamin aus zu meinem Gatten Henry, als er mein Schlafgemach betritt. Er wirft sein Gewand über das Bettende und schlüpft zwischen die Laken. »Dein Bett ist immer so behaglich«, bemerkt er. »Hast du bessere Laken als ich?«

Ich kichere, für einen Augenblick abgelenkt. »Ich glaube nicht. Es ist dein Haushofmeister, der alles anordnet. Ich habe meine Laken aus Wales mitgebracht, aber ich kann ihm sagen, dass er sie auch auf dein Bett ziehen soll, wenn du sie feiner findest.«

»Nein, ich möchte sie gerne hier genießen, mit dir. Lass uns nicht über die Lage des Landes sprechen.«

»Aber ich habe einen Brief von Jasper bekommen.«

»Erzähl mir morgen davon.«

»Ich glaube, es ist wichtig.«

Er seufzt. »Na gut. Was hat er zu sagen?«

Ich reiche ihm die Mitteilung, und er überfliegt sie. »Ja. Ich weiß, dass sie in Wales anmustern. Unser alter Freund William Herbert hat wieder die Seiten gewechselt.«

»Unmöglich!«

»Er wird sich eine weiße Rose anstecken und zusammen mit dem Sohn Yorks kämpfen. Er war nicht lange ein Freund Lancasters. Jasper wird sehr aufgebracht sein, dass Herbert schon wieder gegen ihn zieht.«

»Herbert besitzt keinen Funken Ehre!«, fahre ich auf. »Wo ihn der König persönlich begnadigt hat!«

Mein Gatte zuckt die Achseln. »Wer weiß, warum ein Mann die eine Seite wählt oder die andere? Ich höre von meinem Cousin, der mit den Soldaten der Königin reitet, dass sie die Überreste der yorkistischen Bedrohung zusammentreiben und dann siegreich nach London ziehen.«

»Können wir an den Hof gehen, wenn sie nach London kommt?«

»Zur Jubelfeier?«, fragt er trocken. »Im Parlament wird es gewiss reichlich Arbeit für mich geben. Halb England wird als Verräter gebrandmarkt und seiner Ländereien enthoben werden. Und die wird man dann der anderen Hälfte als Belohnung für ihren Anteil am Morden zusprechen.«

»Und wir gehören weder zu der einen noch zu der anderen Hälfte«, sage ich mürrisch.

»Ich will sie gar nicht haben, die Ländereien eines Mannes, der des Verrats angeklagt ist, weil er versucht hat, dem König einen guten Rat zu geben«, sagt mein Gatte leise. »Und du kannst sicher sein, dass die Hälfte der Ländereien an ihre ehemaligen Besitzer zurückgegeben wird, wenn der König wieder an die Macht kommt und seine Begnadigungen ausspricht. Er wird seinen Feinden vergeben und ihnen erlauben, in ihre Häuser zurückzukehren. Seine Verbündeten werden bemerken, dass er ihnen ihre Dienste schlecht entlohnt. Diesem König zu folgen bringt weder Gewinn noch wahre Ehre.«

Ich kneife die Lippen zusammen, um eine scharfe Erwiderung herunterzuschlucken. Er ist mein Gemahl. Was er sagt, gilt in unserem Haushalt. Er ist mein Lord unter Gott. Es hat keinen Zweck, offen mit ihm zu streiten. Doch im Herzen nenne ich ihn einen Feigling.

»Komm ins Bett«, sagt er sanft. »Warum kümmert es dich, so oder so, solange du und dein Sohn in Sicherheit seid?

Und bei mir bist du sicher, Margaret. Ich halte den Krieg von unseren Ländereien fern, und ich mache nicht das zweite Mal eine Witwe aus dir, indem ich dem Ruhm nachhetze. Komm ins Bett und lächle für mich.«

Ich gehe zu ihm ins Bett, wie es meine Pflicht ist, aber ich lächle nicht.

Dann erreichen mich entsetzliche Nachrichten. Und sie kommen von Jasper. Ich hatte ihn für unbesiegbar gehalten, doch das ist er nicht. Ich hatte geglaubt, Jasper könnte nicht verlieren. Es ist schrecklich, aber es stellt sich heraus, dass er es doch kann.

Schwester,
wir sind besiegt, und mein Vater ist tot. Er ging mit einem Scherz auf den Lippen zum Schafott, er glaubte nicht, dass sie es tun würden; aber sie schlugen ihm den Kopf ab und steckten ihn in Hereford auf einen Pfahl.

Ich hole Deinen Jungen aus Pembroke und nehme ihn mit auf Harlech Castle. Dort sind wir sicherer. Hab keine Angst um mich, aber ich glaube, dass unsere Sache für eine Generation verloren ist, vielleicht für immer.

Margaret, nun kommt das Schlimmste: Es gab ein Zeichen von Gott hier am Mortimer's Cross, und nicht für unser Haus. Gott hat uns am Himmel über dem Schlachtfeld die drei Sonnen von York gezeigt, und ein Sohn von York, der auf dem Feld das Kommando innehatte, hat uns verheerend geschlagen.

Ich habe es gesehen. Es gibt keinen Zweifel. Über seiner Armee standen drei glänzende Sonnen, eine heller als die andere. Sie schienen durch den Dunst, erst waren es drei, und dann verein-

ten sie sich zu einer, deren Strahlen auf seine Standarte fielen. Ich habe es mit eigenen Augen gesehen, ohne Zweifel. Ich weiß nicht, was es bedeutet, und ich werde weiter für meine Sache kämpfen, bis ich es verstehe. Ich vertraue darauf, dass Gott mit uns ist, aber an diesem Tag war er nicht mit uns, so viel ist gewiss. An diesem Tag ließ er das Licht seines Antlitzes auf York scheinen. Er hat die drei Söhne von York gesegnet. Ich schreibe wieder, sowie wir sicher in Harlech sind.

– J.

Mein Gatte ist in London, und ich muss tagelang warten, bevor er nach Hause kommt und ich ihm erzählen kann, dass Jasper schreibt, der Krieg sei beendet und unsere Sache verloren. Als ich ihn im Stallhof begrüße, schüttelt er den Kopf über mein Geplapper. »Schscht, Margaret. Es ist schlimmer, als du denkst. Der junge Edward of York hat Anspruch auf den Thron erhoben, und sie haben den Verstand verloren und ihn zum König gekrönt.«

Das bringt mich zum Verstummen. Ich sehe mich im Hof um, als müsste ich das geheim halten. »Zum König?«

»Sie haben ihm den Thron angeboten und behauptet, er sei der wahre König und Erbe. Er müsse nicht auf den Tod von König Henry warten. Also hat er Anspruch auf den Thron erhoben und angekündigt, unseren König und unsere Königin aus England zu vertreiben. Darauf folgte die Krönung, bei der er geweiht wurde. Ich bin nur nach Hause gekommen, um meine Männer zu versammeln. Ich kämpfe für König Henry.«

»Du?«, frage ich ungläubig. »Schließlich doch?«

»Ja. Ich. Schließlich doch.«

»Warum ziehst du jetzt los?«

Er seufzt. »Weil es nicht mehr darum geht, dass ein Untertan versucht, seinen König zur Verantwortung zu ziehen, und ich mit mir selbst uneins bin, wo ich meinem König als getreuer Untertan beistehen sollte gegen schlechte Berater. Jetzt geht es um Rebellion, offene Rebellion, und die Ernennung eines falschen Königs gegen einen wahren. Dies ist eine Sache, der ich folgen muss. Bis jetzt hat sie mich nicht gerufen. Aber York ist ein Verräter. Ich muss gegen den Verrat kämpfen.«

Ich verbiete mir, ihm vorzuwerfen, wenn er früher ausgerückt wäre, wäre es vielleicht nicht so weit gekommen.

»Ein Stafford muss auf dem Feld stehen und für seinen König kämpfen. Unsere Standarte muss dort sein. Erst war es mein armer Bruder und dann mein ehrenwerter Vater, der in diesen Kriegswirren sein Leben gab. Nun muss ich unter dem Banner der Staffords stehen, vielleicht etwas halbherzig, vielleicht etwas unsicher. Aber jetzt bin ich der älteste Stafford, und ich muss gehen.«

Seine Gründe interessieren mich nur mäßig. »Aber wo ist der König?«

»Die Königin hat ihn zu sich genommen und in Sicherheit gebracht. Nach einer Schlacht bei St. Albans, die sie gewonnen hat.«

»Die yorkistische Armee wurde geschlagen?«, frage ich verunsichert. »Aber ich dachte, sie hätte gesiegt?«

Er schüttelt den Kopf. »Nein, es war eigentlich nur eine Rauferei im Zentrum von St. Albans zwischen Warwicks Männern und denen der Königin, während Edward of York im Triumph auf London marschiert ist. Aber Warwick hatte den König bei sich, und nachdem die Yorkisten weggelaufen waren, fanden unsere Männer den König unter einer Eiche sitzend, von wo aus er den Kampf beobachtet hatte.«

»Er war unverletzt?«, frage ich.

»Ja, während der Schlacht war er von zwei yorkistischen Lords gut bewacht worden: Lord Bonville und Sir Thomas Kyriell. Er war ruhig wie ein Kind. Sie haben ihn der Königin übergeben, und nun ist er bei ihr und ihrem Sohn.«

»Und ist er...?« Ich zögere, welche Worte ich wählen soll. »Ist er bei Sinnen?«

»Sie sagen ja. Momentan schon.«

»Also, was ist los? Was ist mit dir?«

»In den Tavernen von London hat eine Geschichte die Runde gemacht. Vielleicht unwahr. Ich hoffe es.«

»Eine Geschichte worüber?«

»Es heißt, die Lords, die den König bewacht und während der Schlacht beschützt haben, wurden der Königin und ihrem Sohn, dem kleinen siebenjährigen Prinzen Edward, vorgeführt.«

»Und?«

»Es heißt, sie hat den kleinen Prinzen gefragt, was mit den beiden yorkistischen Lords, Lord Bonville und Sir Thomas Kyriell, geschehen solle. Und der Prinz hat gesagt: Kopf ab. Einfach so. Also haben sie die beiden auf sein Wort hin enthauptet – auf das Wort eines siebenjährigen Jungen –, und dann haben sie ihn für seinen Mut zum Ritter geschlagen. Margarete von Anjous Sohn hat das Kriegshandwerk gelernt. Wie soll er je ein Land in Friedenszeiten regieren?«

Ich zögere, als ich meinen Gemahl grimassieren sehe. »Das hört sich schlimm an.«

»Man erzählt sich, der Sohn sei so grausam wie die Mutter. Nun ist ganz London für York. Niemand wünscht sich einen Jungen wie Prinz Edward auf dem Thron.«

»Und wie geht es nun weiter?«

Er schüttelt den Kopf. »Es muss die letzte Schlacht sein. Der König und die Königin sind wieder vereint und führen ihre Armee an. Der junge Edward of York und der Freund seines Vaters, Warwick, marschieren auf sie zu. Es geht nicht mehr um die Frage, wer den König beraten soll. In der nächsten Schlacht geht es darum, wer König wird. Und nun werde ich meinen König verteidigen müssen.«

Ich merke, dass ich zittere. »Ich habe nie gedacht, dass du in den Krieg ziehen würdest«, sage ich mit bebender Stimme. »Ich habe immer gedacht, du würdest dich weigern!«

Er lächelt, als sei es ein bitterer Scherz. »Du hast mich für einen Feigling gehalten, und jetzt freust du dich nicht über meinen Mut? Schon gut. Mein Vater ist für diese Sache gestorben, und selbst er ist erst im letzten Moment ausgeritten. Jetzt bin ich an der Reihe, jetzt muss ich gehen. Und auch ich habe es bis zum letzten Moment aufgeschoben. Wenn wir diese Schlacht verlieren, dann haben wir den yorkistischen König und seine Erben für immer auf dem Thron, und unser Haus wird kein königliches Haus mehr sein. Es geht nicht mehr darum, ob die Sache gerecht ist, sondern nur noch darum, auf welcher Seite ich geboren wurde. Der König muss König sein; dafür muss ich ausreiten. Sonst ist dein Sohn nicht mehr drei Schritte vom Thron entfernt, sondern ein Junge ohne Titel, ohne Ländereien und ohne königlichen Namen. Du und ich, wir werden Verräter auf unseren eigenen Besitzungen sein. Vielleicht überantworten sie unsere Ländereien anderen. Ich weiß nicht, was wir alles verlieren können.«

»Wann wirst du gehen?«, frage ich bebend.

Sein Lächeln ist freudlos und bar jeder Wärme. »Ich fürchte, ich muss jetzt gehen.«

OSTERN 1461

Als sie am Morgen aufwachten, war alles still und in gespenstisches Weiß getaucht, eine Welt aus wehendem Schnee. Es war bitterkalt. Der Sturm hatte im Morgengrauen eingesetzt, und den ganzen Tag über wehte Schnee um die Standarten. Die Armee Lancasters war perfekt platziert, auf der Höhe eines langgestreckten Kamms in der Nähe des Dorfes Towton. Sie blickte hinunter in das Tal, wo wirbelnde Schneeflocken die yorkistische Armee verbargen. Es war so nass, dass die Kanone nicht schoss. Die Schneeverwehungen blendeten die lancastrianischen Bogenschützen, und die Sehnen ihrer Bogen waren nass. Sie feuerten blindlings, schossen den Hügel hinunter in den Schnee hinein. Die Bogenschützen der Yorkisten konnten die Feinde klar als Silhouetten vor dem hellen Himmel ausmachen, und so trafen ihre Pfeilsalven die Ziele.

Es war, als hätte Gott das Palmsonntagswetter befohlen, damit es auf dem Feld, das sie Bloody Meadow nannten, zum Kampf Mann gegen Mann käme, der bittersten Form aller Schlachten. Reihe um Reihe der zwangsverpflichteten lancastrianischen Soldaten fiel unter dem Ansturm der Pfeile, noch bevor die Anführer zum Angriff bliesen. Dann ließen sie die nutzlosen Bogen fallen und zückten Schwerter, Äxte und Klingen und donnerten den Hügel hinunter, um gegen die Armee des Achtzehnjährigen anzustürmen, der König sein wollte und der jetzt alles daransetzte, dass seine Männer dem gewaltigen Angriff vom Hügel herab standhielten.

Mit ihrem Schlachtruf »York!« und »Warwick! À Warwick!«, drängten sie voran, und die beiden Armeen verbissen sich ineinander. Während der Schnee unter ihren Füßen zu rotem Matsch wurde, verkeilten sie sich, und es ging weder vor noch zurück, wie sich ein Pflug in felsigem Grund verkantet. Henry Stafford, der sein Pferd mitten in die Schlacht lenkte, spürte einen Stoß am Bein, bevor sein Pferd stolperte und unter ihm zusammenbrach. Er konnte abspringen, doch er kam auf einem sterbenden Mann zu liegen, der ihn mit starren Augen und blutigen Lippen gurgelnd um Hilfe anflehte. Stafford stützte sich hoch, duckte sich, um dem Schlag einer Schlachtaxt auszuweichen, und zwang sich, aufzustehen und das Schwert zu ziehen.

Kein Tjosten und kein Hahnenkampf hätte ihn auf die Grausamkeit dieses Schlachtfeldes vorbereiten können. Mann gegen Mann, fast alle miteinander verwandt, geblendet vom Schnee und rasend vor mörderischer Wut, stachen die starken Männer zu. Sie schwangen ihre Keulen, traten nach ihren Feinden und trampelten auf den Gefallenen herum, während sich die schwächeren Männer losrissen und wegrannten, in ihren schweren Rüstungen stolperten und hinfielen. Von hinten rasten keulenschwingende Reiter in Kettenhemden heran, die ihnen die Köpfe zertrümmerten.

Den ganzen Tag wirbelte Schnee um sie herum wie Federn um einen Geflügelstand. Die beiden Armeen drängten und stachen und schlugen aufeinander ein, ohne sich vom Fleck zu rühren, ohne Hoffnung auf Sieg, als seien sie gefangen in diesem Albtraum unsinniger Raserei. Fiel einer, kam gleich der Nächste an seine Stelle, die Nachrückenden traten über die Toten, um ihre Todesstöße auszuteilen. Erst als die Abenddämmerung den weißen Frühlingshimmel in schauriges Zwielicht tauchte, wich die vorderste Reihe der Lancastrianer zurück. Zuerst noch wurde hart nachgesetzt, und die Lancastrianer fielen immer weiter zurück, bis die Kämpfenden an den Flanken spürten, dass eine Angst in ihnen aufstieg, die größer war als ihre Wut, und einer nach dem anderen wegbrach.

Sofort löste sich das Gemetzel auf, denn auch die Yorkisten ließen nach und traten zurück. Als Stafford bemerkte, dass die Schlacht ins Stocken geriet, ruhte er sich einen Moment auf sein Schwert gestützt aus und sah sich um.

Er beobachtete, dass die Frontlinie der lancastrianischen Armee bröckelte, wie widerwillige Erntehelfer, die sich zu früh auf den Heimweg machen. »Hey!«, brüllte er ihnen hinterher. »Bleibt stehen! Bleibt für Stafford! Bleibt für den König!« Doch das beschleunigte ihre Schritte nur. Und sie sahen sich nicht um.

»Mein Pferd!«, rief er, denn er wusste, dass er sie einholen und ihrem Rückzug Einhalt gebieten musste, bevor sie richtig ins Rennen kamen. Er schob sein verdrecktes Schwert in die Scheide und stolperte im Laufschritt zu den Pferden. Im Laufen warf er einen Blick nach rechts und gefror vor Entsetzen.

Die Yorkisten waren nicht zurückgefallen, um Atem zu holen oder einen Moment zu verschnaufen, wie es in der Schlacht oft geschah. Sie hatten sich aus dem Kampfgeschehen gelöst, um schnell zu ihren Pferden zu laufen. Die Soldaten, die die Lancastrianer zuvor hart zu Fuß bedrängt hatten, waren nun aufgesessen und ritten keulenschwingend auf die Gegner zu, die Breitschwerter gezückt, die Lanzen auf Höhe der gegnerischen Kehlen. Stafford setzte über ein sterbendes Pferd und warf sich dahinter kopfüber zu Boden, als genau dort, wo eben noch sein Kopf gewesen war, das Pfeifen eines Morgensterns durch die Luft zischte. Ein angsterfülltes Grunzen erkannte er als sein eigenes. Dann stürmte mit donnernden Hufen die Kavallerie direkt auf ihn zu, und er krümmte sich wie eine verängstigte Schnecke und drückte sich an den Bauch des stöhnenden Pferdes. Ein Reiter setzte mit einem Sprung über ihn und das Pferd hinweg, Stafford sah die Hufe dicht vor dem Gesicht, spürte die Bewegung, wich zurück vor dem aufspritzendem Schneematsch und klammerte sich ohne jeden Stolz an das sterbende Pferd.

Als das Donnern der ersten Kavalleriewelle vorüber war, hob er vorsichtig den Kopf. Die yorkistischen Ritter umzingelten die Lancastrianer wie Jäger das Damwild. Und die Gejagten versuchten, zur Brücke über den Cock Beck zu fliehen, den kleinen Fluss am Ende der Wiese, den einzigen Ausweg. Die Fußsoldaten der Yorkisten feuerten die Reiter an und rannten neben ihnen her, um den fliehenden Feinden den Weg abzuschneiden, bevor sie die Brücke erreichten. Wenige Augenblicke später wimmelte es auf der Brücke von verzweifelt kämpfenden Männern – Lancastrianern, die nur hinüberwollten und fort von yorkistischen Soldaten, die sie festhielten oder rücklings erstachen, als sie über ihre gefallenen Kameraden stolperten. Die Brücke ächzte unter dem Hin und Her der Soldaten, und die vordrängenden Pferde zwangen Männer über das Geländer in den eiskalten Fluss und zertrampelten andere unter ihren Hufen. Dutzende, die mit ansahen, wie die Ritter mit den großen zweischneidigen Schwertern heranpreschten, die sie wie Sensen über den Köpfen ihrer Pferde schwangen, die Zeugen wurden, wie sich Schlachtrösser aufbäumten und eisenbeschlagene Hufe auf die Köpfe von Männern niedergingen, sprangen in den Fluss, wo der Kampf noch in vollem Gang war: Manche ruderten vergeblich gegen das Gewicht ihrer Rüstung an, andere wurden von ihren Gegnern mit dem Kopf unter das eiskalte, blutrote Wasser gedrückt.

Stafford richtete sich entsetzt auf. »Kommt zurück! Formiert euch neu!«, schrie er, auch wenn er wusste, dass ihm keiner gehorchen würde. Und über dem Schlachtgeschrei hörte er, wie das Holz der Brücke ächzend zersplitterte.

»Räumt die Brücke! Räumt die Brücke!« Stafford kämpfte sich drängelnd und schiebend zum Ufer, um den Männern Befehle zuzuschreien, die noch immer aufeinander einstachen, obwohl sie gemerkt hatten, wie die Brücke unter der wogenden Last schwankte. Die Männer riefen sich Warnungen zu, aber sie kämpften weiter, denn sie hofften, durchzukommen und sich davonmachen zu können. Und dann brach das Brückengeländer nach außen weg, der hölzerne Unterbau barst, die ganze Konstruktion sackte in sich zusammen, und Staffords Männer, feindliche Soldaten, Pferde und Leichen stürzten alle zusammen in die eisigen Fluten.

Der Schnee rieselte auf Stafford herab, die Männer gingen im schnell fließenden Wasser unter und kamen um Hilfe schreiend an die Oberfläche, wo sie dann vom Gewicht ihrer Rüstungen wieder hinuntergezogen wurden. Einen Augenblick lang war ihm, als sei alles ganz still geworden und er der einzige lebende Mann auf Erden. Er sah sich um und konnte keinen anderen stehenden Mann ausmachen. Einige hielten sich am geborstenen Geländer fest und hackten immer noch auf die Finger derer ein, die sich ebenfalls anzuklammern suchten. Andere ertranken vor seinen Augen oder wurden von den blutgetränkten Fluten hinweggerissen. Reglos lagen die Männer auf dem Schlachtfeld, und der Schnee deckte sie leise zu.

Stafford fror in der kalten Luft. Als er spürte, wie der saubere Schnee auf sein verschwitztes Gesicht fiel, streckte er die Zunge heraus wie ein Kind und ließ eine Flocke in seiner warmen Mundhöhle schmelzen. Ein anderer Mann kam aus dem Weiß auf ihn zu, langsam wie ein Gespenst. Erschöpft wandte Stafford sich um, zog sein Schwert aus der Scheide und stellte sich auf einen weiteren Kampf ein. Er bezweifelte, dass er die Kraft haben würde, sein schweres Schwert zu halten, doch er wusste, dass er in sich den Mut schöpfen musste, einen weiteren Landsmann zu töten.

»Frieden«, sagte der Mann tonlos. »Es ist vorbei.«

»Wer hat gewonnen?«, fragte Stafford. Im Fluss wirbelten die Leichen umeinander. Um sie herum auf dem Feld kamen Männer schwerfällig wieder auf die Beine oder krochen zu ihren Linien. Doch die meisten rührten sich nicht.

»Wen kümmert's?«, erwiderte der Mann. »Ich habe meine ganze Truppe verloren.«

»Bist du verwundet?«, fragte Stafford, als sein Gegenüber wankte.

Der Mann nahm die Hand aus der Achselhöhle. Augenblicklich schoss Blut heraus und spritzte auf den Boden. Ein Schwertstreich hatte ihn durchs Achselgelenk seiner Rüstung getroffen. »Ich glaube, ich sterbe«, sagte er ruhig, und da erst sah Stafford, dass sein Gesicht so weiß war wie der Schnee auf seinen Schultern.

»Hier«, sagte er. »Komm. Mein Pferd ist nah. Wir können uns nach Towton durchschlagen, wir binden dich fest.«

»Ich glaube nicht, dass ich das schaffe.«

»Komm«, drängte Stafford ihn. »Lass uns zusehen, dass wir lebendig hier rauskommen.« Auf einmal schien es ihm ungeheuer wichtig, dass ein Mann, dieser eine Mann, das Blutbad mit ihm überlebte.

Der Mann stützte sich auf ihn, und die beiden humpelten erschöpft den Hügel hinauf zur lancastrianischen Front. Der Fremde zögerte, fasste sich an die Wunde und verschluckte sich fast vor Lachen.

»Was ist los? Komm doch. Du kannst es schaffen. Was ist los?«

»Wir gehen den Hügel hoch? Dein Pferd steht auf dem Kamm?«

»Ja, natürlich.«

»Du bist für Lancaster?«

Stafford schwankte unter seinem Gewicht. »Du nicht?«

»York. Du bist mein Feind.«

Nachdem sie sich wie Brüder umarmt hatten, sahen sie einander kurz in die Augen und lachten zögernd.

»Woher soll ich es wissen?«, fragte der andere. »Großer Gott, mein eigener Bruder ist auf der anderen Seite. Ich dachte, du bist für York, aber woher soll man so etwas wissen?«

Stafford schüttelte den Kopf. »Gott allein weiß, was ich bin oder was geschieht oder was aus mir wird«, fügte er hilflos hinzu. »Und Gott allein weiß, dass eine Schlacht wie diese kein Weg ist, das zu lösen.«

»Hast du schon vorher in diesem Krieg gekämpft?«

»Nein, und wenn ich es irgend vermeiden kann, werde ich es auch nie wieder tun.«

»Dann musst du vor König Edward treten und dich ergeben«, bemerkte der Fremde.

»König Edward«, wiederholte Stafford. »Ich höre jetzt zum ersten Mal, wie jemand den Jungen König nennt.«

»Er ist der neue König«, versicherte ihm der Mann. »Und ich werde ihn darum bitten, dir zu vergeben und dich nach Hause zu entlassen. Er wird Gnade walten lassen. Auch wenn ich es, wenn es andersrum wäre und du mich zu deiner Königin und zu deinem Prinzen brächtest, nicht überleben würde. Sie tötet unbewaffnete Gefangene – wir nicht. Und ihr Sohn ist eine Schreckensgestalt.«

»Jetzt komm«, wiederholte Stafford, und die beiden reihten sich unter die lancastrianischen Soldaten, die darauf warteten, den neuen König um Vergebung zu bitten und ihm zu versprechen, nie wieder die Waffen gegen ihn zu erheben. Vor ihnen standen lancastrianische Familien, die Stafford sein Leben lang kannte, darunter Lord Rivers und sein Sohn Anthony, mit gesenkten Häuptern, schweigend ob der Schande der Niederlage. Stafford säuberte sein Schwert, während er wartete und sich darauf einstellte, es darzubringen. Noch immer schneite es, und die Wunde in seinem Bein begann zu pochen, als er langsam zum Kamm emporstieg, wo zwischen den toten lancastrianischen Standartenträgern noch die leere Stange der königlichen Standarte aufragte und der hochgewachsene Sohn Yorks ihm entgegensah.

Mein Gemahl kehrt nicht als Held aus dem Krieg zurück. Er kommt leise und bringt mir keine Heldengeschichten mit, keine Rittergeschichten. Zwei-, dreimal frage ich ihn, wie es war, weil ich denke, es könnte wie in den Schlachten von Johanna von Orléans gewesen sein: ein Krieg im Namen Gottes für den von Gott gesegneten König. Ich hege die Hoffnung, er könnte ein Zeichen von Gott gesehen haben – wie die drei Sonnen über dem Sieg von York –, etwas, das uns zeigen würde, dass Gott mit uns ist, trotz der Niederlage. Aber er sagt nichts, er erzählt mir nichts. Er benimmt sich, als sei

Krieg ganz und gar nichts Glorreiches, als werde darin nicht Gottes Wille in einer Feuerprobe ausgetragen.

Was er mir kurz angebunden mitteilt, ist, dass der König und die Königin heil mit dem Prinzen davongekommen sind, zusammen mit dem Oberhaupt meines Hauses, Henry Beaufort. Sie werden nach Schottland geflohen sein und dort ihre angeschlagene Armee wieder aufbauen. Edward of York muss das Glück der Heckenrose haben, seines Emblems, denn er hat trauernd im Nebel bei Mortimer's Cross gekämpft und hügelan im Schnee bei Towton, und er hat beide Schlachten gewonnen und ist nun durch den Willen des Volkes König von England.

Wir verbringen den Sommer in Stille, fast als würden wir uns verstecken. Meinem Gemahl mag verziehen worden sein, dass er gegen den neuen König von England ausgeritten ist, doch dass wir eine der großen lancastrianischen Familien sind und ich die Mutter eines Jungen bin, der Anspruch auf den verlorenen Thron hat, wird man wohl kaum vergessen. Als Henry aus London zurückkehrt, wo er Nachrichten einholen wollte, bringt er mir eine wunderschöne handschriftliche Kopie der *Nachfolge Christi* auf Französisch mit. Er stellt sich vor, ich möchte sie vielleicht im Rahmen meiner Studien ins Englische übersetzen. Ich weiß, dass er mich von der Niederlage meines Hauses und der Verzweiflung Englands abzulenken versucht, und danke ihm für seine Rücksicht. Ich setze mich an die Studien, aber mein Herz hängt nicht daran.

Ich warte auf Nachrichten von Jasper. Vermutlich hält ihn derselbe Kummer umfangen, der mich jeden Morgen beim

Aufwachen grüßt, noch bevor ich ganz wach bin. Wenn ich morgens die Augen öffne, wird mir mit einem stechenden Schmerz im Herzen bewusst, dass mein Cousin, der König, im Exil ist – wer weiß, wo? – und unser Feind auf dem Thron sitzt. Ich verbringe Tage auf den Knien, aber Gott schickt mir kein Zeichen, dass diese Tage nur eine Prüfung sind und der wahre König wieder inthronisiert wird. Eines Morgens kommt ein Bote auf einem kleinen Waliser Pony in den Stallhof geritten, matschig und dreckig von der Reise. Ich weiß sofort, dass er mir endlich Nachrichten von Jasper bringt.

Er klingt schroff wie immer.

William Herbert soll zum Dank dafür, dass er wieder zu York übergelaufen ist, ganz Wales bekommen, all meine Ländereien und all meine Burgen. Dazu hat der neue König ihn noch zum Baron ernannt. Nun wird er mich jagen, wie ich ihn gejagt habe, und ich werde nicht mit der Begnadigung eines sanften Königs rechnen können – wie er. Ich muss Wales verlassen. Kommst Du, um Deinen Sohn abzuholen? Ich erwarte Dich auf Pembroke Castle, noch in diesem Monat. Länger kann ich nicht warten.
– J.

Ich laufe zum Stallburschen. »Wo ist mein Gatte, wo ist Sir Henry?«

»Er inspiziert mit dem Landverwalter die Felder, Mylady«, antwortet der Junge.

»Sattle mein Pferd, ich muss zu ihm«, befehle ich. Sie bringen mir Arthur aus dem Stall, der meine Ungeduld spürt und den Kopf hochwirft, während sie mit dem Zaumzeug hantieren und ich sie ermahne, sich zu beeilen. Sowie er bereit ist, sitze ich im Sattel und reite zu den Gerstenfeldern.

Ich entdecke meinen Gemahl am Feldrand im Gespräch

mit seinem Landverwalter und pariere Arthur in einen runden Galopp. Ich komme so schnell angeritten, dass sein Pferd seitlich ausweicht und mit allen vieren im Matsch auf der Stelle springt.

»Ruhig«, sagt mein Gemahl und zieht die Zügel an. »Was ist los?«

Zur Antwort werfe ich ihm den Brief zu und bedeute dem Landverwalter mit einer Geste, sich außer Hörweite zu entfernen. »Wir müssen Henry abholen«, stoße ich keuchend hervor. »Jasper will sich mit uns auf Pembroke Castle treffen. Er muss fliehen. Wir müssen ihn dort treffen.«

Aufreizend langsam liest er den Brief, dann wendet er das Pferd heimwärts und überfliegt ihn ein zweites Mal.

»Wir müssen auf der Stelle aufbrechen«, sage ich.

»Sobald die Straßen sicher sind.«

»Ich muss meinen Sohn abholen. Jasper teilt mir mit, dass ich ihn holen muss!«

»Jaspers Urteil ist nicht das sicherste, wie selbst du jetzt vielleicht erkennen kannst, denn seine Sache ist verloren, und er muss nach Frankreich, in die Bretagne oder nach Flandern fliehen und deinen Sohn ohne Vormund zurücklassen.«

»Er muss fort!«

»In jedem Fall geht er fort. Sein Rat ist nicht von Belang. Ich werde eine geeignete Wache anmustern, und wenn die Straßen sicher genug sind, werde ich gehen und Henry abholen.«

»*Du?*« Ich bin so aufgeregt, dass ich vergesse, meine Verachtung zu verbergen.

»Ja, ich. Denkst du, ich sei zu altersschwach, um in aller Eile nach Wales zu reiten?«

»Womöglich sind Soldaten auf den Straßen. William Herberts Armee wird unterwegs sein. Wahrscheinlich wirst du ihnen begegnen.«

»Dann können wir nur hoffen, dass mein hohes Alter und mein graues Haar mich schützen«, bemerkt er lächelnd.

Ich überhöre den Scherz. »Du musst dich durchschlagen«, beharre ich, »sonst lässt Jasper meinen Sohn allein auf Pembroke zurück, und dann schnappt Herbert sich ihn.«

»Ich weiß.«

Wir reiten in den Hof, wo er sich leise mit Graham, dem Stallmeister, bespricht. Kurz darauf drängen die Waffenknechte aus dem Haus heraus, und die Glocke der Kapelle schlägt, um die Pächter zu versammeln. Das alles geht geschwind und reibungslos vonstatten, und ich sehe zum ersten Mal, dass mein Gatte seine Männer gut im Griff hat.

»Kann ich dich begleiten?«, frage ich. »Bitte, Gemahl, er ist mein Sohn. Ich will ihn sicher nach Hause zurückholen.«

Er sieht mich nachdenklich an. »Es wird ein harter Ritt.«

»Du weißt, dass ich stark bin.«

»Es könnte gefährlich werden. Graham meint, hier in der Nähe gebe es keine Truppen, aber wir müssen fast ganz England durchqueren und den größten Teil von Wales.«

»Ich habe keine Angst und tue, was du mir befiehlst.«

Er zögert.

»Bitte«, bringe ich gepresst hervor. »Gemahl, wir sind seit dreieinhalb Jahren verheiratet, und ich habe dich noch nie um irgendetwas gebeten.«

Er nickt. »Gut, dann kommst du eben mit. Geh und pack deine Sachen. Du kannst nur eine Satteltasche mitnehmen, und sag im Haus Bescheid, dass sie für mich einen Satz frischer Kleider einpacken sollen. Und Proviant für fünfzig Mann.«

Wenn ich im Haus die Anweisungen geben würde, würde

ich persönlich packen, aber ich werde noch immer bedient wie ein Gast. Also sitze ich ab, gehe zum Küchenjungen und erkläre ihm, dass sein Herr und ich mit unserer Wache auf eine Reise gehen und Essen und Trinken benötigen. Dann teile ich meiner Zofe und Henrys Diener mit, dass sie für uns beide die Taschen packen sollen. Ich gehe zurück in den Stallhof und warte. In einer Stunde ist alles bereit, und mein Gemahl kommt aus dem Haus, den Reiseumhang über dem Arm. »Hast du einen dicken Umhang?«, will er wissen. »Nein? Das habe ich mir gedacht. Du kannst den hier haben, ich nehme einen alten. Nimm ihn, schnall ihn an deinen Sattel.«

Arthur bleibt ruhig stehen, als ich aufsitze, als wüsste er, dass es Arbeit für ihn gibt. Mein Gemahl reitet neben mir. »Wenn wir auf Soldaten stoßen, reiten Will und sein Bruder mit dir weg. Du tust, was sie sagen. Sie haben den Befehl, so schnell wie möglich mit dir nach Hause zu reiten oder in das nächste sichere Haus. Ihre Aufgabe ist es, für deine Sicherheit zu sorgen; du musst tun, was sie sagen.«

»Nicht, wenn es unsere Soldaten sind«, gebe ich zu bedenken. »Wenn wir auf die Armee der Königin stoßen.«

Er verzieht das Gesicht. »Wir werden die Armee der Königin nicht zu Gesicht bekommen«, erwidert er knapp. »Die Königin könnte nicht einen einzigen Bogenschützen bezahlen, geschweige denn eine Truppe. Wir werden sie erst wiedersehen, wenn sie Frankreich zum Verbündeten gewonnen hat.«

»Wie auch immer, ich verspreche es«, erkläre ich und nicke Will und seinem Bruder zu. »Wenn du sagst, dass ich es tun muss, reite ich mit ihnen.«

Mein Gemahl nickt mit grimmiger Miene und lenkt sein Pferd an die Spitze des kleinen Trupps – rund fünfzig Berittene, mit nichts als einer Handvoll Schwerter und ein paar Äxten bewaffnet – und führt uns nach Westen, Richtung Wales.

Wir brauchen über zehn Tage im schnellen Ritt, um nach Wales zu gelangen. Wir reiten auf schlechten Straßen nach Westen, schlagen einen Bogen um die Stadt Warwick und reiten, wann immer wir können, querfeldein, um nicht auf Soldaten zu stoßen, auf irgendeine Armee, gleich ob Freund oder Feind. Nachts müssen wir ein Dorf, eine Bierschenke oder eine Abtei aufsuchen und jemanden finden, der uns am nächsten Tag den Weg weisen kann. Wir sind mitten im Herzen Englands, viele Menschen kennen nur die engen Grenzen ihrer Pfarrgemeinde. Mein Gemahl schickt Kundschafter eine gute Meile voraus, die den Befehl haben, beim leisesten Anzeichen von Vorreitern sofort im gestreckten Galopp zu uns zurückzureiten, um uns zu warnen. Dann werden wir die Straße verlassen und uns im Wald verstecken. Ich kann nicht fassen, dass wir uns verstecken müssen, selbst vor unseren eigenen Soldaten. Wir sind Lancastrianer, aber die lancastrianische Armee, mit der die Königin ihr Land straft, ist vollkommen außer Kontrolle geraten. In einigen Nächten müssen die Männer in einer Scheune schlafen, während Henry und ich in einem Bauernhaus um Gastfreundschaft gebeten haben. In anderen Nächten nehmen wir uns ein Zimmer in einem Gasthaus an der Straße und in einer Nacht in einer Abtei, in der es Dutzende Gästezimmer gibt und wo man daran gewöhnt ist, versprengte Truppen zu bewirten, die von einer Schlacht zur nächsten marschieren. Man fragt uns nicht einmal, welchem Herrn wir dienen, aber mir fällt auf, dass in der Kirche keine goldenen oder silbernen Gegenstände stehen. Sie haben ihre Schätze gewiss in einem Versteck vergraben und beten für die Wiederkehr friedlicher Zeiten.

Wir meiden die großen Häuser und Burgen, die wir hier und da auf den Hügeln stehen sehen, von denen man die Straßen übersehen kann oder die geschützt inmitten großer Wälder stehen. Die Yorkisten haben glorios gesiegt, und wir wagen es nicht kundzutun, dass wir ausreiten, um meinen Sohn zu retten, den Erben des Hauses Lancaster. Allmählich verstehe ich, was mein Gatte Henry mir versucht hat zu erklären: dass das Land nicht nur vom Krieg zerstört wurde, sondern auch von der fortwährenden Kriegsbedrohung. Familien, die jahrelang Freunde und Nachbarn waren, meiden sich aus Angst. Selbst ich, die ich auf das Land zureite, das meinem ersten Gemahl gehörte, dessen Name noch immer geliebt wird, habe Angst, auf jemanden zu treffen, der sich an mich erinnern könnte.

Wenn ich vom Reiten erschöpft bin und mir sämtliche Knochen im Leib wehtun, kümmert sich Henry Stafford um mich, ohne viel Aufhebens zu machen oder mir zu unterstellen, ich sei eine schwache Frau und hätte zu Hause bleiben sollen. Wenn wir rasten, hebt er mich vom Pferd und sieht zu, dass ich Wein und Wasser bekomme. Wenn wir zu Abend essen, bringt er mir das Essen persönlich, noch bevor er bedient wird, und später breitet er seinen Umhang als Unterlage für meine Bettstatt aus, deckt mich zu und lässt mich ruhen. Wir haben Glück mit dem Wetter, es regnet nicht. Am Morgen reitet er neben mir und lehrt mich die Lieder, die die Soldaten singen: zotige Lieder, deren Texte er für mich umdichtet.

Mit seinen unsinnigen Worten bringt er mich zum Lachen, und er erzählt mir aus seiner Kindheit, als jüngerer Sohn des großen Hauses Stafford. Ich erfahre, dass sein Vater ihn für die Kirche vorherbestimmt hatte, bis er ihn darum bat, davon abzusehen. Sie gaben ihn aber erst frei, als er dem Priester erklärt hatte, er befürchte, vom Teufel besessen zu sein, woraufhin alle so besorgt waren um seinen Seelenzustand, dass sie die Hoffnung auf ein Priesteramt aufgaben.

Im Gegenzug erzähle ich ihm, dass ich eine Heilige sein wollte und wie froh ich war, als ich herausfand, dass ich die Knie einer Heiligen hatte. Darüber lacht er laut und legt seine Hand auf die meine, die die Zügel hält. Er nennt mich ein reizendes Kind und ganz die Seine.

Als er nicht in den Krieg ziehen wollte und später, als er so still vom Schlachtfeld zurückkehrte, hielt ich ihn für einen Feigling; doch da habe ich mich getäuscht. Er ist ein sehr vorsichtiger Mann, der von ganzem Herzen an nichts glaubt. Er wollte kein Priester sein, weil er sich Gott nicht ganz widmen konnte. Er war froh, dass er nicht als Ältester geboren worden war, denn er wollte nicht Herzog und Oberhaupt eines derart großen Hauses sein. Er gehört dem Haus Lancaster an, aber er lehnt die Königin ab und fürchtet sich vor ihr. Er ist ein Feind des Hauses York, aber er schätzt Warwick und bewundert den Mut des Jungen von York, dem er sein Schwert übergeben hat. Er träumt nicht davon, wie Jasper ins Exil zu gehen, dafür ist er viel zu gern zu Hause. Er ordnet sich nicht irgendwelchen Lords unter, er denkt für sich selbst, und jetzt verstehe ich auch, was er meint, wenn er sagt, er sei kein Meutehund, der beim Klang des Jagdhorns anschlage. Er fragt sich bei allem, was richtig und was falsch ist und welches der beste Ausgang für ihn selbst, seine Familie und alle, die von ihm abhängen, genauso wie für sein Land. Er ist kein Mann, der sich schnell einer Sache verschreibt.

Nicht wie Jasper. Er ist kein Mann für leidenschaftliche und heißblütige Zeiten wie diese.

»Schön vorsichtig!« Er lächelt mich an, als Arthur behäbig durch die große Furt des Severn, dem Tor zu Wales, schreitet. »Wir leben in schweren Zeiten, in denen Männer und sogar Frauen ihre eigenen Wege wählen müssen, ihre eigenen Loyalitäten. Ich halte es für richtig, vorsichtig zu sein und nachzudenken, bevor man handelt.«

»Ich habe immer gedacht, man müsse das Richtige tun«, sage ich. »Und nichts als das Richtige.«

»Ja, aber du wolltest auch eine Heilige sein.« Er lächelt. »Aber jetzt, als Mutter eines Kindes, musst du nicht nur abwägen, was das Richtige ist, sondern auch, ob es dich und deinen Sohn schützt. Mehr als alles in der Welt möchtest du deinen Sohn in Sicherheit wissen. Das ist dir womöglich wichtiger als der Wille Gottes.«

Einen Augenblick bin ich verwirrt. »Aber es muss Gottes Wille sein, dass mein Sohn sicher ist«, versetze ich. »Mein Sohn ist ohne Sünde, und er entstammt der königlichen Linie. Er ist aus dem einzig wahren königlichen Haus. Gott muss sich wünschen, dass mein Sohn sicher ist, damit er dem Hause Lancaster dienen kann. Meine und Gottes Wünsche müssen dieselben sein.«

»Glaubst du wirklich, dass Gott im Himmel mit all seinen Engeln von Anbeginn der Zeit bis zum Tag des Jüngsten Gerichts auf die Welt herunterblickt, auf dich und deinen kleinen Henry Tudor, und befindet, was immer ihr tut, sei sein Wille?«

Das klingt irgendwie nach Blasphemie. »Ja, das glaube ich«, halte ich unsicher dagegen. »Jesus Christus selbst hat mir verheißen, dass ich so kostbar bin wie die Lilien auf dem Felde.«

»Und das bist du«, räumt er lächelnd ein, als wollte er mich mit einer Geschichte trösten.

Das bringt mich zum Schweigen. Während des restlichen Rittes denke ich darüber nach. »Glaubst du denn, dass es viele Männer wie dich gibt, die sich nicht mit Haut und Haar der einen oder anderen Seite verschrieben haben?«, will ich am Abend wissen, als er mir im Hof eines schmuddeligen kleinen Gasthofes an der Straße nach Cardiff aus dem Sattel hilft.

Er tätschelt Arthurs dunklen Hals. »Ich glaube, die meisten Männer entscheiden sich dafür, dem Haus zu folgen, das ihnen Frieden und Sicherheit verspricht«, antwortet er. »Natürlich sind sie auch dem König zu Loyalität verpflichtet, und niemand kann bestreiten, dass König Henry Englands gekrönter König ist. Aber wenn er untauglich ist zum Regieren? Wenn er wieder krank wird und handlungsunfähig ist? Wenn er von der Königin gelenkt wird und sie schlecht beraten ist? Wie kann es ein Verbrechen sein, sich den Nächsten in der Thronfolge auf seinem Platz zu wünschen? Wenn er der königlichen Linie entstammt und ihm so nahesteht wie ein Cousin? Wenn sein Thronanspruch so begründet ist wie Henrys?«

Ich bin so erschöpft, dass ich mich an Arthurs große, tröstliche Schulter lehne. Da zieht mein Gemahl mich an sich. »Zerbrich dir darüber jetzt nicht den Kopf«, beruhigt er mich. »Jetzt holen wir deinen Sohn und bringen ihn in Sicherheit. Dann kannst du darüber nachdenken, wen ihr beide, Gott und du, als Herrscher des Königreichs bevorzugt.«

Am zehnten Morgen unserer Reise, an dem wir auf engen, steinigen Pfaden durch hohes Bergland reiten, versichert mir mein Gatte: »Gegen Mittag müssten wir da sein.« Bei dem Gedanken, dass ich meinen Sohn so bald wiedersehe, schnappe ich nach Luft. Wir senden Kundschafter zur Burg, um herauszufinden, ob es sicher ist, sich ihr zu nähern. Es scheint alles ruhig zu sein. Während wir noch in einiger Entfernung warten und mein Gemahl mich gerade darauf hinweist, dass die Burgtore geöffnet sind und die Zugbrücke herabgelassen ist, kommt ein Mädchen mit einer Schar Gänse heraus und lockt sie zum Fluss.

»Sieht sicher aus«, sagt mein Gemahl vorsichtig, sitzt ab und hilft mir vom Pferd. Wir gehen zum Flussufer. Die Gänse sind schon im Wasser, einige gründeln mit ihren gelben Schnäbeln im Flussbett. Das Mädchen sitzt auf einer Bank und spielt mit einem spitzenbesetzten Band.

»Mädchen, wer ist der Herr dieser Burg?«, fragt mein Gemahl sie.

Beim Klang seiner Stimme erschrickt sie, nimmt aber sogleich Haltung an und knickst. »Das war der Earl of Pembroke, aber der is wech, innen Krieg«, bringt sie mit so starkem Akzent hervor, dass ich sie nur mit Mühe verstehe.

»Hat jemand Besitz von der Burg genommen, nachdem er fort ist?«

»Nee, wir denken ja, dass er zurückkommt. Wisst Ihr, wo er is, Sir?«

»Nein, leider nicht. Ist der kleine Junge noch in der Kinderstube?«

»Der lütte Herzoch? Ja, klar. Ich kümmere mich auch um die Hühner und schick ihm jeden Morgen 'n frisches Ei in die Burg.«

»Tatsächlich?« Ich kann vor Freude kaum an mich halten. »Er bekommt wirklich jeden Morgen zum Frühstück ein frisch gelegtes Ei?«

»Ja, sicher doch«, sagt sie. »Und die erzähln, er will immer gern 'ne Scheibe gebrat'nes Huhn zum Abendessen.«

»Wie viele Bewaffnete?«, schaltet sich mein Gemahl ein.

»Hundert«, sagt sie. »Aber dreimal so viel sind mit Jasper Tudor ausgeritten und nich zurückgekommen. Sie sagen, es war eine schreckliche Niederlage. Sie sagen, Gott hat drei Sonnen am Himmel scheinen lassen, und er hat unsere Söhne verflucht, und nun verfluchen die drei Söhne von den Yorks unser Land.«

Mein Gemahl wirft ihr über den Fluss eine Münze zu, und sie schnappt sie behände aus der Luft. An der Straßenbiegung, wo sich unsere Männer versteckt halten, sitzen wir wieder auf. Mein Gemahl befiehlt ihnen, unsere Standarte einzuholen, im Schritttempo anzureiten und auf Kommando sofort anzuhalten. »Wir wollen keinen Schwarm Pfeile als Willkommensgruß«, sagt er zu mir. »Will, Stephen und du haltet euch ganz hinten, nur um sicherzugehen.«

Ich kann es kaum erwarten, in die Burg einzureiten, die einst mein Heim war; aber ich tue, wie er mir befiehlt, und wir nähern uns langsam, bis wir aufgerufen werden, uns zu erkennen zu geben, und gleichzeitig das Rasseln der Kette hören, an der das große Fallgatter herabgelassen wird. Mein Gemahl reitet mit seinem Standartenträger zum Tor und ruft dem Befehlshaber auf den Burgmauern unseren Namen zu. Das Fallgatter wird knarrend emporgezogen, und wir reiten in den Hof ein.

Arthur trottet sofort zum alten Aufsitzblock, wo ich mich ohne fremde Hilfe herabgleiten lasse. Sowie ich die Zügel loslasse, geht er in seinen alten Stall, wie früher, als er Owen Tudors Schlachtross war. Der Pferdeknecht stößt bei Arthurs

Anblick einen kleinen Freudenschrei aus, und ich eile zur Eingangstür, die der Hausdiener schnell vor mir aufstößt. Obwohl ich größer geworden bin, hat er mich gleich erkannt. Er verbeugt sich vor mir und nennt mich: »Mylady.«

»Wo ist mein Sohn?«, frage ich ihn. »Im Kinderzimmer?«

»Ja«, sagt er. »Ich lasse ihn zu Euch bringen.«

»Nein, ich gehe hoch zu ihm«, sage ich und laufe ohne weiteres Zögern die Treppe hinauf und platze in die Kinderstube.

Er ist beim Abendessen. Der Tisch ist mit Löffel und Messer gedeckt. Er sitzt am Kopfende und wird bedient. Es ist ganz so, wie es sein sollte, wie ein Earl bedient werden sollte. Er wendet den kleinen Kopf, als ich eintrete, und sieht mich an, doch er erkennt mich nicht. Sein lockiges Haar ist braun, wie das eines hellen Fuchses, genau wie Jasper gesagt hat, seine Augen haselnussfarben. Sein Gesicht ist noch ganz rund, aber er ist kein Baby mehr, er ist ein kleiner Junge von vier Jahren.

Er klettert von seinem Stuhl – er nutzt die Querverstrebungen des Stuhls als Sprossen – und verbeugt sich wohlerzogen. »Willkommen auf Pembroke Castle, Madam«, sagt er mit heller Stimme und dem leisen Anklang eines walisischen Akzents. »Ich hin der Earl of Richmond.«

Ich lasse mich auf die Knie fallen, sodass unsere Gesichter auf gleicher Höhe sind. Wie gerne möchte ich ihn in die Arme schließen! Aber ich zügele mich, denn ich bin ihm fremd.

»Dein Onkel Jasper hat dir gewiss von mir erzählt«, fange ich an.

Sein Gesicht erhellt sich vor Freude. »Ist er hier? Ist er in Sicherheit?«

Ich schüttele den Kopf. »Nein, es tut mir leid. Ich glaube schon, dass er in Sicherheit ist, aber er ist nicht hier.«

Sein kleiner Mund zittert. Weil ich befürchte, dass er

gleich anfängt zu weinen, strecke ich die Hand nach ihm aus, doch er richtet sich augenblicklich auf, reckt mir ein kantiges Kinn entgegen und hält die Tränen zurück. Er beißt sich auf die Unterlippe. »Kommt er zurück?«

»Ganz sicher. Bestimmt schon bald.«

Er blinzelt, und eine Träne rollt ihm über die Wange.

»Ich bin deine Mutter, Lady Margaret«, erkläre ich ihm. »Ich bin gekommen, um dich nach Hause zu holen.«

»Du bist meine Mutter?«

Ich versuche zu lächeln, doch es schnürt mir die Luft ab. »Ja. Ich bin seit fast zwei Wochen unterwegs, um zu dir zu kommen und mich davon zu überzeugen, dass du in Sicherheit bist.«

»Ich bin sicher«, sagt er feierlich. »Ich warte nur darauf, dass mein Onkel Jasper heimkehrt. Ich kann nicht mit dir mitgehen. Er hat mir aufgetragen hierzubleiben.«

Hinter mir geht die Tür auf, und leise tritt Henry ein. »Und dies ist mein Gatte, Henry Stafford«, stelle ich ihn meinem kleinen Sohn vor.

Der Junge tritt vom Tisch zurück und verbeugt sich. Jasper hat ihn gut erzogen. Mein Gemahl verbirgt ein Lächeln und verbeugt sich ebenfalls.

»Willkommen auf Pembroke Castle, Sir.«

»Ich danke dir«, sagt mein Gemahl. Er sieht mich an, bemerkt die Tränen in meinen Augenwinkeln und mein erhitztes Gesicht. »Alles in Ordnung?«

Ich beschreibe eine hilflose kleine Geste mit der Hand, als wollte ich sagen, ja, alles ist in Ordnung, außer dass mein Sohn mich behandelt wie ein höflicher Fremder und nur auf Jasper wartet, der als Verräter gilt und sein Leben im Exil verbringen muss. Mein Gemahl nickt, als verstünde er all das, und wendet sich an meinen Sohn. »Meine Männer haben einen weiten

Weg aus England hinter sich, und sie haben ausgesprochen gute Pferde. Vielleicht möchtest du sie in ihren Rüstungen sehen, bevor sie die Pferde auf die Weide bringen?«

Henry strahlt. »Wie viele Männer?«

»Fünfzig Bewaffnete, dazu ein paar Diener und Kundschafter.«

Er nickt. Dieser Junge ist in Kriegszeiten groß geworden, einer der größten Befehlshaber unseres Hauses hat ihn erzogen. Eine Truppeninspektion ist ihm allemal interessanter als das Abendbrot.

»Sehr gern. Ich gehe nur meine Jacke holen.« Er läuft hinüber ins Schlafzimmer, und wir hören, wie er dem Kindermädchen zuruft, er brauche seine beste Jacke, denn er wolle die Wache seiner Mutter inspizieren.

Henry lächelt mich an. »Netter kleiner Kerl«, sagt er.

»Er hat mich nicht erkannt.« Ich halte die Tränen zurück, doch das Beben meiner Stimme verrät mich. »Er hat keine Ahnung, wer ich bin. Ich bin eine Fremde für ihn.«

»Sicher, aber er wird dich langsam kennenlernen«, sagt Henry tröstend. »Gib ihm etwas Zeit, du wirst ihm schon noch zur Mutter. Er ist erst vier; du hast nur drei Jahre verpasst. Und er ist gut erzogen.«

»Er ist Jaspers Junge durch und durch«, bricht es eifersüchtig aus mir hervor.

Henry hakt sich bei mir unter. »Und nun machst du ihn zu deinem. Nachdem er meine Männer gesehen hat, zeigst du ihm Arthur und erklärst ihm, dass er einst Owen Tudors Schlachtross war und du ihn jetzt reitest. Du wirst sehen, er wird alles ganz genau wissen wollen, und du kannst ihm Geschichten erzählen.«

Als sie ihn bettfertig machen, setzte ich mich im Kinderzimmer still auf einen Stuhl. Die erste Kinderfrau ist immer noch dieselbe, die Jasper kurz nach der Geburt meines Sohnes in Dienste genommen hat. Sie hat sich seit seiner Geburt um Henry gekümmert, und ich beneide sie um ihren ungezwungenen Umgang mit ihm, um die kameradschaftliche Art, mit der sie ihn auf die Knie hievt und ihm das kleine Hemd auszieht, um die Vertrautheit, mit der sie ihn kitzelt, als sie ihm das Nachthemd über den Kopf zieht, und um ihr vorgetäuschtes Schimpfen, er zappele wie ein Aal aus dem Severn. Die beiden haben ein inniges Verhältnis; doch hin und wieder fällt ihm ein, dass ich ja auch noch da bin, dann wirft er mir ein schüchternes kleines Lächeln zu, wie ein höfliches Kind einer Fremden.

»Möchtet Ihr hören, wie er seine Gebete aufsagt?«, fragt sie mich, als er in sein Schlafzimmer geht.

Voller Groll gehe ich hinter ihr her, an zweiter Stelle. Henry kniet am Fuß seines Himmelbettes nieder, faltet die Hände und spricht das Vaterunser und die Abendgebete. Sie reicht mir ein schlecht kopiertes Gebetbuch, aus dem ich das Kollektengebet vorlese, das er mit einem »Amen« im hellen Sopran abschließt. Dann bekreuzigt er sich, steht auf und geht zu ihr, damit sie ihn segne. Doch sie tritt zurück und bedeutet ihm, dass er vor mir niederknien soll. Seine Mundwinkel verziehen sich nach unten, aber er kniet vor mir nieder, ein gehorsamer kleiner Junge. Ich lege ihm die Hand aufs Haupt und sage: »Gott segne und behüte dich, mein Sohn.« Danach steht er auf, nimmt Anlauf und landet mit einem Hechtsprung auf dem Bett. Er hüpft darauf herum, bis sie die Laken zurückschlägt, ihn darunterbettet und sich, ohne weiter darüber nachzudenken, zu einem Kuss hinunterbeugt.

Verlegen und unsicher, ob ich ihm willkommen bin, eine Fremde in seinem Kinderzimmer, trete ich an seine Bettstatt und beuge mich über ihn. Ich wage einen Kuss. Seine Wange ist warm, und seine Haut – fest wie ein warmer Pfirsich – riecht wie frisch gebackene Brötchen.

»Gute Nacht«, wiederhole ich.

Ich trete vom Bett zurück. Die Frau stellt die Kerze in einiger Entfernung zu den Bettvorhängen auf und zieht sich einen Stuhl ans Feuer. Sie bleibt bei ihm, bis er eingeschlafen ist, so wie sie es jede Nacht seit seiner Geburt getan hat. Er ist beim Knarren ihres Schaukelstuhls und beim beruhigenden Anblick ihres geliebten Gesichts im Feuerschein eingeschlafen. Hier gibt es für mich nichts mehr zu tun; er bedarf meiner nicht. »Gute Nacht«, verabschiede ich mich ein weiteres Mal und schleiche aus dem Zimmer.

Ich schließe die Tür des Kindertraktes und zögere am Kopf der breiten Steintreppe, die nach unten führt. Ich will mich auf die Suche nach meinem Gemahl machen, da höre ich über mir hoch oben im Turm leise eine Tür aufgehen. Die Tür führt aufs Dach, von dem Jasper früher oft die Sterne betrachtete oder, in schwierigen Zeiten, das Land nach Anzeichen einer feindlichen Armee absuchte. Ist Black Herbert heimlich auf den Turm von Pembroke Castle geklettert? Kommt er mit gezücktem Messer die Treppen heruntergeschlichen, um seine Truppen durch das Ausfalltor einzulassen? Ich drücke mich flach gegen Henrys Schlafzimmertür, bereit, mich hineinzustürzen und die Tür hinter mir zu verschließen. Ich muss ihn beschützen. Aus seinem Zimmerfenster kann ich um Hilfe rufen. Ich würde mein Leben für ihn geben.

Ein leichter Schritt, die Tür wird geschlossen, ein Schlüssel dreht sich im Schloss, und ich halte den Atem an. Nichts ist zu hören als der leichte Schritt dessen, der nun leise die Wendeltreppe des Turms herunterhuscht. Wer immer es auch sein mag.

Als könnte ich ihn an seinen Schritten erkennen, weiß ich plötzlich, dass es Jasper ist, und trete aus dem Schatten. »Jasper, oh, Jasper!«, sage ich leise. Da nimmt er die letzten drei Stufen auf einmal, und schon hält er mich eng umschlungen. Ich umklammere seinen breiten Rücken. Wir halten einander fest, als könnten wir uns nie wieder freigeben. Als ich zu ihm aufsehe, legt er den Mund auf meine Lippen und küsst mich. Heiße Begierde schießt durch mich hindurch, ein brennendes Verlangen – wie im Gebet, wenn Gott mich flammend erhört.

Bei dem Gedanken ans Beten löse ich mich von ihm und ringe nach Luft. Er gibt mich sofort frei.

»Es tut mir leid.«

»Nein!«

»Ich dachte, du wärst beim Essen oder in unserem privaten Wohngemach. Ich wollte ganz unauffällig zu dir und deinem Gemahl kommen.«

»Ich war bei meinem Sohn.«

»Hat er sich gefreut, dich zu sehen?«

Ich winke ab. »Er macht sich mehr Sorgen um dich. Er vermisst dich. Wie lange bist du schon hier?«

»Seit fast einer Woche bin ich in der Gegend. Ich habe die Burg wegen Herberts Spionen gemieden. Ich wollte verhindern, dass er sich auf meine Spur setzt. Deswegen habe ich mich in den Wäldern versteckt und dort auf euch gewartet.«

»Ich bin so schnell gekommen, wie ich konnte. Oh, Jasper, musst du wirklich fort?«

Wieder legt er mir den Arm um die Taille, und ich kann nicht anders, ich muss mich an ihn lehnen. Ich bin gewachsen, mein Kopf reicht ihm bis an die Schulter. Wir passen zueinander wie Gussform und Glocke, einer aus dem anderen geformt. Mir ist, als würde ich mich mein Leben lang schmerzlich danach sehnen, wenn wir einander nicht nah sein dürfen.

»Margaret, meine einzige Liebe, ich muss fort«, erklärt er schlicht. »Auf meinen Kopf ist ein Preis ausgesetzt, und zwischen Herbert und mir herrscht böses Blut. Aber ich komme zurück. Ich gehe nach Frankreich oder Schottland, rekrutiere Männer für den wahren König und kehre mit einer Armee zurück. Dessen kannst du dir sicher sein. Wenn wir gewonnen haben und Lancaster wieder auf dem Thron sitzt, werde ich auch wieder Herr dieser Burg sein.«

Als mir auffällt, wie fest ich mich an ihn klammere, lasse ich sein Wams los und zwinge mich, ihn gehen zu lassen. Der Raum zwischen uns, nicht mehr als ein Schritt, fühlt sich unerträglich leer an.

»Und du, geht es dir gut?« Seine offenen, blauen Augen mustern mein Gesicht, dann lässt er den Blick frank an meinem Körper hinabgleiten. »Kein Kind?«

»Nein«, sage ich kurz angebunden. »Es stellt sich keines ein. Ich weiß auch nicht, warum.«

»Behandelt er dich gut?«

»Ja. Ich kann die Kapelle nach meinem Willen nutzen, und ich darf mich meinen Studien widmen. Er stellt mir aus den Einkünften aus meinen Ländereien ein großzügiges Nadelgeld zur Verfügung. Er besorgt mir sogar Bücher und hilft mir beim Lateinstudium.«

»Wie schön«, kommentiert er weihevoll.

»Nun, für mich schon«, gebe ich trotzig zurück.

»Und wie steht er zu König Edward?«, fragt er. »Bist du in Gefahr?«

»Ich glaube nicht. Er ist für König Henry nach Towton gezogen...«

»Er ist in den Krieg gezogen?«

Fast hätte ich gekichert. »Ja. Und ich glaube nicht, dass er großen Gefallen daran hatte. Aber er ist begnadigt worden, und unter diese Begnadigung müsste ich eigentlich auch fallen. Wir nehmen Henry mit und leben ein ruhiges Leben. Wenn der wahre König wieder zu seinem Recht kommt, sind wir bereit. York hat gewiss Besseres zu tun, als sich mit uns abzugeben. Er hat bestimmt größere Feinde. Sir Henry spielt keine große Rolle in der Welt; er bleibt gern zu Hause. Er scheint sich so unauffällig zu verhalten, dass sich niemand um uns kümmert.«

Jasper grinst. Ein junger Mann, der zu Großem geboren wurde und dem es auf Teufel komm raus nicht gelingen würde, ruhig zu Hause sitzen zu bleiben. »Vielleicht. In jedem Fall bin ich froh, dass er dich und den Jungen beschützt, solange ich fort bin.«

Ich kann nicht widerstehen, ihn noch einmal am Revers festzuhalten und ihm ernst in die Augen zu sehen. Er schlingt die Hände um meine Taille und zieht mich an sich. »Jasper, wie lange wirst du fort sein?«

»Sobald ich eine Armee anmustern kann, die Wales für den König zurückerobert, kehre ich zurück«, verspricht er mir. »Es sind meine Ländereien, es ist meine gerechte Sache. Mein Vater und mein Bruder haben für sie ihr Leben geopfert; ich lasse nicht zu, dass ihr Tod umsonst war.«

Ich nicke. Ich spüre die Wärme seines Körpers durch die Jacke hindurch.

»Und lass dir nicht einreden, York sei der wahre König«, warnt er mich eindringlich. »Knickse ruhig, verbeuge dich und lächle, aber sei dir immer bewusst: Lancaster ist das königliche Haus. Solange der König lebt, haben wir einen König. Solange Prinz Edward lebt, stellen wir den Prince of Wales, und solange dein Sohn lebt, haben wir einen Thronerben. Bleib loyal.«

»Oh, ich bleibe loyal!«, flüstere ich. »Für immer und ewig. Es wird für mich nie einen anderen geben als...«

Ein Klappern vom Fuß der breiten Treppe her schreckt uns auf. Ich sollte jetzt eigentlich beim Abendessen sein. »Kommst du, um mit uns zu speisen?«, frage ich ihn.

Er schüttelt den Kopf. »Es ist besser, wenn ich nicht gesehen werde. Wenn Herbert hört, dass ich hier bin, lässt er augenblicklich die Burg umzingeln, und ich möchte euch beide nicht in Gefahr bringen. Ich lasse mir etwas zu essen ins Kinderzimmer hochbringen und komme später zu dir und deinem Mann in euer privates Wohngemach. Morgen früh reise ich ab.«

Ich klammere mich noch fester an ihn. »So bald schon? Oh, bitte, du kannst doch nicht so schnell abreisen? Wir haben uns ja kaum gesehen! Henry wird dich auch um sich haben wollen!«

»Ich muss fort, und je länger ich hierbleibe, desto mehr bringe ich euch in Gefahr, und desto wahrscheinlicher fangen sie mich. Jetzt, wo ihr euch um den Jungen kümmert, kann ich mit gutem Gewissen abreisen.«

»Und du kannst mich verlassen?«

Er lächelt sein schiefes Lächeln.

»Ach, Margaret, die ganze Zeit, die wir uns nun schon kennen, warst du die Frau eines anderen. Es scheint, als bliebe mir nur die Rolle des ritterlich Liebenden. Troubadour einer fernen Herrin. Ich bitte um nicht mehr als um ein Lächeln und einen Platz in deinen Gebeten. Ich liebe dich aus der Ferne.«

»Aber das wird wirklich sehr fern sein.« Mehr fällt mir dazu kindischerweise nicht ein.

Ohne etwas zu sagen, wischt er eine einzelne Träne von meiner Wange.

»Wie soll ich nur ohne dich leben?«, wispere ich verzweifelt.

»Ich würde dich doch nur entehren«, gibt er mir zärtlich zu bedenken. »Und das bringe ich wirklich nicht über mich, Margaret. Du bist die Witwe meines Bruders, und dein Sohn ist Träger eines großen Namens. Ich muss dich lieben und dir dienen, und im Augenblick diene ich dir am meisten, wenn ich abreise und eine Armee anmustere, die die Ländereien deines Sohnes wieder mir unterstellt. Und diejenigen besiege, die sein Haus verleugnen.«

Beim Echo des Trompetenstoßes, der das Servieren des Abendessens ankündigt, zucke ich zusammen.

»Geh«, drängt Jasper. »Ich sehe dich und deinen Gatten später in eurem privaten Wohngemach. Du kannst ihm verraten, dass ich hier bin.«

Er schubst mich ganz zart von sich, und mir bleibt nichts, als die Treppe hinunterzusteigen. Als ich mich umdrehe, ist er schon im Kinderzimmer verschwunden. Mir wird bewusst, dass er Henrys Kindermädchen sein Leben anvertraut und sich jetzt wohl neben meinen schlafenden Sohn setzt.

Nach dem Abendessen kommt Jasper zu uns in unser privates Wohngemach. »Morgen früh breche ich auf«, kündigt er beim Eintreten an. »Ich lasse mich von vertrauenswürdigen Männern nach Tenby begleiten. Dort wartet ein Schiff auf mich. Herbert sucht mich in Nordwales; selbst wenn er hört, wo ich bin, wird er nicht schnell genug hier sein.«

Ich werfe meinem Gatten einen Blick zu. »Können wir dich begleiten und zusehen, wie dein Schiff in See sticht?«, frage ich.

Jasper wartet höflich die Entscheidung meines Gatten ab.

»Wenn du es wünschst«, antwortet Sir Henry ruhig. »Solange Jasper es für sicher hält. Es könnte dem Jungen helfen, wenn er sieht, dass Jasper in Sicherheit ist; er wird sich bestimmt sehr nach ihm sehnen.«

»Ich halte es für ungefährlich«, willigt Jasper ein. »Erst dachte ich, Herbert sei mir auf den Fersen, aber er hat eine falsche Witterung aufgenommen.«

»Bei Morgengrauen, also«, sagt mein Gemahl freundlich, steht auf und streckt mir die Hand entgegen. »Komm, Margaret.«

Ich zögere. Ich möchte noch mit Jasper am Kamin sitzen bleiben. Er reist morgen ab, und wir hatten keine Zeit für uns allein. Ich frage mich, warum mein Gemahl das nicht bemerkt, warum er nicht versteht, dass ich etwas Zeit allein mit dem Freund meiner Kindheit brauche, dem Vormund meines Sohns.

Hätte ich ihn nur angesehen, so hätte mir sein mattes Lächeln verraten, dass er dies – und noch einiges mehr – vollkommen verstand. »Nun komm, Gattin«, wiederholt er zärtlich, und bei dieser Aufforderung erhebt sich Jasper, nimmt meine Hand und verbeugt sich, sodass ich mit meinem Gemahl ins Bett gehen und meinen liebsten, meinen einzigen Freund verlassen muss. Dort am Feuer, an unserem letzten Abend, in dem Heim, das wir einst teilten.

Am nächsten Morgen lerne ich eine ganz neue Seite an meinen Sohn Henry kennen. Er strahlt vor Freude übers ganze Gesicht; er ist der kleine Schatten seines Onkels und folgt ihm überallhin, wie ein verzückter Welpe. Seine Manieren sind ebenso wunderbar wie am Vortag, vielleicht sogar noch besser, denn er weiß, dass sein Vormund ihm zusieht. Doch heute steckt Freude in jeder Bewegung, wenn er in Jaspers anerkennendes Lächeln hochsieht. Er dient ihm wie ein Page, bleibt hinter ihm stehen und reicht ihm stolz die Handschuhe oder tritt mit den Zügeln seines gesattelten Pferdes vor. Einen Stallburschen weist er knapp zurecht: »Lord Pembroke mag diese Gerte nicht. Bring ihm die geflochtene!« Und der Junge verbeugt sich gehorsam und macht auf dem Absatz kehrt.

Jasper und er inspizieren die Wache, die uns nach Tenby begleitet. Henry ahmt Jaspers Gang nach, die Hände hinter dem Rücken verschränkt, den Blick aufmerksam in die Gesichter der Männer gerichtet, auch wenn er zu ihnen hochsehen muss. Manchmal bleibt er, genau wie Jasper, stehen, um eine fachmännisch gepflegte Waffe oder ein sorgfältig gestriegeltes Pferd zu würdigen. Meinem Sohn zuzusehen und in ihm das Ebenbild seines Onkels, des großen Feldherrn, zu erkennen, ist, als würde man einem Prinzen in seinen Lehrjahren zusehen.

»Auf was für eine Zukunft bereitet Jasper ihn vor?«, raunt mir mein Mann ins Ohr. »Er macht ja einen kleinen Tyrannen aus ihm!«

»Er ist der Überzeugung, dass Henry einmal über Wales herrschen wird, wie sein Vater und sein Großvater vor ihm«, gebe ich knapp zurück. »Mindestens.«

»Und höchstens?«

Ich wende den Kopf ab, ohne ihn einer Antwort zu würdigen, denn ich kenne und teile Jaspers Ehrgeiz im Hinblick auf die königliche Stellung meines Sohnes. Jasper zieht einen Erben für den englischen Thron groß.

»Wenn sie Waffen oder wenigstens Stiefel hätten, wäre das Ganze etwas beeindruckender«, flüstert mein Gemahl, der Engländer, mir leise ins Ohr. Und erst jetzt bemerke ich, dass viele Männer tatsächlich barfuß sind, nur mit Sicheln oder Knippen bewaffnet. Es ist eine Armee von Bauern, keine ausgebildeten Soldaten. Ein großer Teil von Jaspers gut ausgerüsteter, kampferprobter Truppe fiel unter den drei Sonnen am Mortimer's Cross, der Rest in Towton.

Jasper erreicht das Ende der Reihe und schnalzt mit den Fingern nach seinem Pferd. Henry nickt dem Stallburschen zu, als wollte er ihm auftragen, sich zu beeilen. Er soll vor seinem Onkel im Sattel sitzen, und die selbstsichere Art, mit der Jasper sich in den Sattel schwingt und hinabbeugt, um Henry hochzuhieven, verrät mir, dass sie das schon oft gemacht haben. Henry reckt sich in die Höhe, Jaspers großer Hand entgegen, und wird vor ihm in den Sattel gehoben. Er schmiegt sich in den festen Griff seines Onkels und strahlt vor Stolz.

»Vorwärts, marsch«, befiehlt Jasper ruhig. »Für Gott und Tudor.«

Ich war mir sicher, Henry würde weinen, wenn wir den kleinen Fischerhafen Tenby erreichen, Jasper ihn hinunterlässt und selbst vom Pferd springt. Einen Moment lang kniet Jasper nieder, sein kupfernes Haupt ganz nah an den braunen Locken meines Sohnes. Dann steht Jasper auf und fordert Henry heraus: »Wie ein Tudor, stimmt's, Henry?« Und mein kleiner Sohn sieht zu seinem Onkel hoch und antwortet: »Wie ein Tudor, Sir!« Feierlich reichen sie einander die Hand. Jasper klopft ihm so hart auf den Rücken, dass er ihn fast von den kleinen Füßen haut, dann wendet er sich an mich.

»Gott befohlen‹«, sagt Jasper zu mir. »Ich mag lange Abschiede nicht.«

»Gott befohlen«, antworte ich. Meine Stimme bebt, und ich getraue mich nicht, vor meinem Gatten und den Wachen etwas hinzuzufügen.

»Ich schreibe dir«, verspricht Jasper. »Pass gut auf den Jungen auf. Und verzieh ihn nicht.«

Ich ärgere mich so sehr, dass Jasper mir erklären will, wie ich mit meinem Sohn umzugehen habe, dass es mir für einen Moment die Sprache verschlägt. Dann beiße ich mir auf die Lippen. »Mache ich.«

Jasper wendet sich an meinen Mann: »Danke, dass Ihr gekommen seid«, sagt er förmlich. »Es ist gut, Euch Henry anzuvertrauen, einem Vormund, auf den ich zählen kann.«

Mein Gemahl neigt den Kopf. »Viel Glück«, sagt er leise. »Ich werde sie beide beschützen.«

Jasper dreht sich auf dem Absatz um. Doch er wendet sich noch einmal Henry zu und drückt ihn in einer kurzen, harten Umarmung an sich. Als er den kleinen Jungen liebevoll hinunterlässt, stehen in Jaspers blauen Augen Tränen. Dann nimmt er die Zügel seines Pferdes und führt es vorsichtig und ruhig über die Rampe auf das Schiff. Ein Dutzend Männer schließt sich an, der Rest wartet bei uns. Ich richte den Blick auf ihre fassungslosen Gesichter, als ihr Lord und Feldherr dem Kapitän zuruft, er könne ablegen.

Sie werfen die Taue ins Schiff und setzen die Segel. Erst scheint es, als bewegte sich nichts, doch dann beginnen die

Segel zu flattern und sich langsam aufzublähen. Wind und Gezeiten ziehen das Schiff von der kleinen Hafenmole fort. Ich lege meinem Sohn die Hand auf die Schulter; er zittert wie ein Fohlen. Bei der Berührung wendet er den Kopf nicht um; er bemüht sich zu sehr, seinen Vormund nicht aus den Augen zu lassen. Erst als das Schiff nur noch ein winziger Punkt auf dem Meer ist, holt er bebend Luft und lässt den Kopf sinken. Seine Schultern heben sich unter einem Schluchzer.

»Möchtest du vor mir sitzen?«, frage ich ihn leise. »Du kannst vor mir sitzen wie vor Jasper.«

Er sieht zu mir hoch. »Nein, vielen Dank, Mylady«, verneint er höflich.

In den folgenden Wochen, die wir auf Pembroke Castle verbringen, widme ich mich ganz meinem Sohn. Eine bewaffnete Bande, nicht viel mehr als Briganten, macht die Straße nach England unsicher, und mein Gemahl hat beschlossen, es sei sicherer für uns, auf Pembroke zu warten, bis sie weitergezogen sind, anstatt loszureiten und ihnen womöglich in die Arme zu laufen. Also sitze ich bei meinem kleinen Henry, wenn er von seinem Lehrer unterrichtet wird, den Jasper eingestellt hat, ich reite am Morgen mit ihm aus und beobachte ihn, wenn er mit der kleinen Stechpuppe, die Jasper ihm bauen ließ, im Feld hinter den Ställen Übungen im Tjosten macht. Wir reiten zusammen zum Fluss, besteigen ein Fischerboot und lassen den Diener am Strand ein Lagerfeuer anzünden, damit wir unseren Fang auf Stöcken grillen können. Ich schenke ihm Spielsachen, ein Buch und ein Pony, nur für ihn allein. Ich übertrage seine Tagesgebete höchstpersönlich ins Englische, in einer besseren Übersetzung aus dem Lateinischen. Ich spiele mit ihm Fangen und Karten. Ich singe Kinderlieder und lese ihm auf Französisch vor. Ich bringe ihn ins Bett, und abends machen wir Pläne für den nächsten Tag. Morgens wecke ich ihn lächelnd auf. Ich maßregele ihn nie – das überlasse ich seinem Lehrer. Ich schicke ihn nie zum Umziehen oder schimpfe mit ihm, weil er sich schmutzig gemacht hat – das überlasse ich der Kinderfrau. Für ihn bin ich die vollkommene Spielgefährtin, immer glücklich, immer zum Spielen bereit, immer damit einverstanden, dass er das Spiel aussuchen darf, immer froh, wenn ich ihn gewinnen lassen kann. Am Abend kniet er am Fuß seines Bettes, und ich knie neben ihm. Und jeden Abend – haben wir am Tag noch so viel unternommen, ist er noch so sorglos herumgetobt – betet er zu Gott, er möge seinen Onkel Jasper heimschicken, damit er wieder glücklich sein könne.

»Warum vermisst du Jasper noch immer so sehr?«, frage ich ihn und ziehe die Laken glatt. Ich bemühe mich, meinen Ton leicht, fast gleichgültig, klingen zu lassen.

Sein kleines Gesicht strahlt auf dem weißen Leinenkissen, sobald ich seinen Onkel nur erwähne. »Er ist mein Lord«, sagt er nur. »Wenn ich groß bin, reite ich mit ihm aus. Wir bringen England Frieden, und wenn das getan ist, führen wir zusammen einen Kreuzzug. Wir werden nie getrennt. Ich werde ihm den Lehnseid schwören, und ich bin der Sohn, den er nie hatte. Er ist mein Lord. Ich bin sein Mann.«

»Aber ich bin deine Mutter«, bemerke ich. »Jetzt bin ich hier, um mich um dich zu kümmern.«

»Wir lieben dich, Jasper und ich«, sagt er fröhlich. »Wir nennen dich unseren Leitstern. Wir beten immer für dich, und für meinen Vater Edmund auch.«

»Aber jetzt bin ich doch hier!«, beharre ich. »Edmund hat dich nie gesehen. Er zählt eigentlich gar nicht, es ist nicht dasselbe wie bei mir. Jasper ist im Exil; jetzt bin ich hier, ich allein!«

Er wendet das kleine Gesicht ab, die Augenlider fallen ihm zu, die dunklen Wimpern liegen auf den zartrosa Wangen. »Mein Onkel, Lord Pembroke, freut sich, dich hier auf der Burg empfangen zu können«, murmelt er. »Wir sind beide sehr glücklich, dich willkommen ...«

Er ist eingeschlafen. Als ich mich umdrehe, steht mein Gatte still am kalten Türrahmen aus Stein. »Hast du das gehört?«, frage ich ihn. »Er denkt immer nur an Jasper. Er betet für mich wie für seinen Vater, der vor seiner Geburt gestorben ist. Ich bin ihm so fern wie die Königin.«

Mein Gemahl streckt die Hand nach mir aus, und ich freue mich über den Trost. Er schließt mich in die Arme, und ich kann den Kopf an seine Brust lehnen.

»Er ist ein kluger Junge«, spricht er beruhigend auf mich ein. »Du musst ihm Zeit geben, dich kennenzulernen. Er hat so lange mit Jasper zusammengelebt, dass er seine ganze kleine Welt ausmachte. Er wird dir schon noch nahekommen. Hab Geduld. Außerdem ist es kein Nachteil, wenn du für ihn wie die Königin bist. Du bist seine Mutter, nicht sein Kindermädchen. Warum solltest du nicht sein Leitstern sein, unter dem er steht und dem er folgt? Von Jasper hat er gelernt, dich aus der Ferne anzuhimmeln. Darauf versteht er sich. Warum willst du eine andere Rolle spielen?«

HERBST 1461

Das Läuten der Sturmglocke reißt uns aus dem Schlaf, und ich springe aus dem Bett, werfe mir einen Umhang über und laufe in den Kindertrakt. Mein Junge zerrt an seiner Kniehose und ruft nach den Stiefeln. Die erste Kinderfrau schaut auf, als ich hereinkomme. »Mylady? Wisst Ihr, was das ist?«

Ich schüttele den Kopf und blicke zum Fenster hinaus. Das Fallgatter wird mit einem eiligen Rasseln herabgelassen, Wachen und Stallburschen kommen aus ihren Schlafquartieren und schreien durcheinander. Unter den Männern sehe ich meinen Gemahl, der leise und ohne Hast auf den Wachturm zugeht, von dem man das Tor überblicken kann.

»Ich gehe hinunter«, sage ich.

»Ich komme mit! Ich komme mit!«, piepst mein Sohn. »Ich brauche mein Schwert.«

»Du brauchst dein Schwert nicht«, sage ich. »Aber du kannst mitkommen, wenn du mir versprichst, bei mir zu bleiben.«

»Darf ich den kleinen Graf begleiten? Bitte, Mylady?«, fragt sein Kindermädchen. Ich werde rot vor Zorn, denn sie glaubt, ich könnte ihn nicht brav bei mir behalten, aber ich nicke, und wir drei laufen die Steintreppe hinunter, über den Hof und die enge Treppe zum Turm hinauf, wo mein

Gemahl und der Hauptmann der Wache über die Zinnen hinweg auf die Fahne von William Herbert blicken. Sie flattert über einer kleinen Truppe, die den Hügel hochgetrabt kommt.

»Gott steh uns bei«, flüstere ich.

Henry zieht sein Kindermädchen in die hintere Ecke des Turms, von wo er zusehen kann, wie unten die Zugbrücke hochgezogen wird.

Mein Gemahl schenkt mir ein Lächeln. »Ich bezweifle, dass wir in Gefahr sind«, sagt er leise. »Auch wenn ich keinen Zweifel daran habe, dass man Herbert diese Burg zugesprochen hat, vielleicht sogar die ganze Grafschaft. Er ist nur gekommen, um seinen Besitzanspruch geltend zu machen. Mit uns hat er nicht gerechnet, wir sind hier jetzt nur noch Gäste.«

»Was werden wir tun?«

»Ihm die Burg übergeben.«

»Ihm die Burg übergeben?« Ich bin so entsetzt – was mein Gemahl vorhat, ist Verrat –, dass ich ihn mit offenem Mund anstarre. »Du willst ihm einfach die Schlüssel überreichen? Von Jaspers Burg? Die Tore öffnen und ihn zum Abendessen einladen?«

»Vielleicht bittet er uns ja sogar, mit ihm zu speisen«, verbessert mich mein Gemahl. »Wenn dies, wie ich annehme, jetzt seine Burg ist.«

»Du kannst unmöglich vorhaben, sie ihm einfach zu überlassen.«

»Selbstverständlich habe ich das vor«, erwidert er. »Wenn König Edward ihm die Burg und die Befehlsgewalt über Wales überantwortet hat, dann verhalten wir uns, wie es treuen Untertanen gebührt, und überlassen William Herbert seinen Besitz und geben dem Kaiser, was des Kaisers ist.«

»Diese Burg gehört uns Tudors«, fahre ich ihn an. »Sie gehört Jasper, und in seiner Abwesenheit Henry und mir. Dies ist Henrys Zuhause, dies ist meine Burg.«

Mein Gemahl schüttelt sein graues Haupt. »Nein, meine Liebe. Du vergisst, dass ein neuer König auf dem Thron sitzt, der Besitztümer neu verteilt und Zuwendungen gemacht hat. Lancaster hält weder den Thron noch Wales, ja, nicht einmal mehr Pembroke Castle. Ungeachtet dessen, dass dies hier dein Zuhause war, wird es jemandem übereignet worden sein, der sich als loyaler Yorkist erwiesen hat. Ich hatte gedacht, vielleicht an William Hastings oder Warwick, aber wie es aussieht, ist William Herbert der Glückliche.« Er blickt über die Burgmauer. Sie sind schon fast in Rufweite.

»Jasper hätte die Burg nicht kampflos übergeben«, sage ich bitter. »Jasper hätte seinen Besitz verteidigt. Er wäre lieber gestorben, als unsere Burg einem wie Herbert anzuvertrauen. Er hätte nicht aufgegeben wie ein schwaches Weib. Er hätte gekämpft. Herbert ist ein Verräter, ausgeschlossen, dass ich ihn in Jaspers Burg einlasse.«

Mein Gemahl blickt mich an, doch er lächelt nicht mehr. »Margaret, sieh doch selbst, was Jasper getan hätte. Sieh doch selbst, welche Wahl er getroffen hat. Er hat gesehen, dass die Schlacht verloren war, und hat seine Burg verlassen. Und nicht nur das, er hat auch deinen Sohn verlassen und dich. Ohne einen Blick zurück. Er hat dir gesagt, er sei kein Freund langer Abschiede, und ist auf und davon, um sich weit fort von hier in Sicherheit zu bringen. Er selbst hat mir gesagt, Herbert werde wohl kommen, um seinen Anspruch auf Pembroke geltend zu machen. Er erwartet von uns, dass wir uns ergeben. Er hat mir gesagt, er wäre froh, wenn wir bleiben würden, bis Herbert nach Pembroke kommt, um dafür zu sorgen, dass den Dienern nichts geschieht. Eine Belagerung oder etwas Ähnliches hieße, unser Leben zu vergeuden. Alles andere hieße, wir hätten genauso gut fortlaufen können wie er. Die Schlacht ist verloren: Sie wurde bei Towton verloren; Jasper hat es gewusst und ist davongelaufen.«

»Er ist nicht davongelaufen«, brause ich auf.

»Er ist nicht hier, oder?«, bemerkt mein Gemahl, lehnt sich über die Brustwehr und ruft: »Sir William!«

Der große Mann, der den Männern voranreitet, bringt sein Pferd zum Stehen und senkt die Standarte. »Ich bin William, Lord Herbert. Wer ruft mich? Seid Ihr das, Sir Henry Stafford?«

»Derselbe. Ich bin hier mit meiner Gemahlin, Lady Margaret, und ihrem Sohn, dem Earl of Richmond.«

»Und Jasper Tudor, der Verräter, der ehemalige Earl of Pembroke?«

Henry zieht an meiner Hand, und ich beuge mich zu ihm hinunter, um zu hören, was er mir zuflüstern will. »Mein Onkel ist aber doch immer noch Earl of Pembroke, oder? Warum sagt der böse Mann da, ›der ehemalige Earl‹?«

»Wir werden ihn niemals so nennen«, schwöre ich. »In unseren Gebeten wird er immer Earl of Pembroke sein. Nur die Yorkisten sehen das anders. Sie sind alle Lügner.«

»Jasper Tudor ist fort«, ruft Sir Henry hinunter. »Ihr habt mein Ehrenwort, dass er weder in der Burg ist noch in der näheren Umgebung.«

»König Edward, Gott schütze ihn, hat mir die Burg und den Befehl über Wales zugesprochen«, bellt Herbert herauf. »Werdet Ihr die Tore öffnen und mich auf meinen Besitz einlassen?«

»Ja«, sagt Sir Henry fröhlich und nickt dem Hauptmann der Wache zu. Zwei Männer laufen los. Ungläubig muss ich mit ansehen, wie das Fallgitter hochgekurbelt und die Zugbrücke herabgelassen wird. Blitzschnell wie ein Verräter rutscht der rote Drache auf der Standarte der Tudors den Fahnenmast herunter und verschwindet, als hätte sie nicht über der Burg geflattert, solange ich sie kenne.

William Herbert salutiert den Soldaten am Tor, reitet mit einer fröhlichen Fanfare in die Burg ein, die jetzt sein Eigen ist, und steigt an meinem Aufsitzblock vom Pferd, als hätte dieser all die Jahre dort gestanden und nur auf ihn gewartet.

Mir hat es an diesem Abend beim Abendessen vor Zorn die Sprache verschlagen, doch mein Gemahl und Lord Herbert unterhalten sich angeregt über den neuen König und wägen ab, ob eine Invasion aus Frankreich wahrscheinlich ist. Sie überlegen, wie groß die Gefahr ist, dass eine schottische Armee in England einmarschiert, als wären die Schotten unsere Feinde und nicht unsere Retter. Ich hasse meinen Gemahl für seine gelöste Art und seine guten Manieren. Stur halte ich den Blick auf meinen Teller gerichtet und ergreife das Wort nur, wenn ich direkt angesprochen werde. Lord Herbert richtet erst das Wort an mich, als ich mich vom Tisch erhebe, um mich zurückzuziehen. An meinen Gemahl gewandt, kündigt er an: »Ich habe mit Euch beiden über den jungen Henry Tudor zu sprechen. Wollen wir uns nach dem Abendessen im privaten Wohngemach unterhalten?«

»Selbstverständlich«, antwortet mein Gemahl und kommt damit einer Weigerung meinerseits zuvor. »Lady Margaret wartet uns gewiss mit einem guten Wein und etwas Obst auf, wenn wir uns dort zu ihr gesellen.«

Ich neige den Kopf und überlasse sie dem Wein und ihrem freundschaftlichem Gespräch. Dann setze ich mich in meinen Sessel am Feuer und warte. Ich muss dort nicht lange meinen Gedanken nachhängen, die beiden folgen mir bald nach. Jetzt sind sie in ein Gespräch über die Jagd vertieft. Mein Gemahl lobt das Wild, das in der Nähe der Burg gejagt werden kann, als wäre der Bestand nicht von Jasper gehegt und überwacht worden, als wäre er nicht das Erbe meines Sohnes und dieser Mann kein Eindringling, kein Wilderer, wenn er hier jagt.

»Ich will mich kurz fassen«, beginnt Lord Herbert, tritt an den offenen Kamin und wärmt sich den Rücken, als wären die Scheite, die darin brennen, sein. »Ich werde die Aufsicht über Henry übernehmen, er soll bei mir leben. Der König wird bestätigen, dass ich ab Weihnachten sein Vormund bin.«

Mein Kopf fährt hoch, doch mein Gemahl wirkt nicht im Geringsten überrascht.

»Ihr werdet hier leben?«, fragt er, als wäre es das Einzige, was zählt.

»Raglan«, sagt Sir William knapp. »Die Burg ist besser, und meine Frau liebt sie. Henry wird mit unseren Kindern zusammen aufwachsen und eine Erziehung bekommen, die seiner Position gebührt. Ihr seid willkommen, ihn jederzeit zu besuchen.«

Da ich immer noch schweige, sagt mein Gemahl: »Das ist sehr gütig von Euch. Ich bin mir sicher, Lady Margaret ist Euch sehr verbunden.« Sein warnender Blick drängt mich, meine Dankbarkeit zu bezeugen, aber das kann ich einfach nicht.

»Er sollte in meiner Obhut bleiben«, sage ich rundweg.

Lord Herbert schüttelt den Kopf. »Das erlaubt der König nicht, Mylady. Euer Sohn ist Erbe eines gewaltigen Vermögens und eines großen Namens. Über kurz oder lang musste jemand nach seiner Vormundschaft greifen. Ihr habt in vielerlei Hinsicht Glück, dass ich derjenige bin. Ich erwarte nicht, dass Ihr das jetzt gleich einseht, aber wenn ein Neville ihn als Mündel angenommen hätte, müsste er weit weg unter Fremden leben. Bei mir kann er in Wales bleiben, er darf seine eigene Dienerschaft behalten und in dem Land bleiben, das er kennt. Meine Gemahlin ist eine weichherzige Frau, er wird zusammen mit meinen Kindern aufwachsen. Er hätte es viel schlimmer treffen können.«

»Er ist mein Sohn!«, fahre ich auf. »Er ist ein Sohn des Hauses Lancaster, er ist Erbe…«

»Wir sind Euch verpflichtet«, sagt mein Gemahl und bringt mich zum Schweigen.

Lord Herbert sieht mich an. »Die familiären Verbindungen Eures Sohnes sind kein reiner Segen, Mylady. Wenn ich Ihr wäre, würde ich nicht übermäßig damit prahlen. Sein Verwandter, der ehemalige König, ist im Exil, wo er eine Verschwörung mit den Feinden unseres Landes anzettelt. Sein Vormund und das Oberhaupt dieses Hauses, Jasper Tudor, hält sich ebenfalls im Exil auf, auf seinen Kopf, den eines notorischen Verräters, ist ein Preis ausgesetzt. Sein Großvater wurde wegen Verrats enthauptet. Ich persönlich habe seinen Vater gefangen gesetzt, und das Ende Eures eigenen Vaters war alles andere als ruhmreich. Ich an Eurer Stelle wäre froh, dass er in einem loyalen yorkistischen Haushalt aufwachsen wird.«

»Sie ist Euch dankbar«, wiederholt mein Gemahl. Er kommt zu mir herüber und streckt mir gebieterisch die Hand hin. Ich muss mich erheben und seine Hand nehmen, als wären wir uns einig. »Wir sagen es Henry, wenn er morgen früh wach wird, und sobald Wachen und Pferde bereit sind, reiten wir zurück in unser Haus in England.«

»Bleibt«, sagt Sir William freundlich. »Bleibt, bis der Junge sich an die neue Situation gewöhnt hat, bleibt, so lange Ihr wollt. Wir können ein bisschen von dem Wild jagen, das Jasper so sorgfältig gehegt hat.« Er lacht, und mein Gemahl, der Abtrünnige, lacht mit ihm.

In eisigem Schweigen reiten wir zurück zu unserem Haus in Lincolnshire, und dort widme ich mich ganz dem Gebet und meinen Studien. Nachdem mein Gemahl einige spöttische Bemerkungen fallen gelassen hat, auf die er keine Erwiderung erhielt, und nachdem er mich gefragt hat, ob ich ihn nach London begleiten wolle – als würde ich in diese Stadt fahren, die solche Schande über sich gebracht hat! –, wendet er seine Aufmerksamkeit ganz der Führung unserer großen Güter und seiner Londoner Geschäfte zu. Dass der neue König so fest entschlossen ist, den Frieden zu wahren, bedeutet mehr Arbeit für den Landadel. Mein Gemahl muss feststellen, dass er fortan aufgefordert ist, allein auf den eigenen Vorteil bedachte, korrupte ortsansässige Beamte auszurotten, die unter der nachlässigen Amtsführung von König Henry reich geworden sind. Die Gerichtshöfe müssen jetzt allen offen stehen, denn nun wird für alle Recht gesprochen, nicht nur für diejenigen, die die Gerichtsdiener bestechen können. Der neue König Edward beruft das Parlament ein und teilt ihm mit, er sei fest entschlossen, von eigenen Einkünften zu leben und das Land nicht mit hohen Steuern zu belasten. Er ordnet an, dass für die Sicherheit auf den Straßen gesorgt werden soll und private Armeen aufgelöst werden müssen. Banditen und Kriminelle sollen vor Gericht gebracht und die Gewalt in den Bierschenken und auf den Straßen unter Kontrolle gebracht werden. Diese Verbesserungen werden von allen begrüßt, und man sagt eine Zeit größeren Wohlstands und Friedens für England voraus. Dieser glorreiche Sohn des Hauses York wird dem Land Frieden bringen. Alle sind erfreut über die Reformen und Fortschritte. Alle scheinen den gutaussehenden Sohn des Hauses York zu lieben. Alle, außer ich.

Dieser König Edward ist ein junger Mann von neunzehn Jahren, nur ein Jahr älter als ich. Er hat, genau wie ich, in jungen Jahren seinen Vater verloren und träumt wie ich von Größe und Erhabenheit. Doch er hat sich an die Spitze der Armee seines Hauses gestellt und sie zum Thron von England geführt, während ich nichts getan habe. Er war Englands Johanna von Orléans, nicht ich. Mir ist es nicht einmal gelungen, meinen Sohn in meiner Obhut zu behalten. Dieser Junge, dieser Edward, den sie die süße Rose von England nennen, die weiße Blume, ist der Sage nach gutaussehend, tapfer und stark, während ich nichts bin. Frauen bewundern ihn und singen Loblieder auf sein Aussehen und seinen Charme. Ich kann mich nicht einmal an seinem Hof sehen lassen. Ich bin auch niemandem bekannt. Ja, ich bin wahrlich eine Blume, die ihre Süße in der Wüste verströmt. Er hat mich nie gesehen. Niemand hat je auch nur eine einzige Ballade über mich verfasst, niemand je mein Konterfei gezeichnet. Ich bin die Gemahlin eines Mannes ohne jeden Ehrgeiz, der erst dann in den Krieg zieht, wenn er dazu gezwungen wird, die Mutter eines Sohnes, den ich in der Obhut meiner Feinde zurücklassen musste, und die ferne Liebe eines besiegten Mannes im Exil. Ich verbringe meine Tage – die wieder kürzer werden, wenn der Abend in diesem elendigsten aller Jahre hereinbricht – auf den Knien, und ich bete zu Gott, er möge diese finstere Nacht vorübergehen lassen wie diesen kalten Winter. Er möge das Haus York stürzen, damit das Geschlecht der Lancaster endlich wieder in sein Haus einziehen kann.

HERBST 1470

Nicht *ein* dunkler Winter, nein, es müssen fast zehn Winter vergehen, bis Gott mich und mein Haus vom Elend der Niederlage und des Exils in unserem eigenen Land erlöst. Neun lange Jahre lebe ich mit einem Gemahl, mit dem ich nichts teile als unser neues Haus in Woking, auf dem Land. Haus, Land und Bedeutung haben wir gemein, und doch bin ich einsam und sehne mich nach meinem Sohn, der von meinem Feind aufgezogen wird, von dem ich vorgeben muss, er wäre mein Freund. Ich empfange kein Kind von Stafford, woran, wie ich glaube, die Hebammen bei der Geburt meines Sohnes Henry schuld sind, und muss es erdulden, dass mein Gemahl großzügig akzeptiert, von mir keinen Erben geschenkt zu bekommen. Er macht mir keine Vorwürfe, doch fällt es mir schwer, seine Freundlichkeit zu ertragen. Wir leiden beide unter der Machtausübung der Yorks, die sich den Hermelin der Monarchie angelegt haben, als wäre er ihnen bestimmt. Edward, der junge König, heiratet in den ersten Jahren seiner Regentschaft eine vollkommen Unbekannte, ein wahrer Niemand. Es wird weithin angenommen, diese Frau habe ihn mithilfe ihrer Hexenmutter Jacquetta verzaubert, der großen Freundin unserer Königin, die die Seiten gewechselt hat und jetzt den yorkistischen Hof regiert. Auch den Neffen meines Gemahls, den kleinen Herzog Henry Stafford, schnappt sich die gierige Sirene Elizabeth, die sich selbst Königin nennt. Sie raubt ihn uns, seiner Familie, und verlobt ihn mit ihrer Schwester, Katherine Woodville, einem Mädchen, das geboren wurde, um in Northampton Hühner zu züchten. So wird die kleine Woodville zur Herzogin und damit zum Oberhaupt unseres Hauses. Mein Gemahl protestiert nicht gegen diese Entführung unseres Jungen, er sagt, es sei Teil der neuen Weltordnung, an die wir uns gewöhnen müssen. Das gelingt mir nicht. Ausgeschlossen. Daran werde ich mich nie gewöhnen.

Einmal im Jahr besuche ich meinen Sohn im protzig luxuriösen Haushalt von Lord Herbert, sehe ihn größer und stärker werden. Ich sehe, wie er sich entspannt unter den Yorks bewegt, geliebt von Anne Devereux, der Gemahlin von Black Herbert, wie er liebevoll und gelöst im Umgang mit ihrem Sohn William, seinem besten Freund, seinem Kameraden bei Spiel und Studien, ist, und ebenso liebevoll mit ihrer Tochter Maud, die sie ihm ganz eindeutig – ohne ein Wort zu mir – zur Frau bestimmt haben.

Jedes Jahr besuche ich ihn getreu und spreche mit ihm über seinen Onkel Jasper im Exil und über seinen Verwandten, den König, der im Tower von London gefangen gehalten wird, und er hört mir zu, den braunen Schopf mir zugeneigt, lächelnder Gehorsam in seinen braunen Augen. Solange ich spreche, hört er mir höflich und aufmerksam zu, ohne mir je zu widersprechen oder mir Fragen zu stellen. Aber ich kann nicht sagen, ob er wirklich ein Wort meiner ernsten Predigt versteht: dass er sich bereithalten muss und nicht vergessen darf, dass er ein Junge ist, der zu Großem auserwählt ist. Dass ich, seine Mutter, Erbin der Beauforts und des Hauses Lancaster, bei seiner Geburt beinahe gestorben wäre, wir indes beide von Gott gerettet wurden, um einem großen Ziel zu dienen. Und dass er nicht geboren wurde, um froh über die Zuneigung eines Mannes wie William Herbert zu sein. Ich möchte gewiss kein Mädchen wie Maud Herbert zur Schwiegertochter.

Ich trichtere ihm ein, er müsse bei ihnen leben wie ein Spion, wie ein Feind im gegnerischen Lager. Er müsse sich freundlich geben und auf die Zeit seiner Rache warten. Er müsse das Knie vor ihnen beugen, doch vom Schwert träumen. Doch das tut er nicht. Er kann es nicht. Er lebt bei ihnen wie ein offenherziger Junge von fünf, sechs, sieben Jahren. Er lebt bei ihnen, bis er dreizehn ist, und wächst unter ihrer Obhut, nicht unter meiner, zu einem jungen Mann heran. Sie erziehen ihn, nicht ich. Sie lieben ihn wie ihren Sohn. Mir ist er kein Sohn, und das werde ich ihnen niemals verzeihen.

Fast neun Jahre lang träufele ich ihm flüsternd Gift in sein kleines Ohr – gegen den Vormund, dem er vertraut, und gegen die Gemahlin seines Vormunds, die er liebt. Ich sehe, wie er in ihrer Obhut aufblüht und an ihrem Unterricht wächst. Sie stellen Meister der Fechtkunst für ihn an, Lehrer für Französisch, Mathematik und Rhetorik. Sie scheuen keine Kosten, wenn es um seine Unterweisung geht, und ermutigen ihn zu lernen. Sie lassen ihm die gleiche Bildung zuteilwerden wie ihrem eigenen Sohn; die beiden Jungen lernen gleichberechtigt Seite an Seite. Ich habe keinen Grund zur Klage. Doch in all den Jahren unterdrücke ich stumm ein zorniges Heulen: Er ist mein Sohn, der Thronerbe von England und ein Sohn des Hauses Lancaster. Um Gottes willen, was tut er hier, glücklich gedeihend im Haushalt eines Yorkisten?

Ich kenne die Antwort. Ich weiß, was er in einem der treuen Häuser von York macht. Er wächst zum Yorkisten heran. Er liebt den Luxus und die Behaglichkeit von Raglan Castle; ich schwöre, er würde sie der heiligen Schlichtheit meines neuen Zuhauses in Woking vorziehen, wenn man ihm je erlaubt hätte, mich dort zu besuchen. Er erwärmt sich für die sanfte Frömmigkeit von Anne Devereux. Mein Wunsch, er möge alle Tagesgebete lernen und alle Gedächtnistage der Heiligen ehren, wäre zu viel verlangt von einem kleinen Jungen – das weiß auch ich. Er bewundert den Mut und den Schneid von William Herbert, und während er seinen Onkel Jasper immer noch liebt und ihm auch schreibt, um ihm das zu sagen – jungenhafte Briefe voller Prahlerei und Zuneigung –, lernt er, den Feind seines Onkels zu bewundern und ihn sich zum Vorbild eines galanten, ehrenhaften Edelmannes und Grundbesitzers zu nehmen.

Dass er mich als Frau betrachtet, die sich mit einer Niederlage nicht abfinden kann, ist das Schlimmste für mich. Ich weiß, wie er denkt. Er hält mich für eine Frau, die mit ansehen musste, wie ihr König vom Thron gestürzt wurde, ihr Gemahl in der Schlacht fiel und ihr Schwager weggelaufen ist, und er glaubt, Enttäuschung und Scheitern ließen mich Trost in der Religion suchen. Demnach bin ich eine Frau, die wegen ihres gescheiterten Lebens Zuflucht bei Gott sucht. Was ich auch tue, nichts kann ihn davon überzeugen, dass mein Leben in Gott meine Macht und mein Stolz ist. Und dass ich unsere Sache nicht als verloren betrachte, dass ich mich nicht geschlagen gebe und nicht einmal jetzt glaube, dass York den Thron behalten wird. Ich bin fest davon überzeugt: Wir werden auf den Thron zurückkehren, am Ende werden wir siegen. Ich kann ihm das sagen, gewiss, ich kann es so oft wiederholen, wie ich will, aber ich kann meine Überzeugung mit nichts untermauern, und das verlegene Lächeln und die Art, wie er mir den Kopf zuneigt und murmelt: »Frau Mutter, ich bin mir sicher, Ihr habt recht«, verrät mir so deutlich, als würde er mir laut widersprechen, dass er denkt, ich wäre im Irrtum, ich täuschte mich und meine Meinung wäre – und das ist noch schlimmer – nicht von Belang.

Ich bin die Frau, die ihn zur Welt gebracht hat, aber ich habe nur das erste halbe Jahr seines Lebens mit ihm verbracht. Jetzt sieht er mich einmal im Jahr, selten öfter, und ich verschwende meine Zeit mit ihm, indem ich ihn davon zu überzeugen suche, einer Sache treu zu sein, die schon fast zehn Jahre verloren ist. Kein Wunder, dass ihm nicht viel an mir liegt. Mit jedem Jahr muss ich ihm närrischer erscheinen.

Doch ich kann nicht anders. Gott weiß, wenn ich mich damit abfinden könnte, mit einem Mann zusammenzuleben, der die Verkörperung der Mittelmäßigkeit ist, in einem Land zu leben unter einem Usurpator – und mit einer Königin, die mir in jeder Hinsicht weit unterlegen ist! – und meinen Glauben so aufzufassen, dass ich einmal am Tag bete, dann würde ich das tun. Aber es ist mir unmöglich. Ich wünsche mir einen Gemahl, der den Mut und die Entschlossenheit besitzt, sich an der Herrschaft des Landes zu beteiligen. Mein Land soll von meinem wahren König regiert werden, und ich muss Gott dafür in den fünf Gebeten des Tages bitten. So bin ich, ich kann mich nicht verleugnen.

William Herbert ist natürlich durch und durch König Edwards Mann. In seinem Haus lernt mein Sohn – mein eigen Fleisch und Blut, die Blume des Hauses Lancaster –, mit Respekt von dem Usurpator zu sprechen, die angeblich hinreißende Schönheit seiner ihm eilends angetrauten Gemahlin – dieser Niemand – zu bewundern und dafür zu beten, dass sie ihrem verfluchten Haus einen Erben schenkt. Sie ist fruchtbar wie eine Stallkatze, doch Jahr für Jahr bringt sie nur Mädchen zur Welt. Sie setzt sich dem allgemeinen Gespött aus, denn es heißt, sie habe ihn mittels Zauberei an sich gebunden und entstamme einer langen Ahnenreihe von Hexen. Und dabei bringt sie nur kleine Hexen für den Scheiterhaufen hervor, sie vermag ihm keinen Prinz zu schenken, ihre magischen Kräfte scheinen ihr dabei nicht zu helfen.

In der Tat, wenn sie zeitig einen Erben bekommen hätten, dann wäre unsere Geschichte vielleicht ganz anders verlaufen, doch das haben sie nicht, und langsam, aber sicher setzt sich die berüchtigte Treulosigkeit der Yorks durch und spaltet das in seiner Selbstherrlichkeit schwelgende Haus York. Ihr großer Ratgeber und Mentor, der Earl of Warwick, wendet sich gegen den Jungen, dem er selbst auf den Thron verholfen hat, und der zweite Sohn George, Duke of Clarence, wendet sich gegen den Bruder, den er zum König ausgerufen hat. Und die beiden Opportunisten verbünden sich.

Neid, das Familiengift der Yorks, fließt durch Georges Adern wie das minderwertige Blut seiner Ahnen. Als Warwick sich abwendet von dem ersten Sohn Yorks, den er zum König gemacht hat, kriecht der zweite York heran, in der Hoffnung, Warwick könnte ihm demselben Gefallen tun. Und Warwick glaubt tatsächlich, er könnte denselben Trick noch einmal aufführen und den einen Thronprätendenten einfach durch einen anderen ersetzen. Warwick verheiratet seine Tochter Isabel mit George, Duke of Clarence, und verleitet ihn mit der Leichtigkeit der Schlange im Paradies, die Sache des Bruders fallen zu lassen und selbst nach dem Thron des Usurpators zu greifen. Sie schnappen sich den neuen König, als wäre er die Krone an der Spitze des Maibaumes, und nehmen ihn gefangen – schon glaube ich, uns hat sich ein Weg eröffnet.

Die Yorkisten saugen Ehrgeiz und Treulosigkeit mit der Muttermilch auf. Doch kann die Uneinigkeit in ihrem Haus dem meinen nur dienlich sein. Inmitten ihrer Ränke spiele ich meine Karten aus. Mit allem anderen haben die Yorks meinem Sohn auch den Titel des Earl of Richmond gestohlen, den sich George of Clarence angeeignet hat. Ich lasse George über seinen und meinen Beichtvater eine Nachricht zukommen und verspreche ihm meine Freundschaft und meine Loyalität, wenn er meinem Sohn den Titel des Earl of Richmond zurückgibt. Ich weise ihn darauf hin, dass ich mir der Unterstützung meines Hauses sicher bin, und er weiß, auch ohne dass ich damit prahle, wie viele Männer ich aufbieten kann. Wenn er meinem Sohn den Titel zurückgibt, so deute ich an, kann er den Preis dafür bestimmen. Ich werde ihn gegen seinen Bruder, den König, unterstützen.

Vor meinem Gemahl verheimliche ich dies alles und halte es für geschickt im Geheimen eingefädelt, doch dann entkommt Edward seinen falschen Freunden und seinem falschen Bruder und kehrt im Triumph nach London zurück, und es wird klar, dass wir alle aus der Gunst des Hofes von York gefallen sind. Der Titel des Earl of Wiltshire hätte auf meinen Gemahl kommen müssen, doch König Edward übergeht ihn und ehrt stattdessen seinen jüngeren Bruder John wegen seiner großen Treue zu ihm mit dem Titel. Es scheint, als würden wir es unter diesem neuen König nie zu etwas bringen. Wir werden geduldet, aber nicht begünstigt. Es ist ungerecht, aber das darf man nicht laut aussprechen. Mein Gemahl wird bis ans Ende seiner Tage nichts anderes sein als ein »Sir«. Er kann mir keinen Titel als »Lady« gewähren. Ich werde niemals Gräfin sein. Er sagt nichts, doch sein Schweigen lässt mich vermuten, dass er weiß, dass ich mich eingemischt und George of Clarence meine Freundschaft angeboten habe. Er wird mich der Untreue gegen ihn und König Edward beschuldigen, und damit hat er in der Tat recht.

Doch dann – wer hätte es vorhersehen können? – ändert sich wieder alles. Unsere geliebte Königin Margaret, der im verzweifelten französischen Exil das Geld ausgeht und die verloren ist ohne Soldaten, erklärt sich einverstanden, sich mit ihrem alten Feind, der Schlange Warwick, zu verbünden, der doch ehemals unser größter Widersacher war. Erstaunlicherweise gestattet sie, dass ihr kostbarer Sohn Edward, Prince of Wales, Warwicks jüngere Tochter Anne heiratet. Die Eltern vereinbaren, zusammen in England einzufallen, um den jungen Leuten zur Hochzeitsreise ein Blutbad zu schenken und den Sohn des Hauses Lancaster und Warwicks Tochter auf den Thron von England zu setzen.

Das Ende für York kommt so rasch wie ein Sonnenuntergang. Warwick und George landen gemeinsam und marschieren nach Norden. William Herbert bietet seine Männer auf, um sich mit dem König zu vereinen, doch noch bevor sie sich mit der Hauptstreitmacht Yorks treffen können, sichtet Herbert die Feinde vor Banbury bei Edgecote Hill. Er hat seine Pflicht getan, als er an jenem Tag meinen Sohn mitnahm, aber ich werde es ihm nie verzeihen. Wie es einem Edelmann ansteht, hat er sein Mündel mit in die Schlacht genommen, um ihm eine Kostprobe der Gewalt und eine Lektion im Nahkampf zu geben. Ganz, wie er es tun sollte. Doch dies ist mein Sohn, mein kostbarer, mein einziger Sohn. Schier unerträglich ist mir der Gedanke – aber es ist wahr –, dass mein Sohn, als er zum ersten Mal seine Rüstung angelegt und eine Lanze in die Hand genommen hat, ausgeritten ist, um für York zu kämpfen, gegen eine lancastrianische Armee. Er hat für unseren Feind gekämpft, auf der Seite unseres Feindes, gegen sein eigenes Haus.

Es war schnell vorüber, wie es manchmal nach Gottes weiser Fügung in der Schlacht geschieht. Die yorkistischen Truppen wurden überwältigt, und Warwick nahm alle gefangen, die er erwischen konnte, darunter auch William Herbert. Warwick, längst mit Blut besudelt, längst ein Renegat, wollte seinen Schandtaten nicht noch Ungewissheit hinzufügen und ließ Herbert an Ort und Stelle enthaupten. An jenem Tag starb der Vormund meines Sohnes, und vielleicht sah mein Sohn dabei zu.

Darüber bin ich froh. Ich hatte nicht einen Augenblick Mitleid mit Herbert. Er hat mir meinen Sohn genommen und ihn so gut erzogen, dass Henry ihn liebte wie einen Vater. Auch das habe ich ihm nie verziehen, und ich war froh, als ich hörte, dass er tot ist.

»Wir müssen Henry holen«, sage ich zu meinem Gemahl, Sir Henry, als die Nachricht durch all den Klatsch und Tratsch zu uns durchdringt. »Gott weiß, wo er ist. Wenn Warwick ihn hat, dann wird er ihn gewiss in Sicherheit bringen, aber wenn es so wäre, hätte er uns doch bestimmt eine Nachricht geschickt? Vielleicht versteckt mein Junge sich, vielleicht ist er auch verletzt oder...« Ich unterbreche mich. Der Rest meines Satzes – »vielleicht ist er tot« – ist so klar, als stünde er in der Luft zwischen uns geschrieben.

»Wir bekommen gewiss bald Nachricht«, sagt mein Gemahl ruhig. »Und sei versichert, wenn er tot oder verletzt wäre, hätten wir es sofort erfahren. Schau, die Nachricht über Herberts Tod hat uns doch auch sehr schnell erreicht.«

»Wir müssen Henry holen«, wiederhole ich.

»Ich reite los«, sagt er. »Du kannst nicht mitkommen, auf den Straßen treiben sich zahllose Männer herum, die von der Schlacht kommen, und viele von ihnen sind aufs Plündern aus. Warwick hat Aufruhr und Gefahr ins yorkistische England zurückgebracht. Gott weiß, wo das alles enden soll. Du musst hierbleiben. Ich werde dir zusätzliche Wachen hierlassen, für den Fall, dass sich bewaffnete Banden bis zu uns durchschlagen.«

»Aber mein Sohn ...«

»Herbert wird ihm gesagt haben, was er tun soll, falls die Schlacht sich gegen sie wendet. Er wird jemanden bestimmt haben, der sich um ihn kümmern soll. Ich reite zuerst zu Lady Herbert und bringe in Erfahrung, was sie für Nachrichten hat, und von dort nach Edgecote. Vertrau mir, ich finde deinen Jungen.«

»Und wenn du ihn gefunden hast, dann bring ihn her.«

Er zögert. »Das kommt darauf an, wer sein neuer Vormund ist. Wir können ihn nicht einfach zu uns nehmen.«

»Aber wer soll das jetzt entscheiden, wenn York geschlagen ist?«

Er lächelt. »Lancaster, nehme ich an. Du hast gesiegt, schon vergessen? Dein Haus wird jetzt alles entscheiden: Warwick wird König Henry wieder auf den Thron setzen, so wie er ihn heruntergeholt hat. Dann wird Warwick das Land vermutlich regieren, bis der Prinz alt genug ist, und womöglich auch noch länger.«

»Wir haben gesiegt?«, frage ich unsicher. Da mein Sohn vermisst wird und sein Vormund tot ist, kommt es mir nicht vor wie ein Sieg, sondern eher, als wären wir in großer Gefahr.

»Wir haben gesiegt«, sagt mein Gemahl, und in seiner Stimme schwingt nicht die geringste Freude. »Jedenfalls hat Lancaster gewonnen, und das sind allem Anschein nach wieder einmal wir.«

An dem Morgen, an dem mein vorsichtiger Gemahl sich auf den Weg machen will, erhalten wir einen Brief in Jaspers vertrautem Gekritzel.

Unser Junge ist bei mir, er war bei Lady Herbert in Sicherheit, die sich bei der Familie ihres verstorbenen Gemahls aufhält. Ich bringe ihn nach London, um ihn dem König vorzustellen. Wollt ihr euch dort mit uns treffen, wo unser König wieder auf seinem Thron sitzt, bei Hofe? England ist wieder unser, und Deine Gebete sind erhört worden, Gott sei Dank.

Es ist wie ein Traum, so strahlend wie die Träume meiner Kindheit, wenn ich so lange und intensiv betete, dass mir Visionen erschienen. Wir fahren auf der Barkasse der Staffords die Themse hinunter, die Männer ziehen die Ruder zum Takt der dröhnenden Trommel durchs Wasser, und mein Sohn bestaunt die Menschen am Flussufer, die jubeln, als sie unsere Standarten flattern sehen und einen Blick auf meinen Jungen im Bug des Schiffes erhaschen, einen möglichen Thronfolger. Wir fahren an Westminster vorbei, und ich betrachte die niedrigen Gebäude unten am Flussufer. Irgendwo in der Abtei hält sich die frühere Königin, Elizabeth Woodville, die für ihre Schönheit gerühmte Gemahlin des yorkistischen Königs, in ihrer Zufluchtsstätte auf, vor ihren Feinden versteckt. Dort fragt sie sich, ob sie ihren Gemahl jemals wiedersehen wird. Sie ist einsam und besiegt, und ich bin ganz oben. Ich frage mich, ob sie jetzt vielleicht durch die kleinen dunklen Fenster hinaussieht, ob ihr Blick in diesem Augenblick auf meine Standarte gerichtet ist. Mich schaudert, als könnte ich ihren unheilbringenden Blick spüren, doch ich tue es mit einem Achselzucken ab. Schließlich bin ich die auserwählte Tochter Gottes und mein Haus mit mir. Meinetwegen kann sie dort drinnen bleiben, bis sie schwarz wird, und ihre schönen Töchter mit ihr.

Vom Bug des Schiffes dreht mein Sohn Henry sich mit einem schüchternen Lächeln zu mir um. »Wink ihnen zu, wink deinem Volk zu«, fordere ich ihn auf. »Die Menschen freuen sich, dass unsere Familie wieder zu Ruhm und Ehre gekommen ist. Zeig ihnen, dass du froh bist, hier zu sein.«

Er winkt einmal zaghaft, dann kommt er zurück zu mir unter den Baldachin der Staffords, der rundum mit der roten Lancaster-Rose bestickt ist.

»Frau Mutter, all die Zeit über hattest du recht«, beginnt er schüchtern. »Ich muss dich um Verzeihung bitten, denn ich habe dich nicht verstanden.«

Ich lege die Hand aufs Herz, um das Klopfen zu spüren. »Womit hatte ich recht?«

»Wir sind eine große Familie, und König Henry ist der wahre König. Ich habe es nicht gewusst. Als du es mir gesagt hast, habe ich es nicht verstanden. Aber jetzt verstehe ich es.«

»Ich stehe unter Gottes Führung«, erkläre ich ihm ernst. »Jenseits der vergänglichen Tage erkenne ich die Weisheit Gottes. Wirst du dich künftig meiner Führung anvertrauen?«

Er verneigt sich ernst. »Ich werde dein Sohn und dein Vasall sein«, erklärt er förmlich.

Ich wende den Kopf ab, damit er den Triumph in meiner Miene nicht sieht. König Henry hat England gewonnen und ich meinen Sohn. Dreizehn Jahre alt, und er schwört mir den Lehnseid. Er ist mein! Solange ich lebe! Mir steigen die Tränen in die Augen. »Ich nehme deine Dienste an«, sage ich leise. Dann erreicht die Barkasse den Pier, die Laufplanke wird angelegt, und mein Sohn Henry stellt seine wunderbaren Manieren, die er bei Herbert gelernt hat, unter Beweis und reicht mir die Hand, um mir an Land zu helfen. Wir schreiten durch den Garten, und unser Weg ist von lächelnden Menschen gesäumt, die sich darüber freuen, dass das Land zur Besinnung gekommen ist und wir alle wieder unsere rechtmäßigen Plätze einnehmen können. Hier ist unser

König, zurück auf seinem Thron, und sein Glück überstrahlt die Blässe der fünf Jahre seiner Inhaftierung. Der königliche Baldachin über seinem Kopf ist bestickt mit der roten Rose von Lancaster, die in voller Blüte steht, und der König ist von seinen Höflingen umgeben. Es ist, als wäre ich wieder ein Kind, und er würde mich gleich in die Vormundschaft der Tudors übergeben. Es ist, als wären mir die Freuden meiner Kindheit wieder zurückgegeben worden, und alles könnte von Neuem beginnen.

Mein Sohn ist bei mir, mein Junge. Sein kurz geschnittenes Haar schimmert wie die Mähne eines Braunen, seine Schultern sind breit, er ist schon wieder gewachsen – so steht er neben seinem Onkel Jasper, ein schöner Junge aus einer gutaussehenden Familie. Wir sind wieder da, wo wir hingehören. England ist zur Vernunft gekommen, Jasper ist abermals Earl of Pembroke, und mein Sohn befindet sich in meiner Obhut.

»Siehst du?«, sage ich leise zu ihm. »Siehst du es jetzt? Ich habe immer an diesen König geglaubt, an meinen Cousin, und hier sitzt er wieder auf seinem Thron. Du und ich, wir stehen unter Gottes besonderem Schutz. Ich wusste, dass die yorkistische Herrschaft nur von kurzer Dauer sein würde und wir alle wieder in die uns gebührenden Stellungen eingesetzt werden würden.« An meinem Sohn vorbei sehe ich, dass der König Jasper zunickt. »Geh«, dränge ich ihn. »Der König wünscht dich, seinen Verwandten, zu sprechen.«

Mein Sohn zuckt zusammen, doch dann reckt er die Schultern und schreitet mit wahrer Grazie und ruhigem Selbstbewusstsein auf den Thron zu. Er hält sich so gut, dass ich nicht umhin kann, meinem Gemahl, Sir Henry, zuzuflüstern: »Siehst du, wie er schreitet?«

»Mit beiden Füßen«, lobt mein Gemahl ihn mit leiser Ironie. »Einen nach dem anderen. Erstaunlich.«

»Wie ein Edelmann, wie ein Prinz«, verbessere ich ihn. Ich beuge mich vor, um zu lauschen.

»Und dies ist der junge Henry Tudor, mein enger Verwandter?«, fragt der König Jasper.

Jasper verneigt sich. »Der Sohn meines Bruders Edmund, dessen Mutter jetzt Lady Margaret Stafford ist.«

Henry kniet vor dem König nieder, und der beugt sich vor und legt ihm zum Zeichen seines königlichen Segens die Hand auf die braunen Locken.

»Siehst du?«, dränge ich meinen Gemahl. »Der König ist Henry gewogen. Man kann davon ausgehen, dass er vorhersieht, was für eine große Zukunft Henry hat. Er scheint zu sehen, dass dies ein besonderer Junge ist. Er hat die Gaben eines Heiligen, wie ich kann er die Gnade in Henry erkennen.«

Der Sturm, der das kleine Schiff des Thronräubers Edward und seiner flüchtigen Gefährten nach ihrer Niederlage in Edgecote Hill fortgetrieben hat, bläst fast den ganzen Winter an der Küste. Unsere Ländereien in Surrey und anderswo werden überflutet, und wir müssen Gräben ziehen und sogar Deiche gegen die steigenden Flusspegel bauen lassen. Die Pächter verspäten sich mit ihren Abgaben, und das Getreide fault auf den Feldern. Mein Gemahl ist bekümmert über den Zustand des Landes, als brächte der Untergang des usurpatorischen Hauses York nur Regen und Unzufriedenheit.

Die Nachricht geht um, dass die frühere Königin, Elizabeth Woodville – die, wie sich herausstellt, von ihrem König so geliebt wird, dass er fortgelaufen ist und sie alleingelassen hat –, kurz vor einer weiteren Niederkunft steht, obwohl sie sich in Westminster, auf heiligem Boden, im Kirchenasyl befindet. Unser frommer König vergibt ihr selbst diesen letzten ungeheuren und törichten Akt und weigert sich, sie aus ihrem Versteck schleifen zu lassen. Stattdessen schickt er ihr Hebammen und Hofdamen, die sich um sie kümmern sollen. Es erstaunt mich ungemein, dass diese Frau weiterhin so viel Aufmerksamkeit auf sich zieht. Ich habe meinen Sohn Henry nur mit der Unterstützung zweier Hebammen zur Welt gebracht, die zudem noch die Anweisung hatten, mich im Zweifelsfall sterben zu lassen. Doch Elizabeth Woodville beansprucht Hebammen und Ärzte und ihre Mutter, wenngleich sie sich wegen Verrats versteckt hält.

Sie wird weiterhin bewundert, obwohl niemand ihre legendäre Schönheit sehen kann. Es heißt, die Bürger von London und die Bauern aus Kent versorgten sie mit Essen, und ihr Gemahl sei in Flandern, wo er eine Armee aufstelle, um sie zu befreien. Bei dem Gedanken, dass sie in so viel Aufmerksamkeit schwelgt, knirsche ich mit den Zähnen. Warum sehen die Leute nicht ein, dass sie in ihrem ganzen Leben nicht mehr zustande gebracht hat, als sich mit ihrem hübschen Gesicht und dem unschicklichen Einsatz ihres Körpers einen König zu schnappen? Das ist weder erhaben noch heilig – und doch sprechen die Menschen voller Zuneigung von ihr.

Und dann kommt uns die schrecklichste Nachricht zu Ohren: Sie hat einen Jungen zur Welt gebracht. Er kann den Thron zwar nicht erben, da sein Vater ihn ein für alle Mal verloren hat, doch dass dem Hause York jetzt ein Sohn geboren wurde, wird auf leichtgläubige Menschen zweifellos Eindruck machen. Sie werden denken, das Schicksal habe seine Hand im Spiel und schenke dem Hause York einen Erben in der Verbannung.

Wäre ich König, würde ich wohl nicht so gewissenhaft darauf bedacht sein, mich gegenüber einer solchen Person an die Regeln des Kirchenasyls zu halten. Wie kann eine Frau, die weithin als Hexe gilt, den Schutz der heiligen Kirche in Anspruch nehmen? Wie kann ein Neugeborenes Kirchenasyl beanspruchen? Wie kann eine verräterische Familie unangefochten mitten im Herzen von London leben? Unser König ist ein Heiliger, doch er müsste Männer in seinen Diensten haben, die bereit sind, weltliche Entscheidungen zu treffen; und Elizabeth Woodville und ihre Mutter Jacquetta, die erwiesenermaßen eine berüchtigte Hexe und Renegatin ist, sollten auf ein Schiff gebracht und eiligst nach Flandern verfrachtet werden – dort sollen sie meinetwegen ihre magischen Teppiche weben und ihre Schönheit zur Schau stellen, die Fremden werden sie vermutlich eher zu schätzen wissen.

Meine kindliche Hochachtung vor Elizabeth Woodvilles Mutter Jacquetta verlor sich rasch, als ich erfuhr, was für eine Art von Frau sie war, und als ich sah, mit welchen Mitteln sie ihre Tochter auf den Thron beförderte. Ich hege nicht den geringsten Zweifel, dass die Anmut und die Schönheit, die meine Aufmerksamkeit erregten, als ich ein kleines Mädchen am Hofe König Henrys war, nur die Maske eines äußerst sündigen Charakters waren. Sie hat ihrer Tochter gestattet, sich an die Straßen zu stellen, als der junge König vorbeiritt, und hat als einer der wenigen Zeugen ihrer heimlichen Eheschließung beigewohnt. Sie wurde erste Hofdame und Stimmungsmacherin des yorkistischen Hofes. Eine Frau mit dem geringsten Loyalitäts- und Ehrgefühl brächte so etwas nicht zustande. Sie hat Margarete von Anjou gedient, wie konnte sie da das Knie vor ihrer leichtfertigen Tochter beugen? Jacquetta war als Herzogin von königlichem Geblüt mit der englischen Armee in Frankreich und hat, als sie Witwe wurde, in erschreckender Eile den Gutsherrn ihres verstorbenen Gemahls geheiratet. Unser freundlicher König verzieh ihr diese Lüsternheit und Taktlosigkeit, sodass ihr Gemahl, Richard Woodville, sich Lord Rivers nennen durfte. Sein Titel war ein Tribut an die heidnischen Traditionen ihrer Familie, die aus Bächen entsprungen sein soll und eine Wassergöttin zu ihren Vorfahren zählt. Seither sind ihr Skandale und Gerüchte so sicher gefolgt, wie Wasser bergab rinnt. Man erzählt sich, sie sei mit dem Teufel im Bunde. Und dies ist die Frau, deren Tochter sich erkühnte, Königin von England zu sein! Kein Wunder, dass er in Schande gestorben ist und sie so tief gesunken sind. Ihre Wohnstatt ist kaum besser als ein Gefängnis. Sie sollte ihre schwarzen Künste nutzen und davonfliegen oder den Fluss anrufen und sich schwimmend in Sicherheit bringen.

FRÜHJAHR 1471

Diese Gedanken äußere ich nicht gegenüber Sir Henry, der in den dunklen Januar- und Februartagen so schwermütig ist, dass man denken könnte, er trauerte um seinen König im Exil. Eines Abends bei Tisch frage ich ihn nach seinem Befinden, und er sagt, er mache sich große Sorgen.

»Ist Henry in Sicherheit?«, frage ich rasch.

Sein müdes Lächeln beruhigt mich. »Selbstverständlich. Ich hätte dir gesagt, wenn ich schlechte Nachrichten von Jasper bekommen hätte. Ich zweifle nicht daran, dass die beiden in Pembroke sind und wir sie besuchen können, sobald die Straßen nicht mehr so matschig vom Regen sind. Zumindest, wenn es keine anderen Probleme gibt.«

»Probleme?«, wiederhole ich.

Sir Henry dreht sich zum Truchsess mit dem Weinkrug um, der direkt hinter uns steht, und dann schaut er in die große Halle, wo die Bediensteten und Pächter an den nächsten Tischen unser Gespräch mit anhören können. »Wir können später darüber reden«, sagt er.

Wir warten, bis wir in meinem Schlafgemach unter uns sind, nachdem die Bediensteten uns heißen, gewürzten Wein serviert und sich für die Nacht zurückgezogen haben. Wie er dort vor dem offenen Kamin sitzt, sieht er müde aus und älter als seine fünfundvierzig Jahre.

»Es tut mir leid, dass du dir so große Sorgen machst«, beginne ich. Doch er ist in einem Alter, wo ein Mann leicht aus einer Mücke einen Elefanten macht, und wenn es meinem Sohn Henry gut geht und unser König auf dem Thron sitzt, was für Probleme haben wir da zu befürchten? »Bitte sag mir, was du auf dem Herzen hast, Gemahl. Vielleicht können wir deine Sorgen zerstreuen?«

»Ich habe eine Nachricht von einem Mann erhalten, der York treu ist und glaubt, auch ich sei ein treuer Yorkist«, bringt er mit Mühe hervor. »Eine unmissverständliche Aufforderung.«

»Unmissverständliche Aufforderung?«, wiederhole ich wie benommen. Einen Augenblick lang glaube ich, er meint, er solle wieder als Richter amtieren, aber dann geht mir auf, dass York wieder zu den Waffen ruft. »O Gott, verschon uns! Doch kein Aufruf zur Rebellion?«

Er nickt.

»Eine yorkistische Verschwörung, und sie kommen zu dir?«

»Ja.« Er seufzt. Einen Augenblick lang fällt alle Angst von mir ab, und ich bin versucht zu kichern. Der Absender kann meinen Gemahl nicht besonders gut kennen, wenn er ihn für einen Yorkisten hält. Vor allem, wenn er glaubt, er werde sich auf Kommando bewaffnen und leichten Herzens ins Gefecht ziehen. Mein Gemahl ist ein äußerst widerstrebender Soldat. Er ist nicht aus dem Holz geschnitzt, aus dem man Helden macht.

»Edward beabsichtigt, in England einzufallen und sich sein Königreich zurückzuerobern«, sagt er. »Bald fangen die Schlachten wieder an.«

Jetzt bin ich aufgeschreckt. Ich umklammere die Lehne meines Stuhls. »Aber es ist nicht sein Königreich.«

Mein Gemahl zuckt die Achseln. »Wem auch immer es rechtmäßig zusteht, Edward wird darum kämpfen.«

»O nein«, bitte ich. »Nicht schon wieder. Er kann doch nicht hoffen, unserem König gewachsen zu sein. Nicht jetzt, wo er gerade erst wieder eingesetzt wurde. Er ist doch erst seit... wie lange? ... seit fünf Monaten wieder auf dem Thron?«

»Mein Freund, der mich aufgefordert hat, für Edward anzutreten, hat noch mehr geschrieben«, fährt mein Gemahl fort. »Er ist nämlich nicht nur Edwards Mann, er ist auch ein Freund von George, Duke of Clarence.«

Ich warte. George of Clarence kann unmöglich wieder die Seiten gewechselt haben. Er hat alles darangesetzt, seines Bruders Feind zu sein. Er ist Warwick hörig, mit dessen Tochter vermählt und steht in der Thronfolge nach unserem Prince of Wales an zweiter Stelle. Er ist ein bedeutendes Mitglied des Hofes, ein geliebter Verwandter unseres Königs. Er hat alle Brücken zu seinem Bruder abgebrochen, er kann nicht zurück. Edward würde ihm nie wieder vertrauen.

»George?«, frage ich.

»Er schlägt sich wieder auf die Seite seines Bruders«, erklärt mein Gemahl. »Die drei Söhne von York wollen sich wieder vereinen.«

»Das musst du sofort dem König schreiben... und Jasper«, fordere ich. »Sie müssen es erfahren, damit sie sich vorbereiten können.«

»Ich habe schon Nachricht nach Wales und an den Hof geschickt«, sagt mein Gemahl. »Aber ich bezweifle, dass ich ihnen etwas berichten kann, was sie nicht längst wissen. Jeder weiß, dass Edward in Flandern eine Armee aufstellt – wozu sonst, als den Thron zurückzuerobern. Und der König...« Er unterbricht sich. »Ich glaube, dem König ist alles gleichgültig, mit Ausnahme seines Seelenheils. Ich glaube wirklich, er wäre froh, den Thron zu übergeben, wenn er in ein Kloster gehen und seine Tage im Gebet verbringen könnte.«

»Gott hat ihn dazu ausersehen, König zu sein«, sage ich entschieden.

»Dann muss Gott ihm helfen«, entgegnet mein Gemahl. »Und ich glaube, wenn er Edward Einhalt gebieten will, wird er alle Hilfe brauchen, die er bekommen kann.«

Als mein Cousin Edmund Beaufort, Duke of Somerset, uns seinen Besuch ankündigt, wird uns deutlich, wie sehr der König auf Hilfe angewiesen ist. Ich lasse bis nach Guildford und sogar an der Küste nach Köstlichkeiten für die Tafel suchen, damit Seine Gnaden sich jeden Tag zu einem Festmahl niederlassen kann. Als wir in meinem Audienzzimmer sitzen und mein Gemahl, Sir Henry, einen Augenblick den Raum verlassen hat, dankt er mir für meine Gastfreundschaft. Ich neige lächelnd den Kopf, doch ich glaube gewiss nicht, dass er wegen der köstlichen Austern aus Sussex oder der eingemachten Kirschen aus Kent zu uns gekommen ist.

»Du hast mich königlich bewirtet«, sagt er und kostet eine gezuckerte Pflaume. »Sind die aus deinem eigenen Obstgarten?«

Ich nicke. »Die Ernte des letzten Sommers«, sage ich, als scherte die Haushaltsführung mich auch nur das Geringste. »Es war ein gutes Jahr für Obst.«

»Ein gutes Jahr für England«, sagt er. »Unser König sitzt wieder auf dem Thron, und der Thronräuber wurde aus dem Land vertrieben. Lady Margaret, wir können doch nicht zulassen, dass diese Schurken wieder einmarschieren und unseren guten König vom Thron stürzen!«

»Nein, wahrlich nicht!«, pflichte ich ihm bei. »Mich, seine Cousine, deren Sohn in die Obhut von Verrätern gegeben wurde, brauchst du davon nicht zu überzeugen. Und jetzt wurde er mir wiedergegeben, wie Lazarus von den Toten auferstanden ist.«

»Dein Gemahl befehligt einen großen Teil von Sussex, und sein Einfluss reicht auch bis nach Kent«, fährt der Herzog fort, ohne näher auf Lazarus einzugehen. »Er hat eine Armee von Pächtern, die für ihn in die Schlacht ziehen würden, wenn er sie denn befehligen würde. Es könnte sein, dass die yorkistische Flotte an eurer Küste landet. Wir müssen sicher sein, dass dein Gemahl seinem König treu zur Seite steht und seinen Pächtern befiehlt, unsere Sache zu verteidigen. Aber ich fürchte, ich habe Grund, an ihm zu zweifeln.«

»Er ist ein Mann, dem der Frieden über alles geht«, sage ich müde.

»Wir alle lieben den Frieden«, erklärt mein Cousin. »Aber manchmal muss ein Mann sich verteidigen. Wir alle sind aufgerufen, den König zu verteidigen. Wenn York mit einer Armee aus flandrischen Söldnern nach England zurückkehrt und uns noch einmal schlägt, kann sich niemand von uns mehr in Sicherheit wiegen: nicht seines Landes, noch seines Titels, noch«, er nickt mir zu, »seiner Erben. Möchtest du wirklich mit ansehen, wie der junge Henry noch einmal in einem yorkistischen Haus aufwachsen muss? Wie sein Erbe von einem yorkistischen Vormund verprasst wird? Verheiratet mit einer ihrer Mädchen? Glaubst du nicht, dass Elizabeth Woodville, sobald sie als Königin wieder auf dem Thron sitzt, ihre gierigen grauen Blicke auf deinen Sohn und sein Erbe heften wird? Sie hat deinen kleinen Neffen, den Duke of Buckingham, allein zu ihrem eigenen Vorteil mit ihrer Schwester Katherine vermählt – ein unerhört ungleiches Paar. Wenn sie wieder an die Macht kommt, wird sie sich deinen Sohn für eine ihrer vielen Töchter schnappen.«

Ich trete an den Kamin, sehe in die Flammen und wünsche mir einen Augenblick lang, ich besäße die Fähigkeit der yorkistischen Königin, die Zukunft vorherzusagen. Weiß sie, dass ihr Gemahl kommt, um sie zu retten, um sie und seinen neugeborenen Sohn aus ihrem Gefängnis zu holen? Kann sie vorhersehen, ob sie siegen oder scheitern? Kann sie einen Sturm heraufbeschwören, um sie an Land zu treiben, wie einst den Sturm, der sie in Sicherheit brachte?

»Ich wünschte, ich könnte dir versprechen, dass das Schwert meines Gemahls, sein Vermögen sowie seine Pächter dir zu Diensten stehen«, sage ich leise. »Ich tue bereits alles, was in meiner Macht steht, um ihn davon zu überzeugen, für den König hinauszureiten. Meinen eigenen Pächtern mache ich klar, dass es ganz in meinem Sinne wäre, wenn sie für ihren wahren König losziehen würden. Aber Sir Henry handelt langsam und widerstrebend. Ich wünschte, ich könnte dir mehr versprechen, Cousin. Ich schäme mich, dass ich es nicht kann.«

»Erkennt er nicht, dass ihr Gefahr lauft, alles zu verlieren? Dass deinem Sohn Titel und Vermögen wieder genommen werden?«

Ich nicke. »Doch, aber er steht unter dem Einfluss Londoner Kaufleute und seiner Geschäftsfreunde. Sie sind alle für York, weil sie glauben, Edward befriede das Land und sorge dafür, dass die Gerichte den Menschen Gerechtigkeit widerfahren lassen. Mein Gemahl lässt sich auch von den verdienten Männern unter seinen Pächtern und von anderen Edelleuten hier in der Gegend beeinflussen. Nicht alle denken, wie sie sollten. Sie sind für York. Sie sagen, er habe England Frieden und Gerechtigkeit gebracht, und seit er weg ist, herrsche wieder Unruhe und Unsicherheit. Sie sagen, er sei jung und stark und herrsche tatsächlich über das Land, wohingegen unser König schwach sei und unter der Fuchtel seiner Gemahlin stehe.«

»Das kann ich nicht leugnen«, braust mein Cousin auf. »Aber Edward of York ist nicht der wahre König. Er könnte Recht sprechen wie Daniel oder Gesetze machen wie Moses, und er wäre doch immer noch ein Verräter. Wir müssen dem König folgen, unserem König, oder wir werden selbst zu Abtrünnigen.«

Die Tür geht auf, und mit einem breiten Lächeln betritt mein Gemahl den Raum. »Es tut mir leid«, sagt er. »Im Stall gab es Probleme, ein Dummkopf ist über eine Kohlenpfanne gestolpert, und sie haben völlig kopflos versucht, das Feuer zu löschen. Wir wollen doch nicht, dass unser verehrter Gast in seinem Bett verbrennt!« Er lächelt den Herzog freundlich an. Und in diesem Augenblick – in dem sein Lächeln voll echter Wärme und er bar jeder Furchtsamkeit ist, in dem er seiner selbst sicher ist, genau das Richtige zu tun –, in diesem Augenblick wissen Edmund Beaufort und ich, dass Sir Henry nicht für den König in die Schlacht ziehen wird.

Innerhalb weniger Tage erreicht uns die Nachricht, dass Edward of York gelandet ist – nicht dort, wo alle ihn erwartet haben, sondern im Norden Englands, wohin die Hexenwinde ihn in einen sicheren Hafen geweht haben. Er ist auf die Stadt York zumarschiert und hat verlangt, dass man die Stadttore öffnet, nicht als König, sondern damit er sein Herzogtum wieder in Besitz nehmen kann. Sie lassen sich überreden wie ein Haufen Narren, doch kaum ist er in der Stadt, scharen sich die

Yorkisten um ihre Anführer, und seine verräterischen Absichten sind offensichtlich. George of Clarence, der Renegat, ist unter ihnen. Es hat gedauert, doch selbst der dumme George hat am Ende erkannt, dass er als Sohn Yorks eine strahlendere Zukunft hat, wenn ein König aus dem Hause York auf dem Thron sitzt. Mit einem Mal liebt er seinen Bruder über alles und erklärt, seine Loyalität zum wahren König und zu seinem Schwiegervater Warwick sei ein großer Irrtum gewesen. Aus alldem schließe ich, dass mein Sohn seine Grafschaft für immer verloren hat, denn man wird alles wieder den Söhnen Yorks übereignen. Auch noch so flehende Botschaften an George of Clarence werden ihn nicht bewegen, Henry seinen Titel zurückzugeben. Auf einmal ist alles in Sonnenlicht getaucht: Über England gehen die drei Sonnen von York auf. Auf den Feldern tollen Hasen herum, und es scheint, als wäre das ganze Land in diesem März verrückt geworden.

Erstaunlicherweise stellt sich Edward auf seinem Marsch nach London kein einziges Hindernis in den Weg. Dort reißen begeisterte Bürger die Stadttore für ihn auf, und er ist wieder mit seiner Frau vereint, als wäre er nie aus dem Land gejagt worden und um sein Leben geflohen.

Sobald Somersets schneller Bote mir diese Nachricht überbringt, ziehe ich mich in mein Gemach zurück, sinke auf die Knie und bete. Ich denke daran, wie Elizabeth Woodville – die angebliche Schönheit – mit ihrem neugeborenen Sohn in den Armen, im Kreis ihrer Töchter, sich erschrocken haben muss, als die Tür aufgerissen wurde und Edward of York hereinmarschierte, siegreich wie stets. Ich verbringe zwei lange Stunden auf den Knien, aber ich kann weder für den Sieg beten noch für den Frieden. Ich kann nur daran denken, wie sie sich in seine Arme stürzt: dem mutigsten und besten Mann im ganzen Königreich. Wie sie ihm den Sohn zeigt, umringt von ihren Töchtern. Ich nehme meinen Rosenkranz und setze mein Gebet fort. Ich bete für die Sicherheit meines Königs, aber meine Eifersucht überschattet alles. Warum kann diese Frau, von weit geringerem Stand als ich, mit weitaus schlechterer Bildung als ich, die zudem zweifellos von Gott weniger geliebt wird als ich, mit dem Sohn auf dem Arm freudig auf ihren Gemahl zulaufen, in dem sicheren Wissen, dass er für seine Verteidigung kämpfen wird. Warum wird eine Frau wie sie, die gewiss nicht in Gottes Gunst steht und die – im Gegensatz zu mir – keinen Anstand an den Tag legt, Königin von England sein? Sollte Gott mich durch ein Mysterium – das zu groß ist, als dass ich es verstehen könnte – tatsächlich übersehen haben?

Mein Gemahl sitzt ernst am Kopf der Tafel in der großen Halle. Sein Haushofmeister, der neben ihm steht, legt ihm ein Dokument nach dem anderen zum Unterzeichnen vor. Der Schreiber schmilzt Wachs und drückt das Siegel hinein. Ich brauche nur einen Augenblick, um zu erkennen, dass es Einberufungsbefehle sind. Er ruft seine Pächter zu den Waffen. Endlich zieht er in den Krieg. Bei diesem Anblick hebt sich mein Herz, wie eine Lerche über dem frühlingshaften Feld. Gott sei gepriesen, endlich erkennt er seine Pflicht und zieht in den Krieg. Froh trete ich zu ihm an den Tisch.

»Gemahl, Gott segne dich und die Arbeit, die du nun endlich tust.«

Er erwidert mein Lächeln nicht, sondern sieht mich nur müde an, in seinen Augen steht Trauer. Er fährt fort, ein ums andere Mal mit »Henry Stafford« zu unterzeichnen, wobei er kaum auf die Feder achtet. Sie kommen zum letzten Dokument: Der Schreiber lässt Wachs darauf tropfen und drückt das Siegel hinein. Dann übergibt er das Siegel in der Schachtel dem Haushofmeister.

»Schickt sie gleich hinaus«, sagt Henry.

Er schiebt seinen Stuhl zurück und steigt von dem kleinen Podium. Er hakt mich unter und entfernt sich mit mir von dem Schreiber, der die Papiere in den Stall bringt, wo schon die Boten warten.

»Gemahlin, ich muss dir etwas mitteilen, was dir Kummer bereiten wird«, sagt er.

Ich schüttele den Kopf. Vermutlich will er mir sagen, dass er schweren Herzens in die Schlacht zieht, weil er mich nicht allein lassen möchte, also beeile ich mich, ihm zu versichern, dass ich nichts fürchte, wenn er Gottes Werk tut. »Wahrlich, Gemahl, ich bin froh…« Er streicht mir sanft über die Wange und bringt mich zum Schweigen.

»Ich berufe meine Männer nicht ein, um König Henry zu dienen, sondern König Edward«, sagt er leise.

Obwohl ich die Worte höre, ergeben sie zunächst keinen Sinn. Doch dann erstarre ich vor Entsetzen. Ich bin so stumm, dass er glaubt, ich hätte ihn nicht gehört.

»Ich werde König Edward of York dienen, nicht Henry of Lancaster«, sagt er. »Es tut mir leid, wenn du enttäuscht bist.«

»Enttäuscht?« Er erzählt mir, er sei zum Verräter geworden, und denkt, ich könnte vielleicht enttäuscht sein?

»Es tut mir leid.«

»Aber mein Cousin ist zu uns gekommen, um dich davon zu überzeugen, in den Krieg zu ziehen…«

»Er hat mich davon überzeugt, dass wir einen starken König brauchen, der dem Krieg ein für alle Mal ein Ende bereitet, sonst macht er mit seinesgleichen so lange weiter, bis England ganz zerstört ist. Als er mir gesagt hat, er werde ewig kämpfen, wurde mir bewusst, dass er geschlagen werden muss.«

»Edward ist nicht zum König geboren. Er ist kein Friedensbringer.«

»Meine Liebe, du weißt, dass er das ist. Die einzige Zeit des Friedens, die wir in den letzten zehn Jahren erlebt haben, war die kurze Periode, in der er auf dem Thron saß. Jetzt hat er einen Sohn und Erben, also werden die Yorks, so Gott will, den Thron für immer halten, und die endlosen Schlachten werden ein Ende finden.«

Ich befreie meine Hand aus seinem Griff. »Er ist nicht von königlichem Geblüt«, weine ich. »Er ist nicht heilig. Er ist ein Usurpator. Du bietest deine und meine Pächter auf, *meine* Pächter von *meinen* Ländereien, um einem Verräter zu dienen. Du lässt meine Standarte, das Fallgatter der Beauforts, auf Seite der Yorks entrollen?«

Er nickt. »Ich wusste, dass es dir nicht gefallen würde«, sagt er ergeben.

»Lieber würde ich sterben, als das mit anzusehen!«

Er nickt, als würde ich übertreiben wie ein Kind.

»Und was, wenn du verlierst?«, fordere ich ihn heraus. »Dann bist du der Renegat, der York unterstützt hat. Glaubst du, sie werden Henry – deinen Stiefsohn – dann noch einmal an den Hof rufen und ihm seine Grafschaft zurückgeben? Glaubst du, wenn jeder weiß, dass du Schande über uns gebracht hast, wird König Henry meinen Sohn segnen, wie er es einst tat?«

Er verzieht das Gesicht. »Ich denke, ich tue das Richtige. Und zufällig glaube ich, dass York siegen wird.«

»Gegen Warwick?«, frage ich ihn verächtlich. »Er kann Warwick nicht schlagen. Beim letzten Mal hat er sich nicht besonders geschickt angestellt. Da hat Warwick ihn aus England verjagt. Und das Mal davor hat Warwick ihn gefangen genommen. Er ist Warwicks Zögling, nicht sein Meister.«

»Beim letzten Mal wurde er verraten«, sagt er. »Er war

allein, ohne seine Truppen. Diesmal kennt er seinen Feind, und er hat seine Männer zusammengerufen.«

»Nehmen wir also an, du siegst«, fahre ich fort, und in meinem Leid brechen die Worte aus mir hervor. »Nehmen wir an, du setzt Edward auf den Thron meiner Familie. Was wird dann aus mir? Was wird aus Henry? Muss Jasper – dank deiner Feindschaft – dann wieder ins Exil gehen? Werden mein Sohn und sein Onkel durch deine Hand aus England vertrieben? Willst du, dass auch ich gehe?«

Er seufzt. »Wenn ich Edward diene und er mit meinen Diensten zufrieden ist, wird er mich dafür belohnen«, sagt er. »Womöglich überschreibt er sogar Henry die Grafschaft. Der Thron kommt deinem Haus abhanden, aber Margaret, meine liebe kleine Frau, wenn ich ganz ehrlich bin: Deine Familie hat es nicht verdient, den Thron zu besitzen. Der König ist krank, wenn wir es uns ehrlich eingestehen, ist er umnachtet. Er ist nicht fähig, ein Land zu regieren, und die Königin ist ein Albtraum aus Eitelkeit und Ehrgeiz. Ihr Sohn ist ein Mörder: Kannst du dir ausmalen, was wir erleiden werden, wenn er je auf dem Thron sitzt? Einem solchen Prinzen und einer solchen Königin kann ich unmöglich dienen. Es *gibt* keinen anderen als Edward. Die direkte Linie ist...«

»Ist was?«, fahre ich auf.

»Verrückt'«, sagt er schlicht. »Hoffnungslos. Der König ist ein Heiliger und *kann* nicht regieren, und sein Sohn ist ein Teufel und *sollte* nicht regieren.«

»Wenn du das tust, werde ich dir das nie verzeihen«, schwöre ich. Mir laufen die Tränen übers Gesicht. Zornig wische ich sie fort. »Wenn du ausreitest, um meinen Cousin, den wahren König, zu schlagen, werde ich dir das nie verzeihen. Ich werde dich nie wieder ›Gemahl‹ nennen. Du wirst für mich tot sein.«

Er bedenkt mich mit einem tadelnden Blick, als wäre ich ein übellauniges Kind. »Ich wusste, dass du das sagen würdest«, gibt er traurig zurück. »Obwohl ich tue, was ich für das Beste für uns beide halte. Ich tue sogar, was ich das Beste für England halte, und das ist mehr, als die meisten Männer in diesen unruhigen Zeiten von sich behaupten können.«

APRIL 1471

Der Thronräuber Edward beruft seine Männer nach London, und mein Gemahl reitet an der Spitze seiner Pächtertruppe hinaus, um seinen neuen Herrn zu treffen. Er bricht so eilig auf, dass die Hälfte der Männer noch nicht ausgerüstet ist.

Sein Oberstallmeister bleibt zurück, um das Verladen der gespitzten Stöcke und frisch geschmiedeten Schwerter auf Wagen zu überwachen. Sie sollen den Männern hinterhergeschickt werden.

Ich stehe im Stallhof und sehe zu, wie die Männer sich in Reih und Glied aufstellen. Viele von ihnen haben in Frankreich gedient, viele sind schon einmal für einen Krieg auf englischem Boden hinausmarschiert. Diese Generation von Männern ist an den Krieg gewöhnt, abgehärtet gegen Gefahren und vertraut mit Grausamkeiten. Einen Augenblick lang verstehe ich die Sehnsucht meines Gemahls nach Frieden, doch dann besinne ich mich darauf, dass er den falschen König unterstützt, und das entfacht meinen Zorn von Neuem.

Als er aus dem Haus kommt, trägt er seine besten Stiefel und den warmen Reiseumhang, den er mir abgetreten hat, als wir ausritten, um meinen Sohn zu besuchen. Damals freute mich das, doch seither hat er mich bitter enttäuscht.

Mit versteinertem Gesicht sehe ich ihn an, und seine zerknirschte Miene verachte ich.

»Du wirst mir verzeihen, wenn wir siegen und ich deinen Sohn nach Hause bringen kann«, meint er voller Hoffnung.

»Ihr werdet auf entgegengesetzten Seiten stehen«, erwidere ich kalt. »Du wirst auf der einen Seite kämpfen und mein Schwager und mein Sohn auf der anderen. Du bittest mich also, darauf zu hoffen, dass mein Schwager Jasper besiegt oder getötet wird? Denn nur dann bräuchte mein Junge einen neuen Vormund. Das kann ich nicht.«

Er seufzt. »Vermutlich nicht. Gibst du mir trotzdem deinen Segen?«

»Wie kann ich dir meinen Segen geben, wenn deine Entscheidung verflucht ist?«, fahre ich auf.

Nun lächelt er nicht mehr. »Gemahlin, willst du wenigstens für meine Sicherheit beten, solange ich weg bin?«

»Ich werde dafür beten, dass du zur Raison kommst und mitten in der Schlacht die Seiten wechselst«, sage ich. »So könntest du dafür sorgen, dass du auf der siegreichen Seite bist. Dann würde ich für deinen Sieg beten.«

»Das wäre ganz und gar gegen meine Grundsätze«, bemerkt er sanft. Er kniet vor mir nieder, nimmt meine Hand und küsst sie, doch ich weigere mich stur, ihm die andere Hand zum Segnen auf den Kopf zu legen. Er erhebt sich und tritt an den Aufsitzblock. Ich höre, dass er schnauft bei der Anstrengung, sich in den Sattel zu schwingen, und für einen Augenblick empfinde ich Mitleid, dass ein Mann, der nicht mehr der Jüngste ist und der sein Zuhause so ungern verlässt, sich an einem heißen Frühlingstag gezwungen sieht hinauszureiten, um zu kämpfen.

Er wendet sein Pferd und hebt die Hand zu einem letzten Gruß. »Auf Wiedersehen, Margaret«, ruft er. »Und ich sage

›Gott segne dich‹ zu dir, auch wenn du es nicht zu mir sagen willst.«

Ja, es ist sehr lieblos von mir, mit gerunzelter Stirn und herabhängenden Händen dazustehen. Aber ich lasse ihn gehen, ohne ihm eine Kusshand zuzuwerfen, ohne Segen, ohne die Aufforderung, sicher zurückzukehren. Ich lasse ihn ohne ein Wort oder eine Geste der Liebe gehen, denn er reitet aus, um für meinen Feind zu kämpfen, und daher ist er jetzt ebenfalls mein Feind.

Innerhalb weniger Tage erhalte ich Nachricht von ihm. Sein zweiter Schildknappe kommt in gestrecktem Galopp zurück, denn er hat die Deckstücke für sein Panzerhemd vergessen. Er bringt mir das Testament meines Gemahls, das dieser hastig niedergeschrieben hat, weil er glaubte, die Kämpfe würden unmittelbar bevorstehen. »Warum? Denkt er, er wird sterben?«, frage ich grausam, als der Knappe mir das Schriftstück zur sicheren Verwahrung überreicht.

»Er ist sehr niedergeschlagen«, antwortet er mir offen. »Soll ich ihm eine Nachricht überbringen, um ihn aufzumuntern?«

»Nein. Nichts«, erwidere ich und wende mich ab. Ein Mann, der unter dem Banner von York gegen die Interessen meines Sohnes kämpft, wird von mir keine hoffnungsvolle Nachricht erhalten. Wie sollte ich ihm eine übermitteln? Ich muss beten, dass York unterliegt und besiegt wird. Beten, dass mein Gemahl unterliegt. Ich werde beten, dass er nicht umkommt, aber mehr kann ich in aller Aufrichtigkeit vor meinem Gott nicht für ihn tun.

Ich verbringe die ganze Nacht auf den Knien und bete für den Sieg meines Hauses Lancaster. Der Diener hat gesagt, sie sammelten sich außerhalb von London und marschierten von dort gegen unsere Streitkräfte, die sich in der Nähe von Oxford zu Tausenden sammeln. Edward wird mit seinen Truppen über die große Straße nach Westen marschieren, und unterwegs werden die Armeen aufeinanderstoßen. Ich erwarte, dass Warwick unserem König den Sieg bringt, selbst wenn die Söhne Yorks, George of Clarence und Richard of Gloucester, an der Seite ihres älteren Bruders kämpfen. Warwick ist ein erfahrener Befehlshaber, er hat den Brüdern alles beigebracht, was sie über die Kriegsführung wissen. Und Warwick hat die größte Streitmacht. Außerdem ist Warwick im Recht. Unser König, ein geweihter Monarch, ein heiliger Mann, wird von dem yorkistischen Thronräuber als Gefangener im Tower of London gehalten. Wie kann Gott demjenigen, der den König gefangen hält, den Sieg gewähren? Mein Gemahl mag dort sein, inmitten der yorkistischen Truppen. Doch ich muss für seine Niederlage beten. Ich bin für Lancaster, für meinen König, für Jasper und für meinen Sohn.

Jeden Tag schicke ich Boten nach Guildford, um Neuigkeiten zu erfahren. Ich erwarte Reiter aus London, die von der Schlacht berichten, doch niemand weiß, was geschieht, bis einer unserer Männer zurückkehrt. Er reitet auf einem gestohlenen Pferd vor den anderen her, um mir zu berichten, dass mein Gemahl Henry verwundet ist, dem Tod näher als dem Leben. Ich höre ihn allein im Stallhof an, bis jemand auf die Idee kommt, nach einer meiner Ladys zu schicken. Sie stützt mich, während der Mann mir von der Schlacht berichtet, in der das Glück wechselhaft war und die Verwirrung groß. Im dichten Nebel drehte sich die Schlachtformation, und der Earl of Oxford wechselte die Seiten, so wurde jedenfalls behauptet. Als er unsere Männer angriff, gerieten sie in Panik, und Edward stürzte aus dem Nebel hervor wie der Teufel persönlich. Da brach die Front der Lancastrianer zusammen.

»Ich muss ihm entgegenreiten und ihn nach Hause holen«, wende ich mich an den Haushofmeister. »Macht einen Karren fertig, damit wir ihn nach Hause schaffen können, und legt ein Federbett hinein und alles, was er sonst noch braucht. Verbände, nehme ich an, und Arznei.«

»Ich hole den Arzt, damit er Euch begleitet«, sagt er. Ich empfinde es als Tadel, dass ich nie eine große Krankenpflegerin oder Kräuterheilkundige war. »Und den Priester«, füge ich hinzu. Er fährt zusammen, ich sehe ihm an, dass er denkt, sein Herr bräuchte die Letzte Ölung, er könnte in diesen Minuten dem Tode bereits nahe sein. »Wir brechen sofort auf«, befehle ich. »Heute noch.«

Ich reite vor dem langsamen Wagen her, doch es ist ein langer, harter Ritt, und ich erreiche Barnet, als die Dämmerung des Frühlingsabends sich über die schlammige Straße legt. Überall am Wegesrand flehen Männer um Hilfe, um nach Hause zu gelangen. Viele liegen sterbend vor den Hecken, weil sie keine Freunde und keine Familie oder sonst jemanden haben, der sich um sie kümmert. Wiederholt werden wir von bewaffneten Truppen von der Straße abgedrängt, die hinter ihrer Armee herstürmen, um sich ihr anzuschließen. Abscheuliches kommt mir unter die Augen: Einem Mann wurde das halbe Gesicht weggeschlagen, ein anderer hat das Hemd über dem Bauch verknotet, damit seine Lunge nicht herausquillt. Zwei Männer klammern sich wie Betrunkene aneinander und versuchen, sich auf drei Beinen nach Hause durchzuschlagen. Ich reite die Straße hinunter. Sooft ich kann, weiche ich auf Felder aus, fort von den Sterbenden, und versuche, die Männer, die auf mich zugetaumelt kommen, nicht so genau anzusehen. Ich versuche, den Blick von den verstreuten Rüstungen, Waffen und Toten abzuwenden. Es ist, als würden auf den Feldern ungeahnte, schreckenerregende Früchte wachsen.

Überall stoßen wir auf Frauen, die sich – wie Krähen – über die Sterbenden beugen und ihre Jacken nach Geld und Schmuck durchsuchen. Herrenlose Pferde kommen uns wiehernd entgegengetrabt, verschreckt und trostsuchend. Hier und da liegen Edelleute, die vom Pferd gezerrt und am Boden getötet wurden; einer wurde von seiner Rüstung so gut geschützt, dass er darin gestorben ist, das Gesicht im Helm zu Brei geschlagen. Als ein Plünderer an dem Helm zieht, löst sich der Kopf mit ihm, und das matschige Gehirn quillt durch das Visier. Ich umklammere meinen Rosenkranz und bete ein Ave-Maria ums andere, um mich im Sattel zu halten und mich nicht übergeben zu müssen. Mein Pferd setzt die Hufe äußerst vorsichtig, als würde es wie ich vor dem Gestank von Blut zurückschrecken und wüsste, dass dies gefährlicher Boden ist. Ich hatte keine Vorstellung, dass es so schlimm sein würde.

Ich kann nicht glauben, dass es so für Johanna von Orléans war. Ich habe sie immer ganz sauber auf einem weißen Pferd mit ihrem Banner aus Lilien und Engeln über dem Haupt gesehen. Nie habe ich mir vorgestellt, sie reite durch ein Blutbad, obwohl es so gewesen sein muss wie jetzt bei mir. Wenn dies der Wille Gottes ist, so kommt er in seltsamer und furchtbarer Gestalt daher. Ich wusste nicht, dass der Gott der Schlachten so abscheulich ist und eine Heilige solche Höllenpein befehlen kann. Es ist, als ritten wir durchs finstere Tal – wie Vorboten des Todes, denn wir teilen kein Wasser aus, obwohl mir Verwundete flehentlich die Hände entgegenstrecken und auf ihre blutverschmierten, zahnlosen Münder deuten. Wir wagen nicht anzuhalten und einem von ihnen Wasser zu reichen, denn dann würden sie alle über uns herfallen. So läuft der Oberstallmeister mit einer Peitsche voraus und brüllt: »Macht den Weg frei für Lady Margaret Stafford!«, worauf die Verwundeten zur Seite schlurfen und die Arme vor den Peitschenhieben schützend über den Kopf heben.

Ein Reiter der Vorhut kommt zu uns zurück und meldet, er habe meinen Gemahl in einem Gasthaus in Whetstone gefunden. Wir folgen ihm über schlammige Wege in das kleine Dorf. Das Gasthaus ist nicht mehr als eine Dorfschenke mit zwei Zimmern für Durchreisende. Ich zögere, vom Pferd zu steigen, ich habe Angst, zu den wandelnden Toten auf den Boden hinabzusteigen. Doch ich muss absitzen und hineingehen. Ich habe entsetzliche Angst, mein Gemahl könnte so grauenerregend verstümmelt sein wie die Männer auf der Straße oder schwere Verletzungen von einer Streitaxt davongetragen haben, doch ich finde ihn im Hinterzimmer auf einer Sitzbank mit hoher Lehne liegend, ein Tuch fest um den Bauch gewickelt. Der größer werdende rote Fleck auf dem notdürftigen Verband verrät mir, dass er immer noch blutet. Er wendet den Kopf, als ich hereinkomme, und bringt ein Lächeln zustande. »Margaret, du hättest nicht kommen dürfen.«

»Ich bin unversehrt, und ich habe den Wagen mitgebracht, um dich nach Hause zu holen.«

Bei diesen Worten leuchtet sein Gesicht auf. »Ich würde mich freuen, mein Heim zu sehen. Es gab Augenblicke, da dachte ich, ich würde es nie wiedersehen.«

Ich zögere. »War es sehr schlimm? Hat York gesiegt?«

»Ja.« Er nickt. »Wir haben einen großen Sieg errungen. Wir sind bergan durch den Nebel auf sie zugestürmt, obwohl sie doppelt so viele waren wie wir. Niemand außer York hätte das gewagt. Ich glaube, er ist unbesiegbar.«

»Dann ist es vorbei?«

»Nein. Die lancastrianische Königin ist mit ihrer Armee irgendwo in Devon gelandet. Alle marschfähigen Männer sind angetreten, und Edward zieht so schnell er kann, um ihr den Weg abzuschneiden und sie daran zu hindern, in Wales Verstärkung zu holen.«

»In Wales?«

»Sie will zu Jasper«, sagt er. »Sie weiß, dass ihr Widersacher Warwick tot ist und seine Armee geschlagen, doch wenn sie sich zu Jasper und seinen walisischen Truppen durchschlägt, kann sie weiterkämpfen.«

»Dann könnte Edward noch geschlagen werden und all das...« Ich denke an die Männer, die sich auf den Straßen nach Süden quälen und ihre Schmerzen hinausschreien. »All das wird umsonst gewesen sein.«

»All das ist immer umsonst«, sagt er. »Verstehst du das denn nicht? Jeder einzelne Tod ist sinnlos, jede einzelne Schlacht hätte verhindert werden müssen. Aber wenn es Edward gelingt, die Königin zu schlagen und sie zusammen mit ihrem Gemahl ins Gefängnis zu werfen, dann ist es in der Tat vorbei.«

Ich höre das Pferd des Arztes und lasse ihn ein. »Soll ich bleiben und Euch helfen?«, frage ich ohne große Begeisterung.

»Geh«, sagt Henry. »Ich will nicht, dass du das hier siehst.«

»Wie wurdest du verletzt?«

»Ein Schwerthieb über den Bauch«, sagt er. »Geh und sag

ihnen, sie sollen auf dem Feld hinter dem Gasthaus ein Lager aufschlagen. Hier drin gibt es keine Betten. Und sorg dafür, dass sie Wachen für dich und deine Besitztümer abstellen. Ich wünschte, du wärst nicht gekommen.«

»Ich musste kommen«, sage ich. »Wer sonst?«

Er schenkt mir sein schiefes Lächeln. »Ich freue mich, dich zu sehen«, sagt er. »In der Nacht vor der Schlacht war ich so voller Angst, dass ich sogar mein Testament gemacht habe.«

Ich versuche, mitfühlend zu lächeln, doch ich fürchte, er kann erkennen, dass ich ihn für einen Feigling und Verräter halte.

»Ach«, sagt er. »Was geschehen ist, ist geschehen. Geh jetzt, Margaret, und frag den Wirt, was er dir servieren kann.«

Ich tue nicht, worum mein Gemahl mich bittet. Natürlich nicht. Während er in einem schmutzigen Gasthaus liegt und unser Arzt sich um ihn kümmert wie um einen verwundeten yorkistischen Helden, marschiert die Königin von England so schnell sie kann zu meinem Sohn und Jasper, meinem einzig wahren Freund. Sie ist sich gewiss, dass er seine Männer zu den Waffen gerufen hat, um sich ihrer Sache anzuschließen. Ich rufe den Burschen aus der Vorhut herbei, er ist jung, treu und schnell. Ich gebe ihm eine an Jasper adressierte Nachricht und befehle ihm, so schnell er kann nach Westen zu reiten und Männer ausfindig zu machen, die unter dem Banner von Lancaster reiten und nach Wales unterwegs sind, um sich Jaspers Streitkräften anzuschließen. Er soll sich ihnen als Freund nähern und ihnen auftragen, den Brief dem Grafen zu übergeben, wofür ich eine Belohnung verspreche. Ich schreibe:

Jasper,
mein Gemahl hat die Seiten gewechselt und ist jetzt unser Feind. Antworte mir sofort und persönlich, wie es euch ergeht und ob mein Junge in Sicherheit ist. Edward hat seine Schlacht hier in Barnet gewonnen und marschiert weiter, um Dich und die Königin zu finden. Er hält den König im Tower und hat London gesichert. Er weiß, dass die Königin gelandet ist, und vermutet, dass sie zu Dir marschiert. Gott segne Dich und schütze Dich. Gott schütze meinen Sohn. Schütz Du ihn mit Deinem Leben.

Ich habe kein Siegelwachs dabei, um den Brief zu verschließen, und so falze ich das Blatt nur zweimal zusammen. Es spielt keine Rolle, ob jemand ihn liest. Die Antwort wird sehr viel mehr verraten. Dann, und erst dann, gehe ich und suche jemanden, der mir etwas zu essen machen und mir ein Bett für die Nacht richten kann.

SOMMER 1471

Es war nicht leicht, meinen Gemahl sicher heimzubringen, obwohl er sich nicht beschwerte und mich immer wieder anflehte, nach Hause vorzureiten. Doch ich tat meine Pflicht als Ehefrau, auch wenn er mir seine Pflicht schuldig blieb. Es war nicht leicht, durch den Sommer zu kommen, als wir schließlich erfuhren, was passiert war, als die Streitkräfte der Königin auf Edward trafen. Sie waren vor Tewkesbury, und die Königin und ihre neue Schwiegertochter, Anne Neville, Warwicks jüngste Tochter, suchten Asyl in einem Kloster und warteten auf Nachrichten, so wie alle Frauen in England auf Nachrichten warteten.

Es war eine lange, harte Schlacht zwischen einander ebenbürtigen, aber vom langen Marschieren unter der heißen Sonne erschöpften Männern. Edward hat gesiegt. Zur Hölle mit ihm! Der Prinz, unser Prince of Wales, starb auf dem Schlachtfeld wie eine Blume, die der Ernte zum Opfer fällt. Seine Mutter, Königin Margarete von Anjou, wurde gefangen genommen und Anne Neville mit ihr. Edward of York ließ von dem blutgetränkten Schlachtfeld ab und kehrte wie ein Eroberer nach London zurück. Selbst der Friedhof von Tewkesbury musste gereinigt und neu geweiht werden, nachdem er seine Soldaten auf die Lancastrianer losgelassen hatte, die sich ins Kirchenasyl geflüchtet hatten. Nichts ist

York heilig, nicht einmal das Haus Gottes. Mein Cousin, der Duke of Somerset, Edmund Beaufort, der zu uns kam und meinen Gemahl bat, an seiner Seite zu reiten, wurde aus der Abtei von Tewkesbury geschleift und auf dem Marktplatz geköpft: Er starb den Tod eines Verräters.

Edward ritt im Triumphzug in London ein, Königin Margarete von Anjou in seinem Gefolge. Und in derselben Nacht fand unser König, der wahre König, der einzige König, König Henry of Lancaster, in seinen Gemächern im Tower den Tod. Sie ließen bekannt geben, er sei krank und schwach gewesen, seine Gesundheit angegriffen. Ich wusste im Herzen, dass er als Märtyrer starb durch das Schwert des York-Usurpators.

Ich entschuldigte mich für den Monat Juni bei meinem Gemahl und zog mich zu den Nonnen in Bermondsey Abbey zurück, wo ich vier Wochen auf den Knien für die Seele meines Königs und seines Sohnes sowie für seine besiegte Gemahlin betete. Ich flehte um Rache am Hause York und an Edward, er möge seinen Sohn verlieren und seine Gemahlin – die unbarmherzig erfolgreiche, schöne und triumphierende Elizabeth – möge erfahren, wie schmerzlich es ist, einen Sohn zu verlieren, wie unsere Königin es erleiden musste. Erst als Gott mir in diesen dunklen Nächten meines Gebets zuflüsterte, ich würde meine Rache bekommen, konnte ich nach Hause zurückkehren. Wenn ich geduldig wartete und Pläne schmiedete, würde ich am Ende triumphieren. Erst dann kehrte ich schließlich nach Hause zurück, schenkte meinem Gemahl ein Lächeln und tat, als hätte ich Frieden gefunden.

Jasper harrte in Wales bis September aus, dann schrieb er mir, Henry und er wären außerhalb des Landes wahrscheinlich sicherer. Wenn Edward Krieg führt gegen Männer im Kirchenasyl, ja, selbst gegen einen wehrlosen Heiligen, warum sollte er meinen Sohn verschonen, der sich nichts hatte zuschulden kommen lassen als seinen Namen und sein Erbe. Der wahre Prince of Wales ist in Tewkesbury gefallen, Gott segne ihn, doch das bringt mich noch näher an den lancastrianischen Thron heran, und Henry ist mein Sohn und Erbe. Wer in zukünftigen Jahren nach einem lancastrianischen Anwärter auf den widerrechtlich angeeigneten Thron von England sucht, wird wohl bei Henry Tudor vorsprechen. Dies ist seine Bestimmung und zugleich die Gefahr, in der er schwebt. Beides kommt auf ihn zu. Im Augenblick ist York überlegen, nichts kann ihm in diesen Tagen etwas anhaben. Doch Henry ist jung, und er hat einen Anspruch auf den Thron. Wir müssen dafür sorgen, dass er in Sicherheit ist, und ihn vorbereiten auf den Krieg.

Ich suche meinen Gemahl in seinem Gemach auf und bemerke, wie behaglich er es hat. Sein Bett ist weich, auf dem Nachttisch steht ein Krug Dünnbier, seine Bücher liegen bereit, das Schreibpapier wartet auf seinem Tisch: Er hat alles, was er sich wünschen könnte. Er sitzt in seinem Stuhl, den Bauch fest verbunden, doch sein Gesicht ist grau vor Schmerzen und vor der Zeit gealtert. Doch das Lächeln, das er mir schenkt, ist heiter wie immer.

»Ich habe Nachricht von Jasper in Wales«, sage ich ruhig. »Er geht ins Exil.«

Mein Gemahl wartet ab, was folgt.

»Er nimmt meinen Sohn mit«, füge ich hinzu. »England ist nicht sicher genug für den Erben des Hauses Lancaster.«

»Da stimme ich dir zu«, bemerkt mein Gemahl sachlich. »Aber mein Neffe Henry Stafford ist am yorkistischen Hof sicher. Sie haben seinen Lehnseid angenommen. Vielleicht sollte auch dein Henry König Edward seine Dienste anbieten?«

Ich schüttele den Kopf. »Sie gehen nach Frankreich.«

»Um eine Invasion vorzubereiten?«

»Um sich in Sicherheit zu bringen. Wer weiß, was als Nächstes geschieht? Es sind unruhige Zeiten.«

»Ich würde dir gern Kummer ersparen«, sagt er liebenswürdig. »Ich wünschte, du würdest Jasper bitten, nicht für neue Unruhen zu sorgen.«

»Ich sehne mich nicht nach Unruhen, ebenso wenig wie Jasper. Ich bitte dich nur darum, mir zu erlauben, nach Tenby zu reiten, wenn sie lossegeln. Ich möchte mich von meinem Sohn verabschieden.«

Er zögert. Dieser Renegat, dieser Feigling, der es sich gemütlich gemacht hat in seinem Bett, hat das Recht, über mich zu bestimmen. Ich frage mich, ob er es wagt, mir diesen Wunsch abzuschlagen, und ob ich es wage, mich ihm zu widersetzen.

»Du begibst dich in Gefahr.«

»Ich muss Henry sehen, bevor er abreist. Wer weiß, wann es wieder sicher für ihn ist, ins Land zurückzukehren? Er ist vierzehn Jahre alt, wenn ich ihn das nächste Mal sehe, wird er ein Mann sein.«

Er seufzt. Ich habe gewonnen. »Du reitest mit großer Garde?«

»Selbstverständlich.«

»Und kehrst um, wenn die Straßen gesperrt sind?«

»Ja.«

»Dann kannst du gehen und deinem Sohn Lebewohl sagen. Aber mach ihm und seinem Onkel keine Versprechungen – auch nicht für die Zukunft des Hauses Lancaster. Deine Sache wurde in Tewkesbury endgültig niedergeschlagen. Henrys Geschlecht fand in Tewkesbury ein Ende. Es ist vorbei. Du solltest ihnen raten, nach Möglichkeiten zu suchen, in Frieden zurückzukehren.«

Ich sehe ihn trotzig und kalt an. »Ich weiß, dass es vorbei ist«, beende ich das Gespräch. »Wer sollte es besser wissen als ich? Meine Sache ist verloren, das Oberhaupt meines Geschlechts enthauptet, mein Gemahl im Kampf auf der falschen Seite verletzt und mein Sohn auf dem Weg ins Exil. Wer sollte besser wissen als ich, dass für mein Land alle Hoffnungen verloren sind?«

SEPTEMBER 1471
Tenby, Wales

Ungläubig blicke ich über das klare Wasser des Hafens auf Tenby. Das Sonnenlicht funkelt, und es weht ein leichter Wind – ein Tag, um zum Vergnügen hinauszufahren, und nicht, um mit gebrochenem Herzen hier zu stehen, inmitten von Fischgestank.

Dieses winzige Dorf hat sich mit Leib und Seele Jasper verschrieben, und die Fischweiber klappern in ihren groben Holzschuhen hinter den Männern die kopfsteingepflasterte Straße zum Kai hinunter, wo das kleine Segelboot auf den Wellen schaukelt. Es wartet auf meinen Sohn, um ihn von mir fortzubringen. Einige Frauen haben verweinte Augen, weil ihr Herr ins Exil gehen muss, doch ich weine nicht. Niemand sieht mir an, dass ich am liebsten eine ganze Woche lang weinen würde.

Mein Sohn ist wieder gewachsen, jetzt ist er so groß wie ich, ein junger Bursche von vierzehn Jahren, der um die Schultern allmählich kräftiger wird. Seine braunen Augen sind jetzt auf einer Höhe mit meinen, und er ist blass, auch wenn Sommersprossen seine Nase sprenkeln wie Tupfen auf einem warmen Vogelei. Ich sehe sowohl das Kind, das zu einem Mann herangewachsen ist, als auch den Jungen, der König sein sollte. Die Ehre der Königswürde ruht jetzt auf seinen Schultern. König Henry und sein Sohn Prinz Edward sind tot. Dieser Junge, mein Sohn, ist der Erbe des Hauses Lancaster. Dies ist nicht mehr mein Junge, mein eigenes Kind, dies ist Englands rechtmäßiger König.

»Ich werde jeden Tag für dich beten und dir schreiben«, sage ich ruhig. »Denk daran, mir zu antworten, denn ich muss wissen, wie es dir geht. Und denk daran, deine Gebete zu sprechen und deine Studien nicht zu vernachlässigen.«

»Ja, Frau Mutter«, sagt er gehorsam.

»Ich passe auf ihn auf«, sagt Jasper zu mir. Für einen Augenblick begegnen sich unsere Blicke, doch in ihnen liegt nichts als die grimmige Entschlossenheit, diesen Abschied hinter sich und diesen kostbaren Jungen ins Exil zu bringen, in Sicherheit. Jasper ist der einzige Mann, den ich je geliebt habe, vielleicht sogar der Einzige, den ich je lieben werde. Doch zwischen uns hat es nie eine Zeit für Liebesschwüre gegeben, meistens waren wir damit beschäftigt, uns voneinander zu verabschieden.

»Die Zeiten können sich ändern«, sage ich zu Henry. »Es sieht aus, als wäre Edward jetzt, da unser König im Grab ist und unser Prinz ebenfalls tot, auf dem Thron sicher, aber ich gebe nicht auf. Gib auch du nicht auf, mein Sohn. Wir sind das Haus Lancaster, wir sind geboren, um England zu regieren. Ich habe es schon einmal gesagt, und ich hatte recht. Und ich werde wieder recht haben. Vergiss das nicht.«

»Nein, Frau Mutter.«

Jasper küsst meine Hand, verbeugt sich und geht zu dem Boot. Er wirft dem Kapitän ein paar Bündel zu, und dann steigt er, mit vorsichtig emporgehaltenem Schwert, in den Fischkutter. Er, der halb Wales befehligt, geht mit fast nichts fort. Dies schmeckt in der Tat nach Niederlage. Jasper Tudor verlässt Wales wie ein Gefangener auf der Flucht. Ich spüre, wie mir der Groll über die yorkistischen Thronräuber in den Eingeweiden brennt.

Mein Sohn kniet vor mir nieder, und ich lege die Hand auf seinen weichen, warmen Schopf und sage: »Gott segne und behüte dich, mein Sohn.« Und dann erhebt er sich. Im nächsten Augenblick ist er fort, leichtfüßig tanzt er über die schmutzigen Pflastersteine. Er springt die Stufen hinunter wie ein Reh, hüpft ins Segelboot, und sie legen ab, bevor ich noch ein Wort sagen kann. Mein Sohn ist fort, bevor ich ihm geraten habe, wie er sich in Frankreich zu benehmen hat, er ist fort, bevor ich ihn vor den Gefahren der Welt warnen kann. Es geschieht zu schnell, viel zu schnell. Und zu endgültig. Er ist fort.

Sie stoßen von der Kaimauer ab und setzen Segel, der Wind bauscht das Segel, und dann ziehen sie die Segel an. Knarrend antworten Mast und Segel auf den wachsenden Druck, und dann nimmt das Fischerboot Fahrt auf, zuerst langsam, dann immer schneller entfernt es sich rasch von der Hafenmauer. »Kommt zurück!«, bin ich zu rufen versucht. »Verlasst mich nicht! Segelt nicht ohne mich!«, wie ein Kind. Doch ich kann sie nicht zurückrufen, denn hier sind sie in Gefahr, und ich kann nicht weglaufen. Ich muss ihn ziehen lassen, meinen Sohn, meinen braunhaarigen Sohn, ich muss ihn übers Meer ins Exil gehen lassen, ohne zu wissen, wann ich ihn je wiedersehe.

Ich kehre nach Hause zurück – dumpf von der Reise und von meinen ununterbrochen gemurmelten Gebeten auf jedem Schritt des Weges. Mit vom Reiten schmerzendem Rücken und trockenen, wunden Augen treffe ich den Arzt an, der wie so oft nach meinem Gemahl sieht. Es war eine lange Reise, ich bin müde von der Straße und ausgelaugt vom Kummer über den Abschied von meinem Sohn. Bei jedem Schritt habe ich mich gefragt, wo er jetzt wohl sein mag und wann ich ihn wiedersehe, ja, ob ich ihn überhaupt jemals wiedersehen werde. Ich bringe einfach nicht den geringsten Funken Interesse auf, als ich das Pferd des Arztes im Stall stehen sehe und in der Halle auf seinen wartenden Diener treffe. Seit wir von der Schlacht von Barnet zurückgekehrt sind, war in unserem Hause immer eine Krankenschwester, der Arzt, der Apotheker oder der Bader beschäftigt. Ich nehme an, er hört sich wie üblich die Klagen meines Gemahls über die Schmerzen von seiner Verletzung an. Der Hieb auf seinem Bauch ist längst verheilt und zu einer wulstigen Narbe verwachsen, doch er macht gern viel Gewese darum; er spricht gern darüber, wie sehr er in den Schlachten gelitten hat, über den Augenblick, da das Schwert niederfuhr, über die Träume, die ihn nachts immer noch quälen.

Ich bin es gewohnt, sein Gejammer zu überhören oder ihm einen lindernden Trank oder frühe Bettruhe vorzuschlagen. Als der Kammerjunker also auf mich zukommt, sobald ich die Halle betrete, denke ich nur daran, dass ich mich waschen und meine schmutzigen Kleider ablegen möchte. Ich möchte an ihm vorbeieilen, doch er ist hartnäckig, als stimmte etwas nicht. Er sagt, der Apotheker mörsere Kräuter in der Vorratskammer und der Arzt sei bei meinem Gemahl; ich solle mich gegen schlechte Nachrichten wappnen. Selbst als ich mich auf einen Stuhl niederlasse und mit den Fingern schnippe, damit der Page mir die Reitstiefel von den Füßen zieht, höre ich kaum hin. Doch der Mann gibt nicht auf. Sie fürchten, die Wunde sei tiefer als vermutet, und sie sei nicht verheilt, er habe womöglich innere Blutungen. Seit der Schlacht hat er keinen rechten Appetit, ruft sein Diener mir düster ins Gedächtnis – auch wenn er immer noch viel mehr isst als ich, die ich an jedem Tag eines Heiligen und jeden Freitag faste. Er kann nicht schlafen, er nickt höchstens kurz ein – doch er schläft immer noch mehr als ich, die ich jede Nacht zweimal aufstehe, um meine Gebete zu verrichten. Kurz gesagt, es ist wie üblich, es geht ihm nicht gut, aber es ist nicht so recht zu greifen. Ich bedeute ihm mit einer Geste, sich zu entfernen, und versichere, sogleich zu kommen, doch er lauert weiter in meiner Nähe. Es ist nicht das erste Mal, dass sie um meinen Gemahl herumschleichen, weil sie meinen, er läge im Sterben, nur um bald wieder festzustellen, dass er überreife Früchte gegessen oder zu viel Wein getrunken hat, und ich bin mir ganz sicher, dass es auch nicht das letzte Mal sein wird.

Ich habe ihm nie vorgeworfen, dass er seine Gesundheit geopfert hat, um einem Usurpator auf den Thron zu helfen, und ich habe ihn mit Fürsorge gepflegt, wie es einer guten Ehefrau geziemt. Mir ist kein Vorwurf zu machen. Doch er weiß, dass ich ihm die Schuld für die Niederlage meines Königs gebe und ihn auch dafür verantwortlich mache, dass ich meinen Sohn ziehen lassen musste.

Ich schiebe den Diener zur Seite, gehe Gesicht und Hände waschen und ziehe das schmutzige Reisekleid aus. Und so vergeht fast eine Stunde, bevor ich mich zu den Gemächern meines Gemahls begebe und leise eintrete.

»Ich bin froh, dass Ihr endlich kommt, Lady Margaret, denn ich glaube, er hat nicht mehr lange zu leben«, flüstert mir der Arzt zu. Er hat im Vorzimmer zum Schlafgemach meines Gemahls auf mich gewartet.

»Er hat nicht mehr lange zu leben?«, frage ich. Ich bin in Gedanken so mit meinem Sohn beschäftigt – ich lausche auf

Anzeichen eines Sturms, der sie vom Kurs abbringen könnte oder sogar, bitte, lieber Gott, verschon ihn, das Fischerboot zum Sinken bringen könnte –, dass ich gar nicht recht begreife, was der Heilkundige von mir will.

»Es tut mir leid, Lady Margaret«, sagt er in dem Glauben, ich wäre benommen vor Sorge um meinen Gemahl. »Aber ich fürchte, ich kann nichts mehr für ihn tun.«

»Nichts mehr für ihn tun?«, wiederhole ich. »Warum? Was ist denn los? Was redet Ihr da?«

Er zuckt die Achseln. »Die Wunde geht tiefer, als wir dachten, er kann gar nichts mehr bei sich behalten. Ich fürchte, sein Magen wurde verletzt und ist nicht geheilt. Ich fürchte, er hat nicht mehr lange zu leben. Er kann nur Dünnbier und Wein und Wasser trinken, feste Nahrung kann er nicht mehr zu sich nehmen.«

Verständnislos stiere ich ihn an, dann haste ich an ihm vorbei, öffne die Tür zum Schlafgemach meines Gemahls und trete ein. »Henry?«

Sein Gesicht auf dem weißen Kissen ist aschfahl. Seine Lippen sind dunkel. Wie ausgemergelt er in den wenigen Wochen meiner Abwesenheit geworden ist!

»Margaret«, sagt er und versucht zu lächeln. »Ich bin so froh, dass du endlich nach Hause gekommen bist.«

»Henry ...«

»Ist dein Sohn sicher fortgekommen?«

»Ja.«

»Das ist gut, das ist gut«, sagt er. »Du wirst froh sein zu wissen, dass er in Sicherheit ist. Später kannst du dich immer noch um seine Rückkehr bemühen. Sie werden sich als großzügig erweisen, wenn sie von mir erfahren ...«

Ich zögere. Plötzlich wird mir klar, was er damit meint: Ich werde eine Witwe sein, die den König, in dessen Diensten ihr

Gemahl ums Leben gekommen ist, um einen Gefallen bittet.

»Du warst mir eine gute Gemahlin«, sagt er gütig. »Ich will nicht, dass du um mich trauerst.«

Ich kneife die Lippen zusammen. Ich war ihm keine gute Gemahlin, das wissen wir beide.

»Und du solltest wieder heiraten«, stößt er kurzatmig hervor. »Aber wähl diesmal einen Gemahl, der dir in der Welt dort draußen besser zu Diensten sein kann. Du brauchst Größe, Margaret. Du solltest einen Mann zum Gemahl nehmen, der hoch in der Gunst des Königs steht, dieses Königs, des yorkistischen Königs... keinen Mann, der den häuslichen Herd und seine Felder liebt.«

»Sprich nicht so«, flüstere ich.

»Ich weiß, dass ich dich enttäuscht habe«, fährt er krächzend fort. »Und das tut mir leid. Ich war nicht gemacht für Zeiten wie diese.« Er lächelt sein schiefes, trauriges Lächeln. »Du schon. Du hättest eine große Befehlshaberin werden müssen, eine Johanna von Orléans.«

»Ruh dich aus«, sage ich schwach. »Vielleicht geht es dir bald besser.«

»Nein, ich glaube, es ist vorbei. Aber ich segne dich, Margaret, und deinen Jungen. Ich bin überzeugt, du bringst ihn wieder sicher nach Hause. Wenn es jemandem gelingen kann, dann gewiss dir. Schließ Frieden mit den Yorks, Margaret, dann kannst du deinen Sohn nach Hause holen. Das ist mein letzter Rat für dich. Vergiss deine Träume von der Königswürde für ihn, das ist vorbei. Bemüh dich darum, ihn sicher nach Hause zu bringen, das ist das Beste für ihn und für England. Bring ihn nicht nach Hause, um einen weiteren Krieg zu führen. Bring ihn nach Hause, um Frieden zu schließen.«

»Ich werde für dich beten«, sage ich leise.

»Danke«, sagt er. »Ich glaube, ich möchte jetzt schlafen.«

Ich lasse ihn allein, damit er einschlafen kann, gehe leise hinaus und schließe die Tür. Ich sage ihnen, sie sollen mich rufen, falls sein Zustand sich verschlimmert oder er nach mir fragt, gehe in die Kapelle und knie mich auf den harten Steinboden vor den Altar. Ich benutze nicht einmal ein Kniekissen, und ich bete zu Gott, er möge mir meine Sünden gegenüber meinem Gemahl vergeben und ihn in sein heiliges Königreich aufnehmen, wo es keine Kriege gibt und keine rivalisierenden Könige. Erst als ich die Glocke im Turm über meinem Kopf schlagen höre, bemerke ich, dass der Morgen heraufdämmert und ich die ganze Nacht vor dem Altar gekniet habe und dass der Mann, dem ich dreizehn Jahre lang angetraut war, gestorben ist, ohne nach mir zu fragen.

Jeden Tag lasse ich in unserer kleinen Kapelle Messen für das Seelenheil meines Gemahls abhalten. Wenige Wochen nach seinem Tod kommt ein Bote mit einem schwarzen Band an der Kappe vom Haus meiner Mutter, um mir mitzuteilen, dass sie gestorben ist. Jetzt bin ich ganz allein in der Welt. Die Einzigen, die mir als Familie noch geblieben sind, sind Jasper und mein Sohn im Exil. Ich bin verwaist und verwitwet, und mein Sohn ist weit fort. Die beiden wurden vom Kurs abgetrieben und sind statt in Frankreich in der Bretagne gelandet. Jasper schreibt mir, dass das Glück sich endlich zu unseren Gunsten wendet, denn der Herzog der Bretagne hat sie empfangen und ihnen Sicherheit und Gastfreundschaft in seinem Herzogtum versprochen. Vielleicht sind sie in der Bretagne sicherer als in Frankreich, denn mit Frankreich schließt Edward gewiss ein Friedensabkommen; er will jetzt nur noch Frieden. Ihm liegt nichts an Englands Ehre. Ich antworte sofort.

Mein lieber Bruder Jasper,
ich schreibe Dir, um Dir mitzuteilen, dass mein Gemahl, Sir Henry Stafford, seinen Verletzungen erlegen ist und ich jetzt Witwe bin. Ich wende mich an Dich als an das Oberhaupt des Hauses Tudor, damit Du mir rätst, was ich tun soll.

Ich mache eine Pause. Ich schreibe: *Soll ich zu Dir kommen?*, doch das streiche ich durch und werfe das Blatt weg. Ich schreibe: *Kann ich kommen, um meinen Sohn zu sehen?* Dann schreibe ich: *Bitte, Jasper…*

Am Ende schreibe ich: *Ich erwarte Deinen Rat*, und schicke die Nachricht per Boten.

Dann warte ich auf Antwort.

Wird er nach mir schicken? Wird er endlich sagen, dass wir drei zusammen sein können, er und mein Sohn und ich?

WINTER 1471/1472

Ich trage Schwarz für meinen Gemahl und meine Mutter und schließe einen großen Teil des Hauses. Im Witwenstand wird nicht von mir erwartet, dass ich meine Nachbarn bewirte, nicht im ersten Jahr meines Verlustes, und obwohl ich eine vornehme Lady des Hauses Lancaster bin, wird man mich nicht an den Hof bestellen. Dieser neue König, der König der weißen Rose, und seine fruchtbare Frau werden mich in den zwölf Monaten meiner Trauer sicherlich auch nicht besuchen. Ich muss die Ehre ihrer Gunst nicht fürchten. Wahrscheinlich würden sie mich und das Haus Lancaster am liebsten ganz vergessen. Ich bezweifle vor allem, dass es ihr, die so viel älter ist als er – schon vierunddreißig! –, besonders gefallen würde, wenn er mich im ersten Jahr meiner Witwenschaft träfe, die achtundzwanzigjährige, äußerst vermögende Erbin des Hauses Lancaster, bereit, sich wieder zu verheiraten. Vielleicht würde er es bereuen, eine Niemand gewählt zu haben.

Doch von Jasper kommt keine Nachricht, die mich zu ihm ruft, die mich bittet, die Sicherheit Englands gegen ein gefährliches und entbehrungsreiches Leben mit ihm in der Bretagne einzutauschen. Vielmehr schreibt er noch einmal, dass der Herzog der Bretagne ihm und Henry Schutz versprochen hat. Er bittet mich nicht, zu ihm zu kommen.

Er sieht nicht, dass das unsere Chance ist, unsere einzige Chance, und ich verstehe sein Schweigen sehr gut. Er hat sein Leben ganz der Erziehung meines Sohns gewidmet, damit Henry seinem Namen und seinem Land einmal gerecht wird. Er wird dies nicht gefährden, indem er mich heiratet und wir alle drei zusammen im Exil leben. Er braucht mich hier, in England, um Henrys Erbe zu wahren, seine Ländereien zu verwalten und seine Interessen zu verfolgen. Jasper liebt mich, das weiß ich, aber es ist, wie er sagt, eine höfische Liebe, aus der Ferne. Ihm scheint die Ferne nichts auszumachen.

Ich erhalte meine Mitgiftgüter zurück und mache mich daran, Auskünfte über sie einzuholen. Ich lasse die Landverwalter zu mir kommen, damit sie mir erklären, wie Gewinne erwirtschaftet werden können. Mein Gemahl hat sie immerhin in ordentlichem Zustand erhalten, er war ein guter Grundbesitzer, wenn er auch keine besonderen Führungseigenschaften besaß. Ein guter englischer Grundbesitzer, wenn auch kein Held. Als Gemahlin trauere ich nicht um ihn, wie Anne Devereux um ihren Gemahl William Herbert getrauert hat. Sie hat ihm versprochen, sich nie wieder zu verheiraten, und geschworen, ins Grab zu gehen in der Hoffnung, ihn im Himmel wiederzusehen. Ich nehme an, sie liebten sich auf die eine oder andere Weise, obwohl ihre Ehe arrangiert wurde. Ich nehme an, sie haben in ihrer Ehe eine Art der Leidenschaft gefunden. Das ist selten, aber nicht unmöglich. Ich hoffe, sie haben meinem Sohn keine Flausen in den Kopf gesetzt, er müsse seine Gemahlin lieben, denn ein Mann, der König werden soll, kann nur um des Vorteils willen heiraten. Eine vernünftige Frau würde immer nur heiraten, um ihre Familie voranzubringen. Nur eine lüsterne Närrin träumt jede Nacht von einer Liebesheirat.

Sir Henry mochte bei mir auf mehr als pflichtgetreue Zuneigung gehofft haben, doch meine Liebe gehörte bereits meinem Sohn, meiner Familie und meinem Gott, lange bevor wir einander begegnet sind. Von Kindheitstagen an wollte ich ein zölibatäres Leben führen, und meine beiden Gatten konnten mich nicht verführen, mich von meiner Berufung abzuwenden. Henry Stafford war eher ein Mann des Friedens denn der Leidenschaft, und in seinen späten Jahren war er ein Verräter. Doch, wenn ich ganz ehrlich bin, stelle ich jetzt, da er fort ist, fest, dass ich ihn mehr vermisse, als ich mir je hätte vorstellen können.

Ich vermisse seine Gesellschaft. Das Haus kam mir wärmer vor, wenn er zu Hause war, und er war ja immer zu Hause – wie ein geliebter Hund, der vor dem Kamin liegt. Ich vermisse seinen stillen, trockenen Humor, seine Nachdenklichkeit und seinen gesunden Menschenverstand. In den ersten Monaten meiner Witwenschaft brüte ich über seinem Rat, ich solle mich damit versöhnen, dass ein Sohn von York auf dem Thron sitzt, dessen Sohn in der königlichen Wiege liegt. Vielleicht sind die Schlachten in der Tat vorbei, vielleicht sind wir am Ende geschlagen, vielleicht ist es meine Aufgabe im Leben, Demut zu erlernen, ohne Hoffnung zu leben. Ein Leben lang habe ich mich an einer streitbaren Jungfrau orientiert, vielleicht muss ich jetzt lernen, eine besiegte Witwe zu sein. Vielleicht ist dies Gottes Wille, auch wenn es mich hart ankommt, und ich sollte lernen, ihm zu gehorchen.

Als ich allein in meinem schwarzen Kleid durch mein stilles Haus schleiche, spiele ich kurz, ganz kurz nur, mit dem Gedanken, ob ich England nicht den Rücken kehren und uneingeladen bei Jasper und meinem Sohn in der Bretagne erscheinen soll. Ich könnte so viel Mittel mitnehmen, dass wir uns für ein oder zwei Jahre über Wasser halten könnten.

Ich würde Jasper heiraten, und wir könnten als Familie zusammenleben. Selbst wenn wir niemals den Thron für Henry beanspruchen würden, könnten wir einen eigenen Haushalt gründen und als königliche Exilanten zusammenleben.

Ein Traum, den ich mir nicht länger zu träumen erlaube als einen sehnsuchtsvollen Herzschlag lang. Mit meinem Sohn zusammenleben und ihn aufwachsen sehen zu dürfen, das ist eine Freude, die Gott mir nicht gewährt. Einen Mann aus Liebe zu heiraten wäre nach zwei lieblosen Vereinigungen etwas Neues für mich. Leidenschaft zwischen Mann und Frau ist nicht für mich bestimmt. Gott verlangt von mir, meinem Sohn und meinem Haus in England zu dienen, dessen bin ich gewiss. Wie eine Zigeunerin zu den beiden in die Bretagne zu fliehen hieße, jede Chance auf Erbe und Titel meines Sohnes aufzugeben. Nie könnte er dann an seinen angestammten Platz in den höchsten Kreisen des Landes zurückkehren. Ich muss mich damit abfinden, dass Jasper Henrys Sache über Henrys Mutter gestellt hat.

Selbst wenn der Rat meines sterbenden Gemahls sich als richtig erweisen wird und Henry keine Zukunft als König von England hat, muss ich Anspruch auf seine Grafschaft erheben und mich darum bemühen, dass er seine Ländereien zurückbekommt. Dies ist der Weg, den ich jetzt einschlagen muss. Wenn ich meiner Familie und meinem Sohn dienen will, muss ich mich an den Hof von York begeben, was auch immer ich von Edward und seiner bezaubernden Königin halte. Ich muss lernen, meine Feinde anzulächeln. Ich muss mir einen einflussreichen Gemahl suchen, der mich an die höchsten Stellen im Lande bringen kann und dabei genug Verstand besitzt, selbstständig zu denken und seinem eigenen Ehrgeiz ebenso zu dienen wie dem meinen.

APRIL 1472

Ich nehme mir einen Monat Zeit, um gründlich über den Heckenrosenhof von York, den Hof des Thronräubers, nachzudenken. Ich muss mir überlegen, welcher der Männer in des Königs Gunst mich und meine Ländereien am besten schützen und meinen Sohn am ehesten nach Hause bringen könnte. William, jetzt als Lord Hastings geadelt, der beste Freund und Gefährte des Königs, ist bereits verheiratet und ohnehin mit Leib und Seele Edwards Mann. Niemals würde er die Interessen eines Stiefsohns gegen die seines geliebten Königs vertreten. Niemals würde er gegen York intrigieren. Ich brauche einen Gemahl, der bereit ist, sich ganz hinter meine Sache zu stellen. Im günstigsten Fall will ich einen Gemahl, der bereit ist, zum Verräter zu werden. Der Bruder der Königin, Sir Anthony Woodville, der neue Earl Rivers, wäre eigentlich ein guter Kandidat, doch es ist allbekannt, wie treu er seine Schwester liebt. Selbst wenn ich es über mich bringen würde, in diese Familie von Emporkömmlingen einzuheiraten, in die Familie einer Königin, die ihren Gemahl wie eine Hure am Straßenrand auflas, könnte ich niemanden aus ihrer Familie gegen sie und ihren Sohn, den allgemeinen Liebling, aufbringen. Sie halten zusammen wie die Briganten, die sie sind. Diese Rivers sind wie Wasser, und Wasser läuft immer zusammen. Bergab, natürlich, immer bergab.

Ich ziehe den Bruder des Königs in Erwägung. Ich glaube nicht, dass ich damit zu hoch trachte. Schließlich bin ich die Erbin des Hauses Lancaster, es wäre nicht unklug von York, an mich heranzutreten, um die Wunden des Krieges durch Vermählung zu heilen. George, der nächste Bruder des Königs, der geübte Renegat, ist bereits mit Warwicks ältester Tochter Isabel verheiratet, die jeden Morgen erneut untröstlich sein muss, aufgrund des väterlichen Ehrgeizes diesen eitlen Narren geheiratet zu haben. Aber Richard, der jüngere Bruder, ist noch frei. Er ist fast zwanzig, sodass zwischen uns acht Jahre liegen würden, doch es sind schon unpassendere Verbindungen geschlossen worden. Soweit ich weiß, ist er seinem Bruder treu ergeben, doch wenn er erst einmal mit mir verheiratet wäre und einen Thronerben zum Stiefsohn hätte... Wie könnte ein junger Mann einem Verrat widerstehen, noch dazu ein York?

Während ich darüber nachdenke, welchen Mann ich heiraten könnte, nagt doch Tag für Tag an mir, dass ich König Edward nicht haben kann. Wenn die schöne Elizabeth Woodville Edward nicht in die Falle gelockt hätte, wäre er jetzt die perfekte Partie für mich. Der Sohn Yorks und die Erbin des Hauses Lancaster! Zusammen hätten wir die Wunden unseres Landes heilen und meinen Sohn zum nächsten König machen können. Durch unsere Heirat hätten wir unsere Häuser vereinigt und Rivalitäten und Kriegen ein Ende bereiten können. An seinem guten Aussehen liegt mir nichts, denn ich bin bar jeder Eitelkeit und jeglicher Lust, doch rechtmäßig müsste ich seine Gemahlin sein und Königin von England werden. Das quält mich wie eine verlorene Liebe. Wenn Elizabeth Woodville sich den jungen Mann nicht schamlos geangelt hätte, könnte ich jetzt an seiner Seite Königin von England sein und meine Briefe mit »Margaret R.«

unterzeichnen. Man erzählt sich, sie sei eine Hexe und habe ihn mit Zaubersprüchen für sich eingenommen und am ersten Mai geheiratet – ob das nun wahr ist oder nicht, so sehe ich doch deutlich, dass sie mit der Verführung des Mannes, der mich zur Königin hätte machen können, Gottes Wille hintertrieben hat. Sie muss eine wahre Frevlerin sein.

Doch es ist sinnlos zu klagen, und es wäre mir sowieso schwergefallen, Edward als Gemahl zu achten. Wie erträgt man es, einem Mann zu gehorchen, der nur auf sein Vergnügen aus ist? Was mag einer wie er seiner Frau befehlen? Welchen Lastern gibt sich einer wie er hin? Auf welch finsteren und geheimen Ausschweifungen besteht einer wie er, wenn er eine Frau beschläft? Mir Edward nackt vorzustellen lässt mich schaudern. Ich höre, er sei gänzlich ohne Moral. Doch er hat nun einmal seine Frau, diesen Emporkömmling, verführt und geheiratet (vermutlich in der Reihenfolge), und jetzt haben sie einen gutaussehenden starken Sohn, der Anspruch auf den Thron erhebt, der rechtmäßig meinem Jungen gehört. Und solange Elizabeth von ihrer Mutter beschützt wird, die zweifellos eine Hexe ist, stirbt sie gewiss nicht im Kindbett. Nicht die geringste Chance für mich, es sei denn, ich schleiche mich über seinen jüngeren Bruder Richard an den Thron heran. Ich werde mich nicht an den Straßenrand stellen und ihn in Versuchung führen, wie es die Frau seines Bruders tat, aber ich unterbreite ihm vielleicht einen Vorschlag, der ihn interessieren könnte.

Ich schicke meinen Haushofmeister, John Leyden, nach London. Er ist angewiesen, sich mit Richards Haushofmeister anzufreunden und mit ihm zu speisen. Er darf nichts ausplaudern, er soll nur das Terrain sondieren. Er soll schauen, ob der junge Prinz eine Verlobung im Sinn hat, und herausfinden, ob er vielleicht Interesse an meinem Grundbesitz in Derbyshire hätte. Er soll ihm ins Ohr flüstern, dass es sich lohnt, einen Tudor, dessen Name ganz Wales befehligt, zum Stiefsohn zu haben. Er soll laut daran zweifeln, ob Richards tiefempfundene Treue zu seinem Bruder womöglich so ins Wanken geraten könnte, dass er in das Haus seines Feindes einheiratet, falls die Bedingungen stimmen. Er soll schauen, was der junge Mann als Preis für die Heirat verlangen würde, und ihn daran erinnern, dass ich – wenngleich acht Jahre älter als er – noch keine dreißig bin und immer noch schlank und attraktiv, ja manche würden mich sogar ansprechend nennen. Vielleicht kann man mich sogar als schön bezeichnen. Ich bin keine Hure mit goldenem Haar, wie die Erwählte seines Bruders, sondern eine Frau von Würde und Anmut. Für einen kurzen Augenblick nur denke ich an Jaspers Hand auf meiner Taille auf der Treppe in Pembroke und an seinen Kuss auf meinen Lippen, bevor wir uns voneinander lösten.

Mein Haushofmeister soll betonen, dass ich fromm bin und dass keine Frau Englands inbrünstiger betet oder häufiger auf Pilgerschaft geht als ich, und auch wenn er es gering achtet (schließlich ist Richard ein junger Mann und stammt aus einer Familie von Dummköpfen), so ist es doch von Vorteil, eine Gemahlin zu haben, die Gottes Vertrauen genießt und deren Schicksal von der Jungfrau Maria gelenkt wird. Es ist etwas Besonderes, eine Gemahlin den Haushalt führen zu lassen, die seit ihrer frühen Kindheit die Knie einer Heiligen hat.

Doch es ist vergebens. John Leyden kehrt auf seinem großen Braunen nach Hause zurück und schüttelt den Kopf, als er vor der Tür in Woking absitzt.

»Was?«, fahre ich ihn ohne einen Gruß an, obwohl er weit geritten ist und sein Gesicht von der Maihitze gerötet ist. Ein

Page kommt mit einem schäumenden Krug Ale herbeigelaufen, und er stürzt es hinunter, als würde ich nicht warten, als würde ich nicht jeden Freitag dürsten und fasten, jede Woche, sogar an Feiertagen.

»Was?«, wiederhole ich.

»Ein Wort unter vier Augen«, sagt er.

Also bringt er schlechte Nachrichten. Ich führe ihn nicht in meine privaten Gemächer, denn dort dulde ich keine erhitzten, schwitzenden Männer, die Ale trinken, sondern in die Kammer links von der großen Halle, in der mein Gemahl der Verwaltung seiner Ländereien nachgegangen ist. Leyden schließt die Tür hinter sich, und ich stehe ihm mit harter Miene gegenüber. »Was ist schiefgelaufen? Was hast du getan?«

»Es war nicht meine Schuld. Der Plan war stümperhaft. Er ist bereits verheiratet«, sagt er und nimmt noch einen Schluck.

»Was?«

»Er hat sich die andere Warwick-Erbin geschnappt, die Schwester von Isabel, die mit George verheiratet ist. Er hat Anne Neville geheiratet, die Witwe des Prince of Wales, das heißt des jungen Edwards, Prince of Wales, der in Tewkesbury gefallen ist.«

»Wie konnte er?«, fahre ich auf. »Ihre Mutter hätte so etwas niemals erlaubt. Wie konnte George so etwas zulassen? Anne ist Erbin der Warwick-Güter! George kann unmöglich erlauben, dass sein jüngerer Bruder sie kriegt! Er will doch das Warwick-Vermögen nicht mit Richard teilen! Das Land! Die Loyalität des Nordens!«

»Keine Ahnung«, gurgelt mein Haushofmeister vom Boden seines Krugs. »Man erzählt sich, Richard habe George zu Hause aufgesucht, wo er auf Lady Anne traf, die sich dort versteckte. Er nahm sie mit fort, versteckte sie seinerseits und heiratete sie, ohne Erlaubnis des Heiligen Vaters. Der Hof ist in hellem Aufruhr, doch er hat sie zur Frau genommen, und der König wird ihm vergeben. Für Euch ist er jedenfalls kein neuer Gemahl, Mylady.«

Ich bin so zornig, dass ich, ohne ihn zu entlassen, aus dem Raum stürze und ihn mit seinem Ale in der Hand dort stehen lasse wie einen Tölpel. Mir vorzustellen, dass ich den jungen Richard als zukünftigen Gemahl in Erwägung gezogen habe, während er um ein Warwick-Mädchen buhlte und sie wirklich erbeutet hat... Jetzt sind die Familien York und Warwick hübsch miteinander vereint, und ich bin ausgeschlossen. Ich bin so beleidigt, als hätte ich ihm höchstpersönlich einen Antrag gemacht und wäre abgewiesen worden. Ich war wahrhaftig bereit, mich so weit zu erniedrigen, dass ich einen aus dem Hause York zum Gemahl genommen hätte – nur um zu erfahren, dass er sich die junge Anne ins Bett geholt hat und alles aus und vorbei ist.

Ich gehe in die Kapelle und sinke auf die Knie, um unserer Lieben Frau meine Klagen vorzutragen. Sie wird verstehen, wie beleidigend es ist, übersehen zu werden – und das für so ein schwaches Ding wie Anne Neville. Ich bete eine Stunde lang voller Zorn, doch dann überkommt mich die tiefe Ruhe der Kapelle, der Priester beginnt mit der Abendandacht, und das vertraute Ritual des Gottesdienstes tröstet mich. Während ich die Gebete flüstere und den Rosenkranz durch meine Finger gleiten lasse, überlege ich, wer sonst noch im richtigen Alter ist, unverheiratet und mächtig am Hof von York. Und als ich »Amen« sage, schickt Unsere Liebe Frau mir in ihrer besonderen Fürsorge für mich einen Namen. Ich verlasse die Kapelle mit einem neuen Plan. Ich glaube, genau den richtigen Mann gefunden zu haben, einen, der mitten in der Schlacht auf die siegreiche Seite überwechseln würde, und flüstere leise seinen Namen: Thomas, Lord Stanley.

Lord Stanley ist Witwer, von Geburt meinem Hause Lancaster treu, doch legt er sich nie fest. Ich erinnere mich, dass Jasper sich beklagte, Stanley habe unserer Königin, Margarete von Anjou, geschworen, bei der Schlacht von Blore Heath mit seinen zweitausend Mann für sie zu kämpfen, und sie wartete und wartete, dass er kam und den Sieg für sie errang. Und während sie auf ihn wartete, gewann York die Schlacht. Jasper schwor, Stanley sei ein Mann, der seine ganze Verwandtschaft in Schlachtordnung aufstellte – eine Armee von vielen Tausend Männern –, um dann von einem Hügel aus abzuwarten, wer im Begriff sei zu siegen, bevor er seine Loyalität zu erkennen gebe. Jasper sagte, er sei ein Spezialist des letzten Angriffs. Zu wessen Gunsten die Schlacht auch ausginge, er wäre Stanley immer dankbar. So einen Mann würde Jasper verachten. So einen Mann hätte ich auch verachtet. Doch kann es sein, dass er genau der Mann ist, den ich jetzt brauche.

Nach der Schlacht von Towton hat er die Seiten gewechselt. Jetzt ist er Yorkist und steht hoch in König Edwards Gunst. Er ist jetzt Lord Steward, einer der obersten Würdenträger bei Hofe – näher kann man dem König fast nicht mehr kommen –, und er wurde mit prächtigen Ländereien im Nordwesten Englands belohnt, die gut zu meinen eigenen Ländereien passen und für meinen Sohn Henry zukünftig ein ansehnliches Erbe abgeben würden, auch wenn Stanley schon eigene Kinder und einen erwachsenen Sohn und Erben hat. König Edward scheint ihn zu bewundern und ihm zu vertrauen, obwohl ich den Verdacht hege, dass der König sich (nicht zum ersten Mal) täuscht. Ich würde Stanley nicht weiter trauen, als ich ihm mit Blicken folgen kann, und wenn ich ihm vertraute, dann würde ich dennoch seinen Bruder im Auge behalten. Sie haben die Tendenz, sich auf gegnerische Seiten aufzuteilen, um dafür zu sorgen, dass einer aus der Familie immer bei den Siegern ist. Ich kenne ihn als stolzen Mann, kalt und berechnend. Wenn er auf meiner Seite wäre, hätte ich einen mächtigen Verbündeten. Wenn er Henrys Stiefvater wäre, könnte ich hoffen, meinen Sohn nach Hause holen zu dürfen und in seinen Titeln wiedereingesetzt zu sehen.

Da ich weder Mutter noch Vater habe, die mich vertreten können, muss ich mich selbst an ihn wenden. Ich bin zweimal verwitwet, eine Frau von bald dreißig Jahren. Es ist wohl an der Zeit, dass ich mein Leben selbst in die Hand nehme. Sicher, ich weiß, dass ich noch ein ganzes Trauerjahr hätte warten sollen, bevor ich an ihn herantrete, doch sobald mir sein Name in den Sinn gekommen ist, fürchte ich, wenn ich zu lange zögerte, könnte die Königin ihn mir fortschnappen und so verheiraten, dass es ihrer Familie von Nutzen ist. Abgesehen davon soll er Henry so schnell wie möglich nach Hause holen. Ich bin keine Müßiggängerin, die jahrelang Zeit hat, um über ihren Plänen zu brüten. Ich will, dass die Dinge hier und jetzt erledigt werden. Ich besitze nicht die unrechtmäßig erworbenen Vorteile der Königin, eine Schönheit zu sein und über Hexenwerk zu verfügen, ich muss meine Arbeit redlich und schnell verrichten.

Außerdem kam mir sein Name in den Sinn, als ich auf Knien in der Kapelle betete. Die Muttergottes selbst hat mich zu ihm geführt. Es ist Gottes Wille, dass ich mich diesmal nicht auf John Leyden verlasse. Johanna von Orléans hat sich auch keinen Mann gesucht, der die Arbeit für sie getan hat, sie ist selbst in die Schlacht hinausgeritten. Also schreibe ich

Stanley und schlage ihm möglichst schlicht und ehrlich die Heirat vor.

Ein paar Nächte lang sorge ich mich, er könnte sich angewidert abwenden, weil ich ihm meine Pläne so offen unterbreite. Dann fällt mir Elizabeth Woodville ein, wie sie unter einer Eiche auf den König von England wartete, als stünde sie ganz zufällig am Wegesrand, eine Hexe, die ihren Zauberbann auswarf, und ich denke, dass ich ihm wenigstens ein rechtschaffenes Angebot gemacht habe und nicht um einen amourösen Blick gebettelt und meine abgegriffenen Waren auf hurenhafte Weise feilgeboten habe. Endlich schickt er mir seine Antwort. Sein Haushofmeister wird sich mit dem meinen in London treffen, und wenn sie sich über einen Ehevertrag einigen können, wäre er hocherfreut, so bald wie möglich mein Gemahl zu werden. Sein Schreiben ist so schlicht und kalt wie ein Kaufvertrag, kühl wie ein Apfel aus der Speisekammer. Wir haben eine Übereinkunft, doch selbst mir fällt auf, dass es sich gar nicht nach einer Hochzeit anfühlt.

Erst verhandeln unsere Haushofmeister, dann die Gutsverwalter und zu guter Letzt die Anwälte. Sie streiten sich, und dann werden sie sich einig, dass wir im Juni heiraten sollen. Es ist keine geringe Entscheidung für mich – zum ersten Mal im Leben habe ich als Witwe meine eigenen Ländereien in meinem Besitz, und sobald ich vermählt bin, wird alles an Lord Stanley übergehen. Ich habe alle Hände voll zu tun, so viel wie möglich vor dem Gesetz zu retten, das besagt, dass eine Ehefrau keine Rechte hat. Ich behalte, so viel ich kann, aber ich weiß wenigstens, dass ich meinen Herrn selbst ausgewählt habe.

JUNI 1472

Wir treffen uns erst am Tag vor der Hochzeit in meinem Haus in Woking – das fortan sein Haus ist. Umso besser, dass ich ihn gut gebaut finde, mit einem langen, gebräunten Gesicht, schütterem Haar, stolzer Haltung und prächtig gekleidet. Der Wohlstand der Stanleys zeigt sich in seiner Wahl bestickter Stoffe. Nichts, was meinem Herzen einen Stich versetzt, doch darauf lege ich gar keinen Wert. Ich will einen Mann, auf dessen Falschheit ich mich verlassen kann. Einen Mann, der vertrauenswürdig aussieht, es aber nicht ist. Ich will einen Verbündeten und Mitverschwörer, einen Mann, dem das doppelte Spiel leichtfällt. Als ich seinen ruhigen Blick sehe und sein schiefes Lächeln und seine Aura von Überheblichkeit, denke ich: Ich habe ihn gefunden.

Bevor ich zu ihm hinuntergehe, betrachte ich mein Spiegelbild, und wieder einmal spüre ich die fruchtlose Verärgerung über die York-Königin in mir aufsteigen. Es heißt, sie habe große graue Augen, während meine Augen schlicht braun sind. Man erzählt sich, sie trage kostbare Flinder an ihrem hohen Hennin, mit dem sie gut zwei Meter groß zu sein scheint, und ich trage eine Haube wie eine Nonne. Man erzählt sich, sie habe Haar wie Gold, während meines braun ist wie die Mähne eines Ponys. Ich habe mich ganz der Religion gewidmet und führe ein spirituelles Leben, doch sie ist voller Eitelkeit. Ich bin so groß wie sie und schlank, weil ich an den Tagen der Heiligen faste. Ich bin stark und mutig, und das sollten Qualitäten sein, die ein Mann von Verstand in einer Frau suchen sollte. Denn seht: Ich kann lesen und schreiben, ich habe mehrere Übersetzungen aus dem Französischen angefertigt, ich lerne Latein und habe ein kleines Buch meiner eigenen Gebete zusammengestellt, die ich kopiert und in meinem Haushalt ausgeteilt habe – mit der Anweisung, sie am Morgen und am Abend zu beten. Es gibt nur wenige solche Frauen, ja, gibt es im ganzen Land eine zweite Frau, die solcherlei von sich behaupten kann? Ich bin eine hochintelligente, gebildete Frau aus königlicher Familie, von Gott für große Aufgaben ausersehen, von der Jungfrau Maria selbst geleitet. Und im Gebet höre ich die Stimme des Herrn.

Indes bin ich mir wohl bewusst, wie wenig solche Tugenden zählen in einer Welt, in der eine Frau wie die Königin wegen ihres reizenden Lächelns und der Fruchtbarkeit ihres mit Sahne gemästeten Leibes in den Himmel gepriesen wird. Ich bin eine nachdenkliche Frau, schmucklos und ehrgeizig. Und heute muss ich mich fragen, ob dies meinem neuen Gemahl genug ist. Ich weiß – wer sollte es besser wissen als ich, die ich mein ganzes Leben lang mit Missachtung gestraft wurde? –, dass geistiger Reichtum nicht viel zählt in dieser Welt.

Wir speisen in der Halle vor meinen Pächtern und Dienern, sodass wir uns erst unter vier Augen unterhalten können, als er nach dem Abendessen in meine Gemächer kommt. Meine Ladys und ich nähen, während wir einer Lesung aus der Bibel lauschen, als er hereinkommt und Platz nimmt, ohne sie zu unterbrechen, und mit gesenktem Kopf zuhört, bis sie zum Ende der Passage kommt. Er ist also ein frommer Mann oder hofft zumindest, als ein solcher durchzugehen. Dann bedeute ich meinen Ladys mit einem Nicken, sich zurückzuziehen, und wir setzen uns ans Feuer. Er wählt den Sessel, auf dem mein Gemahl Henry abends oft saß und mit mir plauderte und Walnüsse knackte, deren Schalen er ins Feuer warf, und für einen Augenblick empfinde ich überraschend von Neuem den Verlust dieses ungezwungenen Mannes, der die Gabe der Unschuldigen besaß: glücklich zu sein in seinem kleinen Leben.

»Ich hoffe, ich werde Euch als Gemahlin gefallen«, sage ich ruhig. »Ich dachte, es sei eine Übereinkunft, die uns beiden gleichermaßen dient.«

»Ich bin froh, dass Ihr darauf gekommen seid«, sagt er höflich.

Ich zögere. »Ich gehe davon aus, meine Berater haben klargemacht, dass ich nicht die Absicht habe, leibliche Nachkommen aus unserer Ehe zur Welt zu bringen?«

Er blickt nicht zu mir auf, vielleicht habe ich ihn mit meinen offenen Worten in Verlegenheit gebracht. »Ich habe es so verstanden, dass die Ehe bindend ist, dass sie aber eine Josefsehe sein wird. Wir werden heute Nacht ein Bett teilen, um den Vertrag zu erfüllen, doch Ihr seid keusch wie eine Nonne?«

Ich schnappe nach Luft. »Ich hoffe, das ist akzeptabel für Euch?«

»Vollkommen«, sagt er kalt.

Einen Augenblick betrachte ich sein abgewandtes Gesicht. Will ich wirklich, dass er sich so bereitwillig damit einverstanden erklärt, mein Gemahl zu werden, aber niemals mein Liebhaber? Elizabeth, die sechs Jahre ältere Königin, wird von ihrem Gemahl leidenschaftlich beschlafen. Jahr um Jahr bezeugt ein Kind seine Lust. Mit Henry Stafford, dessen seltene Intimitäten ich erduldet habe, war ich zwar unfruchtbar, aber vielleicht hätte ich mit diesem Gemahl noch eine Chance gehabt, denn schließlich ist er schon Vater. Wenn ich es nicht von vornherein ausgeschlossen hätte, noch bevor wir uns begegnet sind.

»Ich glaube, ich bin von Gott auserwählt, einem höheren Ziel zu dienen«, erkläre ich, fast als suchte ich Streit. »Es ist sein Wille, dass ich darauf vorbereitet bin. Ich kann nicht gleichzeitig die Geliebte eines Mannes sein und die Dienerin Gottes.«

»Wie Ihr wünscht«, sagt er, als sei es ihm gleichgültig.

Doch er soll verstehen, dass ich berufen bin. Aus irgendeinem Grund wäre es mir wohl doch recht, wenn er mich davon zu überzeugen suchte, tatsächlich seine Frau zu werden. »Ich glaube, dass Gott mich dazu auserwählt hat, den nächsten Lancaster-König von England zu gebären«, flüstere ich ihm zu. »Und ich habe mein Leben ganz dem Ziel gewidmet, für die Sicherheit meines Sohnes zu sorgen. Ich habe einen heiligen Eid abgelegt, ihn auf den Thron zu bringen, was immer es mich koste. Ich werde nur einen Sohn haben, und ich bin allein seinem Erfolg verschrieben.«

Endlich schaut er auf, wie um sich davon zu überzeugen, dass mein Gesicht in heiliger Entschlossenheit glüht. »Ich denke, ich habe es Euren Beratern klargemacht, dass es notwendig ist, dass Ihr dem Hause York dient: König Edward und Königin Elizabeth?«

»Ja. Ich habe den Euren erklärt, dass ich an den Hof kommen möchte. Allein durch die Gunst des Königs kann ich meinen Sohn nach Hause holen.«

»Ihr müsst mit mir an den Hof kommen, um einen Platz im Gefolge der Königin einzunehmen und mich in meiner Arbeit als ihr herausragendster Höfling und Berater zu unterstützen. Ihr müsst den Schein erwecken, ein treues und verlässliches Mitglied des Hauses York zu sein.«

Ich nicke und löse den Blick von seinem Gesicht. »Das ist meine Absicht.«

»Es darf bei ihnen nie auch nur der leiseste Zweifel entstehen, und nicht einmal ein Anflug von Unbehagen«, verfügt er. »Ihr müsst dafür sorgen, dass sie Euch vertrauen.«

»Es wird mir eine Ehre sein«, lüge ich kühn und sehe an dem amüsierten Schimmern in seinen braunen Augen, dass er weiß, wie ich mich wappnen musste, um so weit zu kommen.

»Ihr seid sehr klug«, sagt er so leise, dass ich ihn kaum verstehe. »Ich glaube, zurzeit ist er unbesiegbar. Aber zu dem, der warten kann, kommt alles mit der Zeit.«

»Wird er mich denn wirklich an seinem Hof aufnehmen?« Ich denke daran, wie lange Jasper gegen diesen König gekämpft hat und dass Wales selbst jetzt unter der yorkistischen Herrschaft noch unruhig ist. Und dass Jasper in der Bretagne auf bessere Zeiten wartet, während er meinen Jungen beschützt, der König sein sollte.

»Sie sind sehr darauf bedacht, die Wunden der Vergangenheit zu heilen. Sie sind auf Freunde und Verbündete angewiesen. Er möchte glauben, dass Ihr Euch nicht nur äußerlich meinem Haus und seiner Verwandtschaft angeschlossen habt. Er wird Euch als meiner Gemahlin begegnen«, antwortet Lord Stanley. »Selbstredend habe ich mit ihm über diese Eheschließung gesprochen, und er wünscht uns alles Gute. Die Königin ebenfalls.«

»Die Königin? Tatsächlich?«

Er nickt. »Ohne ihr Wohlwollen geschieht nichts in England.«

Ich ringe mir ein Lächeln ab. »Dann werde ich wohl lernen müssen, ihr zu gefallen.«

»Das werdet Ihr. Wir beide müssen womöglich bis zu unserem Tod unter der yorkistischen Herrschaft leben. Wir müssen uns mit ihnen abfinden und – besser noch – in ihrer Gunst steigen.«

»Werden sie mir erlauben, meinen Sohn nach Hause zu holen?«

Er nickt. »Das ist mein Plan. Ich habe noch nicht darum gebeten, und ich werde es nicht allzu bald erwähnen – bis Ihr Euch am Hof eingeführt habt und sie Euch allmählich vertrauen. Ihr werdet feststellen, dass sie begierig sind, Menschen zu vertrauen und sie ins Herz zu schließen. Sie sind wirklich charmant. Sie werden Euch sehr freundlich begegnen. Dann werden wir sehen, was wir für Euren Sohn tun können und welche Belohnung er mir dafür anbietet. Wie alt ist er jetzt?«

»Erst fünfzehn«, sage ich. Mir fällt auf, wie viel Sehnsucht in meiner Stimme schwingt, als ich daran denke, dass mein Junge zu einem Mann heranwächst, ohne dass ich daran teilhaben kann. »Sein Onkel Jasper hat ihn in die sichere Bretagne gebracht.«

»Er wird Jasper verlassen müssen«, warnt Lord Stanley. »Mit Jasper Tudor wird Edward sich niemals versöhnen. Aber wenn Euer Sohn bereit ist, ihnen Treue zu schwören, und wir unser Wort geben, dass er keine Schwierigkeiten macht und auf seinen Thronanspruch verzichtet, erlauben sie ihm gewiss, nach Hause zu kommen.«

»George of Clarence hat den Titel meines Sohnes als Earl of Richmond an sich gerissen«, bemerke ich neidisch. »Wenn mein Sohn zurückkehrt, muss er sein Recht bekommen und seinen Titel und seine Ländereien zurückerhalten. Er muss als der Graf nach Hause kommen, das steht ihm zu.«

»George will bei Laune gehalten werden«, gibt Lord Stanley offen zu bedenken. »Aber wir können ihn sicher bestechen oder eine Vereinbarung treffen. Er giert wie ein Kind über einer Teigschüssel. Er ist widerlich korrupt und so vertrauenswürdig wie eine Katze. Unser gemeinsames Vermögen gibt sicher genug her, um ihn zu bestechen. Schließlich gehören wir beide zu den ganz großen Grundbesitzern.«

»Und Richard, der andere Bruder?«, frage ich.

»Treu wie ein Hund«, antwortet Lord Stanley. »Treu wie der weiße Keiler, sein Emblem. Mit Herz und Seele Edwards Mann. Er hasst die Königin, es gibt also bei Hofe diesen einen kleinen Riss, wenn man ganz genau hinschaut. Aber Ihr hättet große Mühe, auch nur die Spitze eines scharfen Dolches hineinzustoßen. Richard liebt seinen Bruder, und er verabscheut die Königin. Bei William Hastings, dem engen Freund des Königs, ist es dasselbe. Was nützt es indes, in einem so unerschütterlichen Haus nach Rissen zu suchen? Edward hat einen hübschen, starken Sohn in der Wiege und allen Grund, auf weitere zu hoffen. Elizabeth Woodville ist eine fruchtbare Frau. Die Yorks sind hier, um zu bleiben, und ich mache mich zu ihrem vertrauenswürdigsten Untertan. Als meine Gemahlin müsst Ihr lernen, sie so zu lieben wie ich.«

»Aus Überzeugung?«, frage ich so verhalten wie er.

»Fürs Erste bin ich überzeugt«, zischt er leise wie eine Schlange.

1482

Mit dem Verstreichen der Jahre passe ich mich dem Lebensrhythmus meines neuen Gemahls an. Wenngleich er mich lehrt, dieser königlichen Familie ein so guter Höfling zu werden, wie ich und die Meinen es dem wahren königlichen Hause waren, ändere ich mich nie: Ich verachte sie noch immer. Wir leben in einem Haus in London, und er bestimmt, dass wir die Wintermonate mehr oder weniger bei Hofe verbringen, wo er dem König täglich seine Aufwartung macht. Er ist Mitglied des Kronrates, und er gibt dem König stets vorsichtige und kluge Ratschläge. Für seine Besonnenheit und Weltkenntnis wird er hoch geschätzt. Er ist äußerst bedacht darauf zu halten, was er verspricht. Einmal in seinem Leben hat er die Seite gewechselt, nun tut er alles, damit die Yorks ihm glauben, er werde es nie wieder tun. Er will sich unentbehrlich machen. Er steht fest wie ein Fels in der Brandung. Sie nennen ihn den »Fuchs«, ein Tribut an seine Vorsicht, doch seine Loyalität steht außer Zweifel.

Als er mich bei Hofe als seine Gemahlin vorstellte, war ich überraschenderweise nervöser, als würde man mich dem Hof eines wahren Monarchen präsentieren. Sie war nur die Witwe eines Gutsherrn, aber diese raffsüchtige Königin hat mein ganzes Leben beherrscht, und während ihr Glücksstern unaufhaltsam gestiegen ist, ist meiner noch nicht aufgegangen. Wir standen auf unterschiedlichen Seiten des Glücks, und während sie auf der Sonnenseite war, bin ich immer tiefer gefallen. Sie hat ihren Schatten auf mich geworfen; sie hat in den Palästen gelebt, die die meinen hätten sein sollen; sie hat die Krone getragen, die von Rechts wegen mir gebührt. Ihre Roben sind mit Hermelin besetzt, nur weil sie schön und verführerisch ist, dabei hätte ich aufgrund meiner Herkunft Anspruch auf diese Pelze. Sie ist sechs Jahre älter als ich und war mir immer voraus. Sie stand am Straßenrand, als der yorkistische König vorüberritt. Genau in dem Jahr, in dem er sie erblickt, sich in sie verliebt und sie geheiratet hat, um sie zu seiner Königin zu machen, in demselben Jahr musste ich meinen Sohn im Gewahrsam meines Feindes zurücklassen, um mit einem Gemahl zu leben, von dem ich wusste, dass er weder meinem Sohn ein Vater sein noch für meinen König kämpfen würde. Ihre Hennine wurden von Jahr zu Jahr höher, die Spitzenschleier feiner. Während hermelinverbrämte Roben für sie angefertigt und Lieder auf ihre Schönheit geschrieben wurden, während sie die Gewinner der Turniere belohnte und Jahr um Jahr ein Kind gebar, lief ich in die Kapelle und betete auf Knien darum, dass mein Sohn, auch wenn er im Haus meines Feindes aufwuchs, nicht zu meinem Feind werden möge. Und mein Gemahl, wenn er auch ein Feigling war, nicht zum Feind überlief. Dass der Mut Johannas mich nicht verließ und ich die Kraft fände, meiner Familie, meinem Gott und mir selbst die Treue zu halten. All die Jahre, in denen mein Sohn Henry bei Herberts aufwuchs und ich machtlos war, in denen ich höchstens Stafford eine gute Gattin sein konnte, verbrachte diese Frau damit, vorteilhafte Ehen für ihre zahlreichen Angehörigen einzufädeln. Sie schmiedete Ränke gegen ihre Rivalen, festigte ihre Macht über ihren Gemahl und blendete England.

Selbst in ihren finstersten Monaten, die sie im Asyl verbrachte, in denen mein König wieder auf dem Thron saß, zu der Zeit, in der wir flussabwärts an den Hof des Königs fuhren und er meinen Sohn als Earl of Richmond anerkannte, selbst in dieser Finsternis stahl sie sich einen Moment des Triumphes, denn dort gebar sie ihren ersten Sohn, das Kind, das wir nun Prince of Wales zu nennen haben, Prinz Edward, mit dem sie den Yorkisten wieder Hoffnung gab.

In allem, sogar in den Momenten ihrer scheinbaren Niederlage, triumphierte sie über mich. Und ich habe gewiss fast zwanzig Jahre darum gebetet, dass die wahre Demut Unserer Lieben Frau über sie komme, die nur die Leidenden erfahren, auch wenn ich bis jetzt nicht erlebt habe, dass die Zeiten der Not sie zu einem besseren Menschen gemacht hätten.

Nun steht sie vor mir, angeblich die schönste Frau ganz Englands, die wegen ihres guten Aussehens auf dem Thron sitzt, von ihrem Gemahl ebenso angebetet wie von der ganzen Nation. Ich senke den Blick, ich tue, als ob sie mir Ehrfurcht einflößte. Gott allein weiß, dass sie nicht über mich verfügen kann.

»Lady Stanley«, sagt sie freundlich zu mir, als ich in einen tiefen Knicks sinke.

»Euer Gnaden.« Mein Lächeln ist so breit, dass mein Mund ganz trocken ist.

»Lady Stanley, Ihr seid um Eurer selbst willen bei Hofe willkommen und auch um Eures Gatten willen, der uns so ein guter Freund ist«, flötet sie. Ihre grauen Augen tasten mein kostbares Gewand ab, meine Haube mit dem sittsamen Schleier, mein bescheidenes Auftreten. Sie versucht, schlau aus mir zu werden, während ich, wie ich dort vor ihr stehe, mit jeder Faser versuche, meinen rechtschaffenen Hass auf sie zu verbergen, auf ihre Schönheit und ihren Stand. Ich bemühe mich um Liebenswürdigkeit, dreht sich mir auch der Magen vor neiderfülltem Stolz um.

»Mein Gemahl schätzt sich glücklich, seinem König und Eurem Haus dienen zu dürfen«, bringe ich hervor und schlucke trocken. »So wie ich.«

Sie beugt sich weit vor, um mich anzuhören, und plötzlich geht mir auf: Sie will mir Glauben schenken, dass ich die Seiten gewechselt habe und bereit bin, ihnen loyal zu sein. Ich erkenne ihren Wunsch, sich mit mir anzufreunden, und dahinter auch ihre Angst, dass sie nie wieder in Sicherheit sein wird. Erst wenn sie Freunde in jeder englischen Familie hat, kann sie gewiss sein, dass diese Häuser sich nicht gegen sie erheben werden. Wenn sie mich dazu bringen kann, sie zu lieben, verliert das Haus Lancaster eine große Anführerin: mich, seine Erbin. Das Asyl muss ihr das Herz gebrochen und den Verstand geraubt haben. Als ihr Gemahl unter Lebensgefahr fliehen musste und mein König auf dem Thron saß, muss sie so viel Angst gehabt haben, dass sie sich nun nach jeder Freundschaft sehnt, sogar nach der meinen, ja, vor allem nach der meinen.

»Es ist mir ein Vergnügen, Euch zu meinen Ladys und Freundinnen zählen zu dürfen«, sagt sie gnädig. Man könnte sie für eine geborene Königin halten, nicht für eine mittellose Witwe; sie besitzt mindestens so viel Stil wie Margarete von Anjou und deutlich mehr Charme. »Ich freue mich, Euch eine Stellung unter meinen Ladys anzubieten.«

Ich stelle mir vor, wie sie als junge Witwe am Straßenrand auf das Vorüberreiten eines wollüstigen Königs wartet, und befürchte einen Moment, meine Geringschätzung nicht verbergen zu können. »Ich danke Euch.« Ich verbeuge mich, sinke in einen weiteren tiefen Knicks und eile hinaus, erlöst von ihrer Gegenwart.

Es ist befremdlich, meine Feinde anzulächeln, mich vor ihnen zu verbeugen und meine Verachtung zu verbergen. Nach mehr als zehn Jahren in ihrem Dienst habe ich es jedoch so gut erlernt, dass niemand meine geflüsterten Stoßgebete vermutet, Gott möge mich nicht vergessen im Hause meiner Feinde. Mit den Jahren werde ich als loyaler Höfling angesehen. Die Königin schließt mich sogar in ihr Herz, sie vertraut mir als einer ihrer engsten Ehrendamen, die ihr tags Gesellschaft leistet, abends an der Tafel ihrer Hofdamen diniert, die vor dem Hofstaat tanzt und sie zu ihren prunkvoll möblierten Gemächern geleitet. Edwards Bruder George schmiedet Ränke gegen das königliche Paar, und als die Familie ihres Gemahls zerbricht, hält sie sich an uns, ihre Hofdamen. Sie muss eine schwere Zeit überstehen, als sie der Hexerei angeklagt wird und die eine Hälfte des Hofes sich heimlich totlacht, während sich die andere Hälfte bekreuzigt, wenn ihr Schatten auf sie fällt. Ich stehe ihr zur Seite, als ihr Schwager George of Clarence im Tower den Tod findet und der Hof in seinen Grundfesten erschüttert wird, da sich das königliche Haus entzweit. Ich halte ihr die Hand, als man ihr die Nachricht von seinem Tod überbringt und sie vermeint, endlich von seiner Feindschaft befreit zu sein. Sie flüstert mir zu: »Gott sei Dank, er ist von uns gegangen.« Während ich denke: Ja, nun, da er nicht mehr unter uns weilt, ist sein Titel, der einmal meinem Sohn gehörte, wieder frei. Vielleicht kann ich sie davon überzeugen, ihn zurückzugeben?

Als Prinzessin Cecily geboren wurde, ging ich bei der Wöchnerin ein und aus, betete für das Wohlergehen der Königin und das der Neugeborenen. Ich wurde von ihr gebeten, Patin der kleinen Prinzessin zu sein, und schritt mit dem winzigen Mädchen im Arm zum Taufbecken. Ich bin ihr Liebling unter ihren edlen Damen.

Natürlich erinnerten mich die vielen Entbindungen fast im jährlichen Rhythmus an das Kind, das zu erziehen mir nicht gestattet war. In diesen zehn langen Jahren habe ich einmal im Monat einen Brief von diesem Sohn bekommen, der erst noch ein Junge war und dann zum Jüngling und schließlich zum Mann heranwuchs und die Volljährigkeit erreichte: ein Mann, alt genug, um Anspruch auf die Krone zu erheben.

Jasper schreibt mir, dass er mir in Hinblick auf Henrys Erziehung treu geblieben ist. Der junge Mann folgt noch immer dem Stundenbuch, wie ich es einst angeordnet habe. Er tjostet, jagt, reitet, er übt sich im Bogenschießen, spielt *Jeu de Paume* und schwimmt – Sportarten, die ihn gesund halten, stählen und auf den Kampf vorbereiten. Jasper gibt ihm Kriegsberichte zu lesen. Kein Veteran darf sie besuchen, ohne dass Jasper dafür sorgt, dass er mit Henry über die Schlachten spricht, in denen er persönlich gekämpft hat, dass sie diskutieren, wie sie hätten gewonnen oder anders geführt werden können. Jasper lässt ihn bei Gelehrten die Geografie Englands studieren, damit er das Land kennenlernt und weiß, wo er einst mit seinen Schiffen landen kann; er studiert Recht und Sitten und die Gebräuche seiner Heimat, damit er ein gerechter König wird, wenn seine Zeit kommt. Niemals beklagt sich Jasper, es sei mühselig, einen jungen Mann im Exil, fern von dem Land, das er vielleicht niemals wiedersehen wird, zu unterrichten und ihn auf Schlachten vorzubereiten, die vielleicht nie geschlagen werden. Doch als König Edward in Anwesenheit seines stattlichen Sohnes, Prince Edward of Wales, mit einem prächtigen Weihnachtsfest im Westminster Palace das einundzwanzigste Jahr seiner Regentschaft begeht, gewinnen wir den Eindruck, dass seine Arbeit zwecklos ist und keine Aussicht auf Erfolg hat, eine Arbeit ohne Zukunft.

Selbst ich habe in den zehn Jahren meiner Ehe mit Thomas Stanley die Hoffnung für die Sache meines Sohnes verloren. Doch Jasper hält in der fernen Bretagne treu an ihr fest. Was soll er auch tun? Auch ich halte ihr die Treue, denn meine Überzeugung ist unverändert: Auf dem Thron von England muss ein Lancaster sitzen, und mein Sohn ist, abgesehen von meinem Neffen, dem Duke of Buckingham, der einzige Erbe Lancasters, der uns geblieben ist. Doch der Herzog wurde mit einer Woodville verheiratet, insofern ist er an York gebunden, während mein Sohn Henry unserer Sache die Treue hält. Er ist schließlich bis zu seinem fünfundzwanzigsten Lebensjahr mit dieser Hoffnung aufgewachsen, so gering sie auch sein mag. Obschon er jetzt ein ausgewachsener Mann ist, hat er noch nicht die gedankliche Unabhängigkeit, seinem geliebten Vormund Jasper oder mir mitzuteilen, dass unser Traum, der ihn seine Kindheit gekostet hat und ihn noch immer gefangen hält, ausgeträumt ist.

Doch unmittelbar vor Weihnachten sucht mich mein Gemahl Thomas Stanley in meinem Gemach im Trakt der Königin auf: »Gute Nachrichten. Ich habe Vereinbarungen zur Rückkehr deines Sohnes getroffen.«

Die heilige Bibel will mir aus den Händen gleiten, ich bekomme sie gerade noch zu fassen, bevor sie mir ganz vom Schoß rutscht. »Dem kann der König doch nicht zugestimmt haben?«

»Doch!«

»Nie hätte ich mir träumen lassen, er würde ...«, stammele ich vor Freude und Erleichterung.

»Er ist zum Krieg mit Frankreich entschlossen. Er kann deinen Sohn – als seinen Rivalen, als Geisel oder als was auch immer – schlecht säbelrasselnd an der Grenze herumlaufen lassen. Und deswegen gestattet er ihm, nach Hause zurückzukehren. Er bekommt sogar seinen alten Titel zurück. Er wird wieder Earl of Richmond.«

Kaum wage ich zu atmen. »Gedankt sei Gott, dem Herrn«, flüstere ich. Mir ist danach, Gott auf den Knien dafür zu danken, dass er dem König so viel Vernunft und Gnade geschenkt hat. »Und seine Ländereien?«

»Als einem Tudor gestattet der König Henry nicht, über Wales zu herrschen, so viel steht fest«, sagt Stanley ungerührt. »Aber irgendwas muss er ihm überantworten. Vielleicht könntest du ihm einen Teil deiner Mitgiftländereien überschreiben?«

»Er sollte seine eigenen haben«, entgegne ich aufgebracht. »Es gibt keinen Grund, meine Ländereien zu teilen. Der König sollte ihm seine eigenen zurückgeben.«

»Er wird ein Mädchen heiraten müssen, das die Königin für ihn aussucht«, warnt mich mein Gatte.

»Er wird nicht irgendeine dahergelaufene York nehmen«, erwidere ich gereizt.

»Er wird die Frau heiraten müssen, die sie für ihn aussucht«, korrigiert er mich. »Aber sie hat Zuneigung zu dir entwickelt. Warum sprichst du nicht mit ihr darüber, wen du dir zur Schwiegertochter wünschst? Der Junge muss heiraten, aber sie werden ihm nicht gestatten, eine Gemahlin zu wählen, die die Linie der Lancaster stärkt. Es wird eine York sein. Es könnte gar eine der Prinzessinnen sein, es gibt wahrlich genug von ihnen.«

»Kann er sofort kommen?«, flüstere ich.

»Nach Weihnachten«, antwortet mein Gemahl. »Sie müssen noch ein wenig ermuntert werden, aber die eigentliche Arbeit ist getan. Sie vertrauen dir, sie vertrauen mir, und sie gehen nicht davon aus, dass wir einen Feind ins Königreich einschleppen würden.«

Seit wir das letzte Mal darüber gesprochen haben, ist so viel Zeit vergangen, dass ich mir nicht mehr sicher bin, ob er meinen unausgesprochenen Willen noch teilt. »Haben sie denn vergessen, dass er mit ihnen um den Königsthron rivalisieren könnte?«, frage ich ihn. Wir sind in meinem Gemach, doch ich flüstere nur.

»Natürlich ist er potenziell ein Thronrivale«, sagt er ruhig. »Aber solange König Edward lebt, hat er keine Chance auf den Thron. In ganz England würde niemand einem Fremden gegen Edward folgen. Wenn Edward stirbt, ist Prinz Edward da, und sollte ihm etwas zustoßen, folgt ihm Prinz Richard, geliebte Söhne eines starken, herrschenden Geschlechts. Man kann sich nur schwer vorstellen, wie dein Henry Anspruch auf einen unbesetzten Thron erheben will. Er müsste dann doch an drei Särgen vorbeigehen. Er müsste den Tod eines großen Königs und zweier königlicher Söhne erleben. Eine unwahrscheinliche Abfolge von Unglücksfällen. Oder hätte er die Stirn, so etwas zu inszenieren? Und du? Hättest du die Stirn?«

APRIL 1483
Westminster

Bis Ostern muss ich noch auf Henry warten, obwohl ich Jasper und ihm sofort geschrieben habe. Sie haben seine Rückkehr vorbereitet, den kleinen Hof von yorkistischen Opportunisten und verzweifelten Männern aufgelöst, der sich um sie geschart hatte, und müssen sich nun das erste Mal seit Henrys Kindheit trennen. Jasper schreibt mir, dass er gar nicht weiß, was er mit sich anfangen soll, wenn er Henry nicht mehr anleitet und berät.

Vielleicht gehe ich auf Pilgerschaft. Vielleicht ist es an der Zeit, einmal an mich zu denken, an mein Seelenheil. Ich habe nur für unseren Jungen gelebt, und wir waren so lange fern von England, dass ich mich an den Gedanken gewöhnt habe, nie mehr nach Hause zurückzukehren. Jetzt kehrt er zurück – wie es auch sein sollte –, doch ich kann nicht zurückkehren. Ich habe meinen Bruder verloren, meine Heimat, Dich und verliere nun auch noch ihn. Ich freue mich, dass er zu Dir zurückkommen darf, um seinen Platz in der Welt einzunehmen. Aber ich werde im Exil sehr einsam sein. Ich kann mir wirklich nicht vorstellen, was ich ohne ihn tun soll.

Ich gehe mit diesem Brief zu meinem Gemahl Stanley, der in seinem Arbeitszimmer vor einem Stapel von Papieren sitzt, die seiner Prüfung harren. »Ich glaube, Jasper Tudor würde sehr gern mit Henry heimkehren«, beginne ich vorsichtig.

»Das kann er, aber dann geht er gleich zum Richtblock«, erwidert mein Gemahl rundheraus. »Tudor hat die falsche Seite gewählt und vom Sieg bis zur Niederlage an ihr festgehalten. Er hätte wie alle anderen nach Tewkesbury um Gnade ersuchen sollen, aber er ist starrsinnig wie ein Waliser Pony. Ich werde meinen Einfluss nicht nutzen, um ihn zu rehabilitieren, und du wirst es auch nicht tun. Zudem mutmaße ich, dass du eine Zuneigung für ihn hegst, die ich nicht teile und auch bei dir nicht billige.«

Ich bin konsterniert. »Er ist mein Schwager.«

»Das weiß ich wohl, und das macht es nur noch schlimmer.«

»Du denkst doch nicht, dass ich ihn in all diesen Jahren seiner Abwesenheit geliebt habe?«

»Ich denke gar nicht darüber nach«, erwidert er kalt. »Und ich will auch nicht, dass du dich damit beschäftigst – oder er –, und vor allem will ich unbedingt verhindern, dass der König und sein klatschhaftes Weib darüber nachdenken. Jasper kann also bleiben, wo er ist. Wir werden keine Fürsprache für ihn einlegen, und du hast bald auch keinen Grund mehr, ihm zu schreiben. Du brauchst auch nicht mehr an ihn zu denken. Er kann für uns so gut wie tot sein.«

Ich bebe vor Entrüstung. »Du hast keinen Anlass, meine Ehre in Zweifel zu ziehen.«

»Über deine Ehre will ich auch nicht nachdenken«, wiederholt er sich.

»Da du mich nicht begehrst, wüsste ich nicht, wieso es dir überhaupt etwas ausmachen sollte!«, fahre ich auf.

Er wird nicht einmal zornig. Sein Lächeln bleibt kalt. »Der Verzicht auf eheliches Verlangen wurde, wie du dich erinnern wirst, in unserem Ehevertrag festgeschrieben«, entkräftet er meinen Einwurf. »Von dir vertraglich festgelegt. Ich habe nicht das geringste Verlangen nach dir, meine Lady. Aber du bist mir nützlich, genau wie ich dir. Bleiben wir lieber bei diesem Arrangement und verwirren uns nicht mit süßen Liebesworten aus einer Ritterromanze, die wir beide nicht ehrlich meinen könnten. Wie es der Zufall will, entsprichst du meinem Frauengeschmack nicht im Geringsten, und nur Gott allein weiß, was für ein Mann Begehren in dir wecken könnte. Falls es so einen gibt. Vermutlich konnte selbst der arme Jasper kaum mehr als eine frostige Wallung in dir hervorrufen.«

Ich rausche zur Tür und werfe ihm, mit der Hand schon am Türknauf, noch verbittert zu: »Wir sind seit zehn Jahren verheiratet, und ich war dir eine gute Frau. Du hast keinen Grund zur Klage. Empfindest du denn nicht die geringste Zuneigung zu mir?«

Er sieht mich von seinem Tisch her an, die Feder bereits über dem silbernen Tintenfass. »Als wir geheiratet haben, hast du mir gesagt, du hättest dich ganz Gott und der Sache verschrieben«, erinnert er mich. »Und ich habe dir erklärt, ich hätte mich ganz meinem Fortkommen und dem meiner Familie verschrieben. Du hast mich wissen lassen, du gedächtest zölibatär zu leben, und ich habe das akzeptiert, denn du hast ein Vermögen, einen großen Namen und einen Sohn mit einem Thronanspruch in die Ehe eingebracht. Was ist da schon Zuneigung? Wir haben gemeinsame Interessen. Du bist mir treuer ergeben um unserer Sache willen, als du es – wie du sehr wohl weißt – aufgrund von Zuneigung je sein könntest. Wenn du eine Frau wärst, die sich von ihren Gefühlen lenken ließe, so wärst du schon vor vielen Jahren zu deinem Sohn und Jasper gereist. Gefühle bedeuten dir so wenig wie mir. Du willst Macht, Margaret, Macht und Reichtum – und das will ich auch. Weder für dich noch für mich gibt es etwas Wichtigeres, alles würden wir diesem Ziel opfern.«

»Ich werde von Gott geleitet!«, protestiere ich.

»Ja, weil du glaubst, Gott wünsche deinen Sohn auf dem Thron von England zu sehen. Ich glaube nicht, dass dein Gott dich je anders beraten hat. Du hörst nur, was du hören willst. Er sagt dir nur das, was dir genehm ist.«

Ich schwanke, als hätte er mich geschlagen. »Was erlaubst du dir! Mein Leben steht in seinem Dienst!«

»Aber er erklärt dir stets, du sollst nach Macht und Reichtum streben. Bist du dir sicher, dass es nicht deine eigene Stimme ist, die du hörst, die durch Erdbeben, Wind und Feuer zu dir spricht?«

Ich zeige ihm die Zähne. »Ich sage dir, dass Gott meinen Sohn Henry auf den Thron von England setzen wird. Und all die, die heute über meine Visionen lachen und meine Berufung leugnen, werden mich ›My Lady, Königinmutter‹ nennen, und ich werde mit Margaret Regina unterschreiben: *Margaret R. ...*«

Ein heftiges Klopfen an der Tür, ein Rütteln an der Türklinke unterbricht uns. »Mein Lord!«

»Herein!«, ruft Thomas, als er die Stimme seines persönlichen Schreibers erkennt.

Ich trete zur Seite, als James Peers hereineilt und sich vor dem Schreibtisch meines Gatten aufbaut. »Der König«, bringt er hervor. »Es heißt, er sei krank.«

»Gestern Abend ging es ihm nicht gut. Er hatte wohl zu viel gegessen.«

»Heute geht es ihm noch schlechter, sie haben mehrere Ärzte hinzugerufen und lassen ihn zur Ader.«

»Ist es ernst?«

»Es sieht so aus.«

»Ich gehe sofort hin.«

Mein Gatte lässt die Feder fallen und kommt mit großen Schritten auf mich zu. Ich stehe noch in der halb offenen Tür, und er kommt mir nah wie ein Liebhaber. Er legt mir die Hand auf die Schulter und atmet mir vertraulich ins Ohr. »Wenn er krank wäre und sterben sollte und wenn es zu einer Regentschaft käme, wenn dein Sohn heimkehrte und dem Regentschaftsrat angehörte, dann würden nur noch zwei Herzen zwischen deinem Sohn und dem Thron schlagen, er stünde unmittelbar davor. Wäre er darüber hinaus ein guter und loyaler Diener und könnte die Aufmerksamkeit wichtiger Männer auf sich ziehen, so wäre es durchaus denkbar, dass sie einen jungen Mann aus dem Hause Lancaster einem bartlosen Muttersöhnchen aus dem Hause York vorziehen würden. Willst du hierbleiben und über deine Berufung und deinen Wunsch nach Zuneigung sprechen, oder willst du jetzt mitkommen und selbst sehen, ob der yorkistische König stirbt?«

Ich antworte ihm nicht einmal. Ich hake mich bei ihm unter, und wir eilen hinaus, blass vor Sorge um den König, von dem alle wissen, wie sehr wir ihn lieben.

Ein paar Tage lang steht es auf Messers Schneide. Die Agonie der Königin ist sehenswert. Trotz seiner Seitensprünge und dem Unsinn, den er mit seinen Freunden getrieben hat, hat dieser Mann eine leidenschaftliche Verbundenheit in ihr genährt. Die Königin sperrt sich Tag und Nacht in seiner Kammer ein; Ärzte gehen mit den unterschiedlichsten Arzneien ein und aus. Gerüchte flattern am Hof umher wie Krähen, die sich einen Baum für die Nacht suchen. Man erzählt sich, er habe sich durch einen kalten Wind am Fluss unterkühlt, als er Ostern angeln ging. Man erzählt sich aber auch, sein Leibschneiden käme von Völlerei und Trunksucht. Einige sagen, er habe sich bei einer seiner ungezählten Huren mit der Syphilis angesteckt, die ihn aufzehre. Einige denken wie ich: Es ist der Wille Gottes und die Strafe für den Verrat am Haus Lancaster. Ich glaube fest, dass Gott den Weg für meinen Sohn ebnet.

Stanley eilt sogleich zu den Gemächern des Königs, wo sich Höflinge in den Ecken herumdrücken und unken, Edward, der sein Leben lang unbesiegbar war, könne schließlich doch vom Glück verlassen worden sein. Ich halte mich in den Gemächern der Königin auf, wo ich darauf warte, dass sie hereinkommt, um ihren Hennin zu wechseln und sich das Haar kämmen zu lassen. Im Spiegel beobachte ich ihr ausdrucksloses Gesicht, während sie der Magd freie Hand gibt, ihr Haar zu stecken, wie sie will.

Ihre weißen Lippen bewegen sich ununterbrochen im Gebet. Wäre sie die Frau eines anderen Mannes, so würde ich aus Mitleid für sie beten. Elizabeth durchleidet Stunden tiefster Angst um den Mann, den sie liebt. Der über uns allen gestanden hat, der unbestreitbar der größte Mann Englands war.

»Was sagt sie?«, fragt mich mein Gemahl, als wir zum Essen in der großen Halle zusammenkommen, in der die Stimmung so gedämpft ist, als hätte man schon das Sargtuch über uns gebreitet.

»Nichts«, antworte ich. »Sie sagt nichts. Der Gedanke, ihn

zu verlieren, lässt sie verstummen. Ich bin mir sicher, dass es mit ihm zu Ende geht.«

Am Nachmittag wird der Kronrat an die Bettstatt des Königs gerufen. Wir Frauen warten im großen Audienzsaal vor den Privaträumen des Königs ungeduldig auf Nachricht. Nach einer Stunde kommt mein Gemahl mit grimmiger Miene heraus.

»Er hat uns an seinem Bett in ein Bündnis eingeschworen«, sagt er. »Hastings und die Königin: der beste Freund und die Frau. Er hat uns gebeten, uns alle für die Sicherheit seines Sohnes verantwortlich zu fühlen. Seinen Sohn Edward hat er als nächsten König benannt, William Hastings und die Königin mussten sich über seinem Bett die Hand reichen. Wir sollen unter der Regentschaft seines Bruders Richard dienen, bis der Junge volljährig ist. Dann ist der Priester gekommen und hat ihm die Letzte Ölung gegeben. Er wird vor Anbruch der Dämmerung sterben.«

»Hast du ihm Lehnstreue geschworen?«

Sein schiefes Lächeln verrät mir, dass es ihm nichts bedeutet. »Gott, ja. Wir haben alle geschworen. Wir haben alle geschworen, friedlich zusammenzuarbeiten, wir haben ewige Freundschaft geschworen. Ich glaube, die Königin wird jetzt zu den Waffen greifen und nach ihrem Sohn schicken, damit er mit so vielen kriegsbereiten Männern, wie er anmustern kann, sofort aus seiner Burg in Wales hierherkommt. Hastings hat gewiss schon an Richard geschrieben, ihn vor den Rivers gewarnt und ihn ersucht, alle Männer Yorks mitzubringen. Der Hof wird sich spalten. Niemand will die Vorherrschaft der Rivers. Sie meinen, sie könnten England von ihrem Jungen regieren lassen. Dann ist es wieder wie bei Margarete von Anjou, ein von Weibern befehligter Hof. Man wird Richard von allen Seiten auffordern, das zu verhindern.

Du und ich, wir müssen uns trennen und an die Arbeit gehen. Ich schreibe an Richard und leiste ihm den Lehnseid, während du der Königin und ihren Rivers Treue schwörst.«

»Ein Fuß in jedem Lager, gleich von Anfang an«, flüstere ich. So ist Stanley. Dies ist der Augenblick, für den ich ihn geheiratet habe.

»Richard hofft vermutlich, er könne England regieren, bis der Prinz volljährig ist«, sagt er. »Um England danach durch den Jungen zu regieren, wenn er ihn beherrschen kann. Er wird ein neuer Warwick. Ein Königsmacher.«

»Oder will er selbst König werden?«, wispere ich, denn ich denke wie immer an meinen Sohn.

»Oder er will selbst König werden«, pflichtet er mir bei. »Herzog Richard ist ein Plantagenet aus dem Hause York, er ist volljährig, er hat einen unanfechtbaren Thronanspruch. Er braucht keine Regentschaft, und er muss auch kein Bündnis mit den Lords eingehen, damit sie für ihn stimmen. Die meisten werden denken, er gebe den besseren König ab als der unerprobte Junge. Für manche mag er auch der wahre Thronerbe sein. Du musst Jasper augenblicklich einen Boten schicken: Er muss Henry bis auf Weiteres in Sicherheit behalten, bis wir wissen, was als Nächstes geschieht. Sie können nicht nach England kommen, solange unklar ist, wer den Thron beansprucht.«

Er will gehen, aber ich lege ihm die Hand auf den Arm. »Und was glaubst du, was nun geschieht?«

Er sieht mir nicht in die Augen, sondern wendet den Blick ab. »Ich glaube, die Königin und Herzog Richard werden um den Prinzen kämpfen, wie Hunde um einen Knochen«, sagt er. »Sie werden ihn in Stücke reißen.«

MAI 1483
London

Schon vier Wochen nach dieser atemlosen Unterhaltung habe ich außergewöhnliche Nachrichten für Jasper.

Richard of Gloucester, der Bruder des Königs, der seinem Neffen Edward den unverbrüchlichen Lehnseid geschworen hat, hat den Jungen nach London geholt und ihn bis zu seiner Krönung im nächsten Monat mit allen Ehren in den Räumlichkeiten des Königs im Tower untergebracht. Nach einem Scharmützel mit den Begleitern des jungen Prinzen hat der Herzog den Onkel des Jungen, Anthony Rivers, und seinen Halbbruder, Richard Grey, in Gewahrsam genommen. Königin Elizabeth hat sich mit dem Rest ihrer Kinder ins Kirchenasyl zurückgezogen. Sie schwört, Richard sei ihr und den Ihren feindlich gesinnt, er sei ein falscher Freund, und besteht auf der sofortigen Freilassung ihres königlichen Sohnes.

Die Stadt ist in Aufruhr, niemand weiß, wem er noch glauben oder vertrauen kann. Die meisten denken, die Königin versucht, den Kronschatz zu stehlen (sie hat alles mitgenommen, was sie tragen konnte), um ihre Macht und ihre Familie zu verteidigen. Ihr Bruder hat sich mit der Flotte abgesetzt und den Rest des Staatsschatzes gestohlen. Wahrscheinlich wird er London vom Fluss aus angreifen. Über Nacht ist sie zur Feindin des Königreichs gewor-

den und sogar zur Feindin ihres Sohnes, denn die Vorbereitungen für die Krönung des jungen Prinzen sind in vollem Gange. Er selbst gibt Erlasse heraus, die mit einem gemeinsamen Siegel versehen sind: sein Siegel als Erbe und das seines Onkels als Lord Protector, eng verschlungen. Wird der Bruder der Königin seinen königlichen Neffen im Tower angreifen? Wird sie gegen ihn kämpfen, wenn er das Mündel des Herzogs ist? Bleibt sie während seiner Krönung in ihrem Versteck?

Sowie ich weitere Nachrichten habe, schreibe ich. Abwarten und beobachten ist Stanleys Devise. Vielleicht ist unsere Zeit jetzt gekommen.

Margaret Stanley

JUNI 1483
London

Mein Gemahl Lord Stanley dient Herzog Richard nun als getreuer Ratgeber, wie er ehemals für König Edward tätig war. Genau so sollte es sein; er dient dem König, und Richard ist in diesen kurzen Wochen, bevor der junge Edward gekrönt wird, Lord Protector des Königs. Danach muss Richard alles aufgeben, den Thron und die Macht, und der Junge wird König von England. Wir werden sehen, wer die Herrschaft eines Sohns der Rivers überlebt, auf dessen Haupt die mächtigste Krone der Welt sitzt und der einzig und allein von seiner Mutter gelenkt wird: einer treulosen Hexe im Versteck. Nur wenige Männer werden Edward vertrauen, und niemand vertraut seiner Mutter.

Sei es, wie es sein möge, welcher Sohn des Hauses York würde je freiwillig die Macht aufgeben? Welches Kind aus dem Hause York würde sich je dazu überwinden, auf den Thron zu verzichten? Richard wird doch dem Sohn einer Frau, die ihn hasst, gewiss nicht Krone und Zepter überreichen? Welche Zweifel auch an uns nagen, bei uns allen wird Maß genommen für die Krönungsroben, und für die königliche Prozession wird an der Westminster Abbey ein Laufsteg gebaut. Die verwitwete Königin Elizabeth muss das Hämmern und Sägen über ihrem Kopf ertragen, während sie in den niedrigen Kammern ihrer Freistatt unter der Abtei umherschleicht. Der Kronrat ist in aller Form mit einer Forderung bei ihr vorstellig geworden: Sie soll ihren neunjährigen Sohn Richard zu seinem zwölfjährigen Bruder in den Tower schicken. Das konnte sie ihnen nicht abschlagen, denn es gab keinen Grund für eine Weigerung, sieht man von ihrem Hass auf Herzog Richard ab, und so musste sie nachgeben. Nun warten die beiden edlen Knaben in den königlichen Gemächern auf den Krönungstag.

Man hat mir die Aufgabe übertragen, die Anfertigung der Krönungsroben zu überwachen, und deswegen treffe ich mich mit der Schneiderin und ihren Nähdirnen, um zu besprechen, welche Kleider die Königinwitwe Elizabeth, die Prinzessinnen und die anderen Hofdamen tragen werden. Wir bereiten die Gewänder in der Annahme vor, dass die Königin für die Krönung aus ihrem Kirchenasyl kommt und wie üblich prächtig gekleidet zu sein wünscht. Wir überwachen die Zofe beim Ausbürsten der königlichen Hermelinrobe und die Näherinnen beim Anbringen von Schildpattknöpfen. Da lässt die Schneiderin die Bemerkung fallen, Richards Gemahlin, Anne Neville, Duchess of Gloucester, habe sich ihr Staatsgewand noch nicht schicken lassen.

»Ihre Anweisung ist gewiss irgendwo verloren gegangen«, bemerke ich. »Was sie zur Krönung tragen will, kann sie unmöglich auf ihrer Burg in Sheriff Hutton verwahren. Ein neues Kleid kann sie nicht bestellt haben – es würde nicht rechtzeitig fertig werden.«

Achselzuckend zieht sie ein Kleid mit samtenem Saum aus einer Leinenhülle und breitet es zur Begutachtung vor mir aus. »Ich weiß es nicht. Aber ich habe keine Anweisung für ihr Gewand erhalten. Was soll ich tun?«

»Bereite eines in der richtigen Größe für sie vor«, sage ich scheinbar beiläufig und wende mich ab, um mit einem der Mädchen zu sprechen.

Ich eile nach Hause zu meinem Gemahl. Er fertigt gerade die Einberufungen an, die jeden Sheriff Englands zur Krönung des jungen Königs nach London einbestellen. »Ich bin beschäftigt. Worum geht es?«, fragt er unhöflich, als ich den Kopf durch die Tür stecke.

»Anne Neville hat kein Gewand für die Krönung bestellt. Was hältst du davon?«

Er denkt genau dasselbe wie ich und genauso geschwind wie ich. Er legt die Feder nieder und winkt mich zu sich. Als ich die Tür hinter mir schließe, überkommt mich ein leichter Freudentaumel, weil ich mich mit ihm verschwören kann. »Sie tut nie etwas auf eigene Veranlassung. Ihr Gemahl muss ihr befohlen haben, nicht zu erscheinen«, denkt er laut vor sich hin. »Aber warum?«

Ich antworte nicht. Er wird es schnell durchschauen.

»Sie hat kein Gewand, folglich kommt sie auch nicht zur Krönung. Er wird ihr gesagt haben, dass sie nicht kommen soll, denn er muss beschlossen haben, dass es keine Krönung geben wird«, sagt er ruhig. »Und all dies«, er deutet auf die Papierstapel, »all dies dient nur dazu, uns zu beschäftigen und uns glauben zu machen, der Junge werde wirklich gekrönt.«

»Vielleicht hat er sie gewarnt, nicht zu kommen, weil er fürchtet, in London könnte es einen Aufstand geben. Vielleicht möchte er sie zu Hause in Sicherheit wissen.«

»Wer sollte denn einen Aufstand anzetteln? Alle wünschen sich doch, dass der Prinz von York gekrönt wird. Es gibt nur einen einzigen Menschen, der nicht möchte, dass er König wird, genauso wie es nur einen einzigen Menschen gibt, der davon profitieren würde.«

»Richard, Duke of Gloucester, persönlich?«

Mein Gemahl nickt. »Was fangen wir mit dieser kostbaren Information an? Wie sollen wir sie nutzen?«

»Ich gebe sie an die Königinwitwe weiter«, entscheide ich. »Wenn sie Truppen anmustern will, ist jetzt der richtige Zeitpunkt. Sie sollte ihre Söhne aus Richards Gewahrsam befreien. Und wenn ich die Königin von York überzeugen kann, gegen den Regenten von York zu kämpfen, hat Lancaster womöglich eine Chance.«

»Sag ihr, der Duke of Buckingham könnte bereit sein, die Seiten zu wechseln«, ruft er mir leise hinterher, als ich schon halb aus der Tür bin. Ich bleibe wie angewurzelt stehen. »Stafford?«, frage ich ungläubig. Das ist der Neffe meines zweiten Gemahls, der kleine Junge, der den Titel geerbt hat, als sein Großvater starb, und der zu einer Ehe mit einer Schwester der Königin gezwungen wurde. Er hat die Familie Rivers vom ersten Augenblick an gehasst. Er kann sie nicht ausstehen, obwohl er durch Heirat mit ihnen verbunden ist. So war er auch der Erste, der Richard den Rücken gestärkt hat, der Erste an seiner Seite. Er war dabei, als Richard Anthony Rivers verhaftet hat. Ich bin überzeugt, er hat es genossen, den Mann, den er Schwager nennen musste, erniedrigt zu sehen. »Aber Henry Stafford kann die Königin nicht ausstehen. Er hasst sie, und er hasst ihre Schwester, seine Gemahlin Katherine. Ich weiß es. Ich erinnere mich noch gut an die Hochzeit. Er würde sich nie zu ihren Gunsten gegen Richard wenden.«

»Er hat seine eigenen ehrgeizigen Pläne«, bemerkt mein Gemahl geheimnisvoll. »In seinen Adern fließt königliches Blut. Er wird sich denken: Wenn man Prinz Edward den Thron rauben kann, dann kann man ihn auch Richard rauben. Er könnte sich mit der Königin zusammentun und vorgeben, ihren Sohn zu verteidigen, und wenn wir siegen, kann er den Thron für sich beanspruchen.«

Ich überlege rasch. Abgesehen von meinem schwächlichen und bescheidenen Gemahl Henry war die Familie Stafford schon immer außerordentlich stolz. Stafford hat Richard allein aus Gehässigkeit gegen die Rivers den Rücken gestärkt, es könnte durchaus sein, dass er jetzt auf seinen eigenen Anspruch pocht. »Wenn du willst, erzähle ich es der Königin«, schlage ich vor. »Aber ich halte ihn für vollkommen vertrauensunwürdig. Sie wäre eine Närrin, ihn als Verbündeten ernst zu nehmen.«

Mein Gemahl macht seinem Spitznamen Fuchs keine Ehre, sein Lächeln erinnert eher an einen Wolf. »Sie hat nicht viele Freunde zur Auswahl«, schließt er. »Ich sollte meinen, sie wird sich über ihn freuen.«

Eine Woche später hämmert mein Gemahl in der Dämmerung mit der Faust an meine Schlafzimmertür und kommt hereingepoltert. Meine Zofe schreit auf und springt aus dem Bett. »Lass uns allein«, befiehlt er ihr schroff. Sie eilt aus dem Zimmer, während ich mich im Bett aufsetze und mein Nachtgewand um mich ziehe.

»Was ist los?« Ich fürchte, mein Sohn könnte krank sein, aber dann sehe ich, dass Thomas weiß wie ein Geist ist und dass seine Hände zittern. »Was ist über dich gekommen?«

»Ich hatte einen Traum.« Schwer lässt er sich aufs Bett fallen. »Großer Gott, was für ein Traum. Margaret, du kannst dir nicht vorstellen ...«

»War es eine Vision?«

»Wie soll ich das wissen? Als sei ich gefangen in der Hölle.«

»Was hast du denn geträumt?«

»Ich war an einem kalten, felsigen, dunklen Ort, irgendwo in der Wildnis, wo ich noch nie war. Und als ich mich umgesehen habe, war niemand bei mir, ich war ganz allein, ohne Angehörige, ohne meine Männer, nicht einmal meine Standarte hatte ich dabei. Ich war mutterseelenallein, niemand war dort, weder mein Sohn noch mein Bruder – nicht einmal du.«

Ich warte, dass er fortfährt. Das Bett erbebt unter seinem Schaudern. »Ein Ungeheuer kam auf mich zu«, flüstert er nur noch. »Ein ganz grässliches Wesen, das mit weit aufgerissenem Schlund auf mich zukam, um mich zu fressen. Sein Atem stank wie die Hölle, in seinem Kopf rollten rote Schweinsäuglein. Ein Ungeheuer kam über das Land, es kam, um mich zu holen.«

»Was für ein Ungeheuer war es? Eine Schlange?«

»Ein Keiler«, antwortet er leise. »Ein weißer Keiler, Hauer und Rüssel blutverschmiert, mit Schaum vorm Maul. Er war mir mit gesenktem Kopf dicht auf den Fersen.« Er schaudert. »Ich konnte ihn grunzen hören.«

Der Keiler ist, wie wir beide wissen, das Emblem von Richard of Gloucester. Ich steige aus dem Bett und vergewissere mich vor der Tür, dass das Mädchen gegangen ist und uns niemand belauscht. Dann stochere ich in dem kleinen Schlafzimmerkamin in den glimmenden Resten, als fehlte es uns in dieser warmen Juninacht an Wärme. Ich zünde Kerzen an, als wollte ich die Dunkelheit mit dem jagenden Keiler vertreiben. Ich berühre das Kreuz, das ich um den Hals trage. Ich bekreuzige mich. Stanley hat den Schrecken der Nacht mit sich in mein Zimmer gebracht; es ist, als sei ihm der Atem des Keilers auf der Spur, als habe er ihn gewittert, selbst jetzt, hier, an diesem Ort.

»Glaubst du, Richard misstraut dir?«

Er sieht mich an. »Ich habe nichts getan, als ihn zu unterstützen. Aber es war so ein schlimmer Traum ... das lässt sich nicht leugnen. Margaret, ich bin angsterfüllt wie ein Kind aufgewacht. Ich hin von meinem eigenen Hilfeschrei wach geworden.«

»Wenn er dir misstraut, misstraut er auch mir«, sage ich. Stanleys Angst ist so groß, dass sie sich auf mich überträgt. »Und ich habe, wie wir es besprochen haben, der Königin Botschaften geschickt. Kann er wissen, dass ich gegen ihn agiere?«

»Könnten deine Botschaften irregeleitet worden sein?«

»Auf meinen Mann kann ich mich verlassen. Und sie ist keine Närrin. Aber warum sollte er sonst an dir zweifeln?«

Er schüttelt den Kopf. »Ich habe nichts getan, außer mit Hastings zu sprechen, der durch und durch loyal ist. Er will die Nachfolge des Prinzen um jeden Preis sichern. Es ist sein letzter Akt der Liebe zu König Edward. Er hat große Angst, Richard könnte falsches Spiel mit Prinz Edward treiben. Seit Richard den Prinzen im Tower untergebracht hat, befürchtet er, etwas könne schiefgehen. Er wollte wissen, ob ich zusammen mit ihm im Kronrat insistieren würde, dass der Prinz wieder unter die Menschen kommen und seine Mutter besuchen darf, um allen zu zeigen, dass er in jeder Hinsicht frei ist. Ich glaube, er hat der Königin einen Boten geschickt, um ihr zu versichern, dass sie sicher ist und aus ihrem Versteck kommen kann.«

»Weiß Hastings, dass Richard seiner Frau befohlen hat, zu Hause zu bleiben? Glaubt er, Richard könnte die Krönung verschieben, um seine eigene Regentschaft zu verlängern?«

»Ich habe ihm gesagt, dass Anne Neville kein Krönungsgewand hat. Er hat augenblicklich geschworen, Richard plane nicht ernsthaft, seinen Neffen zum König zu krönen. Das befürchten wir allmählich alle. Aber ich kann nichts Schlimmeres erkennen, als dass Richard die Krönung verschiebt, vielleicht um einige Jahre, vielleicht sogar, bis der Junge einundzwanzig ist. Er verschiebt die Krönung, damit er regieren kann.« Er springt auf seine nackten Füße und geht mit großen Schritten im Raum auf und ab. »Um Gottes willen, Richard war der loyalste Bruder, den Edward sich jemals wünschen konnte! Er hat bisher nur seine Loyalität zum Prinzen erklärt. Er ist sein eigener Neffe! Seine Feindseligkeit richtet sich allein gegen die Königinwitwe, nicht gegen Edwards Sohn. Und der Junge ist nun ganz in seiner Hand. Gekrönt oder nicht, wenn Richard ihn von seiner Mutter und seiner Verwandtschaft fernhält, kann Prinz Edward nur ein Marionettenkönig sein.«

»Aber der Traum ...«

»Der Traum handelte von einem Keiler, wild entschlossen zur Macht und zum Töten. Er war eine Warnung; er muss eine Warnung gewesen sein.«

Wir schweigen. Im Kamin fällt ein Holzscheit herunter, und wir zucken zusammen.

»Was hast du vor?«, frage ich ihn.

Er schüttelt den Kopf. »Was würdest du tun? Du glaubst, dass Gott zu dir spricht und dich in deinen Träumen warnt. Was würdest du tun, wenn du geträumt hättest, der Keiler sei hinter dir her?«

Ich zögere. »Du denkst doch wohl nicht daran wegzulaufen?«

»Nein, nein.«

»Ich würde im Gebet um Führung bitten.«

»Und was würde dein Gott sagen?«, fragt er mit einem Anflug seines gewohnten Sarkasmus. »Normalerweise kann man sich darauf verlassen, dass er dir rät, dich um Macht und Sicherheit zu bemühen.«

Ich setze mich auf einen Schemel ans Feuer und sehe in die Flammen, als wäre ich eine arme Frau, die die Zukunft vorhersagt, als wäre ich Königin Elizabeth mit ihren Hexenkünsten. »Wenn sich Richard gegen seinen Neffen wendet, gegen beide Neffen, wenn er irgendwie verhindert, dass sie ihr Erbe antreten, und sich selbst an ihrer statt auf den Thron...« Ich halte inne. »Sie haben keine mächtigen Beschützer mehr. Die Flotte hat gegen ihren Onkel gemeutert, ihre Mutter ist im Asyl, ihr Onkel Anthony steht unter Arrest...«

»Was dann?«

»Gesetzt den Fall, Richard würde den Thron an sich reißen und seine Neffen weiter im Tower einsperren lassen, glaubst du, das Land würde sich gegen ihn erheben, und es würde wieder Krieg geben?«

»York gegen York. Möglich ist es.«

»Eine solche Situation böte große Chancen für das Haus Lancaster.«

»Für deinen Sohn, Henry.«

»Für Henry, der als Letzter übrig bliebe, wenn sie sich in einem Kampf auf Leben und Tod in Stücke reißen würden.«

Stille senkt sich herab. Ich werfe meinem Gemahl einen vorsichtigen Blick zu, denn ich habe Angst, dass ich zu weit gegangen bin.

»Es stehen noch vier Menschen zwischen Henry und dem Thron«, bemerkt er. »Die beiden Prinzen von York, Edward und Richard, Herzog Richard selbst und sein Sohn.«

»Aber sie könnten alle gegeneinander kämpfen.«

Er nickt.

»Wenn sie sich gegenseitig die Köpfe einschlagen würden,

wäre es keine Sünde, wenn Henry den leeren Thron beanspruchte«, sage ich entschlossen. »Dann säße endlich das rechtmäßige Haus auf dem Thron von England, wie es Gottes Wille ist.«

Er lächelt über meine Gewissheit, doch diesmal vermag es mich nicht zu kränken. Was zählt, ist, dass wir unseren Weg erkennen, und solange ich mir sicher bin, dass uns das Licht Gottes leitet, spielt es keine Rolle, wenn er es für die Flamme sündigen Ehrgeizes hält.

»Also, gehst du heute in den Kronrat?«

»Ja, er kommt im Tower zusammen. Aber ich schicke Hastings eine Nachricht über meine Befürchtungen. Wenn er etwas gegen Richard unternehmen will, dann sollte er nicht lange zögern. Er kann Richard zwingen, seine Karten auf den Tisch zu legen. Er kann verlangen, den Prinzen zu sehen. Seine Liebe zu dem verstorbenen König macht ihn zum Beschützer des Prinzen. Ich kann mich zurücklehnen und ihm überlassen, das Tempo anzuziehen. Der Rat hat die Krönung des Prinzen beschlossen. Hastings kann es verlangen. Soll er die Hauptlast tragen und Richard dartun, dass er ihm misstraut. Ich kann Hastings auf Richard ansetzen und einen Schritt zurücktreten, um zu sehen, was passiert. Der Traum soll mir eine Warnung sein. Ich kann Hastings benachrichtigen und es ihm überlassen, sich in Gefahr zu begeben.«

»Aber wo stehst du?«

»Margaret, ich bleibe dem treu, der am Ende höchstwahrscheinlich triumphieren wird. Und im Moment ist das der Mann mit der Armee des Nordens im Rücken, dem Tower in seiner Gewalt und dem rechtmäßigen König in seinem Gewahrsam: Richard.«

Ich warte auf den Knien an meinem Betpult auf die Rückkehr meines Gemahls von der Ratssitzung. Unsere Unterhaltung im Morgengrauen hat mich beunruhigt und verängstigt. Ich knie im Gebet und denke an Johanna, die sich so oft in Gefahr wusste und trotzdem mit dem Lilienbanner auf ihrem weißen Pferd ausritt, die ihre Kämpfe nicht in Heimlichkeit und Stille ausfechten musste.

Beinahe halte ich es für einen Teil meines Gebets, als Marschlärm von der Straße hereindringt, das Klirren von hundert Lanzen auf dem Kopfsteinpflaster, schließlich ein Hämmern am Eingangstor unseres großen Londoner Hauses.

Ich bin schon auf halber Treppe, als mir der Sohn des Pförtners entgegenkommt, um mich von meinen Mädchen rufen zu lassen. Ich packe ihn am Arm. »Wer ist das?«

»Herzog Richards Männer«, stößt er hervor. »In seiner Livree. Mit dem Herrn. Sie haben den Lord, Euren Mann. Sie haben ihn ins Gesicht geschlagen, sein Wams ist voll Blut, er blutet wie ein Schwein...«

Ich schubse ihn weg, als rede er Unsinn, und laufe hinunter zum großen Straßentor, das die Torhüter gerade öffnen, um Herzog Richards Truppen einmarschieren zu lassen, meinen schwankenden Gemahl in ihrer Mitte. Er blutet aus einer Kopfwunde. Aus seinem bleichen Gesicht starren mich ausdruckslose Augen an. Er steht unter Schock.

»Lady Margaret Stanley?«, fragt der Befehlshaber der Wache.

Kaum gelingt es mir, den Blick von dem Emblem des Keilers auf seiner Livree zu lösen. Ein Keiler mit Stoßzähnen – genau wie der, von dem mein Gatte im Traum verfolgt wurde.

»Ich bin Lady Margaret«, antworte ich.

»Euer Gemahl steht unter Hausarrest. Er darf das Haus

nicht verlassen, und Ihr auch nicht. An allen Toren und Türen werden Wachen postiert, auch an den Türen und Fenstern seiner Gemächer. Euern Haushalt könnt Ihr mit der notwendigen Dienerschaft weiterführen, aber sie werden auf meine Anordnungen hin durchsucht. Habt Ihr mich verstanden?«

»Ja«, flüstere ich.

»Ich durchsuche jetzt das Haus nach Briefen und anderen Schriftstücken«, sagt er. »Versteht Ihr auch das?«

In meinen Gemächern gibt es nichts, was uns belastet. Ich verbrenne alles, was gefährlich ist, sobald ich es gelesen habe, niemals bewahre ich Kopien meiner Briefe auf. Mein Wirken für Henry ist eine Angelegenheit zwischen Gott und mir.

»Ich verstehe. Gestattet Ihr, dass ich mich in meinem Kabinett um meinen Gatten kümmere? Er ist verwundet.«

Er schenkt mir ein grimmiges Lächeln. »Als die Wache einmarschiert ist, um Lord Hastings zu verhaften, hat sich Lord Stanley unter dem Tisch verkrochen, und dabei hätte er sich um Haaresbreite an einer Lanzenspitze geköpft. Es sieht schlimmer aus, als es ist.«

»Ihr habt Lord Hastings verhaftet?«, frage ich ungläubig. »Wie lautet die Anklage?«

»Madam, wir haben ihn enthauptet«, versetzt er kurz angebunden und schiebt sich an mir vorbei in meine Gemächer. Seine Männer schwärmen in meinen Garten aus und nehmen ihre Positionen ein, und so sind wir bald Gefangene in unserem prächtigen Haus.

Stanley und ich gehen in mein Kabinett, eskortiert von Lanzenträgern, die sich erst davon überzeugen, dass das Fenster zu klein zum Fliehen ist, bevor sie zurücktreten, die Tür hinter sich schließen und uns allein lassen.

Stanley wirft das blutverschmierte Wams und sein verdrecktes Hemd schaudernd zu Boden, dann setzt er sich, nackt bis zur Taille, auf einen Schemel. Ich gieße einen Krug Wasser in die Schüssel und wasche ihm die Wunde aus. Der Schnitt ist flach und lang, die Klinge hat ihn nur gestreift, sie sollte ihn nicht töten. Doch nur zwei Zentimeter tiefer, und er hätte ein Auge verloren. »Was ist los?«, flüstere ich.

»Richard ist zu Beginn der Sitzung hereingekommen, um den Ablauf der Krönung zu besprechen, er bat Bischof Morton lächelnd um Erdbeeren aus seinem Garten und war überhaupt sehr leutselig. Wir haben mit der Arbeit an der Krönung begonnen, der Sitzordnung, den Fragen des Vorrangs, das Übliche. Zwischendurch ging er hinaus, und da muss ihm jemand eine Botschaft überbracht haben, denn als er wieder hereinkam, war er wie ausgewechselt, ein anderer Mann, das Gesicht dunkelrot vor Wut. Hinter ihm stürmten Soldaten herein, als wollten sie eine Festung überrennen. Sie traten mit gezückten Waffen gegen die Tür. Als sie zu mir herumschwangen, ließ ich mich fallen, Morton sprang zurück, Rotherham duckte sich hinter seinem Stuhl, und sie ergriffen Hastings, bevor er sich wehren konnte.«

»Aber warum? Was haben sie gesagt?«

»Nichts! Nichts haben sie gesagt. Es war, als hätte Richard seine geballte Macht entfesselt. Sie haben Hastings ergriffen und ihn hinausgeschleift.«

»Aber wohin? Unter welcher Anklage? Was haben sie gesagt?«

»Gar nichts haben sie gesagt. Du verstehst das nicht. Das war keine Verhaftung. Das war ein Überfall. Richard hat geschrien wie ein Verrückter: Er stehe unter einem Zauberbann, sein Arm versage ihm den Dienst, Hastings und die Königin wollten ihn durch Hexerei vernichten…«

»Wie bitte?«

»Er hat den Ärmel hochgezogen und uns seinen Arm gezeigt. Seinen Schwertarm. Du weißt, wie stark sein rechter Arm ist. Er hat gesagt, die Kraft schwinde aus seinem Arm. Er gehorche ihm nicht und schrumpfe.«

»Großer Gott, ist er verrückt geworden?« Ich mache eine Pause, um ihm das Blut abzuwaschen. Ich kann es nicht glauben.

»Sie haben Hastings hinausgeschleift. Ohne ein einziges Wort. Sie haben ihn rausgebracht, obwohl er um sich getreten und geflucht hat. Er hat die Fersen in den Boden gestemmt. Draußen lagen Bretter von der Baustelle herum. Sie haben einen Holzklotz aufgestellt, ihn daraufgezwungen und ihm mit einem einzigen Hieb den Kopf abgeschlagen.«

»Ohne Priester?«

»Ohne Priester. Hörst du nicht, was ich sage? Sie haben ihn rausgeschleppt und ermordet! Er hatte nicht einmal Zeit für ein Stoßgebet.« Stanley beginnt zu zittern. »Lieber Gott, ich dachte, sie wären hinter mir her. Ich dachte, ich wäre der Nächste. Es war wie in dem Traum. Der Geruch von Blut und niemand, der mir zur Rettung eilte.«

»Sie haben ihn vor dem Tower enthauptet?«

»Wie ich gesagt habe.«

»Wenn der Prinz zum Fenster getreten ist, um nachzusehen, was der Lärm zu bedeuten hat, so hat er mit ansehen müssen, wie der engste Freund seines Vaters auf einem Holzklotz enthauptet wurde? Der Mann, den er seinen Onkel William nannte?«

Stanley ist still und sieht mich an. Blut rinnt über seine Wange. Er wischt es mit dem Handrücken fort, und seine Wange färbt sich rot. »Niemand hätte sie aufhalten können.«

»Der Prinz wird Richard als seinen Feind betrachten«,

bemerke ich. »Nach dem Vorgefallenen kann er ihn nicht mehr Lord Protector nennen. Er wird ihn für ein Ungeheuer halten.«

Stanley schüttelt den Kopf.

»Was wird aus uns?«

Seine Zähne schlagen aufeinander. Ich stelle die Schüssel weg und wickele ihm eine Decke um die Schultern.

»Das weiß nur Gott allein. Wir stehen wegen Hochverrats unter Hausarrest; sie verdächtigen uns, mit der Königin und Hastings unter einer Decke zu stecken. Auch deinen Freund Morton und Rotherham haben sie mitgenommen. Ich weiß nicht, wie viele andere. Richard hat sich vermutlich des Throns bemächtigt und treibt jetzt alle zusammen, die er für seine Gegner hält.«

»Und die Prinzen?«

Er stottert vor Schock. »Ich weiß es nicht. Richard könnte sie einfach töten, wie er Hastings getötet hat. Er könnte das Asyl brechen und die gesamte königliche Familie ermorden: die Königin mit ihren kleinen Mädchen, alle miteinander. Heute hat er uns gezeigt, dass er es kann. Vielleicht sind sie gar schon tot?«

Nach und nach treffen Nachrichten von der Welt draußen bei uns ein, die Hausmädchen bringen sie als Gerüchte vom Markt. Richard lässt verlautbaren, die Ehe zwischen Elizabeth Woodville und König Edward sei ungültig gewesen, da Edward vor dieser heimlichen Eheschließung bereits mit einer anderen Dame von Stand verheiratet war. Mit einem Streich erklärt er ihre Kinder zu Bastarden und sich selbst zum einzigen legitimen Erben des Hauses York. Der feige

Kronrat, der darüber wacht, dass Hastings' kopfloser Leichnam neben dem seines geliebten Königs begraben wird, tut nichts, um Königin und Prinzen zu beschützen. Heraus kommt eine hastige, einstimmige Vereinbarung, dass es nur einen Thronerben gibt: Richard.

Richard und mein Verwandter Henry Stafford, Duke of Buckingham, bringen in Umlauf, König Edward selbst sei ein Bastard gewesen, der uneheliche Sohn eines englischen Bogenschützen und der Herzogin Cecily, aus der Zeit, als sie sich mit dem Duke of York in Frankreich aufhielt. Die Leute hören diese Verleumdungen – und Gott allein weiß, was sie sich dabei denken. Das einzig Unmissverständliche ist das Eintreffen der Armee aus den nördlichen Grafschaften, die ganz allein Richard ergeben ist, begierig auf Belohnung. Es ist auch nicht zu leugnen, dass alle Männer, die Prinz Edward die Treue halten könnten, verhaftet sind oder tot. Jeder denkt an die eigene Sicherheit. Niemand erhebt seine Stimme.

Zum ersten Mal in meinem Leben kann ich freundlich an die Frau denken, der ich fast zehn Jahre gedient habe, Elizabeth Woodville, die Königin von England war und eine der schönsten und beliebtesten Königinnen, die das Land jemals hatte. Ich fand sie nie schön, und ich habe sie auch nicht geliebt. Erst jetzt, in einer flüchtigen Anwandlung, in diesem Moment ihrer vollkommenen Niederlage. Ich denke an sie im feuchten Halbdunkel ihrer Freistatt in Westminster. Daran, dass sie nie wieder triumphieren wird, und zum ersten Mal in meinem Leben kann ich auf die Knie gehen und wirklich für sie beten. Sie hat nur noch Töchter bei sich, und das Leben, das sie so genossen hat, ist vorüber. Ihre beiden jungen Söhne werden von ihrem Feind gefangen gehalten. Ich denke an sie, wie sie vernichtet, verängstigt und verwitwet um ihre Söhne bangt. Zum ersten Mal im Leben spüre ich, dass sich mein Herz ihr öffnet: eine tragische Königin, die nicht über eigene Fehler gestürzt ist. Ich bete zu Unserer Lieben Frau, der Himmelskönigin, damit sie ihr beisteht und ihrer elenden, verlorenen Tochter in den Tagen ihrer Erniedrigung Trost spendet.

Ihre älteste Tochter, Prinzessin Elizabeth, ist längst im heiratsfähigen Alter und nur aufgrund des unbeständigen Glücks ihres Hauses mit ihren siebzehn Jahren noch unvermählt. Während ich auf den Knien für die Gesundheit und Sicherheit der Königin bete, denke ich über ihre hübsche Tochter Elizabeth nach. Was für eine Gemahlin würde sie doch für meinen Sohn Henry abgeben! Der Sohn Lancasters und die Tochter Yorks würden Englands Wunden heilen und den Kriegen zweier Generationen ein Ende setzen. Sollte Richard sterben, nachdem er den Thron bestiegen hat, wäre sein Erbe noch ein Kind; ein kränklicher Neville-Sprössling, ebenso unfähig, seinen Anspruch zu verteidigen wie die Prinzen Yorks, und so leicht niederzuwerfen wie sie. Wenn mein Sohn dann den Thron besteigen und die Prinzessin von York heiraten würde, würden sich die Menschen an ihn halten – als Erben des Hauses Lancaster und Gemahl der Erbin von York.

Ich schicke nach meinem Arzt, Dr. Lewis aus Caerleon, der sich ebenso für Verschwörungen interessiert wie für Medizin. Die Königin weiß, dass er mein Arzt ist, und wird ihn empfangen, weil er von mir kommt. Ich trage ihm auf, ihr unsere Unterstützung zuzusichern und ihr mitzuteilen, Buckingham sei bereit, sich gegen Herzog Richard zu wenden, und mein

Sohn Henry könne in der Bretagne eine Armee ausheben. Doch sein eigentlicher Auftrag lautet herauszufinden, welche Pläne sie verfolgt und was ihre Unterstützer ihr versprechen. Mein Gemahl mag denken, dass sie alle Hoffnungen fahrengelassen hat, aber ich habe Elizabeth Woodville schon einmal aus dem Asyl kommen und sich mit sorgloser Freude auf den Thron setzen sehen, trotz der Schande, die der Herr völlig zu Recht über sie gebracht hat. Lewis soll für sich behalten, dass mein Gemahl unter Hausarrest steht, aber als besorgter Freund soll er ihr von dem Mord an Hastings und dem plötzlichen Aufblitzen von Richards Ehrgeiz berichten, und natürlich, dass ihre Söhne zu Bastarden gemacht wurden und ihr Name zugrunde gerichtet ist. Er soll ihr mitfühlend klarmachen, dass ihre Sache verloren ist, wenn sie nicht handelt. Ich will sie bewegen, ihre Freunde zu mobilisieren und so viele Männer auszuheben, wie sie sich leisten kann, und gegen Richard zu ziehen. Sollte es gelingen, die beiden in eine lange und blutige Schlacht zu verwickeln, dann kann mein Sohn mit frischen Truppen landen und sich des erschöpften Gewinners annehmen.

Lewis besucht sie an einem Tag, an dem sie sich verzweifelt einen Freund wünscht: an dem Tag, an dem ihr Sohn zum König hätte gekrönt werden sollen. Gewiss wurde sie von niemandem gewarnt, dass das Ereignis nicht stattfindet. In den Straßen, die Lewis nimmt, sind alle Türen geschlossen und die Fenster verriegelt, nirgends stehen Menschen an den Ecken, um zu plaudern. Er kehrt schnell wieder zu mir zurück. Seine lange, spitze Pestmaske, die mit Kräutern gefüllt und mit Ölen parfümiert ist, verleiht ihm ein erschreckend unmenschliches Profil, das blasse Gesicht eines Geistes. Er nimmt sie erst mit einer tiefen Verbeugung ab, als er mein Zimmer betreten und die Tür hinter sich geschlossen hat.

»Sie ist dringend auf Hilfe angewiesen«, sagt der Arzt ohne Vorrede. »Sie ist am Boden zerstört, fast verrückt vor Verzweiflung.« Er macht eine Pause. »Ich habe auch die junge Prinzessin von York gesehen ...«

»Und?«

»Sie war beunruhigt. Und prophetisch.« Er schaudert. »Sie hat mir Angst eingejagt, mir, einem Arzt, der alles gesehen hat.«

Ich überhöre seine Prahlerei. »Womit hat sie Euch geängstigt?«

»Sie kam aus der Dunkelheit auf mich zu, das vom Fluss durchnässte Gewand zog sie hinter sich her wie einen Schwanz, als wäre sie zur Hälfte ein Fisch. Sie erklärte, sie habe die Nachrichten, die ich ihrer Mutter just in dem Moment überbringen wollte, soeben vom Fluss vernommen: Herzog Richard beanspruche den Thron als rechtmäßiger Erbe, und die Prinzen seien öffentlich zu Bastarden erklärt worden.«

»Das wusste sie schon? Haben sie Spione? Ich habe mir keine Vorstellung davon gemacht, dass sie so gut informiert ist.«

»Nicht die Königin, sie wusste es noch nicht. Nur die junge Frau, und sie behauptete, der Fluss habe ihr die Nachrichten zugeflüstert. Der Fluss habe ihr auch berichtet, dass jemand aus der Familie gestorben sei, und die Mutter wusste sofort, dass es ihr Bruder Anthony und ihr Sohn Richard Grey waren. Sie haben die Fenster aufgerissen, um dem vorbeifließenden Fluss zu lauschen. Sie waren wie zwei Wasserhexen. Da hätte jeder Mann Angst bekommen.«

»Sie sagen, Anthony Rivers sei tot?«

»Sie schienen sich dessen ganz sicher zu sein.«

Ich bekreuzige mich. Elizabeth Woodville wurde schon

einmal des Anrufens dunkler Mächte bezichtigt, aber im Asyl auf heiligem Boden Prophezeiungen zu wagen, das ist in der Tat Teufelswerk.

»Sie muss Spione haben; sie muss besser vorbereitet und gerüstet sein, als wir vermuten. Aber wie konnte sie vor mir an Nachrichten aus Wales gelangen?«

»Sie hat noch etwas anderes gesagt.«

»Die Königin?«

»Die Prinzessin. Sie sagte, sie sei dazu verdammt, die nächste Königin von England zu werden und auf dem Thron ihres Bruders zu sitzen.«

Wir sehen uns verständnislos an. »Seid Ihr sicher?«

»Sie war angsterregend. Sie hat über den Ehrgeiz ihrer Mutter geklagt. Ein Fluch liege auf ihrer Familie, sie müsse den Thron ihres Bruders besteigen – und das würde ihrer Mutter gefallen, auch wenn es ihren Bruder enterbe.«

»Was meint sie damit?«

Der Arzt zuckt die Achseln. »Das hat sie nicht gesagt. Sie ist ein schönes Mädchen geworden, aber furchteinflößend. Ich habe ihr jedes Wort geglaubt. Die Weissagung einer Prophetin. Ich bin überzeugt, dass sie Königin von England wird, auf welchem Weg auch immer.«

Ich schnappe nach Luft. Dies spiegelt meine Gebete wider, es muss das Wort Gottes sein, obgleich er durch ein äußerst sündhaftes Wesen spricht. Wenn Henry den Thron besteigen und sie ihn heiraten würde, dann wäre sie tatsächlich Königin. Wie sollte sie es sonst werden?

»Und da war noch etwas«, schiebt Lewis vorsichtig nach. »Als ich die Königin gefragt habe, welche Pläne sie für die Prinzen im Tower habe, für Edward und Richard, antwortete sie: ›Es ist nicht Richard.‹«

»*Was* hat sie gesagt?«

»Sie hat gesagt: ›Es ist nicht Richard.‹«

»Was hat sie damit gemeint?«

»In ebenjenem Moment ist die Prinzessin mit dem durchnässten Kleid vom Fluss heraufgekommen und hat alles gewusst: dass der Herzog auf breite Zustimmung stößt und dass ihre Familie enterbt ist. Und dann hat sie hinzugefügt, sie würde Königin werden.«

»Habt Ihr die Königin denn nicht gefragt, was sie mit ›Es ist nicht Richard‹ gemeint hat?«

Er schüttelt den Kopf, dieser Mann, der alles gesehen hat, aber nicht genug Verstand besitzt, die entscheidende Frage zu stellen. »Habt Ihr Euch nicht gedacht, es könnte ziemlich wichtig sein?«, fahre ich ihn an.

»Es tut mir leid. Als die Prinzessin hereinkam, war sie so ... war sie wie aus einer anderen Welt. Und dann sagte ihre Mutter, dass sie jetzt an einem trockenen Ort seien, dass die Flut aber bald wiederkäme. Sie waren furchteinflößend. Wisst Ihr, was sie über ihre Abstammung sagen? Ihre Ahnin sei eine Wassergöttin gewesen. Wäret Ihr dort gewesen, so hättet Ihr vermeint, eine Wassergöttin sei den Fluten der Themse entstiegen.«

»Schon gut«, grolle ich. »Ich sehe, dass sie Euch Furcht eingeflößt haben, aber haben sie sonst noch etwas gesagt? Hat die Königin von ihren Brüdern gesprochen, die sich retten konnten? Wo sie sind oder was sie vorhaben? Die beiden sind mächtig genug, das halbe Königreich auszuheben.«

Er schüttelt den Kopf. »Nein, nichts dergleichen. Aber sie wurde sehr aufmerksam, als ich ihr ausgerichtet habe, Ihr würdet den jungen Prinzen helfen zu entkommen. Ich bin sicher, dass sie so etwas schon geplant hat, bevor sie erfuhr, dass Richard den Thron an sich gerissen hat. Sie wird verzweifelt sein.«

Ich entlasse ihn mit einer Geste, eile in unsere kleine Kapelle und sinke auf die Knie. Ich erbitte den Frieden Gottes, um meinen Geist von diesem Gedankenwirbel zu befreien. Prinzessin Elizabeth kennt ihre Bestimmung. Das bestätigt meinen Glauben, dass sie Henrys Frau wird und er den Thron besteigt. Doch die Worte ihrer Mutter – ›Es ist nicht Richard‹ – erfüllen mich mit großer Sorge.

Was kann sie damit meinen? Befindet sich ihr Sohn Richard gar nicht im Tower? Oder meint sie vielleicht nur, dass es nicht Richard of Gloucester ist, vor dem sie sich fürchtet? Wie soll ich es erraten? Dieser Narr hätte sie fragen müssen. Allerdings habe ich etwas in dieser Art schon vermutet, es hat schon eine Weile an mir genagt. Nie hätte ich sie für eine solche Närrin gehalten, ihren zweiten Sohn dem Feind auszuliefern, der den ersten entführt hat. Ich kenne sie seit zehn Jahren, so blauäugig ist sie nicht. Als ich hörte, der Kronrat habe sie aufgesucht, er habe ihr keine Wahl gelassen und sei mit dem kleinen Prinzen Richard an der Hand des Erzbischofs fortgegangen, ahnte ich schon, dass sie etwas getan hatte, um ihren letzten freien Sohn in Sicherheit zu bringen. Jede Frau würde das tun. Es mangelt ihr nicht an Entschlossenheit und Klugheit, und sie liebt ihre Söhne abgöttisch. Nie würde sie sie sehenden Auges der Gefahr ausliefern. Nie würde sie den jüngeren Sohn dorthin schicken, wo bereits dem älteren Gefahr droht.

Aber was hat sie getan? Wenn der zweite Prinz im Tower nicht Richard ist, wer ist er dann? Hat sie einen armen Jungen verkleidet? Vielleicht ein minderjähriges Mündel, das alles für sie tun würde? Und schlimmer noch, wenn Prinz Richard, der legitime Thronerbe, nicht im Tower von London hinter Schloss und Riegel ist, wo ist er dann? Wenn sie ihn irgendwo versteckt hat, dann ist dieser yorkistische

Thronerbe ein weiteres Hindernis zwischen meinem Sohn und dem Thron. Will sie mir das damit sagen? Oder tut sie nur so? Quält sie mich? Triumphiert sie über mich, indem sie dem begriffsstutzigen Boten ein Rätsel aufgibt, damit er es an mich weiterleitet? Hat sie den Namen ihres Sohnes absichtlich ausgesprochen, um mich mit ihrer Gabe der Vorhersage zu verhöhnen? Oder war es ein Versehen? Spricht sie von Richard, um mich zu warnen, dass sie immer noch einen Erben hat, falls Edward etwas zustoßen sollte?

Stundenlang verharre ich betend auf den Knien, damit mir die Muttergottes, unsere Himmelskönigin, zu verstehen gibt, was diese äußerst irdische Königin tut: Wieder einmal spielt sie ihr Spiel direkt vor meiner Nase und sagt ihre Zaubersprüche auf. Sogar in diesem Moment ihrer größten Angst und Niederlage triumphiert sie über mich. Doch die Muttergottes kommt nicht zu mir. Johanna gibt mir keinen Rat. Gott spricht nicht zu mir, seiner Magd. Sie erklären mir nicht, was Elizabeth Woodville in ihrem versteckten Asyl unter der Abtei tut, und wenn sie mir nicht helfen, werde ich tatenlos mit ansehen müssen, wie sie triumphierend daraus emporsteigen.

Nur einen Tag später kommt meine Zofe mit verweinten Augen zu mir und sagt, dass Anthony, Earl Rivers, tot ist. Der blendende, ritterliche Bruder der Königin wurde auf Geheiß von Herzog Richard auf Pontefract Castle exekutiert. Sie überbringt mir die Nachricht in dem Augenblick, in dem sie sich in London verbreitet. Niemand kann früher davon erfahren haben; der offizielle Bericht erreicht den Kronrat erst eine Stunde später. Wie es scheint, haben die Königin und ihre Tochter Dr. Lewis in derselben Nacht davon erzählt, in der es passiert ist, womöglich gar im Augenblick seines Todes. Wie kann das sein?

Am nächsten Morgen treffe ich meinen Gemahl zum Frühstück. »Ich wurde aufgefordert, an einer Sitzung des Kronrates teilzunehmen«, sagt er und zeigt mir ein Schreiben mit dem Siegel eines Keilers. Wir wagen beide nicht richtig hinzusehen; der Brief liegt wie ein Dolch auf dem Tisch zwischen uns. »Und du sollst dich um die königliche Garderobe kümmern und um die Krönungsgewänder für Anne Neville. Um die Gewänder der Königin. Du sollst Hofdame der Königin Anne werden. Unser Hausarrest wurde ohne ein weiteres Wort aufgehoben. Wir stehen, ohne ein Wort der Erklärung, wieder in königlichen Diensten.«

Ich nicke. Ich arbeite für König Richard, wie ich für König Edward gearbeitet habe. Wir werden dieselben Gewänder tragen, doch das Gewand aus Gold und Hermlin, das für die Königinwitwe Elizabeth bereitgestellt wurde, wird nun für ihre Schwägerin Anne, die neue Königin, umgeändert.

Da wir im Kreis meiner Ladys und Stanleys bewaffneter Männer sitzen, werfen mein Gemahl und ich uns ob unseres Überlebens nur einen kurzen Blick des Triumphes zu. Es wird das dritte königliche Haus sein, dem ich diene, und jedes Mal, da ich mich verbeuge, bin ich in Gedanken bei meinem Sohn und Erben. »Es wird mir eine Ehre sein, Königin Anne zu dienen«, sage ich glattzüngig.

Es ist meine Bestimmung, die wechselhaften Launen der Welt zu belächeln und mir meines himmlischen Lohns gewiss zu sein. Doch selbst ich stocke einen Augenblick an der Schwelle zu den Gemächern der Königin, als ich die kleine Anne Neville sehe – die Tochter des Königsmachers Warwick, hochwohlgeboren, königlich verheiratet, verwitwet und bedeutungslos, um nun erneut zum Thron von England emporgehoben zu werden. Sie steht in ihrem Reiseumhang im Kreis ihrer Hofdamen aus dem Norden neben dem großen Kamin, als befinde sie sich in einem Lager fahrenden Volks in den nordischen Hochmooren. Als sie mich sehen, kündigt mich der Wächter an der Tür mit einem Akzent, den niemand südlich von Hull verstehen kann, lautstark an: »Lady Margaret Stanley!« Die Frauen schlurfen zur Seite, auf dass ich mich ihr nähern kann, und ich sinke auf die Knie, erniedrige mich vor einer weiteren Thronräuberin und erhebe die Hände in der Geste des Lehnseids.

»Euer Gnaden«, sage ich zu der Frau, die der junge Herzog Richard aus Schande und Armut emporgehoben hat, weil er mit dieser unglückseligen Braut das Vermögen der Warwicks beanspruchen konnte. Nun soll sie Königin von England werden, und ich muss vor ihr niederknien. »Ich schätze mich glücklich, Euch meine Dienste anzubieten.«

Sie lächelt mich an. Sie ist weiß wie Marmor, ihre Lippen sind blass, ihre Augenlider von einem fahlen Rosa. Es scheint ihr gar nicht gutzugehen, denn sie lehnt sich schwer an den Kaminsims, als sei sie erschöpft.

»Ich danke Euch für Eure Dienste. Ihr sollt mir als meine erste Hofdame dienen.« Sie spricht leise und ein wenig kurzatmig. »Bei meiner Krönung werdet Ihr die Schleppe tragen.«

Ich senke den Kopf, um meine Freude zu verbergen. Es ist eine Ehre für meine Familie, nur einen Schritt von der Krone entfernt zu stehen, während sie über ein gesalbtes Haupt gehalten wird. Ich stehe dann nur noch einen Schritt hinter der Königin von England, und ich bin bereit – Gott weiß es –, ihren Platz einzunehmen. »Ich bin erfreut über diese Ehre«, erkläre ich.

»Mein Gemahl hat eine hohe Meinung von Lord Thomas Stanleys Weisheit«, fügt sie hinzu.

So hoch, dass seine Lanzenträger ihm fast den Kopf abgeschlagen hätten und ihn eine Woche unter Hausarrest gestellt haben. »Wir sind dem Hause York seit Langem zu Diensten«, bemerke ich. »Ihr und der Herzog wurdet schmerzhaft vermisst, als ihr weit fort vom Hof im Norden weiltet. Ich freue mich, Euch zu Hause in Eurer Hauptstadt willkommen heißen zu dürfen.«

Auf einen Wink hin stellt ihr ein Page einen Stuhl ans Feuer. Ich bleibe stehen und sehe, wie ihre Schultern beim Husten beben. Keine Frau, die alt wird. Gewiss wird sie dem Hause York auch keine Kinderschar schenken wie die fruchtbare Königin Elizabeth. Diese Frau ist krank und schwach. Ich bezweifle, dass sie noch fünf Jahre zu leben hat. Und dann?

»Und Euer Sohn, Prinz Edward?«, erkundige ich mich artig. »Kommt er zur Krönung? Soll ich dem Hofmeister befehlen, Gemächer für ihn vorzubereiten?«

Sie schüttelt den Kopf. »Seiner Gnaden geht es nicht gut«, bedauert sie. »Er wird bis auf Weiteres im Norden bleiben.«

Nicht gut? Nicht gut genug, um zur Krönung seines Vaters zu kommen? Dann muss es ihm sehr schlecht gehen. Er war schon immer ein blasser Junge mit dem schmächtigen Körperbau seiner Mutter. Man sah ihn nur selten bei Hofe, denn aus Angst vor der Pest haben sie ihn aus London ferngehalten. Hat er die Kinderkrankheiten noch nicht überwunden, wird aus einem schwächlichen Jungen ein kränklicher Erwachsener? Hat es Herzog Richard versäumt, einen Erben zu zeugen, der ihn überleben wird? Schlägt jetzt nur noch ein starkes Herz zwischen meinem Sohn und dem Thron?

SONNTAG, 6. JULI 1483

Jetzt sind wir dort, wo wir es geplant hatten: Nur ein Schritt trennt uns noch von der Krone. Mein Gemahl folgt dem König mit dem Amtsstab des Constable of England in der Hand. Ich folge der neuen Königin Anne und trage ihre Schleppe. Hinter mir kommt die Duchess of Suffolk und dahinter die Duchess of Norfolk. Aber ich bin diejenige, die in die Fußstapfen der Königin tritt, und als sie mit heiligem Öl gesalbt wird, bin ich ihr so nah, dass mir der berauschende Moschusduft in die Nase steigt.

Für diese Zeremonie wurden weder Kosten noch Mühen gescheut. Der König ist in ein Gewand aus purpurrotem Samt gekleidet, er schreitet unter einem goldenen Baldachin einher. Mein Verwandter Henry Stafford, der junge Duke of Buckingham, trägt einen blauen Umhang, auf dem das strahlende Emblem eines goldenen Wagenrades prangt. In einer Hand hält er die Schleppe des Königs, in der anderen den Amtsstab des High Steward, seine Belohnung dafür, dass er Herzog Richard unterstützt und ihm zum Thron verholfen hat. Der Platz seiner Gemahlin, Katherine Woodville, die Schwester der Königinwitwe, ist leer. Die Herzogin ist nicht gekommen, um die widerrechtliche Aneignung des Throns ihrer Familie zu feiern. Sie begleitet ihren verräterischen Gemahl nicht. Er hasst sie wegen ihrer Familie und weil sie über ihn triumphierte, als er jung war und sie die Schwägerin des Königs. Dies ist nicht das letzte Mal, dass er sie demütigen wird.

Ich schreite den ganzen Tag hinter der Königin her. Als sie zum Diner in die Westminster Hall geht, sitze ich an der Tafel der Hofdamen, während man ihr das herrliche Abendessen serviert. Der King's Champion persönlich verbeugt sich vor unserem Tisch und vor mir, nachdem er mögliche Anfechter König Richards als Souverän laut brüllend herausgefordert hat. Dieses Diner ist so pompös wie alle feierlichen Anlässe an Edwards Hof. Bis nach Mitternacht wird diniert und getanzt. Stanley und ich verabschieden uns in den frühen Morgenstunden, und unsere Barkasse bringt uns flussaufwärts nach Hause. Eng in meine Pelze gewickelt, sehe ich vom Heck der Barkasse in einem Fenster tief unten am Wasser, unter dem dunkel aufragenden Kloster, ein Licht. Ich weiß genau, dass es Königin Elizabeth ist, die nun nicht mehr Königin ist – als Hure beschimpft und nicht einmal als Witwe anerkannt –, deren Kerze über das dunkle Wasser scheint, während sie dem Triumph ihres Feindes lauscht. Ich male mir aus, wie sie mich in meiner herrlichen Barkasse vorbeifahren sieht, die vom Hof des Königs kommt, so wie sie mir auch vor Jahren hinterhergeblickt hat, als ich meinen Sohn an den Hof des Königs gebracht habe. Auch damals war sie im Kirchenasyl.

Eigentlich müsste ich im Triumph über sie schwelgen, doch mich schaudert, und ich vergrabe mich in den Pelzen, als wäre das kleine, stecknadelgroße Licht ein unheilbringendes Auge, das mich über das dunkle Wasser blendet. Schon einmal ist sie dem Kirchenasyl triumphal entkommen. Ich weiß, dass sie Richards Sturz plant, dass sie Ränke schmiedet, um noch einmal siegreich hervorzukommen.

*An meinen Schwager Jasper Tudor
und meinen Sohn Henry Tudor,
ich grüße Euch von Herzen. Ich habe viele Neuigkeiten. Richard wurde zum König von England gekrönt, und seine Frau ist jetzt Königin Anne. Wir stehen hoch in ihrer Gunst, sie vertrauen uns. Die frühere Königin Elizabeth hat sich an ihre Verwandtschaft gewandt, sie wollen den Tower von London angreifen und die Prinzen befreien, sobald sich das neue Königspaar nach der Krönung auf die Rundreise durch sein Land begibt. Ich habe ihr unsere Unterstützung versprochen, und Königin Elizabeth hat mir ihre geheimen Pläne anvertraut.*

Macht Euch daran, Eure Männer zu rekrutieren. Sobald die Königin ihre Jungen aus dem Tower geholt hat, wird sie ihre Truppen erheben und gegen Richard marschieren. Wer auch immer diesen Kampf gewinnt, sie oder Richard, soll sich umsehen und feststellen, dass Eure große Armee gelandet ist, dass Lancaster sich erhebt – und eine zweite Schlacht gegen Eure frischen Truppen geschlagen werden muss.

Ich glaube, unsere Stunde hat geschlagen. Ich glaube, unsere Zeit ist gekommen.

Margaret Stanley

An demselben Tag, da ich diese Botschaft abschicke, wird mir heimlich ein langer Brief zugestellt. Er ist von meinem alten Freund Bischof John Morton, der aus dem Tower in die Aufsicht des Duke of Buckingham in dessen Haus in Brecknock entlassen wurde.

*Meine liebe Tochter in Christus,
ich bin zwar als Gefangener unter der Aufsicht des jüngeren Herzogs, doch ich habe ihn überwältigt, denn ich habe ihn von seiner Freundschaft mit Richard – der jetzt König genannt wird – abge-*

bracht. Jetzt kämpft er mit seinem Gewissen, weil er Richard aus dürftigen Gründen zum Thron verholfen hat. Und weil er seinem Gott, seinem Land und sich selbst einen größeren Dienst erwiesen hätte, wenn er entweder die yorkistischen Prinzen unterstützt hätte und ihr Regent geworden wäre oder selbst Anspruch auf den Thron erhoben hätte.

Er ist jetzt bereit, sich gegen Richard zu wenden, und wird sich einem Aufstand gegen ihn anschließen. Um seine guten Absichten unter Beweis zu stellen, könnt Ihr seinen Männern befehlen, den Tower anzugreifen und die Prinzen herauszuholen. Ich werde Euch seine Losung in einer versiegelten Nachricht schicken. Ihr solltet Euch mit ihm treffen, um zu klären, welche Bündnisse Ihr in diesen unruhigen Zeiten schließen könnt. Er wird nach Brecon reisen, wenn er sich in Worcester von Richard getrennt hat, und ich habe ihm zugesagt, dass Ihr ihm wie durch Zufall auf der Straße begegnen werdet.

Ich bleibe Euer Freund
John Morton, Bischof von Ely

Ich blicke auf und bemerke, dass eine meiner Ladys mich ansieht. »Geht es Euch gut, Mylady? Ihr seid ganz blass geworden, und nun steigt Euch die Röte ins Gesicht.«

»Nein, ich fühle mich gar nicht gut«, sage ich. »Bringt Dr. Lewis her.«

In der Nacht nach der Krönung sucht mich mein Gatte in der Kapelle auf. »Bald werde ich London mit der königlichen Prunkprozession verlassen, und so bin ich jetzt im Begriff, die Männer auszuwählen, die mit den Getreuen der Königin den Angriff auf den Tower führen sollen«, sagt er und lässt sich ohne Umstände auf eine Bank fallen. Den Altar, auf dem eine einzelne Kerze in der Dunkelheit brennt, bedenkt er mit einem flüchtigen Nicken und bekreuzigt sich ohne die geringste Pietät. »Just in diesem Augenblick holen sie ihre Waffen aus der Kammer. Ich muss wissen, was du willst.«

»Was ich will?«, frage ich. Ich stehe nicht auf, sondern wende nur den Kopf, um ihn anzusehen, die Hände immer noch zum Gebet gefaltet. »Stets das, was Gott will.«

»Wenn meine Männer die Tür zum Tower aufbrechen, wie ich es geplant habe, wenn sie die Ersten sind, die hineingelangen, wie ich es ihnen befohlen habe, wenn sie die Tür zu den Prinzen öffnen und sie nur in Gesellschaft einiger Diener vorfinden, willst du – oder will Gott – dann, dass sie sie ergreifen wie verirrte Lämmer und zu ihrer Mutter zurückbringen? Oder sollen sie ihnen auf der Stelle die kleinen Köpfe abschlagen, die Diener töten und es ihnen in die Schuhe schieben?«

Ich starre ihn an. Nie hätte ich geglaubt, dass er so offen mit mir sprechen würde. »Das sind deine Befehle an deine Männer.« Ich spiele auf Zeit. »Ich kann deine Männer nicht befehligen. Das musst du tun. Außerdem könnte jemand anders vor ihnen drinnen sein und sich darum kümmern.«

»Dies ist dein Plan, um deinen Sohn auf den Thron zu bringen«, erwidert er verschlossen. »Wenn die Prinzen tot sind, sind die beiden rivalisierenden Thronanwärter fort, und dein Sohn ist dem Thron zwei Schritte näher. Kehren sie jedoch zu ihrer Mutter zurück, kann sie den ganzen Süden zu ihrer Verteidigung aufbieten. Männer werden für diese Erben kämpfen, die zu Hause bleiben würden, wenn die beiden Jungen tot wären. Es hat keinen Sinn, für Elizabeth Woodville zu kämpfen – aber es ist glorreich, für den jungen König Edward und seinen Bruder Prinz Richard zu kämpfen. Diese beiden Jungen machen sie doppelt so stark gegen Richard – und gegen Henry.«

»Offenkundig darf also nicht zugelassen werden, dass die beiden yorkistischen Prinzen Anspruch auf den Thron erheben.«

»Augenscheinlich nicht«, erwidert mein Gemahl. »Aber willst du auch, dass sie aufhören zu atmen?«

Meine zum Gebet gefalteten Hände verkrampfen sich. »Gottes Wille«, flüstere ich und wünschte, ich könnte die Gewissheit empfinden, mit der Johanna von Orléans ausritt, um zu töten oder getötet zu werden, in dem Wissen, dass es Gottes Wille war, der sie auf ihrem steinigen und blutigen Weg führte. Doch Johanna von Orléans kämpfte nicht gegen unschuldige kleine Jungen. Johanna von Orléans hat niemals Mörder in eine Kinderstube geschickt.

Mein Gemahl erhebt sich. »Ich muss die Männer inspizieren. Wie lautet dein Wunsch? Ich muss den Hauptleuten klare Befehle erteilen. Ich kann ihnen nicht sagen, sie sollen auf Gottes Entschluss warten.«

Ich erhebe mich ebenfalls. »Der Kleine ist erst neun Jahre alt.«

Er nickt. »Aber er ist ein Prinz. Der Krieg ist hart, Mylady. Wie lauten deine Befehle?«

»Das ist ein äußerst riskantes Unternehmen«, flüstere ich. Ich trete zu ihm und lege die Hand auf seinen Arm, als könnte die Wärme seines Körpers durch den elegant geschlitzten Ärmel seiner Jacke mich trösten. »Den Tod zweier Jungen zu befehlen, zweier Jungen, die erst neun und zwölf sind und Prinzen von königlichem Geblüt... zweier unschuldiger Jungen...«

Er lächelt sein wölfisches Lächeln. »Oh, du musst es nur

sagen, und wir retten sie aus der Gefangenschaft ihres niederträchtigen Onkels und ihre Mutter auch. Willst du die königliche Familie York herrschen sehen, mit Prinz Edward als König auf dem Thron? Denn vielleicht können wir das heute Abend zustande bringen. Ist das dein Wunsch? Sollen wir Prinz Edward auf den Thron setzen? Lautet unser Auftrag Barmherzigkeit?«

Ich ringe die Hände. »Natürlich nicht!«

»Nun, du musst wählen. Wenn unsere Männer in den Tower gehen, werden sie die Jungen niedermetzeln oder retten. Die Entscheidung liegt bei dir.«

Ich kann nicht anders. Johanna von Orléans zog ihr Schwert aus der Scheide und ritt ohne Angst, ohne Zögern hinaus. Ich ziehe das meine.

»Sie müssen sie töten«, sage ich. Meine Lippen sind kalt, doch ich muss die Worte aussprechen. »Es ist offenkundig. Die Jungen müssen sterben.«

Ich stehe an dem kleinen Tor, das von unserem Haus auf die Straßen von London führt. Stanleys Männer schleichen hinaus und verschmelzen mit der Dunkelheit. Mein Gemahl hat London verlassen, er begleitet den neuen König Richard und Königin Anne auf ihrer triumphalen Krönungsprozession. Ich bin allein. Die Männer haben keine Fackeln, sie huschen schweigend hinaus, nur der Mond erhellt ihren Weg. Sie tragen keine Livreen, und die Kappen mit den Abzeichen und die geprägten Gürtel haben sie abgelegt. Nichts weist darauf hin, dass sie unserem Haus angehören, und sie sind darauf eingeschworen zu behaupten, die Königin habe sie rekrutiert und sie dienten allein ihr. Sobald sie fort sind, schreibt der Bruder meines Gemahls, Sir William Stanley, dem Kommandanten des Towers, Sir Robert Brackenbury, einen Brief, um ihn vor einem Angriff zu warnen. Unmittelbar nach dem Sturm auf den Tower wird er ausgeliefert. »Sei immer auf beiden Seiten, Margaret«, hat William fröhlich zu mir gesagt, als er den Brief mit dem Emblem unseres Hauses versiegelte, damit jeder unsere Treue erkennen kann. »Das ist die Losung meines Bruders. Erwecke zumindest immer den Eindruck, auf beiden Seiten zu sein.«

Dann muss ich warten.

Ich gebe mich, als wäre es ein Abend wie jeder andere. Nach dem Abendessen verweile ich in Anwesenheit des ganzen Haushaltes noch etwas in der großen Halle, bevor ich mich in meine Gemächer begebe. Meine Zofen entkleiden mich zur Nacht. Ich entlasse alle, sogar das Mädchen, das in meinem Gemach schläft, und behaupte, ich würde die Nacht hindurch beten. Das tue ich oft, es erregt kein Aufsehen. Ich bete tatsächlich eine Weile, dann lege ich mir einen warmen Umhang um die Schultern, ziehe den Stuhl ans Feuer und warte.

Ich denke an den Tower als an einen hohen Wegweiser, der himmelan zu Gott zeigt. Die Männer der Königin werden das Areal durch ein kleines, offen stehendes Ausfalltor betreten; meine Männer folgen ihnen auf den Fersen. Der Duke of Buckingham hat mir einen kleinen Trupp gut ausgebildeter Soldaten geschickt, die durch eine kleine Tür in den White Tower vorzudringen versuchen. Vielleicht schaffen sie es sogar die Treppe hinauf, bevor sie entdeckt werden, dann kämpfen sie sich, Mann gegen Mann, den Weg frei zu den Gemächern der Prinzen, brechen ein, und wenn die Jungen aufspringen, weil sie sich in Freiheit dünken, stoßen sie ihnen die Dolche in den Bauch. Prinz Edward ist ein tapferer Junge, der von seinem Onkel Anthony in der Waffenkunst unterrichtet wurde. Es ist durchaus möglich, dass er sich wehrt. Richard ist erst neun, aber er könnte zur Warnung schreien oder sich sogar vor seinen Bruder stellen, um den Hieb abzufangen – er ist ein yorkistischer Prinz, er kennt seine Pflicht. Doch das Metzeln muss rasch und resolut durchgeführt werden. Dann ist das Haus York bis auf König Richard erloschen, und mein Sohn ist dem Thron zwei Schritte näher. Darüber muss ich mich freuen. Darauf muss ich hoffen.

In den frühen Morgenstunden, als der Himmel sich eben grau zu tönen beginnt, ist an meiner Tür ein Kratzen zu hören, bei dem mein Herz wild zu pochen beginnt, und ich eile zur Tür, um sie zu öffnen. Draußen steht der Hauptmann der Wache, das schwarze Wams zerrissen, auf der Wange ein dunkelblauer Fleck. Wortlos lasse ich ihn ein und schenke ihm einen Krug Dünnbier ein. Mit einer Geste bedeute ich ihm, sich ans Feuer zu setzen, doch ich bleibe hinter meinem Stuhl stehen und umklammere die geschnitzte Lehne mit meinen Händen, damit sie nicht so sehr zittern. Ich fürchte mich wie ein Kind, das etwas Böses getan hat.

»Es ist fehlgeschlagen«, sagt er barsch. »Die Jungen waren besser bewacht, als wir dachten. Der Mann, der uns einlassen sollte, wurde niedergestochen, während er noch an dem Riegel herumhantierte. Wir haben ihn schreien hören. Also mussten wir die Tür einrammen, und während wir versucht haben, sie aus den Angeln zu heben, sind die Towerwachen aus dem Hof hinter uns gekommen, und wir mussten uns umdrehen und kämpfen. Wir waren zwischen dem Turm und den Wachen eingekeilt und mussten uns unseren Weg freikämpfen. Wir sind nicht einmal in den White Tower hineingelangt. Ich habe gehört, wie innen Türen zugeschlagen wurden, auch Gebrüll war zu hören, als die Prinzen weiter ins Innere des Towers gebracht wurden. Sobald Alarm geschlagen worden war, war jede Chance dahin, zu ihnen zu gelangen.«

»Waren sie gewarnt? Wusste der König, dass ein Angriff geplant war?« Und wenn ja, weiß der König, wer an der Verschwörung beteiligt ist?, denke ich. Wird der Keiler sich wieder gegen uns wenden?

»Nein, es war kein Hinterhalt. Es ist ihnen nur sehr schnell gelungen, die Wachen zu alarmieren, und sie haben die Türen geschlossen, und die eingeschleusten Spione der Königin konnten sie von drinnen nicht öffnen. Aber anfangs waren sie überrascht. Es tut mir leid, Mylady.«

»Wurde jemand gefangen genommen?«

»Wir haben alle Männer rausgeholt. Einer von uns wurde verletzt. Sie kümmern sich um ihn, es ist nur eine Fleischwunde. Und zwei Yorkisten wurden niedergeschlagen. Aber ich habe sie dort liegen lassen, wo sie zu Boden gegangen sind.«

»Die Yorks waren da, alle?«

»Ich habe die Brüder der Königin, Richard und Lionel, gesehen und ihren Sohn Thomas, von dem es hieß, er werde vermisst, und sie hatten gute Männer, bestens ausgerüstet. Ich glaube, es waren auch Buckinghams Männer unter ihnen. Sie waren mit einem großen Aufgebot da und haben entschlossen gekämpft. Aber der Tower wurde von den Normannen erbaut, um London zu schützen. Bei verschlossenen Türen kann man ihn ein halbes Jahr gegen eine ganze Armee halten. Sobald der Überraschungseffekt vorbei war, wurden wir geschlagen.«

»Und niemand hat Euch erkannt?«

»Wir haben gesagt, wir wären Yorkisten; wir hatten uns

weiße Rosen angesteckt, und ich bin mir sicher, wir sind als solche durchgegangen.«

Ich gehe zu meiner Schatulle, wiege einen Beutel Münzen in der Hand und überreiche ihn dem Hauptmann. »Verteilt das unter den Männern. Sorgt dafür, dass sie nie mehr über die heutige Nacht reden, auch nicht untereinander. Es würde sie das Leben kosten. Es ist fehlgeschlagen, daher war es Verrat. Es wäre der Tod eines jeden Mannes, der sich damit brüstet, dabei gewesen zu sein. Und der Befehl zum Angriff kam weder von meinem Gemahl noch von mir.«

Der Hauptmann erhebt sich. »Ja, Mylady.«

»Sind die Verwandten der Königin alle sicher davongekommen?«

»Ja. Aber ihr Bruder hat geschworen, sie würden wiederkommen. Er hat laut gebrüllt, damit die Jungen ihn hören konnten, sie müssten tapfer sein und warten, denn er würde ganz England rekrutieren, um sie zu befreien.«

»Tatsächlich? Nun, Ihr habt Euer Bestes getan... Ihr könnt gehen.«

Der junge Mann verbeugt sich und verlässt mein Gemach.

Ich knie vor dem Feuer nieder. »Unsere Liebe Frau, wenn es dein Wille ist, dass die Söhne von York verschont werden, dann schick mir, deiner Dienerin, ein Zeichen. Dass sie heute Nacht beschützt wurden, kann kein Zeichen sein. Es kann doch nicht dein Wille sein, dass sie leben? Dass sie erben? Ich bin deine gehorsame Tochter, aber ich kann nicht glauben, dass du lieber sie auf dem Thron siehst als den wahren Erben des Hauses Lancaster, meinen Sohn Henry.«

Ich warte. Sehr lange. Es kommt kein Zeichen. Ich nehme mir zu Herzen, dass es kein Zeichen gibt, und deswegen sollen die York-Jungen nicht verschont werden.

Am nächsten Tag verlasse ich London. Es ist nicht gut, wenn man mich in London sieht, während sie die Wachen verdoppeln und sich fragen, wer den Ansturm auf den Tower geführt hat. Ich beschließe, der Kathedrale von Worcester einen Besuch abzustatten. Es war schon lange mein Wunsch, sie zu besuchen, denn der Kathedrale angeschlossen ist ein Benediktinerkloster, ein Zentrum der Gelehrsamkeit. Gerade als aufgesattelt wird, erreicht mich eine Nachricht von Königin Elizabeth, in der sie mir mitteilt, dass ihre Verwandten in London und Umgebung untergetaucht sind und einen Aufstand anzetteln. Ich antworte ihr und biete ihr meine Unterstützung an. Ich erkläre, dass ich auf dem Weg zum Duke of Buckingham bin, um ihn und seine ganze Verwandtschaft für eine offene Rebellion zu gewinnen.

Eigentlich ist es viel zu heiß zum Reisen, doch die Straßen sind trocken und wir kommen gut voran. Mein Gemahl reitet mir vom Hof in Worcester entgegen, um unterwegs eine Nacht mit mir zu verbringen. Der neue König Richard ist glücklich und zuversichtlich, er wird überall mit Begeisterung empfangen. Er gewährt Lord Stanley eine Nacht Urlaub, da er annimmt, wir wollten als Ehegatten zusammen sein. Doch mein Lord ist alles andere als liebevoll, als er die Gästezimmer des Klosters betritt.

Er vergeudet keine Zeit mit freundlichen Begrüßungsworten. »Sie haben es also verpfuscht«, platzt er heraus.

»Dein Hauptmann sagt, es sei schier unmöglich gewesen. Er sagt aber, der Tower sei nicht vorgewarnt gewesen.«

»Nein, der König war entsetzt, es war ein Schock für ihn. Man hat ihm von dem Brief berichtet, in dem mein Bruder die Wachen des Towers warnte, das wird uns zugutekommen. Doch die Prinzen werden ins Innere des Towers gebracht, wo sie besser bewacht werden können als in den königlichen Gemächern. Sie dürfen nicht mehr nach draußen, bis er nach London zurückkehrt. Dann wird er sie aus London fortbringen. Er will für die jungen königlichen Cousins einen Hof gründen. Die Kinder des Duke of Clarence, sein eigener Sohn, alle Kinder Yorks werden nach Norden nach Sheriff Hutton gebracht und sollen dort leben, weit fort von Gegenden, in denen Elizabeth Woodville nur den geringsten Einfluss hat. Von Neville'schem Land wird Elizabeth die Kinder niemals retten. Er wird Elizabeth wahrscheinlich mit einem Lord aus dem Norden verheiraten, der sie mit zu sich nimmt.«

»Könnte er jemandem befehlen, die Jungen zu vergiften?«, frage ich. »Damit sie aus dem Weg sind?«

Mein Gemahl schüttelt den Kopf. »Er hat sie für illegitim erklärt, den Thron können sie folglich nicht mehr erben. Sobald wir nach York kommen, wird sein eigener Sohn als Prince of Wales eingesetzt. Die Sippe der Rivers ist geschlagen. Er will nur dafür sorgen, dass die Jungen nicht zu Galionsfiguren einer verlorenen Hoffnung werden. Abgesehen davon wären sie für ihn als tote Märtyrer schlimmer denn als schwächliche Thronanwärter. Wen er wirklich tot sehen will, ist die ganze Sippschaft der Rivers, die Woodvilles und ihr ganzes Geschlecht, das sich hinter den Prinzen sammeln würde. Doch der Beste von ihnen ist bereits tot, und der Rest wird auch noch zur Strecke gebracht. Das ganze Land akzeptiert Richard als König und wahren Erben Yorks. Du hättest es sehen müssen, um es zu glauben, Margaret, aber in allen Städten, durch die wir gekommen sind, sind die Menschen zusammengeströmt, um seine Krönung zu feiern. Alle wollen lieber einen starken Usurpator auf dem Thron als einen schwachen Jüngling. Alle wollen lieber den Bruder des Königs, als noch einmal Krieg führen zu müssen, um für den

Sohn des Königs zu kämpfen. Und er verspricht, ein guter König zu sein – er ist das Ebenbild seines Vaters, er ist ein York, und er wird geliebt.«

»Und doch sind derer viele, die sich gegen ihn erheben würden. Ich muss es wissen, ich ziehe sie zusammen.«

Er zuckt die Achseln. »Ja, das weißt du besser als ich. Aber wohin wir auch gekommen sind, überall haben die Menschen König Richard als den großen Erben und treuen Bruder eines großen Königs willkommen geheißen.«

»Die Rivers könnten ihn trotzdem schlagen. Die Brüder der Königin und ihr Grey-Sohn haben sich die Unterstützung aus Kent und Sussex gesichert; Hampshire ist ihnen. Alle Männer, die je im königlichen Haushalt gedient haben, würden für sie antreten. In Cornwall wird sich immer Unterstützung für mein Haus finden lassen, und der Name Tudor wird Wales mobilisieren. Buckingham besitzt riesige Ländereien und Tausende von Pächtern, und der Herzog der Bretagne hat meinem Sohn Henry eine fünftausend Mann starke Armee versprochen.«

Er nickt. »Es könnte gelingen. Doch nur, wenn du dir bei Buckingham ganz sicher sein kannst. Ohne ihn bist du nicht stark genug.«

»Morton sagt, Buckingham habe sich unter seinem Einfluss ganz gegen Richard gewandt. Mein Haushofmeister Reginald Bray hat mit beiden gesprochen. Ich werde mehr wissen, wenn ich mich mit ihm unterhalten habe.«

»Wo trefft ihr euch?«

»Wie zufällig, auf der Straße.«

»Er treibt sein Spiel mit dir«, warnt mich mein Gemahl. »So wie er sein Spiel mit Richard getrieben hat. Der arme Narr Richard glaubt selbst jetzt noch, dass Buckingham ihn liebt wie einen Bruder. Doch stellt sich heraus, dass er am

Ende immer seinen eigenen Ambitionen dient. Er wird sich einverstanden erklären, den Thronanspruch deines Sohnes zu unterstützen, doch Tudor das Kämpfen überlassen. Er hofft, dass Tudor und die Königin Richard besiegen und ihm den Weg freimachen.«

»Wir legen alle nur Lippenbekenntnisse ab. Wir kämpfen alle für unsere eigene Sache, obwohl wir doch alle den Prinzen Treue geschworen haben.«

»Ja, nur dass die Jungen unschuldig sind«, bemerkt er. »Und Buckingham ihren Tod plant. Kein Mensch in England würde seinen Anspruch unterstützen, wenn sie noch lebten. Und als High Steward of England hat er unter anderem auch das Kommando über den Tower unter sich und ist in einer besseren Position als wir alle, sie ermorden zu lassen. Seine Diener sind nämlich schon drinnen.«

Ich halte inne, als mir klar wird, was er da andeutet. »Du meinst, er würde es tun?«

»Sofort.« Er lächelt. »Und wenn er es tut, könnte er den Befehl im Namen des Königs geben. Man könnte es so aussehen lassen, als handelte er auf Befehl von Richard. Er selbst würde es aussehen lassen, als sei es Richards Werk.«

»Plant er das?«

»Ich weiß nicht, ob er schon daran gedacht hat. Aber jemand sollte dafür sorgen, dass ihm der Gedanke kommt. Jemand, der die Jungen tot sehen möchte, könnte die Tat gewiss nicht klüger planen, als sie zu Buckinghams Aufgabe zu machen.«

Es klopft an der Tür, und die Wachen meines Gemahls lassen den Tafelmeister des Klosters ein. »Das Abendessen ist serviert, Mylady, Mylord.«

»Gott segne dich, Gemahl«, sage ich formell. »Ich lerne so viel von deinem Handeln.«

»Gott segne dich auch«, sagt er. »Und Gott segne dein Treffen mit Seiner Gnaden, dem Duke of Buckingham, möge viel Gutes daraus erwachsen.«

Lange bevor er in Sicht kommt, höre ich den Duke of Buckingham schon auf der gewundenen unbefestigten Straße näher kommen. Sein Gefolge ist so prächtig wie das eines Königs. Vorreiter preschen voran und warnen alle mit Trompetenstößen, die Straße für den mächtigen Herzog zu räumen. Auch wenn, so weit das Auge reicht, niemand zu sehen ist als ein Junge, der unter einem Baum Schafe hütet, und in der Ferne ein kleines Dorf, schmettern die Trompeten, und mehr als hundert Pferde donnern hinterher, dass auf der sommerlichen Straße hinter den flatternden Bannern eine mächtige Staubwolke aufsteigt.

In vorderster Reihe reitet der Herzog auf einem großen kastanienbraunen Schlachtross mit prächtiger Schabracke und einem Sattel aus rotem Leder, besetzt mit goldenen Nieten, vor ihm seine persönliche Standarte und drei bewaffnete Leibwachen. Er ist gekleidet wie zur Jagd, doch seine Stiefel, die ebenfalls aus rotem Leder sind, sind so elegant, dass ein geringerer Mann sie zum Tanzen aufgespart hätte. Sein Umhang, den er über die Schulter geworfen hat, wird von einer prächtigen goldenen Brosche zusammengehalten, und das Emblem an seiner Kappe ist aus Gold und Rubinen. Die Juwelen, mit denen sein Wams bestickt ist, sind ein Vermögen wert, seine Reithose ist aus wunderbar weichem lohfarbenem Wollstoff, mit roten Lederbändern geschnürt. Er war ein eitler, zorniger Junge, als Elizabeth Woodville ihn als Mündel zu sich genommen und ihn gedemütigt hat, indem sie ihn mit ihrer Schwester verheiratete. Jetzt ist er ein eitler, zorniger Mann, noch keine dreißig Jahre alt, der Rache nimmt an einer Welt, die ihm in seinen Augen nie genug Respekt erwiesen hat.

Ich bin ihm zum ersten Mal begegnet, als ich Henry Stafford geheiratet habe. Damals war er ein kleiner Junge, verwöhnt von dem nachsichtigen Herzog, seinem Großvater. Durch den Tod seines Vaters und seines Großvaters kam er schon als Kind in den Besitz des Herzogtums und betrachtete sich fortan als von hoher Geburt. Drei seiner Großeltern sind Nachfahren von Edward III., und so betrachtet er sich als königlicher denn die Königsfamilie. Jetzt hält er sich für den Erben Lancasters. Er denkt, sein Anspruch auf den Thron ist größer als der meines Sohnes.

Er tut überrascht, als er plötzlich meines bescheidenen Gefolges ansichtig wird, obwohl gesagt werden muss, dass ich immer mit fünfzig guten Bewaffneten reise und meine eigene Standarte und Stanleys Farben vor mir hergetragen werden. Er hebt die Hand, um seinen Tross zum Halten zu bringen. Wir kommen uns langsam näher, wie zwei Unterhändler, und sein junges charmantes Lächeln strahlt zu mir herüber wie die aufgehende Sonne. »Schön, dass wir uns treffen, verehrte Cousine!«, ruft er, und seine Männer senken respektvoll die Banner. »Ich hätte nicht erwartet, so weit von zu Hause auf dich zu treffen!«

»Ich muss zu meinem Haus in Bridgnorth«, sage ich laut und deutlich für die Spione, die uns womöglich belauschen. »Und hätte dich beim König vermutet.«

»Ich kehre jetzt aus meinem Haus in Brecon zu ihm zurück«, sagt Buckingham. »Aber möchtest du deine Reise nicht unterbrechen? Tenbury ist nicht mehr weit. Würdest du mir die Ehre erweisen, mit mir zu speisen?« Mit einer lässigen Geste zeigt er auf seine Truppen. »Ich habe meinen Koch und Vorräte dabei. Wir könnten heute Abend zusammen dinieren.«

»Es ist mir eine Ehre«, sage ich leise, wende mein Pferd und reite neben ihm her, während meine zahlenmäßig unterlegene Wache zur Seite tritt und den Truppen Buckinghams nach Tenbury folgt.

Das bescheidene Gasthaus hat einen kleinen Raum mit einem Tisch und einigen Schemeln, der für unsere Zwecke genügt. Die Männer lassen ihre Pferde aufgereiht auf der nahegelegenen Weide ruhen und zünden ihre Lagerfeuer an, um ihr Fleisch zu braten. Buckinghams Koch übernimmt die kärgliche Küche des Gasthauses, und bald laufen Diener hin und her, schlachten zwei Hühner und holen Proviant aus den Fuhrwerken. Buckinghams Truchsess bringt uns Wein aus dem Vorrat, den sie mitführen, und serviert ihn in zwei Gläsern aus dem Besitz des Herzogs, in deren Rand das herzogliche Wappen eingraviert ist. Ich bemerke all die weltliche Extravaganz und denke: Dieser junge Mann glaubt, er könnte sein Spiel mit mir treiben.

Ich warte. Der Gott, dem ich diene, ist geduldig, und er hat mich gelehrt, dass es manchmal das Beste ist, abzuwarten und zu sehen, was geschieht. Buckingham war schon immer ein ungeduldiger Junge, und er kann kaum an sich halten, bis der Truchsess die Tür hinter sich geschlossen hat, da schießt er auch schon los.

»Richard ist unhaltbar. Ich wollte nur, dass er uns vor dem Ehrgeiz der Rivers schützt, und habe ihn aus diesem Grund vor ihnen gewarnt, doch jetzt ist er zu weit gegangen. Er muss gestürzt werden.«

»Er ist jetzt König«, bemerke ich. »Du hast ihn früh gewarnt und ihm so gut gedient, dass er ein Tyrann geworden ist, wo du doch Angst hattest, die Rivers würden zu Tyrannen. Und mein Gemahl und ich haben geschworen, ihm zu dienen, genau wie du.«

Er wedelt mit der Hand und vergießt ein wenig Wein. »Ein Treueeid gegenüber einem Thronräuber ist gar kein Eid«, sagt er. »Er ist nicht der rechtmäßige König.«

»Wer dann?«

»Prinz Edward, nehme ich an«, sagt er rasch, als sei das nicht die einzige Frage von Bedeutung. »Verehrte Cousine, du bist älter und klüger als ich, ich habe mein Leben lang auf dein heiliges Urteil vertraut. Sicher hast du das Gefühl, wir müssten die Prinzen aus dem Tower befreien und dafür sorgen, dass sie ihren rechtmäßigen Platz wieder einnehmen. Du warst Königin Elizabeth so eine liebevolle Hofdame. Sicher hast du das Gefühl, dass ihre Söhne befreit werden müssten und Prinz Edward auf den Thron seines Vaters gehörte?«

»Gewiss«, sage ich. »Wenn er sein legitimer Sohn wäre. Doch Richard sagt, dass er das nicht ist, du selbst hast öffentlich verkündet, er sei ein Bastard und sein Vater sei auch schon ein Bastard gewesen.«

Bei diesen Worten macht Buckingham ein besorgtes Gesicht. Als wäre nicht er es gewesen, der öffentlich geschworen hat, Edward sei schon verheiratet gewesen, bevor er Elizabeth die Ehe versprach. »In der Tat, ich fürchte, das ist wahr.«

»Und wenn du den sogenannten Prinz auf den Thron setzt, dann würdest du Gefahr laufen, allen Wohlstand und alle Positionen zu verlieren, die du aus Richards Händen erhalten hast.«

Er tut die Stellung als High Steward of England mit einer Handbewegung ab, als wäre sie nicht die größte Ehre im Land. »Ich gebe nichts auf die Geschenke eines Usurpators«, sagt er aufgeblasen.

»Und ich würde gar nichts gewinnen«, bemerke ich. »Ich wäre immer noch Hofdame der Königin. Ich würde in den Dienst der Königinwitwe Elizabeth zurückkehren, nachdem ich Königin Anne gedient habe – ich würde also immer noch in Diensten stehen. Und du hättest alles aufs Spiel gesetzt, nur um die Familie Rivers wieder an die Macht zu bringen. Wir wissen doch beide, was für eine habgierige und große Familie das ist. Deine Gemahlin, die Schwester der Königin, würde von Neuem über dich bestimmen. Sie wird es dir heimzahlen, dass du sie in Schande zu Hause festgehalten hast. Sie werden alle wieder über dich lachen, wie sie über dich gelacht haben, als du ein kleiner Junge warst.«

Hass flackert in seinen Augen, und er richtet den Blick rasch auf den Kamin, in dem kleine Flammen an den Scheiten lecken. »Sie dominiert mich nicht«, sagt er gereizt. »Welche Stellung auch immer ihre Schwester innehat. Niemand lacht über mich.«

Er zögert, kaum wagt er, mir zu sagen, was er eigentlich wünscht. Ein Diener serviert kleine Pasteten, und wir kosten davon zu unserem Wein, nachdenklich, als hätten wir uns zum Abendessen getroffen und würden das Mahl genießen.

»Ich fürchte wahrlich um das Leben der Prinzen«, sage ich. »Da es beinahe gelungen wäre, sie zu befreien, kann ich nicht umhin zu denken, Richard werde sie weit fortschicken… oder plane gar Schlimmeres. Er kann doch gewiss nicht das Risiko eingehen, dass sie in London bleiben, auf das sich alle weiteren Aufstände konzentrieren werden? Jeder muss denken, Richard wolle sie vernichten. Vielleicht bringt er sie auf seine Ländereien im Norden, und sie überleben es nicht. Ich fürchte, Prinz Richard ist schwach auf der Brust.«

»Gott behüte, aber wenn er sie heimlich töten würde,

dann wäre das Geschlecht der Rivers ausgestorben, und wir wären befreit«, sagt der Herzog, als käme es ihm gerade in den Sinn.

Ich nicke. »Und ein Aufstand, der Richard vom Thron stürzte, würde einem neuen König den Weg ebnen.«

Er hebt den Blick vom glühenden Feuer und sieht mich strahlend und offen, voller Hoffnung an. »Meinst du deinen Sohn, Henry Tudor? Denkst du an ihn, Mylady? Würde er die Herausforderung annehmen und Lancaster wieder auf den Thron von England bringen?«

Ich zögere keinen Augenblick. »Mit York sind wir schlecht gefahren. Henry ist der direkte Erbe des Hauses Lancaster. Und er hat sein Leben lang auf die Chance gewartet, in sein Land zurückzukehren und Anspruch auf sein Geburtsrecht zu erheben.«

»Hat er Soldaten?«

»Er kann Tausende aufstellen«, verspreche ich. »Der Herzog der Bretagne hat ihm seine Unterstützung zugesichert – er besitzt mehr als ein Dutzend Schiffe, mehr als viertausend Männer, eine gewaltige Armee untersteht seinem Kommando. Henrys Name allein kann ganz Wales aufbringen, und sein Onkel Jasper wäre der Kommandant. Wenn ihr beide euch zusammentut, um gegen Richard zu kämpfen, so wäret ihr, glaube ich, unschlagbar. Und wenn die Königinwitwe ihre Verwandtschaft einberufen würde in der Annahme, sie kämpfte für ihre Söhne, könnten wir nicht scheitern.«

»Aber wenn sie herausfände, dass ihre Söhne tot sind?«

»Solange sie es erst nach der Schlacht erführe, wäre es uns egal.«

Er nickt. »Und dann würde sie sich zurückziehen.«

»Mein Sohn Henry ist mit Prinzessin Elizabeth verlobt«,

bemerke ich. »Elizabeth Woodville wäre immer noch Königinmutter, das würde ihr reichen, wenn ihre Söhne tot wären.«

Er strahlt, als er plötzlich begreift, worauf mein Plan abzielt. »Und sie denkt, sie hat dich ganz auf ihre Seite gezogen!«, ruft er aus. »Deine Ambitionen deckten sich mit den ihren.«

Ja, denke ich. Und auch du bildest dir ein, du hättest mich sicher auf deine Seite gezogen, und ich würde meinen Sohn herholen, damit er Richard für dich tötet. Ich würde meinen kostbaren Henry als Waffe für einen wie dich benutzen, um dir den Weg zum Thron zu ebnen.

»Und wenn«, er wirkt gequält, »Gott behüte, aber wenn dein Sohn Henry in der Schlacht fiele?«

»Dann wärst du König«, sage ich. »Ich habe nur einen Sohn, er ist der einzige Erbe meines Hauses. Falls Henry in der Schlacht fiele, könnte niemand leugnen, dass du den größten Thronanspruch hast. Und wenn er lebte, dann wäre dir seine Dankbarkeit gewiss und die Herrschaft über jedwede Ländereien, die dir genehm sind. Ich kann gewiss in seinem Namen versprechen, dass sämtliche Ländereien Bohuns an dich zurückfallen würden. Ihr beide hättet England endlich den Frieden gebracht und das Land von einem Tyrannen befreit. Henry wäre König, und du wärst der bedeutendste Herzog im Lande. Und wenn er ohne Nachkommen stürbe, wärest du sein Erbe.«

Er rutscht von seinem Schemel und kniet vor mir nieder, streckt mir in der altehrwürdigen Geste des Lehnseids die Hände entgegen. Ich lächle auf ihn hinab, diesen schönen jungen Mann, schön wie ein Spieler bei einem Mummenschanz, der Worte spricht, die niemand glauben kann, und Treue verspricht, wo er nur seinen eigenen Vorteil sucht.

»Wirst du an deines Sohnes statt meinen Treueschwur annehmen?«, fragt er mit schimmernden Augen. »Erkennst du meinen Eid an und schwörst, dass Henry sich mit mir gegen Richard verbündet? Wir beide vereint?«

Ich nehme seine Hände in meine kühlen Hände. »Im Namen meines Sohnes, Henry Tudor, des rechtmäßigen Königs von England, nehme ich deinen Treueschwur an«, sage ich ernst. »Ihr beide und Elizabeth, die Königinwitwe, werdet zusammen den Keiler besiegen und Freude nach England zurückbringen.«

Als ich von dem Abendessen mit Buckingham fortreite, bin ich seltsam unzufrieden, mir ist ganz und gar nicht triumphierend zumute. Ich müsste doch frohlocken: Er glaubt, er habe meinen Sohn in die Falle gelockt und dieser werde sich bewaffnen und für Buckinghams Rebellion kämpfen, dabei haben wir doch ihn um den Finger gewickelt. Die Aufgabe, die ich mir gestellt habe, ist erfüllt; Gottes Wille ist Genüge getan worden. Und doch... und doch... Es ist wohl der Gedanke an die beiden Jungen im Tower, die ihre Gebete sprechen, die in der Hoffnung, am nächsten Tag ihre Mutter wiederzusehen, abends in ihr großes Bett steigen – im Vertrauen darauf, dass ihr Onkel sie freilässt. Und sie wissen nichts von der mächtigen Allianz zwischen mir, meinem Sohn und dem Duke of Buckingham. Wir, die wir nur darauf warten, von ihrem Tod unterrichtet zu werden, auf den wir nicht mehr lange warten müssen.

SEPTEMBER 1483

Endlich komme ich zu meinem Recht. Ich habe das Königreich geerbt, von dem ich geträumt habe, als ich zur Jungfrau Johanna gebetet habe und sein wollte wie sie, die Einzige, die etwas tat, damit sich ihr Königreich erhob, die einzige Frau, die – von Gott selbst – wusste, was zu tun war. Meine Gemächer in unserem Haus in London sind das heimliche Hauptquartier der Rebellion; jeden Tag kommen und gehen Boten mit Nachrichten über die Bewaffnung, ersuchen um Geld, holen Waffen ab und schmuggeln sie heimlich aus der Stadt. Mein Arbeitstisch, auf dem sich einst fromme Bücher zum Studium stapelten, ist jetzt mit sorgfältig kopierten Karten übersät, und in seinen Schubladen verbergen sich Chiffren für geheime Botschaften. Meine Ladys schwören ihre Gatten, Brüder und Väter auf Geheimhaltung ein und verpflichten sie für unsere Sache. Meine Freunde in der Kirche, in der Stadt und auf meinen Ländereien nehmen Kontakt zueinander auf, und so liegt bald ein Netz der Verschwörung über dem Land. Ich entscheide, wem man vertrauen kann und wem nicht, und trete persönlich an sie heran. Dreimal am Tag knie ich nieder, um zu beten; mein Gott ist der Gott gerechter Kriege.

Dr. Lewis verkehrt fast täglich zwischen mir und Königin Elizabeth, als sie ihrerseits die Männer rekrutiert, die den

Prinzen Yorks die Treue halten, die großen Männer und treuen Diener des ehemaligen königlichen Hofes. Und ihre Brüder und ihr Sohn sind heimlich in allen Grafschaften um London unterwegs und mobilisieren alle Verwandten Yorks, während ich diejenigen einberufe, die für Lancaster kämpfen. Mein Haushofmeister Reginald Bray ist immer unterwegs, und mein geliebter Freund John Morton steht als Hausgast und Gefangener täglich in Kontakt mit Henry Stafford, Duke of Buckingham. Er unterrichtet den Herzog über die Fortschritte unserer Rekrutierung und berichtet mir, dass die Tausende von Männern, über die Buckingham befehligen kann, sich im Geheimen bewaffnen. Meinen eigenen Leuten versichere ich, dass Henry die Prinzessin Elizabeth von York heiraten und das Land durch seinen Sieg einen wird. Das begeistert sie so, dass sie sich unserer Sache anschließen. Doch den Yorks und dem gemeinen Volk liegt nichts an meinem Henry, sie sind nur darauf bedacht, dass die Prinzen freikommen. Sie wünschen sich verzweifelt Freiheit für ihre Jungen; sie stehen wie ein Mann gegen Richard, und sie würden sich mit jedem verbünden – selbst mit dem Teufel persönlich –, wenn sie nur die Söhne Yorks befreien könnten.

Der Duke of Buckingham scheint meiner Sache treu zu sein – obwohl ich nicht daran zweifle, dass er eigene Pläne schmiedet. Er verspricht, seine Männer und Tudortreue in den Walisischen Marken zusammenzuziehen, den Severn zu überqueren und von Westen in England einzufallen. Zur selben Zeit soll mein Sohn im Süden landen und mit seinen Truppen nach Norden marschieren. Die Männer der Königin kommen aus sämtlichen südlichen Grafschaften, wo ihre Stärke liegt, und Richard, der noch im Norden weilt, wird auf dem Marsch gen Süden mühsam Soldaten rekrutieren, um dort nicht auf eine, sondern auf drei Armeen zu stoßen. Dort kann er den Ort seines Todes wählen.

Jasper und Henry rekrutieren ehemalige Strafgefangene und Freiwillige auf den Straßen der übelsten Städte im nördlichen Europa. Es sind Söldner und verzweifelte Gefängnisinsassen, die nur freigelassen werden, wenn sie unter dem Tudor-Banner in die Schlacht ziehen. Wir erwarten nicht, dass sie mehr als einen Sturm aushalten. Sie sind niemandem zu Treue verpflichtet und haben kein Gespür dafür, dass unsere Sache gerecht ist. Doch allein ihre Zahl wird die Schlacht entscheiden. Jasper hat fünftausend von ihnen aufgestellt, wahrlich fünftausend, und er drillt sie zu einer Truppe, die jedes Land in Angst und Schrecken versetzen würde.

Richard – nichts ahnend, weit fort in York – ergötzt sich an der Loyalität dieser Stadt zu ihrem Lieblingssohn. Er weiß nichts von den Plänen, die wir im Herzen seiner Hauptstadt schmieden, doch er ist klug genug, um zu wissen, dass Henry eine Gefahr darstellt. Er versucht König Ludwig XI. von Frankreich davon zu überzeugen, ein Bündnis mit ihm einzugehen – unter der Bedingung, dass Ludwig ihm meinen Sohn ausliefert. Richard hofft, mit Schottland einen Waffenstillstand zu erreichen, er weiß, dass mein Henry seine Truppen zusammenruft, er weiß von der Verlobung und dass mein Sohn im Bund mit Königin Elizabeth steht. Und dass sie entweder mit den diesjährigen Herbststürmen kommen oder auf den Frühling warten. All dies weiß er, und er muss sich davor fürchten. Er weiß nicht, wo ich in dieser Sache stehe, ob ich die loyale Gemahlin eines loyalen Gefolgsmannes bin, den er mit Lehnsgütern und Positionen gekauft hat, oder ob ich die Mutter eines Sohnes mit einem Anspruch auf den Thron bin. Er muss beobachten, abwarten, sich viele Fragen stellen.

Was er noch nicht weiß, ist, dass über seine Hoffnungen und seine Sicherheit ein dunkler Schatten gefallen ist. Denn sein größter Kamerad und bester Freund, der Duke of Buckingham – der ihn auf den Thron gesetzt und ihm Treue geschworen hat, der aus seinem eigenen Fleisch und Blut sein sollte, ein Bruder, so vertrauenswürdig wie ein Verwandter Yorks –, hat sich gegen ihn gewandt und geschworen, ihn zu vernichten. Der arme, unwissende und unschuldige Richard feiert in York, wo er sich in dem Stolz und der Liebe seiner Freunde im Norden sonnt. Was er nicht weiß, ist, dass sein bester Freund, der Mann, den er liebt wie einen Bruder, tatsächlich wie einer seiner Brüder geworden ist: so falsch wie alle neidischen, rivalisierenden Brüder Yorks.

Mein Gemahl und Herr, Lord Thomas Stanley, erhält drei Tage Urlaub von seinen Pflichten an Richards Hof in York und kommt am Abend, in der Stunde vor dem Abendessen, zu mir. Ohne ein höfliches Wort der Begrüßung entlässt er meine Ladys mit einer nachlässigen Geste. Ob dieser Grobheit ziehe ich eine Augenbraue hoch und warte.

»Ich habe nur für eine einzige Frage Zeit«, fährt er mich an. »Der König hat mich auf diesen privaten Botengang geschickt, obwohl er mir leider Gottes nicht besonders zu vertrauen scheint. Ich muss übermorgen wieder bei ihm sein, und er beäugt mich, als würde er mich am liebsten wieder unter Arrest stellen. Er weiß, dass eine Rebellion droht, er verdächtigt dich – und daher auch mich, und er ist sich nicht mehr sicher, wem er vertrauen kann. Sag mir nur eines: Hast du den Tod der Prinzen befohlen? Und ist es geschehen?«

Ich werfe einen Blick auf die geschlossene Tür und erhebe mich. »Gemahl, warum fragst du?«

»Weil sich mein Gutsverwalter heute bei mir erkundigt hat, ob sie tot sind. Mein Oberstallmeister hat mich gefragt, ob ich die Neuigkeit gehört hätte. Und mein Weinhändler war der Ansicht, das halbe Land glaube es. Das halbe Land gehe davon aus, dass sie tot sind, und die meisten glauben, dass es Richard war.«

Ich verberge meine Freude. »Aber wie sollte ich so etwas bewerkstelligen?«

Er ballt die Faust unter meinem Kinn und schnalzt mit den Fingern. »Wach auf«, sagt er barsch. »Du sprichst mit mir und nicht mit einem deiner Gefolgsleute. Du hast Dutzende von Spionen, dir steht ein gewaltiges Vermögen zur Verfügung; du hast deine eigenen Wachen und kannst jetzt auch noch die Männer des Duke of Buckingham heranziehen. Wenn du es willst, kann es getan werden. Also, ist es vollbracht? Ist es vorbei?«

»Ja«, sage ich leise. »Es ist vollbracht. Es ist vorbei. Die Jungen sind tot.«

Er schweigt einen Augenblick, fast als würde er für ihre kleinen Seelen beten. Dann fragt er: »Hast du ihre Leichen gesehen?«

Ich bin schockiert. »Nein, natürlich nicht.«

»Woher weißt du dann, dass sie tot sind?«

Ich komme ihm noch näher. »Der Herzog und ich waren uns einig, dass es geschehen muss, und sein Mann kam eines Nachts spät zu mir und sagte, die Tat sei vollbracht.«

»Wie haben sie es gemacht?«

Ich kann seinem Blick nicht begegnen. »Er hat gesagt, er und zwei andere hätten sie im Schlaf überrascht, in die Matratzen gedrückt und mit ihren Decken erstickt.«

»Nur drei Männer!«

»Drei«, rechtfertige ich mich. »Ich nehme an, sie brauchten drei...« Ich unterbreche mich, als ich sehe, dass er sich – genau wie ich – vorstellt, wie ein zehnjähriger Junge und sein zwölfjähriger Bruder mit dem Gesicht in die Matratze gedrückt und mit einer Decke erstickt werden. »Buckinghams Männer«, erinnere ich ihn. »Nicht meine.«

»Dein Befehl und drei Zeugen. Wo sind ihre Leichen?«

»Unter einer Treppe im Tower versteckt. Sobald Henry zum König gekrönt wurde, kann er sie entdecken und erklären, die Jungen seien von Richard umgebracht worden. Er kann eine Messe für sie lesen und sie beerdigen lassen.«

»Und woher weißt du, dass Buckingham kein falsches Spiel mit dir treibt? Woher weißt du, dass er sie nicht heimlich fortgeschafft hat und sie immer noch irgendwo am Leben sind?«

Ich zögere. Plötzlich geht mir auf, dass es womöglich ein Fehler war, anderen die schmutzige Arbeit zu überlassen. Aber ich wollte, dass Buckinghams Männer es taten und die ganze Schuld auf Buckingham fiele. »Warum sollte er? Ihr Tod ist in seinem Interesse«, entgegne ich, »genau wie in unserem. Das hast du selbst gesagt. Wenn alle Stricke reißen und er mich getäuscht hat und sie doch noch im Tower leben, dann kann man sie später immer noch töten.«

»Du setzt großes Vertrauen in deine Verbündeten«, sagt mein Gemahl unwirsch. »Und sorgst dafür, dass du dir die Hände nicht schmutzig machst. Aber wenn du nicht selbst zuschlägst, weißt du nie, ob der Schlag auch sitzt. Ich kann nur hoffen, dass deine Befehle ausgeführt wurden. Dein Sohn wird auf dem Thron niemals sicher sein, wenn sich irgendwo noch ein Prinz aus dem Haus York versteckt. Er wird ihm sein Leben lang über die Schulter schauen. In der Bretagne wird ein rivalisierender König auf ihn warten, genau wie er auf Edward gewartet hat. Genau wie er Richard terrorisiert hat. Dein kostbarer Sohn wird von Ängsten vor einem Rivalen verfolgt werden, genau wie er Richard verfolgt. Tudor wird keinen Augenblick Frieden haben. Wenn du das hier verpfuscht hast, wird dein Sohn sein Leben lang von einem unruhigen Geist verfolgt werden, und die Krone wird niemals sicher auf seinem Kopf sitzen.«

»Ich führe den Willen Gottes aus«, fahre ich erbost auf. »Und er ist vollbracht. Ich lasse mich nicht derart infrage stellen. Henry wird sicher sein auf dem ihm gebührenden Thron. Er wird nicht verfolgt werden. Die Prinzen sind tot, aber ich habe mich nicht schuldig gemacht. Buckingham hat es getan.«

»Auf deinen Vorschlag hin.«

»Buckingham hat es getan.«

»Und du bist dir ganz sicher, dass beide umgebracht wurden?«

Ich zögere einen Augenblick und denke an Elizabeth Woodvilles seltsame Worte: »Es ist nicht Richard.« Was, wenn sie einen Wechselbalg in den Tower geschmuggelt hat, damit ich ihn töten lasse? »Beide«, sage ich ruhig.

Mein Gemahl zeigt mir sein kältestes Lächeln. »Ich wäre froh, wenn ich mir dessen sicher sein könnte.«

»Wenn mein Sohn im Triumph nach London zieht, die Leichen findet und Buckingham oder Richard die Schuld gibt, wenn er ihnen eine heilige Beerdigung ausrichtet, wirst du sehen, dass ich das Meine getan habe.«

Von Unsicherheiten geplagt, gehe ich zu Bett. Am nächsten Tag, unmittelbar nach Matutin, sucht mich Dr. Lewis in meinen Gemächern auf. Er wirkt angespannt und verängstigt. Mit dem Hinweis, ich fühlte mich unwohl, schicke ich meine Ladys hinaus. Als wir in meinem Audienzzimmer allein sind, lasse ich ihn auf einem Hocker mir gegenüber Platz nehmen, fast als wäre er mir ebenbürtig.

»Königin Elizabeth hat mich letzte Nacht zu sich ins Kirchenasyl gerufen. Sie war außer sich«, sagt er leise.

»Tatsächlich?«

»Man hatte ihr berichtet, die Prinzen seien tot, und sie hat mich angefleht, ihr zu sagen, dem sei nicht so.«

»Was habt Ihr gesagt?«

»Ich wusste nicht, was Ihr von mir erwartet hättet. Also habe ich ihr gesagt, was sich die ganze Stadt erzählt: dass sie tot sind. Dass Richard sie entweder am Tag seiner Krönung töten ließ oder als er London verließ.«

»Und?«

»Sie war zutiefst erschüttert, sie konnte es nicht glauben. Aber Lady Margaret, sie hat etwas Schreckliches gesagt…« Er unterbricht sich, als wagte er nicht, es zu wiederholen.

»Fahrt fort«, ermuntere ich ihn, auch wenn mir ein kaltes Frösteln den Rücken heraufkriecht. Ich fürchte, man hat mich betrogen. Ich fürchte, es ist schiefgelaufen.

»Zuerst hat sie aufgeschrien, und dann hat sie gesagt: ›Wenigstens ist Richard in Sicherheit.‹«

»Sie meinte Prinz Richard? Den Jüngeren?«

»Den sie in den Tower gebracht haben, um seinem Bruder Gesellschaft zu leisten.«

»Das weiß ich! Aber was hat sie damit gemeint?«

»Das habe ich sie auch gefragt. Sie hat mich auf äußerst beängstigende Art und Weise angelächelt und gesagt: ›Doktor, wenn Ihr nur zwei kostbare, seltene Juwelen besäßet und hättet Angst vor Dieben, würdet Ihr beide Schätze in derselben Schatulle verwahren?‹«

Als er meine bestürzte Miene sieht, nickt er.

»Was meint sie damit nur?«, wiederhole ich.

»Mehr wollte sie nicht sagen. Ich habe nachgefragt, ob Prinz Richard nicht im Tower gewesen sei, als die beiden Jungen getötet wurden. Sie sagte nur, ich solle Euch bitten, Eure Wachen in den Tower zu schicken, um für die Sicherheit ihrer Söhne zu sorgen. Mehr wollte sie nicht preisgeben. Danach hat sie mich fortgeschickt.«

Ich erhebe mich von meinem Schemel. Dieses verdammte Weib, diese Hexe, die ihren Schatten auf mich geworfen hat, seit ich ein Mädchen war. Und jetzt, in diesem Augenblick, in dem ich sie benutze – in dem ich ihre geliebte Familie und ihre treuen Unterstützer dazu benutze, ihr den Thron streitig zu machen und ihre Söhne zu vernichten –, könnte sie immer noch gewinnen, könnte sie etwas getan und damit meine Pläne durchkreuzt haben. Wie stellt sie das nur immer an? Wie kann es sein, dass sie, wenn sie so am Boden ist, dass ich mich sogar dazu überwinde, für sie zu beten, es immer noch schafft, ihr Glück zu wenden? Das kann nur Hexerei sein. Ihr Glück und ihr Erfolg verfolgen mich mein Leben lang. Ich weiß genau, dass sie mit dem Teufel im Bunde steht. Ich wünschte, er würde sie mit in die Hölle nehmen.

»Ihr müsst noch einmal zu ihr gehen«, wende ich mich an ihn.

Er erweckt beinahe den Eindruck, als wollte er sich weigern.

»Was?«, fahre ich ihn an.

»Lady Margaret, ich schwöre, ich fürchte mich davor, zu ihr zu gehen. Sie ist wie eine Hexe, eingesperrt im Spalt einer Kiefer, sie ist wie ein gefangener Geist, wie eine Wassergöttin in einem zugefrorenen See, die auf den Frühling wartet. Sie lebt in dem düsteren Kirchenasyl, an ihren Gemächern fließt unablässig der Fluss vorbei, und sie lauscht seinem Plätschern wie einem Ratgeber. Sie weiß Dinge, die sie allein mit irdischen Mitteln nicht erfahren haben kann. Sie erfüllt mich mit Angst und Schrecken. Und ihre Tochter ist genauso schlimm.«

»Ihr werdet all Euren Mut zusammennehmen müssen«, sage ich barsch. »Seid tapfer, Ihr führt Gottes Werk aus. Ihr müsst zu ihr zurückgehen und ihr ausrichten, sie solle unverzagt sein. Teilt ihr mit, ich wäre mir sicher, dass die Prinzen noch am Leben sind. Erinnert sie daran, dass wir gehört haben, wie die Wachen sie von der Tür fortgeschafft haben, als wir den Tower angegriffen haben. Da haben sie noch gelebt, warum sollte Richard sie jetzt töten? Richard hat den Thron an sich gerissen, ohne sie zu töten, warum sollte er ihnen jetzt nach dem Leben trachten? Richard ist ein Mann, der seine Arbeit selbst erledigt, und er ist gerade Hunderte von Meilen weit fort. Richtet ihr aus, ich werde meine Leute im Tower verdoppeln, und ich schwöre auf meine Ehre, die Jungen zu beschützen. Erinnert sie daran, dass uns der nächste Monat den Aufstand bringt. Sobald wir König Richard geschlagen haben, befreien wir die Jungen. Und wenn sie sich beruhigt hat, im selben Augenblick, in dem sie Erleichterung verspürt, wenn Ihr also seht, dass die Farbe in ihr Gesicht zurückkehrt und Ihr sie überzeugt habt – in diesem Augenblick fragt Ihr sie rasch, ob sie ihren Sohn Prinz Richard in Sicherheit gebracht hat. Ob sie ihn irgendwo versteckt hält.«

Er nickt, aber er ist kreidebleich vor Angst. »Und sind sie sicher?«, fragt er. »Kann ich ihr tatsächlich beteuern, dass ihre armen Söhne sicher sind und wir sie retten werden?

Dass an den Gerüchten, die selbst in Eurem Haushalt kursieren, nichts dran ist? Wisst Ihr, ob sie leben oder tot sind, Lady Margaret? Wenn ich ihrer Mutter sage, dass sie leben, spreche ich dann die Wahrheit?«

»Sie sind in Gottes Händen«, antworte ich ruhig. »Wie wir alle. Auch mein Sohn. Dies sind gefährliche Zeiten, und die Prinzen sind in Gottes Händen.«

In dieser Nacht dringen Nachrichten von einem ersten Aufstand zu uns. Er kommt zur falschen Zeit, kommt zu früh. Die Männer aus Kent marschieren gen London und fordern den Duke of Buckingham auf, den Thron zu übernehmen. Die Grafschaft Sussex greift zu den Waffen, überzeugt, keinen Augenblick länger warten zu können, und auch die Männer aus dem benachbarten Hampshire erheben sich – wie ein Feuer, das von einer trockenen Waldung zur nächsten überspringt. Richards treuester Kommandant, Thomas Howard, der kürzlich zum Duke of Norfolk ernannt wurde, marschiert von London nach Südwesten hinunter, besetzt Guildford und schlägt sich siegreich in Scharmützeln im Westen und im Osten des Landes. Es gelingt ihm, die Rebellen in ihren eigenen Grafschaften zu halten. Er schickt eine verzweifelte Warnung an den König: Die Grafschaften im Süden erheben sich im Namen der früheren Königin und ihrer gefangenen Söhne, der Prinzen.

Richard, kampfgestähltes Oberhaupt des Hauses York, marschiert im schnellen Tempo einer yorkistischen Armee gen Süden, schlägt sein Hauptquartier in Lincoln auf und stellt in allen Grafschaften Heere auf, besonders in denen, die sein Vorrücken freudig bejubeln. Männer aus Wales melden ihm den Verrat des Duke of Buckingham und informieren ihn, dass der Herzog schon auf dem Vormarsch ist und sich durch die Walisischen Marken nach Norden bewegt. Dass er Männer rekrutiert und wohl bei Gloucester oder vielleicht auch bei Tewkesbury den Severn überschreiten will, um mit seinen eigenen Leuten und seinen walisischen Rekruten in das Herz Englands vorzustoßen. Sein geliebter Freund Henry Stafford marschiert unter seiner Standarte hinaus, so stolz und mutig, wie er einst für Richard gekämpft hat, nur dass er jetzt gegen ihn marschiert.

Richard wird weiß vor Zorn und umklammert seinen rechten Arm, seinen Schwertarm, oberhalb des Ellbogens, als bebte er vor Wut und müsste ihn ruhig halten. »Ein Mann mit dem besten Grund, treu zu sein!«, ruft er aus. »Die falscheste Kreatur auf Gottes Erden. Ein Mann, der alles bekommen hat, worum er bat. Niemals wurde ein unwürdiger Verräter besser behandelt! Ein Verräter!«

Sofort sendet er Befehle zum Aufstellen der Truppen in sämtliche Grafschaften Englands, verlangt ihre Loyalität, ihre Waffen und ihre Männer. Dies ist die erste und größte Krise seiner neuen Regentschaft. Er ruft die Truppen herbei, damit sie den yorkistischen König unterstützen, er verlangt die Loyalität, die sie seinem Bruder gezollt und ihm versprochen haben. Er warnt alle, die bei seiner Krönung vor nicht einmal sechzehn Wochen gejubelt haben, dass sie jetzt zu dieser Entscheidung stehen müssen, sonst werde England an die unheilige Allianz zwischen dem falschen Duke of Buckingham, der Hexe und ehemaligen Königin sowie dem Thronräuber Tudor fallen.

Es gießt in Strömen, und von Norden weht ein scharfer Wind. Es ist unnatürliches Wetter, Hexenwetter. Wenn er England erreichen will, solange die Unterstützer der Königin sich erhoben haben und Buckingham marschiert, muss mein Sohn jetzt Segel setzen. Aber wenn es hier, im Süden Englands, schon so stürmisch ist, dann fürchte ich das Schlimmste für das Wetter in der Bretagne. Er muss genau im richtigen Moment landen, um den müden Sieger der ersten Schlacht zu erwischen, und ihn in einen weiteren Kampf zwingen, auch wenn dieser des Kämpfens überdrüssig ist. Doch wie ich dort an meinem Fenster stehe und den Regen vom Himmel fallen und den Wind die Bäume im Garten peitschen sehe, weiß ich, dass er bei diesem Wetter nicht lossegeln kann – der Wind fegt jaulend gen Süden. Ich glaube nicht, dass es ihm bei so einem Sturm gelingt, auch nur den Hafen zu verlassen.

Am nächsten Tag regnet es noch heftiger, und der Flusspegel steigt stetig an. Er hat schon die Stufen am Fuß unseres Gartens überflutet, und die Bootsführer ziehen Stanleys Barkasse den Garten herauf bis in den Obstgarten, hinaus aus den wirbelnden Fluten, denn sie fürchten, die Strömung könnte sie von ihrem Liegeplatz losreißen. Ich kann mir nicht vorstellen, dass Henry bei so einem Wetter Segel setzen kann, und selbst wenn er aus dem Hafen käme, glaube ich nicht, dass er sicher über den Kanal an Englands Südküste gelangte.

Mein Netz an Informanten, Spionen und Verschwörern ist fassungslos über diesen heftigen Regen, der sich wie eine Waffe gegen uns richtet. Die Straßen nach London sind nahezu unpassierbar, niemand kommt mit Nachrichten durch. Es ist schier unmöglich, auf einem Pferd von London nach Guildford zu gelangen, und da die Flusspegel weiter steigen, hört man überall an den Strömen von Überflutungen und Ertrunkenen. Der Tidenhub ist unnatürlich hoch, und der mächtige Fluss schießt Tag und Nacht gegen die einströmenden Gezeiten an. Hoch aufschäumende Wogen reißen am Flussufer ganze Häuser, Kaimauern, Landungsstege und Docks mit sich. Niemand erinnert sich, je ein solches Wetter erlebt zu haben, einen Regensturm, der Tage währt und sämtliche Flüsse Englands über die Ufer treten lässt.

Ich habe niemanden, mit dem ich sprechen kann, nur meinen Gott, doch nicht immer kann ich seine Stimme hören, als würde der Regen sein Gesicht verwischen und der Wind seine Worte fortwehen. Deswegen weiß ich mit Gewissheit, dass es nur ein Hexenwind sein kann. Ich verbringe meine Tage am Fenster, wo ich in den Garten hinausblicke und zusehe, wie der Fluss brodelnd über die Gartenmauer steigt und mit jeder Welle weiter den Obstgarten heraufleckt, bis die Bäume sich den schweren Wolken am Himmel entgegenstrecken, als flehten sie um Hilfe. Wann immer eine meiner Ladys sich zu mir gesellt, Dr. Lewis an meine Tür klopft oder ein Mitverschwörer darum bittet, vorgelassen zu werden – sie wollen alle wissen, was geschieht. Als wüsste ich mehr als sie, wo alles, was ich hören kann, das Prasseln des Regens ist. Als könnte ich vom sturmgepeitschten Himmel die Zukunft ablesen. Aber ich weiß nichts, da draußen kann alles Mögliche geschehen. Keine halbe Meile von hier könnte, inmitten all des Wassers, ein Blutbad stattfinden, und niemand von uns würde es erfahren – über dem Tosen des Sturms würden wir keine Stimmen hören, und durch den Regen würden keine Lichter scheinen.

Die Nächte verbringe ich in meiner Kapelle, wo ich für die Sicherheit meines Sohnes und das Gelingen unserer Unternehmung bete. Doch ich bekomme keine Antwort von Gott, sondern höre nur das stetige Trommeln der sintflutartigen

Regenfälle auf dem Dach und das Heulen des Windes, der an den Dachziegeln rüttelt – bis ich glaube, Gott selbst sei von dem Hexenwind aus den Himmeln von England vertrieben worden, und ich werde ihn nie wieder hören.

Schließlich erhalte ich einen Brief von meinem Gemahl in Coventry.

Der König hat mich zu sich beordert, ich fürchte, er zweifelt an mir. Er hat auch nach meinem Sohn Lord Strange geschickt und war sehr ungehalten, als er hörte, dass mein Sohn sich nicht zu Hause aufhält, sondern mit einer Armee von zehntausend Männern auf dem Marsch ist, aber niemandem gesagt hat, wohin er marschiert. Sein Diener schwört, er habe gesagt, er rufe seine Männer für die eine wahre Sache zu den Waffen. Ich versichere dem König, dass mein Sohn losmarschiert ist, um sich mit uns zusammenzutun, dass er dem Thron treu ergeben ist. Doch er ist noch nicht hier in unserem Hauptquartier in Coventry Castle eingetroffen.

Weil der Severn so stark angeschwollen ist, sitzt Buckingham in Wales fest. Dein Sohn wird vermutlich vom Sturm im Hafen festgehalten. Die Männer der Königin können auf den durchweichten Straßen nicht hinausmarschieren, obwohl der Duke of Norfolk sie erwartet. Ich glaube, Deine Rebellion ist vorbei, der Regen und das steigende Wasser allerorten haben Dich besiegt. Sie nennen es schon das Wasser des Duke of Buckingham: Es hat ihn und seinen Ehrgeiz zusammen mit Deinen Hoffnungen in die Hölle gespült. Niemand hat je so einen Sturm erlebt, seit Königin Elizabeth einen Nebel heraufbeschworen hat, um der Armee ihres Gemahls in der Schlacht von Barnet Schutz zu bieten, und seit sie die Winde herbeigerufen hat, um ihn sicher nach Hause zu wehen. Niemand zweifelt daran, dass sie so etwas kann, die meisten von uns hoffen nur, dass sie aufhört, bevor sie uns alle da-

vonschwemmt. Aber warum? Kann sie jetzt gegen Dich arbeiten? Und wenn ja, warum? Ist sie so hellsichtig, dass sie weiß, was ihren Söhnen widerfahren ist und wer es getan hat? Glaubt sie, Du seiest es gewesen? Lässt sie nun Deinen Sohn aus Rache in den Fluten untergehen?

Vernichte alle in Deinem Besitz befindlichen Papiere und leugne, was Du getan hast. Richard kommt nach London, und auf dem Tower Green wird man ein Schafott errichten. Wenn er nur die Hälfte von dem glaubt, was ihm zu Ohren gekommen ist, wird er Dich aufs Schafott bringen, und ich werde nichts für Dich tun können.

Stanley

OKTOBER 1483

Ich habe die ganze Nacht auf den Knien gebetet, aber ich weiß nicht, ob Gott mich durch den höllischen Lärm des Regens hören kann. Mit fünfzehn stolzen, schnellen Schiffen und einer Armee von fünfzehntausend Mann segelt mein Sohn von der Bretagne los – und verliert sie in dem Sturm auf hoher See. Nur zwei Schiffe kämpfen sich an die Südküste Englands durch. Dort erfahren sie sogleich, dass Buckingham von dem steigenden Fluss besiegt und seine Rebellion vom Wasser fortgespült wurde und dass Richard trockenen Fußes nur darauf wartet, die Überlebenden hinzurichten.

Mein Sohn kehrt dem Land, welches das seine hätte sein sollen, den Rücken und fährt zurück in die Bretagne. Er rennt davon wie ein Feigling und lässt mich hier zurück, ungeschützt und eindeutig schuldig, seine Rebellion geplant zu haben. Wir sind von Neuem getrennt, mein Erbe und ich, diesmal ohne dass wir uns überhaupt begegnet sind, und diesmal kommt es mir vor, als wäre es für immer. Jasper und er verlassen mich. Und ich muss dem König gegenübertreten, der rasend vor Zorn und voller Rachedurst nach London marschiert wie ein einfallender Feind. Dr. Lewis entschwindet nach Wales, Bischof Morton nimmt das erste Schiff nach Frankreich, das nach den Stürmen Segel hisst,

Buckinghams Männer setzen sich unter dem tiefhängenden Himmel stillschweigend aus der Stadt ab, die Verwandten der Königin schlagen sich in die Bretagne durch zu den zerlumpten Überresten des provisorischen Hofes meines Sohnes, und mein Gemahl kehrt im Gefolge von König Richard nach London zurück, dessen ansehnliches Gesicht vom zornigen Verdruss eines verratenen Verräters verfinstert ist.

»Er weiß es«, sagt mein Gemahl kurz angebunden ohne jedes Mitgefühl, als er mein Gemach betritt, den Reiseumhang noch um die Schultern. »Er weiß, dass du mit der Königin zusammengearbeitet hast, und er wird dich vor Gericht bringen. Er hat Beweise, ein halbes Dutzend Zeugen. Rebellen von Devon bis nach East Anglia kennen deinen Namen und haben Briefe von dir.«

»Gemahl, das wird er doch sicher nicht tun.«

»Du bist eindeutig des Verrats schuldig, und darauf steht der Tod.«

»Aber wenn er glaubt, dass du treu bist ...«

»Ich *bin* treu«, verbessert er mich. »Das ist keine Sache des Glaubens, sondern eine Tatsache. Nichts, was der König denkt – sondern etwas, was er sehen kann. Als Buckingham ausritt, während du deinen Sohn herbeiriefst, um in England einzumarschieren, und Rebellen bezahltest, während die Königin die südlichen Grafschaften mobilisierte, war ich an seiner Seite. Ich habe ihn beraten, ihm Geld geliehen, meine Verwandtschaft herbeigerufen, um ihn zu verteidigen, getreu wie alle Bewohner des Nordens. Er vertraut mir jetzt mehr denn je zuvor. Mein Sohn hat eine Armee für ihn aufgestellt.«

»Die Armee deines Sohnes war für mich!«, unterbreche ich ihn.

»Mein Sohn wird das ebenso leugnen wie ich. Wir werden

dich eine Lügnerin schimpfen, und niemand kann etwas beweisen, so oder so.«

Ich zögere. »Gemahl, wirst du dich für mich verbürgen?«

Nachdenklich sieht er mich an, als könnte seine Antwort tatsächlich abschlägig ausfallen. »Nun, es ist zu erwägen, Lady Margaret. Mein König Richard ist verbittert, er kann nicht glauben, dass der Duke of Buckingham, sein bester, ja, sein einziger Freund, ihn verraten hat. Und du? Er ist erstaunt über deine Untreue. Du hast bei der Krönung die Schleppe seiner Gemahlin getragen, du warst ihre Freundin, du hast sie in London willkommen geheißen. Er hat das Gefühl, du habest ihn verraten. Unverzeihlich. Er denkt, du seiest so treulos wie dein Verwandter Buckingham. Und Buckingham wurde an Ort und Stelle exekutiert.«

»Buckingham ist tot?«

»Sie haben ihm auf dem Marktplatz von Salisbury den Kopf abgeschlagen. Der König geruhte nicht einmal, ihn zu empfangen. Er war zu wütend auf ihn, und er ist voller Hass auf dich. Du hast gesagt, Königin Anne sei in ihrer Stadt willkommen, man habe sie vermisst. Du hast das Knie vor ihm gebeugt und ihm alles Gute gewünscht. Und dann schickst du Nachrichten an sämtliche unzufriedenen lancastrianischen Familien im Land, um ihnen zu erklären, die Rosenkriege seien noch nicht zu Ende, und diesmal werdest du siegen.«

Ich knirsche mit den Zähnen. »Soll ich fliehen? Soll ich auch in die Bretagne gehen?«

»Meine Liebe, wie willst du denn überhaupt dort hinkommen?«

»Ich habe meine Geldtruhe, meine Wache. Ich könnte einen Kapitän bestechen, mich auf seinem Schiff fortzubringen. Wenn ich jetzt auf die Docks von London ginge, könnte ich entkommen. Oder nach Greenwich. Ich könnte auch nach Dover oder Southampton reiten...«

Er lächelt mich an, und ich erinnere mich, dass sie ihn wegen seiner Fähigkeit zu überleben, kehrtzumachen und den Hunden zu entkommen, den »Fuchs« nennen. »Ja, in der Tat, all das wäre möglich, doch muss ich dir leider mitteilen, dass ich zu deinem Kerkermeister bestimmt wurde, und ich kann dir nicht erlauben, mir zu entfliehen. König Richard hat beschlossen, mir all deine Ländereien und dein gesamtes Vermögen zu überschreiben, unserem Ehevertrag zum Trotz. Alles, was du als Mädchen und als Gemahlin des Tudors besaßest, gehört mir. Alles, was du aus deiner Ehe mit Stafford erworben hast, gehört jetzt ebenso mir wie alles, was du von deiner Mutter geerbt hast. Just in diesem Augenblick sind meine Männer in deinen Gemächern und packen deinen Schmuck, deine Papiere und deine Geldtruhe ein. Deine Männer stehen unter Arrest, und deine Ladys wurden in ihre Gemächer eingeschlossen. Deine Pächter und deine Verwandten werden erfahren, dass du sie nicht mehr zusammenrufen kannst, denn sie unterstehen jetzt mir.«

Ich schnappe nach Luft. Für einen Augenblick bringe ich kein Wort heraus, ich sehe ihn nur an. »Du hast mich beraubt? Du hast diese Gelegenheit genutzt, um mich so zu hintergehen?«

»Du wirst in dem Haus in Woking leben, das jetzt mein Haus ist, und darfst das Grundstück nicht verlassen. Dir wird von meinen Leuten aufgewartet, deine eigenen Diener werden fortgeschickt. Du wirst weder deine Ladys noch Diener noch deinen Beichtvater sehen. Du wirst dich mit niemandem treffen und keine Nachrichten verschicken.«

Das ganze Ausmaß seines Verrats kann ich kaum begreifen. »Du hast mich an Richard verraten!«, schleudere ich ihm entgegen. »Du hast die ganze Verschwörung verraten. Mit einem Auge auf mein Vermögen hast du mich dazu verleitet, um jetzt von meiner Vernichtung zu profitieren. Du hast dem Duke of Norfolk gesagt, er solle nach Guildford marschieren und die Rebellion in Hampshire niederschlagen. Du hast Richard gesagt, er solle sich vor dem Duke of Buckingham in Acht nehmen. Du hast ihm gesagt, dass die Königin sich gegen ihn erhebt und ich mit ihr!«

Er schüttelt den Kopf. »Nein. Ich bin nicht dein Feind, Margaret. Ich habe dir als Gemahl treu gedient. Niemand sonst hätte dich vor dem verdienten Verrätertod retten können. Dies war das Beste, was ich für dich aushandeln konnte. Ich habe dich vor dem Tower gerettet, vor dem Schafott. Ich habe deine Ländereien vor der Beschlagnahmung gerettet, er hätte sie sich sofort aneignen können. Ich habe dich gerettet, damit du in meinem Haus lebst, als meine Gemahlin, in Sicherheit. Und ich stehe immer noch mitten im Zentrum des Hofes, wo wir etwas über seine Pläne gegen deinen Sohn erfahren können. Richard wird jetzt bestrebt sein, Tudor umzubringen, er wird Spione aussenden, um Henry zu töten. Mit deiner Niederlage hast du das Todesurteil für deinen Sohn unterzeichnet. Nur ich kann ihn retten. Du solltest mir dankbar sein.«

Ich kann keinen klaren Gedanken fassen, es will mir nicht gelingen, die Mischung aus Drohungen und Versprechungen zu überdenken. »Henry?«

»Richard wird nicht eher ruhen, als bis er tot ist. Nur ich kann ihn retten.«

»Ich soll deine Gefangene sein?«

Er nickt. »Und ich bekomme dein Vermögen. Das soll nicht zwischen uns stehen, Margaret. Denk an die Sicherheit deines Sohnes.«

»Du wirst mir erlauben, Henry zu warnen, in welcher Gefahr er schwebt?«

Er erhebt sich. »Selbstverständlich. Du kannst ihm ganz nach Belieben schreiben. Doch all deine Briefe gehen über mich, sie werden von meinen Männern befördert. Ich muss den Anschein erwecken, als kontrollierte ich dich vollständig.«

»Den Anschein?«, wiederhole ich. »So wie ich dich kenne, wirst du auch diesmal den Eindruck erwecken, auf beiden Seiten zu stehen.«

Er lächelt mich ehrlich amüsiert an. »Wie immer.«

WINTER 1483/1484

Mir steht ein langer, dunkler Winter in Woking bevor, nur auf mich gestellt. Unter dem Vorwurf, sie würden auf Verrat sinnen, hat man mir meine Ladys genommen, und meine getreuen Freunde und Boten werden abgewiesen. Ich darf sie nicht einmal sehen. Über mein Gefolge bestimmt allein mein Gemahl – mein Kerkermeister –, und es sind Männer und Frauen, die nur ihm treu sind. Sie bedenken mich – die treulose Frau – mit misstrauischen Blicken, habe ich doch ihn und seine Interessen verraten. Ich lebe wieder unter Fremden, weit fort vom Mittelpunkt des höfischen Lebens, isoliert von meinen Freunden und weit – so weit – fort von meinem besiegten Sohn. Manchmal fürchte ich, ihn nie wiederzusehen. Manchmal fürchte ich, er werde die große Sache aufgeben, sich in der Bretagne niederlassen, ein gewöhnliches Mädchen heiraten und ein gewöhnlicher junger Mann werden – kein Junge, der von Gott zu Größerem erwählt und von seiner Mutter unter Qualen zur Welt gebracht wurde. Er ist der Sohn einer Mutter, die von Johanna von Orléans zu Höherem berufen wurde. Kann jemand wie er zum Faulpelz werden? Zum Trunkenbold? Zu einem, der den Leuten in den Wirtshäusern erzählt, er wäre beinahe König geworden, hätte er nicht so viel Pech gehabt und wäre da nicht dieser Hexenwind gewesen?

Ich finde einen Weg, ihm vor Weihnachten einen Brief zu senden. Kein zärtlicher Brief mit Weihnachtsgrüßen. Die Zeiten sind zu finster für den Austausch von Geschenken. Es war ein schlechtes Jahr für das Haus Lancaster. In mir ist keine Freude, die ich anderen wünschen könnte. Wir haben lange, harte Mühen vor uns, wenn er seinen Thron erringen will, und der erste Weihnachtstag ist just der Tag, an dem er mit der Arbeit beginnen soll.

Mein Schwager Jasper und mein Sohn Henry,
ich grüße Euch herzlich.

Ich habe gehört, dass Elizabeth, die falsche Königin, und Richard, der Usurpator, über die Bedingungen für ihre Freilassung aus dem Kirchenasyl verhandeln.

Es ist mein Wunsch, dass mein Sohn Henry öffentlich seine Verlobung mit Prinzessin Elizabeth von York verkündet. Dies sollte verhindern, dass sie einen anderen heiratet, es soll ihre und meine Verwandtschaft an seinen Thronanspruch erinnern, ihre frühere Unterstützung für ihn demonstrieren und seinen Anspruch auf den Thron von England bekräftigen.

Er sollte dies am ersten Weihnachtstag in der Kathedrale von Rennes tun, so wie Johanna von Orléans in der Kathedrale von Reims den König von Frankreich deklariert hat. Dies ist mein Befehl als seine Mutter und Oberhaupt seines Hauses.
Weihnachtliche Grüße,
Margaret Stanley

Auf ein kläglichesWeihnachtsfest folgt ein freudloses Neujahr, und in den langen Winternächten, da die undurchdringliche Dunkelheit zögerlich in einen kalten, grauen Morgen übergeht, habe ich Zeit, über die Nichtigkeit des Ehrgeizes und die Sünde, einen gekrönten König zu stürzen, nachzudenken. Ich knie nieder vor meinem Gott und frage ihn, warum die Unternehmung meines Sohnes, seinen rechtmäßigen Platz in der Welt einzunehmen, nicht gesegnet war, warum der Regen sich gegen ihn gestellt hat, warum der Wind sein Schiff forttrieb, warum Gott, der Herr über Erdbeben, Wind und Feuer, den Sturm für Henry nicht beruhigen konnte, so wie er ihn für sich selbst in Galiläa besänftigt hat? Ich frage ihn: Wenn Elizabeth Woodville, Königinwitwe von England, eine Hexe ist, wie jeder weiß, warum kann sie dann aus dem Kirchenasyl kommen und mit einem thronräuberischen König eine Vereinbarung schließen? Wie kann sie ihren Weg gehen in der Welt, wenn meiner abgeschnitten ist und im Schlamm versinkt? Ich strecke mich auf den kalten Fliesen der Stufen der Kapelle aus und gebe mich ganz meinem heiligen und reumütigen Kummer hin.

Und dann überkommt es mich. Am Ende, nach vielen langen Nächten des Fastens und Betens, höre ich eine Antwort. Und ich weiß, warum. Endlich begreife ich es.

Endlich verstehe ich, dass die Sünden des Ehrgeizes und der Gier unsere Unternehmung verdüsterten und unsere Pläne überschattet wurden von dem Wunsch einer sündigen Frau nach Rache. Die Pläne wurden von einer Frau geschmiedet, die sich als Mutter eines Königs betrachtete, die nicht damit zufrieden war, eine gewöhnliche Frau zu sein. Der Fehler des Vorhabens lag in der Eitelkeit einer Frau, die Königin sein und den Frieden im Land für ihre egoistischen Ziele opfern wollte. Sich selbst zu kennen heißt, alle zu kennen. Ich werde meine Sünde und die Rolle, die sie bei unserem Versagen spielte, beichten.

Ich habe mich nur des gerechten Ehrgeizes und des großen Wunsches schuldig gemacht, meinen rechtmäßigen Platz einzunehmen. Eine gerechte Wut. Aber Elizabeth Woodville hat an allem Schuld. Sie hat England um ihrer Eitelkeit und ihrer Rache willen Krieg gebracht. Sie ist zu uns gekommen, erfüllt von Wünschen für ihren Sohn, erfüllt mit Stolz auf ihr Haus, aufgeblasen von ihrem Glauben an ihre Schönheit, und ich hätte mich weigern sollen, mich in ihrem sündhaften Ehrgeiz mit ihr zu verbünden. Elizabeths Streben nach dem Triumph ihres Sohnes hat uns aus dem Reich der Langmut Gottes vertrieben. Ich hätte ihre Eitelkeit sehen und mich von ihr abwenden sollen.

Ich habe große Schuld auf mich geladen, das sehe ich jetzt, und ich flehe Gott um Vergebung an. Mein Fehler war, mich mit Buckingham zu verbünden, dessen eitler Ehrgeiz und dessen gottlose Gier nach Macht den Regen auf uns niederbeschworen haben. Und mit Königin Elizabeth, deren Eitelkeit und Wünsche in den Augen Gottes gräulich waren. Und wer weiß, was sie getan hat, um den Regen zu beschwören?

Wie Jeanne hätte ich allein ausreiten und meiner eigenen Vision folgen sollen. Aber ich musste mich mit Sündern zusammentun – und was für Sündern! Einer Frau, der Witwe von Sir John Grey, und einem Jungen, dem Gatten von Katherine Woodville. Nun trifft mich die Strafe für ihre Sünden. Ich habe mich nicht versündigt – und Gott, der Allwissende, weiß das –, aber ich habe mich mit ihnen gemeingemacht, und ich, die Gottesfürchtige, teile die Strafe der Sünder.

Es bereitet mir Höllenqualen, dass ihre Sünden die Gerechtigkeit meiner Sache zunichtegemacht haben, sie, die notorische Hexe und Tochter einer Hexe, und er, der eitle Pfau, seiner Jugend zum Trotz. Ich hätte mich nicht herablassen sollen, mich mit ihnen zu verbünden. Ich hätte meine Absichten für mich behalten und sie ihre eigene Rebellion anzetteln und ihre eigenen Morde begehen lassen sollen. Ich hätte mich ganz heraushalten sollen. Doch wie die Dinge stehen, hat ihr Scheitern mich mit heruntergezogen, hat ihr Regen meine Hoffnungen fortgewaschen, und ihre Sünden werden mir zur Last gelegt. Und hier bin ich und werde grausam für ihre Missetaten bestraft.

FRÜHJAHR 1484

Den ganzen Winter und das ganze Frühjahr lang meditiere ich über ihre Missetaten. Ich bin froh, dass die Königin noch immer im Kirchenasyl ist. Während ich in meinem eigenen Haus gefangen gehalten werde, denke ich an sie, wie sie in der düsteren Krypta am Fluss in der Falle sitzt und sich in der Dunkelheit ihrer Niederlage stellen muss. Aber im Frühjahr bekomme ich einen Brief von meinem Gemahl.

König Richard und Elizabeth Woodville haben sich geeinigt. Sie hat den Parlamentserlass, dass sie nie mit dem verstorbenen König verheiratet war, akzeptiert, und König Richard hat geschworen, dass sie und ihre Töchter ungefährdet aus dem Asyl kommen können. Sie wird der Obhut von John Nesfield in seinem Haus in Heytesbury in Wiltshire unterstellt, und die Mädchen sollen Königin Anne als Hofdamen dienen, bis sie verheiratet werden können. König Richard ist bekannt, dass Dein Sohn seine Verlobung mit Prinzessin Elizabeth ausgerufen hat, doch Du und Dein Sohn finden keine Beachtung. Elizabeth Woodville scheint ihre Niederlage akzeptiert zu haben, und es sieht danach aus, als habe sie den Tod ihrer beiden Söhne verwunden. Sie spricht nie von ihnen.

In dieser Zeit der Aussöhnung habe ich insgeheim eine Durchsuchung des Towers angeordnet, um die Leichname der Prinzen zu finden und dem Duke of Buckingham die Schuld für ihren Tod zu geben (und von Dir abzulenken). Doch unter der Treppe, unter der sie nach Deinen Informationen verscharrt wurden, befinden sie sich nicht. Nirgends gibt es auch nur den kleinsten Hinweis auf sie. Ich habe in Umlauf gebracht, dass sie erst begraben und später von einem reumütigen Priester an der tiefsten Stelle der Themse bestattet wurden – angemessen für Söhne des Hauses Rivers, wie ich finde. Dies scheint – genau wie jede andere Version – ein passender Abschluss für die Geschichte zu sein, und niemand hat irgendwelche lästigen Einzelheiten dagegengehalten. Deine drei Mörder verhalten sich still – falls sie es wirklich getan haben.

Ich werde Dich in Kürze besuchen kommen – am Hof herrschte bei herrlichem Wetter eine fröhlich triumphierende Stimmung, und die jüngst aus dem Asyl aufgetauchte Prinzessin Elizabeth von York ist die kleine Königin. Sie ist ein äußerst bezauberndes Mädchen, so schön wie einst ihre Mutter; der halbe Hof ist in sie vernarrt. Gewiss wird sie innerhalb des nächsten Jahres eine gute Partie machen. Ein derart vortreffliches Mädchen wird unschwer zu verheiraten sein.

Stanley

Dieser Brief verdrießt mich dermaßen, dass ich für den Rest des Tages nicht einmal beten kann. Ich muss zum Ende des Parks und einmal an seiner Einfriedung entlangreiten – die Grenzen meiner Freiheit –, bevor ich mich wieder im Griff habe. Ich habe keinen Sinn für die wippenden gelben Köpfe der Narzissen oder die Lämmchen auf dem Feld. Die Andeutung, die Prinzen seien vielleicht nicht tot und begraben, was sie doch zweifellos sind, und seine anderen Lügen über eine Exhumierung und eine Wasserbestattung in der Themse – die nur weitere Fragen aufwerfen – hätten ausgereicht, um mich in Rage zu versetzen. Verbunden mit den Nachrichten über die Freiheit von Königin Elizabeth und dem Triumph ihrer Tochter am Hofe des Mannes, der ihr Todfeind sein sollte, erschüttert es mich jedoch bis ins Mark.

Wie kann die Königin mit dem Mann, den sie eigentlich beschuldigen müsste, für den Tod ihrer Söhne verantwortlich zu sein, ein Abkommen schmieden? Es ist mir ein Rätsel, ein wahrer Gräuel. Und wie kann dieses Mädchen am Hof ihres Onkels herumtanzen, als wäre er nicht der Mörder ihrer Brüder und der Kerkermeister ihrer Kindheit? Ich begreife das einfach nicht. Die Königin hat sich ganz der Eitelkeit ergeben, wie sie es immer getan hat – sie lebt nur für ihre Bequemlichkeit und ihr Vergnügen. Es überrascht mich nicht, dass sie sich mit einem ansehnlichen Haus und einer zweifellos guten Pension abspeisen lässt. Wenn sie die Freiheit aus den Händen ihres Mörders annimmt, kann sie nicht um ihre Söhne trauern.

Heytesbury Manor, in der Tat! Ich kenne dieses Herrenhaus, sie hat es dort sehr luxuriös. Und John Nesfield wird ihr zweifellos gestatten, sich alles kommen zu lassen, wonach ihr Herz begehrt. Männer überschlagen sich immer, um Elizabeth Woodvilles Wünschen zu entsprechen, denn sie alle machen sich gern für ein hübsches Gesicht zum Narren. Obwohl sie eine Rebellion angeführt hat, in der gute Männer ihr Leben gelassen haben und die mich alles gekostet hat, sieht es doch danach aus, als käme sie ungestraft davon.

Ihre Tochter muss noch tausendmal schlimmer sein, wenn sie unter diesen Bedingungen die Freiheit akzeptiert, an den Hof geht und schöne Kleider bestellt. Wenn sie einer Thronräuberin als Hofdame dient – einer Königin, die auf dem Thron sitzt, der ihrer Mutter gebührt! Mir fehlen die Worte, mir fehlen die Gebete, ich bin sprachlos ob der Falschheit und der Eitelkeit der Königin und der Prinzessin von York. Ich kann nur an eines denken: Wie kann ich sie dafür strafen, dass sie freigekommen sind, während ich am Boden zerstört und eingesperrt bin. Nach allem, was wir durchgemacht haben, kann es nicht richtig sein, dass die Königin von York Gefahr und Asyl abschüttelt und wieder in einem wunderschönen Haus im Herzen Englands lebt, ihre Töchter großzieht und sie gut mit ihren Freunden und Nachbarn verheiratet. Es kann nicht richtig sein, dass die Prinzessin von York die Favoritin des Hofes ist, der Liebling ihres Onkels, der Liebling aller, während ich ganz unten bin. Gott kann nicht wollen, dass diese Frauen ein friedliches und glückliches Leben führen, solange mein Sohn im Exil ist. Das kann unmöglich Gottes Wille sein. Er muss sich Gerechtigkeit wünschen und Strafe, er kann nur ihren Niedergang wollen. Er muss sich danach sehnen, das Schandmal ausgebrannt zu sehen. Er muss den Geruch des Rauchopfers riechen wollen. Und ich wäre – so wahr mir Gott helfe – sein williges Werkzeug, legte er mir nur eine Waffe in meine gehorsame Hand.

APRIL 1484

Als der König sich auf eine Frühlingsreise nach Notingham begibt, wo er in diesem Jahr sein Hauptquartier aufschlägt und sich auf die Invasion meines Sohnes vorbereitet, kommt mein Gemahl zu Besuch. Denn er weiß, dass mein Sohn in diesem oder im nächsten Jahr nach England einmarschieren wird, spätestens im Jahr darauf. Thomas Stanley reitet jeden Tag auf meinen Ländereien aus, er ist so versessen auf die Jagd, als sei es sein eigenes Wild, das er tötet – und dann fällt mir ein, dass es ja genauso ist. Alles gehört jetzt ihm. Abends isst er reichlich und lässt sich die erlesenen Weine munden, die Henry Stafford für mich und meinen Sohn eingekellert hat und die nun ihm gehören. Ich danke Gott dafür, dass mir, im Gegensatz zu anderen Frauen, nichts an weltlichen Gütern gelegen ist, sonst würde ich die Ansammlung leerer Flaschen auf der Tafel mit der allergrößten Verstimmung betrachten. Ich danke Unserer Lieben Frau, dass mein Geist fest auf den Willen Gottes und den Erfolg meines Sohns gerichtet ist.

»Kennt Richard Henrys Pläne?«, frage ich ihn eines Abends, bevor er zur Gänze von den Weinen alkoholisiert ist, die mein Keller ihm gezwungenerweise gewährt.

»Natürlich wimmelt es an Henrys kleinem Hof vor Richards Spionen«, antwortet Stanley. »Dazu ein Netzwerk, das Nachrichten von einem Ende des Landes zum anderen befördert. Nicht einmal ein Fischkutter könnte heute in Penzance landen, ohne dass Richard morgen davon erführe. Doch ist aus deinem Sohn ein vorsichtiger und kluger junger Mann geworden. Soweit ich weiß, berät er sich einzig und allein mit seinem Onkel Jasper. Er zieht sonst niemanden ins Vertrauen; Richard spielt nie auf Informationen an, die über geheime Quellen aus der Bretagne kommen. Jeder weiß, dass sie Schiffe ausrüsten und zurückkommen, sobald sie können. Aber ihr Misserfolg im letzten Jahr verzögert das Unterfangen. Sie haben ihren Unterstützer um ein kleines Vermögen erleichtert; vielleicht will er keine weitere Flotte an sie verlieren. Die meisten denken, der Herzog der Bretagne wird sie fallen lassen und an Frankreich überstellen. Wenn sie einmal in der Gewalt des französischen Königs sind, könnten sie verloren sein. Mehr weiß Richard nicht.«

Ich nicke.

»Hast du gehört, dass Thomas Grey, Elizabeth Woodvilles Sohn, den Hof deines Sohnes verlassen und versucht hat, nach England überzusetzen?«

»Nein! Warum sollte er Henry verlassen wollen?«

Mein Gemahl lächelt mich über sein Weinglas hinweg an. »Wie es scheint, hat seine Mutter ihm befohlen, nach Hause zu kommen und, wie sie und die Mädchen, mit Richard Frieden zu schließen. Es sieht nicht danach aus, als glaubte sie, dass Richard die Jungen getötet hat, nicht wahr? Und auch nicht danach, als glaubte sie, Henry sei ein Pferd, auf das zu setzen sich lohnte. Warum sollte sie sonst auf eine Versöhnung mit dem König hoffen? Ich glaube, sie will ihre Bande mit Henry Tudor lösen.«

»Wer weiß schon, was sie denkt?«, bemerke ich gereizt.

»Sie ist eine wankelmütige Frau, die nichts und niemandem

die Treue hält als ihren eigenen Interessen. Ohne jeglichen Verstand.«

»Dein Sohn Henry Tudor hat Thomas Grey auf der Landstraße eingeholt und ihn zurückexpediert«, setzt mein Gemahl hinzu. »Nun halten sie ihn wie einen Gefangenen. Er ist eher eine Geisel denn ein Anhänger des dortigen Hofes. Aber es verheißt nichts Gutes für das Verlöbnis deines Sohnes mit der Prinzessin. Ich nehme an, sie wird die Verlobung auflösen, wie ihr Halbbruder dem Lehnseid abgeschworen hat. Das schadet eurer Sache und erniedrigt Henry. Es sieht so aus, als hätte sich das Haus York gegen euch gewandt.«

»Sie kann die Verlobung nicht lösen«, fahre ich ihn an. »Ihre Mutter hat darauf geschworen, genau wie ich. Henry hat in der Kathedrale von Rennes vor Gott darauf geschworen. Wenn sie sich daraus lösen will, braucht sie Dispens vom Papst persönlich. Und warum sollte sie die Verlobung überhaupt lösen wollen?«

Das Lächeln meines Gemahls wird breiter. »Sie hat einen Verehrer«, sagt er ruhig.

»Sie hat kein Recht auf einen Verehrer, sie ist mit meinem Sohn verlobt.«

»Trotzdem hat sie einen.«

»Irgendein dreckiger Page, sollte ich meinen.«

Er kichert, als sei das ein privater Witz. »O nein. Das trifft es nicht ganz.«

»Kein Edelmann würde sich so weit herablassen, sie zu heiraten. Sie ist in aller Öffentlichkeit zum Bastard erklärt worden, sie ist meinem Sohn versprochen, und ihr Onkel hat ihr nur eine bescheidene Aussteuer in Aussicht gestellt. Warum sollte irgendjemand sie heiraten wollen? Sie lebt in Schimpf und Schande.«

»Wegen ihrer Schönheit? Du musst wissen, sie strahlt regelrecht vor Schönheit. Und wegen ihrer Anmut? Sie hat ein unglaublich reizendes Lächeln, man kann den Blick nicht von ihr wenden. Sie hat ein frohes Gemüt und eine reine Seele. Sie ist ein liebreizendes Mädchen, in jeder Hinsicht eine wahre Prinzessin. Es ist, als sei sie aus dem Asyl gekommen und in der Welt zum Leben erwacht. Ich glaube, es ist ganz einfach: Er liebt sie.«

»Wer ist dieser Narr?«

Er strahlt vor Vergnügen. »Ihr Verehrer, der, von dem ich dir erzählt habe.«

»Also, wer ist dieser liebestolle Idiot?«

»König Richard persönlich.«

Einen Moment lang verschlägt es mir die Sprache. Eine solche Verderbtheit kann ich mir nicht vorstellen, eine solche Herrschaft purer Lust. »Er ist ihr Onkel!«

»Sie könnte um päpstlichen Dispens ersuchen.«

»Er ist verheiratet.«

»Du selbst hast gesagt, Königin Anne sei unfruchtbar und habe nicht mehr lange zu leben. Er könnte sie bitten, ihren Platz zu räumen, das wäre nicht unvernünftig. Er braucht noch einen Erben – sein eigener Sohn ist schon wieder krank. Er braucht einen weiteren Jungen, um seine Linie abzusichern, und die Rivers sind bekannt für ihre Fruchtbarkeit. Denk nur an Königin Elizabeth im Ehebett Englands.«

Meine säuerliche Miene verrät ihm, dass es genau das ist, woran ich denke. »Sie ist jung genug, um seine Tochter zu sein!«

»Wie du selbst weißt, ist das kein Hindernis, außerdem stimmt es nicht. Es liegen nur vierzehn Jahre zwischen ihnen.«

»Er ist der Mörder ihrer Brüder und der Untergang ihres Hauses!«

»Das sagst ausgerechnet du? Wo du genau weißt, dass es nicht stimmt? Jetzt, da sich die Königin mit ihm ausgesöhnt hat und auf dem Land lebt und die Prinzessinnen an seinem Hof weilen, glaubt nicht einmal mehr das gemeine Volk, dass Richard die Jungen getötet hat.«

Ich erhebe mich von der Tafel, so verwirrt, dass ich sogar vergesse, mein Dankgebet zu sprechen. »Er kann nicht beabsichtigen, sie zu heiraten. Wahrscheinlich will er sie verführen und Schande über sie bringen, sodass sie für Henry unpassend wäre.«

»Unpassend für Henry!« Er lacht laut auf. »Als ob Henry in einer Position wäre, in der er wählen könnte! Als ob er selbst so ein guter Fang wäre! Als ob er nicht genauso an die Prinzessin gebunden wäre wie sie an ihn. Ganz wie du sagst.«

»Richard wird sie zu seiner Hure machen, um sie und ihre ganze Familie zu beschämen.«

»Das glaube ich nicht. Ich glaube, er liebt sie aufrichtig. Ich glaube, König Richard liebt Prinzessin Elizabeth. Dass er zum ersten Mal in seinem Leben jemanden liebt. Du müsstest nur einmal beobachten, wie er sie ansieht und aus dem Staunen nicht mehr herauskommt. Es ist etwas ganz Besonderes. Als sei sie der Sinn seines Lebens. Es ist, als sei sie seine weiße Rose. Wahrhaftig.«

»Und sie?«, spucke ich aus. »Wahrt sie Abstand? Ist sie eine Prinzessin mit Selbstachtung? Wenn sie eine Prinzessin ist und hofft, Königin zu werden, sollte sie einzig und allein an ihre Reinheit und Tugendhaftigkeit denken.«

»Sie betet ihn an«, sagt er schlicht. »Das ist deutlich. Sie strahlt, wenn er den Raum betritt, und wenn sie tanzt, wirft sie ihm ein kleines Lächeln zu, und er kann den Blick nicht von ihr wenden. Sie sind ein Liebespaar. Nur ein Narr sieht das nicht. Sie sind nicht mehr als das – und gewiss nicht weniger.«

»Dann ist sie nicht besser als eine Hure«, beende ich die Unterhaltung und verlasse den Raum. Ich will kein Wort mehr hören. »Ich werde an ihre Mutter schreiben, ihr mein Mitleid aussprechen und ihr versichern, dass ich für die Tochter, die ihr Schande macht, beten werde. Aber ich kann nicht behaupten, die beiden würden mich überraschen. Die Mutter ist eine Hure; nun stellt sich heraus, dass die Tochter auch nicht besser ist.«

Ich schließe die Tür vor seinem spöttischen Gelächter. Sehr zu meiner Verwunderung bemerke ich, dass ich zittere und mir Tränen über die Wangen laufen.

Am nächsten Tag kommt ein Bote vom Hof zu meinem Gemahl. Stanley lässt sich nicht einmal dazu herab, den Boten auch zu mir zu schicken, also muss ich wie eine Kammerzofe in den Stallhof laufen, wo er dabei ist, seine Männer zum Abmarsch zusammenzurufen. »Was ist geschehen?«

»Ich gehe zurück an den Hof. Ich habe eine Nachricht erhalten.«

»Ich hätte erwartet, dass du den Boten zu mir schickst.«

»Es betraf nur mich. Nicht dich.«

Ich schlucke eine pflichtvergessene Widerrede herunter. Seit ihm meine Ländereien und mein Vermögen zugesprochen wurden, zögert er nicht, sich wie mein Gebieter zu verhalten. Ich unterwerfe mich seiner Grobheit mit der Anmut der Jungfrau Maria, und ich weiß, dass sie es wohl vermerkt.

»Gatte, würdest du mir bitte mitteilen, ob das Land in Gefahr ist? Gibt es Schwierigkeiten? Bitte gewähre mir eine Antwort auf diese Frage.«

»Wir haben einen Verlust erlitten«, sagt er knapp. »König Richards Sohn, Prinz Edward, ist tot.«

»Gott sei seiner Seele gnädig«, sage ich fromm, während sich vor Aufregung in meinem Kopf alles zu drehen beginnt.

»Amen. Deswegen muss ich an den Hof zurück. Wir trauern. Es wird Richard hart treffen, daran zweifele ich nicht. Sein einziges Kind, und nun ist es tot.«

Ich nicke. Jetzt steht nur noch Richard zwischen meinem Sohn und dem Thron; es gibt keinen anderen Thronerben als meinen Sohn. Immer wieder haben wir davon gesprochen, wie viele Herzen noch zwischen meinem Sohn und dem Thron schlagen, und nun sind alle Söhne des Hauses York tot. Die Zeit ist gekommen für meinen Sohn aus dem Hause Lancaster. »Also hat Richard keinen Erben«, stellte ich tonlos fest. »Wir dienen einem kinderlosen König.«

Die dunklen Augen meines Gemahls heften sich auf mein Gesicht; er lächelt, als erheiterte ihn mein Ehrgeiz. »Außer, wenn er die Prinzessin von York heiratet«, stichelt er leise. »Vergiss nicht, sie kommt aus einem fruchtbaren Stall. Ihre Mutter hat fast jedes Jahr ein Kind entbunden. Sagen wir mal, Elizabeth schenkt ihm eine ganze Kinderschar und dazu die Unterstützung der Rivers und die Liebe der ganzen Sippschaft? Sein Sohn aus der Verbindung mit Anne Neville ist tot – was sollte ihn jetzt daran hindern, sie abzuschieben? Sie könnte ihm eine sofortige Scheidung gewähren und sich in ein Kloster zurückziehen.«

»Warum gehst du nicht zurück an den Hof?«, begehre ich auf. Ich ärgere mich zu sehr, um meine Zunge zu hüten. »Geh nur zu deinem treulosen Herrn und seiner yorkistischen Hure!«

»Genau das habe ich vor.« Er schwingt sich in den Sattel. »Aber ich lasse dir Ned Parton hier.« Er deutet auf einen jungen Mann, der neben einem großen schwarzen Pferd steht. »Er ist mein Bote. Er spricht drei Sprachen, auch Bretonisch, falls du ihn in die Bretagne schicken willst. Er hat einen Passierschein für dieses Land, Frankreich und Flandern, den ich als Constable of England unterschrieben habe. Du kannst ihm vertrauen und ihm Nachrichten mitgeben, an wen du willst, niemand kann ihn aufhalten oder sie ihm abnehmen. Es mag vielleicht so aussehen, als sei König Richard mein Herr, aber ich habe deinen Sohn und seinen Ehrgeiz nicht vergessen, und an diesem Morgen ist er nur noch einen Schritt vom Thron entfernt. Er ist nach wie vor mein geliebter Stiefsohn.«

»Aber auf welcher Seite stehst du?«, frage ich ihn verdrossen, als die Männer ihre Pferde besteigen und sein Banner hochgehalten wird.

»Auf der des Siegers«, sagt er mit einem kurzen Lachen, schlägt sich als Abschiedsgruß auf die Brust wie ein Soldat und ist fort.

SOMMER 1484

Ich warte. Mir bleibt nichts, als abzuwarten. Über Ned Parton schicke ich Briefe an Jasper, die dieser höflich beantwortet, wie man einer weit entfernten, machtlosen Frau antwortet, die nichts versteht. Die gescheiterte Rebellion, die sie ihre Armee und ihre Flotte gekostet hat, hat auch ihr Vertrauen in mich als Mitverschwörerin untergraben, als mächtige Frau aus dem Land, das sie gehofft hatten einzunehmen. In den heißen Sommertagen, in denen die Saat heranreift und die Männer mit ihren Sensen Heu mähen, wird mir bewusst, dass ich so unwichtig geworden bin wie die ahnungslosen Hasen, die vor ihren Klingen fort direkt in die Fallen springen.

Ich schreibe, ich versende Botschaften. Ich schelte Elizabeth Woodville, die irgendwann einmal Königin war, wegen des Verhaltens ihrer Töchter, von dem mir immer neue Einzelheiten zu Ohren kommen: von den schönen Kleidern, ihrer wichtigen Stellung am Hof, ihrer Schönheit, Fröhlichkeit und Freude, von der beschwingten Anmut der Rivers und dass sie sich von einem Vergnügen zum nächsten treiben lassen. Ihrer Großmutter Jacquetta wurde weithin nachgesagt, eine Hexe zu sein, eine Nachfahrin der Wassergöttin Melusine, und nun behaupten viele, die Mädchen verströmten ihre ganz eigene Magie. Die Schönste von ihnen ist das Mädchen, das Henry versprochen ist, sich aber benimmt, als hätte sie ihn vollkommen vergessen. Ich ziehe Elizabeth Woodville schriftlich zur Rechenschaft und weise das eitle Mädchen, Elizabeth von York, zurecht; ich erinnere Henry an seine Pflichten – und niemand, aber auch niemand, macht sich die Mühe, mir zu antworten.

Ich bin allein in meinem Haus; und obwohl ich mich mein Leben lang nach einem abgeschiedenen Alltag im Gebet gesehnt habe, bin ich jetzt entsetzlich einsam. Allmählich befürchte ich, dass sich nichts je ändern wird und ich den Rest meines Lebens hier draußen verbringen werde, nur ab und an von einem johlenden Gemahl besucht, der den Wein aus meinem Keller trinkt und mit dem besonderen Genuss eines Wilderers die Rehe aus meinen Wäldern verspeist. Den Nachrichten vom Hof werde ich entnehmen, dass sich niemand an mich erinnert oder daran, welche Bedeutung ich einst hatte. Ab und an wird sich mein Sohn aus der Fremde melden, mir höflich seine guten Wünsche übermitteln und an seinem Geburtstag das Opfer anerkennen, das ich für ihn gebracht habe. Aber er wird mir nie seine Liebe versichern oder mir ankündigen, er werde bald bei mir sein.

In meiner Einsamkeit sinniere ich darüber, dass wir getrennt wurden, als er noch sehr klein war, und dass wir uns seither nie nahegekommen sind – nicht wie eine Mutter ihrem Kind nahekommen kann, nicht wie Elizabeth Woodville immer für ihre Kinder da war, die sie selbst aufgezogen und so offen geliebt hat. Jetzt, da ich ihm zu nichts mehr nutze bin, wird er mich ganz vergessen. Und die Wahrheit, die bittere Wahrheit ist: Wäre er nicht der Erbe meines Hauses, würde sich in ihm nicht all mein Ehrgeiz bündeln, so hätte auch ich ihn schon vollkommen vergessen.

Darauf schrumpft mein Leben zusammen: ein Hof, der mich vergessen hat, ein Gemahl, der mich verspottet, ein

Sohn, der mich nicht braucht, und ein Gott, der verstummt ist. Es tröstet mich nicht, dass ich den Hof verachte, meinen Gemahl nie geliebt habe und mein Sohn nur geboren wurde, um meine Bestimmung zu erfüllen. Wenn er das nicht kann, so weiß ich nicht, was wir miteinander anfangen sollen. Ich bete weiter. Ich weiß nicht, was ich sonst tun soll.

Pontefract, Juni 1484

Mylady,
ich schreibe, um Euch vor einem Vertrag zu warnen, den König Richard mit dem derzeitigen Herrscher der Bretagne unterzeichnet hat, der der Schatzmeister und oberste Beamte ist (da der Herzog der Bretagne zurzeit nicht bei Verstand ist). König Richard und die Bretagne sind zu einer Vereinbarung gelangt. England schickt Bogenschützen in die Bretagne, um ihr im Kampf gegen Frankreich beizustehen. Im Gegenzug nehmen sie Henry Tudor gefangen und senden ihn zur Exekution nach Hause. Ich habe mir gedacht, Ihr wolltet davon unterrichtet werden.

Ich bin wie stets Euer treuer Gemahl,
Stanley

Ich habe niemanden, dem ich vertrauen kann, außer Ned Parton. Aber ich muss das Risiko eingehen. Ich schicke Jasper eine knappe Botschaft.

Stanley hat mir mitgeteilt, dass Richard eine Vereinbarung mit der Bretagne getroffen hat, um Henry zu inhaftieren. Seid gewarnt.

Dann gehe ich in meine Kapelle, knie mich vor den Altar und wende mich dem Kreuz des leidenden Christus zu. »Beschütze ihn«, flüstere ich inbrünstig. »Beschütze meinen Sohn. Und lass ihn siegreich sein.«

Schon einen Monat später habe ich die Antwort. Sie kommt von Jasper und ist kurz und sachlich, wie immer.

Frankreich, Juli 1484

Sei bedankt für Deine Warnung, die durch Bischof Morton bestätigt wurde, der in Frankreich davon gehört hatte. Ich bin mit einigen unserer Männer über die Grenze nach Anjou geritten, um möglichst viel Aufmerksamkeit auf mich zu lenken. Zur selben Zeit hat Henry die Straße nach Vannes genommen, nur fünf Männer zur Garde. Er hat sich als Diener verkleidet und gelangte nur einen Tag vor der Abordnung aus der Bretagne über die Grenze. Es war sehr knapp, doch Dein Sohn hat der Gefahr gelassen ins Auge gesehen. Als wir in Sicherheit waren, haben wir darüber gelacht.

Wir sind dem französischen Hof willkommen; sie haben versprochen, uns mit einer Armee und finanziellen Mitteln zu unterstützen. Sie öffnen die Gefängnistore für uns, damit wir eine Armee aus Halunken rekrutieren können, und ich habe bereits einen Plan, wie ich sie im Kriegshandwerk ausbilden werde. Ich bin voller Hoffnung, Margaret –

– JT

WINTER 1484

Der Hof verbringt die Weihnachtszeit in Westminster, und über den Klatsch in meinem Haushalt erfahre ich, dass Richard mindestens so prunkvoll feiert wie einst sein Bruder. Die Kunde von der Musik, den Spielen, den Kleidern und der Schlemmerei macht die Runde im Königreich. Von Mal zu Mal werden die Erzählungen prächtiger. Meine Bediensteten bringen das Weihnachtsscheit herein, die Mistelzweige und die Stechpalme und lassen es in der Küche ohne mich sehr fröhlich zugehen.

Der Marmorboden unter meinen Knien kommt mir sehr kalt vor. Niemand spendet mir Trost, ich bin entwurzelt und bar jeglicher Hoffnung. Richard steht in Westminster in der Herrlichkeit des mächtigen Hauses York stolz und erhaben weit über meinem Sohn und meinem Schwager, den mittellosen Kostgängern des englischen Feindes: Frankreich. Ich sehe, wie sie sich ins Exil ergeben, wie sie tiefer sinken und ihr Ruf immer schlechter wird. Ich befürchte, sie werden den Rest von Henrys Leben am Hofe Frankreichs fristen, und er wird als zweitrangiger Thronbewerber in die Geschichte eingehen: von Wert nur, um als Karte bei Vertragsverhandlungen ausgespielt zu werden, aber an sich wertlos.

Sehr selten nur schreibt mein Gemahl aus Westminster, und so stürze ich mich auf seine raren Worte wie eine Bettlerin auf einen Kanten Brot – derart ausgehungert nach Nachrichten, dass ich meinen Stolz ganz vergesse.

Die Prinzessin von York ist auf dem Höhepunkt ihres Wirkens; ihre Schönheit befehligt den Hof; und der König folgt ihr wie ein Schoßhund. Die Königin kleidet sie in ihre eigenen Roben – sie stimmen alles aufeinander ab. Die dünne alte Neville und dieses glühende, rosige Mädchen kommen in Kleidern von derselben Farbe und vom selben Schnitt zum Abendessen, als wollten sie alle ermutigen, sie miteinander zu vergleichen.

Der König muss der Königin befohlen haben, sich ihr gegenüber so wohlwollend zu gerieren, denn sie tut alles, außer ihre Nichte zu ihrem Gemahl ins Bett zu legen. Einige teilen Deine Ansicht, dass Richard seine Nichte nur zu verführen sucht, um Deinen Sohn zu beleidigen und ihn als hilflosen Hahnrei dastehen zu lassen. Falls dem so ist, gelingt es ihm meisterlich. An diesem heißblütigen Hof ist Henry Tudor eine Lachnummer. Viele finden jedoch, dass die Liebenden sich vollkommen unbesonnen verhalten, weil sie alles andere um sich herum vergessen haben und an nichts denken als an ihre Begierde.

Die Weihnachtszeit am Hof ist in diesem Jahr wunderschön, und es tut mir sehr leid, dass Du nicht hier sein kannst. Reichtum und Prunk erinnern an Edwards Zeiten, und alles kreist um Edwards Tochter, die aussieht, als trete sie ihr Erbe an. Und selbstverständlich gehört sie auch hierher. Die Yorks sind tatsächlich die Sonne im Strahlenkranz, und wer einen Blick auf Elizabeth of York wirft, ist geblendet.

Apropos, hast Du Nachrichten von Deinem Sohn Henry? Richards Spione statten ihm heimlich Berichte ab, aber ich kann nicht in Erfahrung bringen, welchen Inhalts sie sind. Ich weiß nur, dass der König ihn ebenso wenig fürchtet wie seinen Verbündeten, den verrückten Herzog der Bretagne. Im Juni ist Henry

König Richards Leuten um Haaresbreite entwischt, musst du wissen, und es herrscht allgemein die Meinung, Henry werde in ganz Frankreich kein sicheres Versteck finden. Der französische König hält ihn wie eine Spielkarte in der Hand, bis er seinen Wert verloren hat. Vielleicht war die letzte Niederlage doch endgültig? Was denkst du? Und falls dem so ist, könntest du dir vorstellen, deine Hoffnungen für Henry aufzugeben und Richard um Vergebung zu bitten? Ich könnte mich unter Umständen für dich einsetzen, wenn du glaubhaft machen kannst, dass du wirklich am Boden zerstört bist.

Ich schicke dir Weihnachtsgrüße und dieses Büchlein zum Geschenk. Es wurde von einem Thomas Caxton auf einer Presse eigener Bauart gedruckt und von Anthony Rivers, dem verstorbenen und von vielen sehr vermissten Bruder der Königin, nach England gebracht. Ich habe mir gedacht, ein gedrucktes Buch würde dich noch mehr interessieren als ein von Hand kopiertes. Alle sagen, Rivers sei ein Mann von großer Weitsicht gewesen, dass er eine solche Arbeit gefördert habe. Seine eigene Schwester, Königin Elizabeth, hat die erste Ausgabe herausgegeben; sie ist nicht nur eine Schönheit, sondern auch eine Gelehrte.

Was würde geschehen, wenn alle lesen und solche Bücher kaufen könnten? Würden sie sich dann noch an Lehrer und Könige halten? Wären ihnen die Häuser Lancaster und York nicht vollkommen gleichgültig? Würden sie nicht eher über ihre eigenen Loyalitäten nachsinnen? Würden sie die Pest auf beide Häuser herabwünschen? Amüsante Spekulationen, findest du nicht?

Stanley

Ich lasse das Buch zu Boden fallen, so sehr verdrießt mich der Gedanke, dass Elizabeth of York und ihr inzestuöser Liebhaberonkel zum Weihnachtsfest tanzen, während Anne Neville, das arme Ding, ihnen zulächelt, als wären sie eine glückliche, vergnügte Familie. Auf Stanleys Sticheleien über Henrys Schweigen gelingt mir keine scharfe Replik. Ich weiß nicht, was er tut. Seit ihrer Flucht nach Frankreich, als Jasper mir schrieb, er habe Hoffnungen, über die er sich aber nicht näher ausließ, habe ich nichts mehr von ihnen gehört. Wahrscheinlich hat Jasper Henry geraten, mir nicht zu schreiben. Mag sein, sie vertrauen Henrys Boten Ned Parton nicht, sondern fürchten, dass er meinem Gemahl Bericht abstattet. Sie sind von Spionen umgeben, und sie müssen misstrauisch sein, aber inzwischen beschleicht mich das Gefühl, dass sie selbst mir nicht mehr vertrauen. Einst war dies unsere Schlacht, unsere Rebellion: wir Tudors gegen die Yorks. Nun trauen sie niemandem mehr, selbst mir nicht. Ich lebe so weit weg von allem. Ich weiß nur, was mein Gemahl mir schreibt, und er schreibt wie ein Triumphator, der seinen unterlegenen Feind verhöhnt.

MÄRZ 1485

Wieder ein Tag, an dem ich mich zur Frühandacht erhebe, an dem ich wie üblich um die Geduld bete, meine Gefangenschaft und das erzwungene Schweigen zu ertragen, und ich bete für die Nachfolge meines Sohnes und den Untergang seiner Feinde. Doch meine Gedanken kreisen allein um Richards Untergang und um die Demütigung der Prinzessin von York und ihrer Hexenmutter. Plötzlich komme ich mit einem Ruck zu mir: Die Kerzen sind heruntergebrannt, ich muss wohl zwei Stunden auf den Knien verbracht haben. Meine Begleiterinnen hinter mir sind unruhig, sie seufzen theatralisch wie Frauen, die sich einbilden, schlecht behandelt zu werden.

Ich erhebe mich und begebe mich zum Frühstück, wo ich mit ansehen muss, mit welcher Lust sie sich auf das Essen stürzen, als wären sie am Verhungern, nur weil wir vielleicht eine Stunde später gekommen sind. Hoffnungslos bestechliche Kreaturen. Hätte ich diese Zeit der Gefangenschaft in einem Kloster verbringen können, hätte ich wenigstens mit heiligen Frauen zusammengelebt und nicht mit dieser Ansammlung von Närrinnen. Ich ziehe mich in mein Gemach zurück, um mich der Verwaltung meiner Ländereien und dem Eintreiben der Pacht zu widmen, aber es gibt so gut wie nichts zu tun. Alles geht nun an den Haushofmeister meines

Gemahls, und ich bin eine Mieterin in dem Haus, das ich einst mein Eigen nannte.

Zur Erhaltung meiner Gesundheit zwinge ich mich, mich am Morgen eine Stunde im Garten zu ergehen, aber ich finde keinen Gefallen an den saftigen Knospen der Apfelbäume und dem wippenden Gelb der wilden Narzissen. Die Sonne wird allmählich wärmer, doch fällt es mir schwer, mich daran zu erfreuen, denn ihr Lauf macht mir bewusst, dass mir ein weiteres Jahr der Gefangenschaft bevorsteht. Dies ist die Zeit der Feldzüge – mein Sohn wird jetzt sicherlich Truppen rekrutieren und Schiffe heuern, aber ich weiß so gut wie nichts darüber. Es ist, als sei ich in einem ewigen Winter der Abgeschiedenheit und des Schweigens gefangen, während der Rest der Welt zum Leben erwacht, zu all den sich bietenden Gelegenheiten und zur Sünde selbst.

Zunächst halte ich es für einen Abglanz meiner Stimmung, als sich die Welt seltsam verschattet und die Sonnenstrahlen, die vor wenigen Augenblicken noch so hell und warm schienen, plötzlich kühl werden, fast wie Kerzenlicht. Kerzenschein im Obstgarten. Auf einmal verstummen auch die Vögel, die in den Bäumen gezwitschert haben, die Hennen trippeln quer durch den Garten zum Hühnerhaus, und es wird immer dunkler, als senkte sich die Nacht herab – dabei ist es noch nicht einmal Mittag.

Ich bleibe wie angewurzelt stehen: Endlich wird meine Bestimmung wahr. Endlich geschieht es. Eine Vision ist über mich gekommen, am helllichten Tag, endlich werde ich einen Engel erblicken oder vielleicht die gebenedeite Jungfrau Maria, die mir kundtut, wann mein Sohn landet und dass er triumphieren wird. Ich falle auf die Knie, ich bin bereit für die Erscheinung, auf die ich ein Leben lang gewartet habe. Endlich werde ich sehen, was die Jungfrau Johanna gesehen hat. Endlich werde ich in den Kirchenglocken die Stimmen der Engel hören.

»Lady Margaret! Lady Margaret!« Eine Frau kommt aus dem Haus gelaufen, gefolgt von einem Waffenknecht. »Kommt herein! Kommt herein! Etwas Schreckliches geschieht!«

Ich zucke zusammen und öffne die Augen. Als ich mich umdrehe, kommt diese schreiende Närrin mit wehenden Röcken und verrutschter Haube durch den Obstgarten auf mich zugestürmt. Eine heilige Vision kann es nicht sein, wenn eine Närrin wie sie diese wahrnehmen kann. Ich erhebe mich. Heute gibt es keine Vision; was ich bemerke, ist nur das, was alle anderen auch sehen, und es ist auch kein Wunder, sondern etwas ganz von dieser Welt, wenn auch etwas sehr Eigenartiges.

»Lady Margaret! Kommt herein! Ein Sturm zieht auf oder etwas Schlimmeres!«

Sie ist eine Närrin, aber sie hat recht: Etwas Schreckliches geschieht, nur dass ich nicht weiß, was. Ich sehe in den Himmel, und da erblicke ich etwas äußerst Absonderliches und Unheilverkündendes: Die Sonne wird von einer großen, dunklen Scheibe verschluckt, als schiebe man eine Platte vor eine Kerze. Während ich die Hände vor die Augen schlage und durch die Finger blinzele, kann ich erkennen, wie sich die Scheibe langsam vor die Sonne schiebt, bis sie diese vollkommen verdeckt und die Welt zur Gänze in Dunkelheit versinkt.

»Kommt herein!«, wimmert die Frau. »Lady Margaret, um der Liebe Gottes willen, kommt herein!«

»Geht Ihr nur!«, rufe ich ihr fasziniert zu. Es ist, als hätten die Dunkelheit und Verzweiflung meines eigenen Kummers die Sonne selbst ausgelöscht, und nun ist es ganz plötzlich finster wie die Nacht. Vielleicht wird es jetzt immer Nacht bleiben. Es wird dunkel sein, solange Richard auf dem Thron von England sitzt und mein Sohn wie ausgetilgt ist aus der Welt, so wie das Licht der Sonne gelöscht wurde. Seit seinem gescheiterten Feldzug ist mein Leben dunkel wie die Nacht, und nun sollen alle in meiner Dunkelheit leben, schließlich haben sie sich nicht für meinen Sohn erhoben. Meinetwegen können wir alle in diesem gottverlassenen Königreich ohne wahren König für alle Zeiten umnachtet sein. Denn genau das haben wir verdient.

Die Frau zittert und eilt ins Haus zurück. Der Waffenknecht bleibt in einiger Entfernung scheinbar in Habachtstellung stehen, hin- und hergerissen zwischen seiner Pflicht, mich zu schützen, und seiner Furcht. Wir warten im gespenstischen Zwielicht, ob irgendetwas geschieht. Ich frage mich, ob dies das Ende der Welt ist und ob die Engel nun endlich in ihre Trompeten blasen und Gott mich zu sich ruft. Schließlich habe ich ihm so lange, unter großen Entbehrungen und ohne Dank in diesem irdischen Jammertal gedient.

Wieder sinke ich auf die Knie und taste nach dem Rosenkranz in meiner Tasche. Ich bin bereit, seinem Ruf zu folgen. Ich habe keine Angst, ich bin eine mutige Frau, die in der Gunst des Herrn steht. Sollen sich die Himmel öffnen, soll Gott mich zu sich rufen: Ich bin bereit. Vielleicht wird er mich – seine ihm treu ergebene Dienerin – sogar als Erste zu sich holen, um allen, die an meiner Berufung gezweifelt haben, zu zeigen, dass er mit mir im Einvernehmen ist. Doch stattdessen scheint wieder dieses unirdische Licht, und als ich die Augen öffne, ist die Welt um mich herum schon fast wieder wie zuvor, das Licht wird heller, die Scheibe löst sich allmählich von der Sonne, die nun wieder zu grell scheint, als dass ich in sie hineinblicken könnte, und die Vögel zwitschern wie zur Morgendämmerung.

Es ist vorbei. Der gottlose Schatten ist vorübergezogen.

Das muss ein Zeichen sein – doch wofür? Was soll ich daraus lernen? Der Bewaffnete sieht mich schlotternd vor Angst an. Er vergisst seine Stellung und wagt es, mich direkt anzusprechen: »Um Himmels willen, was war denn das?«

»Ein Zeichen«, antworte ich, ohne ihn für seine direkte Frage zurechtzuweisen. »Ein Zeichen von Gott. Die Herrschaft des einen Königs endet. Eine neue Sonne geht auf. Die Sonne von York soll ausgelöscht werden, und die neue Sonne hält Einzug wie ein Drache.«

Er schluckt. »Seid Ihr sicher, Mylady?«

»Du hast es doch gesehen«, sage ich.

»Ich habe die Dunkelheit gesehen...«

»Hast du den Drachen aus der Sonne kommen sehen?«

»Ich glaube schon...«

»Das war der Drache der Tudors, der aus dem Westen kam, so wie mein Sohn kommen wird.«

Er sinkt auf die Knie und streckt mir die Hände in der Geste des Lehnseids entgegen. »Nehmt meine Dienste für Euren Sohn in Anspruch«, sagt er. »Ich bin Euer Lehnsmann. Ich habe gesehen, wie sich die Sonne verdunkelt hat, ganz wie Ihr sagtet, und ich habe den Drachen aus dem Westen kommen sehen.«

Ich nehme seine Hände in die meinen und lächle in mich hinein. Dies ist die Geburtsstunde einer Legende: Er wird weitererzählen, dass er gesehen hat, wie der Tudor-Drache von Wales aus dem Westen die Sonne von York verdunkelt hat.

»Die Sonne ist nicht mehr im Strahlenkranz«, schließe ich feierlich. »Wir haben mit angesehen, wie sie überschattet und besiegt wurde. Das ganze Königreich hat gesehen, wie die Sonne gescheitert ist. In diesem Jahr wird die Sonne von York für immer untergehen.«

MÄRZ 1485

An meine Gemahlin, Lady Margaret Stanley
Ich möchte Dich darüber informieren, dass die Königin tot ist. Sie kränkelte seit dem Weihnachtsfestmahl und verstarb an dem Tag, da sich die Sonne über der Burg verfinsterte, fast gänzlich auf sich gestellt an Lungenschwäche.

Es wird Dich sicher interessieren, dass Richard der Absicht, seine Nichte zu heiraten, öffentlich abgeschworen hat. Die Gerüchte waren skandalös, und die Herren des Nordens haben ihm unmissverständlich klargemacht, dass sie eine derartige Beleidigung des Gedenkens der Königin – die eine der ihren war – nicht dulden würden. Viele sind entsetzt bei dem Gedanken, Elizabeth Woodville könnte als Mutter der Königin wieder zu höchsten Ehren gelangen, schließlich haben sie die Exekution ihres Bruders und des Grey-Sohnes geduldet und ihre Prinzen eingesperrt. Vielleicht hättest Du besser daran getan, nicht mit ihr zu schimpfen. Hättest Du nur auf der Heirat zwischen Richard und der Prinzessin von York bestanden! Es hätte zu Richards Sturz führen können! Aber daran hast Du in deinem Stolz auf deinen Sohn nicht gedacht.

Um aller Welt seine Gleichgültigkeit gegenüber der Prinzessin von York vor Augen zu führen, hat der König entschieden, sie der Obhut einer Dame von unanfechtbarer Sittlichkeit zu unterstellen. Die Welt soll wissen, wie keusch sie ist – und nicht, wie wir alle ge-

dacht haben, so liebestoll, dass sie ihn in ihr Bett nahm, während seine Gemahlin im Sterben lag.

Vielleicht wirst Du überrascht sein, dass seine Wahl einer Anstandsdame… einer moralischen Aufsicht… und darf ich sagen, einer Mutter?… auf Dich gefallen ist, als der Dame, die ihren Ruf am besten schützen kann. Schließlich ist sie mit Deinem Sohn verlobt.

Ich hebe den Blick von dem Brief – fast höre ich sein höhnisches Lachen und sehe seine kalte Miene. Doch ich lächle auch. Es ist unmöglich, die Drehung des Glücksrades vorherzusehen, und nun bin ich Vormund eines Mädchens, dessen Mutter ich hasse. Und das ich selbst auch hasse.

Die Prinzessin wird in der kommenden Woche bei Dir eintreffen. Ich bin mir sicher, Ihr werdet Euch aneinander weiden. Ich persönlich kann mir keinen schlechter zusammengewürfelten Haushalt vorstellen; aber Du wirst ohne Zweifel Unterstützung in Deinem Glauben finden, und sie hat selbstverständlich keine Wahl.
Stanley

APRIL 1485

Verbissen trage ich ihnen auf, eine Kammer für die Prinzessin herzurichten. Meinen aufgeregten Damen bestätige ich, dass wir die Prinzessin von York – oder vielmehr Lady Elizabeth in den nächsten Tagen bei uns erwarten. Seit sie zum Bastard erklärt wurde, hat sie keinen Familiennamen mehr, und ich verzichte bewusst darauf, ihn zu nennen. Sie machen viel Aufhebens um die Qualität des Leinens und besonders um den Krug und die Wasserschüssel für ihre Kammer, die sie für so eine große junge Lady für zu ärmlich befinden.

Da erkläre ich ihnen kurz angebunden, sie habe sich ihr halbes Leben vor einem gesalbten König versteckt und danach geborgte Dinge benutzt, auf die sie kein Anrecht hatte. Deswegen spiele es keine Rolle, dass der Krug aus Zinn ist, und auch die Beulen sind nicht von Belang.

Ich sorge jedoch dafür, dass sie einen guten Betstuhl und ein großes, schlichtes Kreuz in ihrem Zimmer hat, damit sie über ihre Sünden nachdenken kann. Andachtsbücher sollen ihr dabei behilflich sein, ihr bisheriges Leben zu überdenken und auf eine bessere Zukunft zu hoffen. Ich lege eine Abschrift unseres Familienstammbaumes aus, damit sie sich mit eigenen Augen davon überzeugen kann, dass das Geburtsrecht meines Sohnes mindestens so gut, wenn nicht gar besser ist als das ihre. Während ich auf sie warte, erhalte ich einen äußerst knappen Brief von Jasper.

In Eile – der König von Frankreich hat uns Unterstützung gewährt. Wir segeln los, sowie der Wind es erlaubt. Du musst die Prinzessin der Yorks festhalten, wenn Du es kannst, denn das Haus York unterstützt uns nur, wenn wir sie haben, und die Lancastrianer lassen sich Zeit, uns irgendetwas zu versprechen. Bete für uns. Wir legen ab, sobald der Wind dreht.
– J.

Atemlos vor Schrecken, werfe ich den Brief ins Feuer. Just in diesem Augenblick ist das Hufgeklapper einer Garde von rund fünfzig Mann zu hören. Aus dem Bleiglasfenster in der großen Halle erspähe ich die Standarte meines Gemahls und Männer in seiner Livree. Er führt die Truppe auf seinem Schlachtross an, neben ihm reitet der Hauptmann der Garde auf einem schweren Arbeitspferd im Doppelsattel, hinter ihm im Damensitz eine junge Frau in einem Reitkostüm aus scharlachrotem Samt. Mit einem Lächeln, als gehörte ihr halb England.

Es ist die Farbe, die mir ein katzenähnliches Fauchen entlockt und mich einen Schritt vom Fenster zurücktreten lässt, damit sie nicht sieht, wie ich sie mit kalkweißem Gesicht erschrocken anstarre, als sie einen kritischen Blick über das Haus gleiten lässt, als wollte sie es vor dem Kauf begutachten. Es ist das leuchtende Rot ihres Kleides, das mich schockiert. Ihr Gesicht habe ich noch gar nicht gesehen, nur eine Strähne ihres blonden Haares, das unter einer roten Samtkappe hochgesteckt ist. Es ist die Farbe, die mich vor Empörung erzittern lässt, noch bevor sie meinem Gemahl gestattet, sie aus dem Sattel zu heben – und mein Gemahl lächelt, wie ich ihn noch nie habe lächeln sehen.

Plötzlich steht mir alles wieder deutlich vor Augen. Es war in dem Jahr, in dem ich bei Hofe eingeführt wurde, als Margarete von Anjou, die Königin von Henry VI., der Welt dasselbe Rot zeigte, dasselbe leuchtende Scharlachrot. Ich erinnere mich, wie Königin Margarete den Blick durch die große Halle des Hofes schweifen ließ, ohne mich auch nur im Geringsten zu beachten, als sei ich ihrer Aufmerksamkeit nicht würdig. Ich erinnere mich an ihren hoch aufragenden Hennin und an das Rot ihres Gewandes. Damals empfand ich, genau wie jetzt, den aufwallenden Zorn derjenigen, welche die größte Aufmerksamkeit verdient hätte und doch übersehen wird. Die junge Lady Elizabeth ist nicht einmal über meine Schwelle getreten, doch sie trägt die Farbe einer Frau, die alle Aufmerksamkeit auf sich lenken möchte. Bevor sie auch nur einen Fuß in mein Haus gesetzt hat, weiß ich schon, dass mich von nun an niemand mehr eines Blickes würdigen wird. Sie wird schon lernen, mich zu respektieren, dafür werde ich sorgen. Sie soll bald wissen, wer von uns hier den Ton angibt, das schwöre ich. Die Kraft des Herrn ist mit mir; ich habe mein ganzes Leben mit Beten und Studieren verbracht. Sie hat ihr Leben mit Frivolitäten und Ehrgeiz vertrödelt, und ihre Mutter ist nichts weiter als eine Hexe, die Glück hatte. Sie wird mich ehren in Gottes Namen, dafür werde ich Sorge tragen.

Mein Gemahl öffnet ihr die Tür persönlich und weicht zurück, um ihr den Vortritt in die große Halle zu gewähren. Als ich mich aus dem Schatten löse, prallt sie zurück, als wäre ich ein Geist. »Oh! Lady Margaret! Ihr habt mich erschreckt! Ich habe Euch gar nicht kommen sehen!«, ruft sie dann und sinkt in einen präzise ausgeführten Knicks: nicht so tief wie für eine Königin, aber tief genug für die Frau eines großen Lords des Reichs und für die Frau, die ihre Schwiegermutter werden könnte. Sie knickst mit erhobenem Haupt, als wollte sie mich daran erinnern, dass ich bei ihrem Onkel in Ungnade gefallen bin, sie jedoch seine Favoritin ist und er der König.

Ich deute ein winziges Nicken an, dann tausche ich mit meinem Gemahl den gewohnt frostigen Begrüßungskuss.

»Gemahl, sei willkommen«, lüge ich höflich.

»Gattin, ich bringe dir Freude«, antwortet er. Diesmal lächelt er fröhlich; es unterhält ihn blendend, diese erblühte Blume in die kalte Ödnis meines Heims zu bringen. »Ich bin froh, dir zur Erheiterung deiner Einsamkeit Gesellschaft mitzubringen.«

»Ich bin in meiner eigenen Gesellschaft bei Studien und Gebeten glücklich«, antworte ich prompt, doch als er eine Augenbraue hebt, sehe ich mich dazu gezwungen, zu ihr gewandt hinzuzufügen: »Aber selbstverständlich bin ich sehr froh über Euren Besuch.«

»Ich werde Euch bestimmt nicht lange stören«, sagt sie errötend ob meines unhöflichen Willkommens. »Es tut mir leid, dass ich Euch zur Last fallen muss. Der König hat es befohlen.«

»Es war nicht unser Wunsch, doch ist es eine glückliche Fügung«, schaltet sich mein Gatte galant ein. »Wollen wir in dein Privatgemach gehen und ein Glas Wein zu uns nehmen?«

Ich nicke meinem Haushofmeister zu. Er weiß, dass er die besten Flaschen bringen muss; mein Gemahl ist inzwischen trefflich mit meinem Keller vertraut und lässt sich, da er hier jetzt Herr im Hause ist, immer den Feinsten bringen. Ich gehe voran und höre hinter mir ihren leichten Schritt; ihre hohen Absätze klappern auf den Steinplatten in der Halle im Takt schierer Eitelkeit. In meinem Zimmer weise ich ihr einen Schemel an, während ich mich auf den geschnitzten Stuhl setze und auf sie hinabblicke.

Sie ist unbestreitbar schön mit ihrem herzförmigen Gesicht, blässlicher reiner Haut, geraden braunen Augenbrauen und weit stehenden grauen Augen. Der Locke nach zu urteilen, die sich unter der Kappe gelöst hat und ihr auf die Schulter fällt, ist ihr Haar hell und gelockt. Sie ist groß und anmutig wie die Mutter, aber sie hat einen liebenswürdigen Charme, der ihrer Mutter nie eigen war. Nach Elizabeth Woodville drehen sich in einer Menschenmenge alle um, doch dieses Mädchen nimmt die Herzen aller ein. Ich verstehe, warum mein Gemahl sie als strahlend bezeichnet hat, sie ist unglaublich bezaubernd. Selbst jetzt, als sie die Handschuhe auszieht und die Hände am Feuer wärmt und sich gar nicht bewusst ist, dass ich sie taxiere wie ein potenzieller Käufer ein Pferd, strahlt sie eine gewisse Verletzlichkeit aus. Sie ist wie ein junges Tier, das man nicht ansehen kann, ohne es streicheln zu wollen, wie ein verwaistes Rehkitz oder ein langbeiniges Fohlen.

Sie spürt meinen Blick und sieht zu mir auf. »Es tut mir leid, dass ich Euch bei Euren Studien störe, Lady Margaret«, wiederholt sie. »Ich habe an meine Mutter geschrieben. Vielleicht erlaubt man mir auch, bei ihr zu wohnen.«

»Warum seid Ihr überhaupt vom Hof weggeschickt worden?«, frage ich sie und versuche zu lächeln, damit sie sich mir anvertraut. »Seid Ihr in Schwierigkeiten geraten? Wie Ihr sicher wisst, bin ich in Ungnade gefallen, weil ich meinen Sohn unterstütze.«

Sie schüttelt den Kopf, und ein Schatten huscht über ihr Gesicht. »Ich glaube, der König wollte mich in einem Haushalt untergebracht sehen, in dem mein Ruf nicht angezweifelt werden kann«, sagt sie. »Es gab Gerüchte... vielleicht ist Euch etwas zu Ohren gekommen?«

Ich schüttele den Kopf, um anzudeuten, dass ich so ruhig und zurückgezogen lebe, dass ich gar nichts weiß.

»Der König ist sehr freundlich zu mir und zieht mich den anderen Damen bei Hofe vor«, lügt sie ohne das geringste Zögern, wie es nur schöne Mädchen können. »Gerüchte haben die Runde gemacht – Ihr wisst, wie gerne am Hof getratscht wird –, und nachdem Ihre Gnaden, die Königin, traurigerweise gestorben ist, wollte er deutlich machen, dass die Gerüchte jeglicher Grundlage entbehren. Deswegen hat er mich zu Euch geschickt. Ich bin Euch so dankbar, dass Ihr mich aufgenommen habt. Habt Dank.«

»Und wie lauteten die Gerüchte?«, frage ich sie und weide mich an dem Anblick, wie sie sich auf dem kleinen Hocker windet.

»Ach, Lady Margaret, Ihr wisst doch, wie gerne man in der Welt tuschelt.«

»Und was hat man getuschelt?«, dringe ich in sie. »Wenn es an mir ist, Euren Ruf wiederherzustellen, so sollte ich wenigstens wissen, was es gegen ihn einzuwenden gab.«

Sie sieht mich offen an, als wollte sie mich zur Freundin und Verbündeten haben. »Es hieß, der König wollte mich zur Frau nehmen«, antwortet sie.

»Und hätte Euch das gefallen?«, bohre ich weiter. Dabei dröhnt mein Herzschlag in meinen Ohren, so zornig bin ich über die Beleidigung meines Sohnes und unseres Hauses.

Sie wird tiefrot, so rot wie ihre Reitkappe. »Es ist nicht an mir, das zu entscheiden«, bemerkt sie leise. »Meine Mutter wird über meine Heirat entscheiden. Überdies bin ich bereits mit Eurem Sohn verlobt. Solche Dinge bestimmen meine Mutter und meine Vormunde.«

»Euer mädchenhafter Gehorsam gereicht Euch gewiss zur Ehre«, werfe ich ein. Doch ich kann meine kalte Verachtung nicht verbergen, so zuckt sie zurück und sieht mich wieder an. Als sie meinen Ärger erkennt, weicht alle Farbe aus ihrem Gesicht, bis sie aussieht, als würde sie gleich ohnmächtig.

Genau in diesem Augenblick kommt mein Gemahl herein, gefolgt von dem Haushofmeister mit Wein und drei Gläsern. Er schätzt die Situation sofort richtig ein und sagt mit weltmännischer Gelassenheit: »Ihr lernt Euch kennen? Ausgezeichnet.«

Nachdem sie ihr Weinglas mit uns geleert hat, schickt er sie in ihr Gemach, damit sie sich von den Strapazen der Reise erholen kann. Dann schenkt er sich noch ein Glas ein, setzt sich in einen Stuhl wie den meinen, streckt die Stiefel ans Feuer und bemerkt: »Du solltest sie lieber nicht schikanieren. Wenn Richard deinen Sohn besiegt, heiratet er sie. Sobald er einen großen Sieg errungen hat, wird der Norden nicht mehr gegen ihn rebellieren. Dann ist sie Königin, und du kommst niemals aus diesem Rattenloch heraus.«

»Es ist wohl kaum ein Rattenloch. Außerdem schikaniere ich sie nicht«, gebe ich zurück. »Ich habe sie nur gefragt, warum sie zu mir geschickt wurde, und sie hat sich dafür entschieden, mir ein wenig Wahrheit und ein wenig Lüge aufzutischen, wie es jedes Mädchen machen würde, welches das eine nicht von dem anderen unterscheiden kann.«

»Sie mag eine Lügnerin sein, und nach deinen Maßstäben sogar eine Hure, aber sie ist die nächste Königin von England«, sagt er. »Wenn dein Sohn wie ein Drache aus Wales kommt – weißt du eigentlich, dass eine neue Legende über den Drachen aus Wales die Runde macht? –, dann wird er sie heiraten müssen, um sich die Unterstützung der yorkistischen Sippschaft zu sichern, was auch immer sie in der Vergangenheit getan hat. Wenn Richard deinen Sohn besiegt, und das ist sehr wahrscheinlich, dann heiratet er sie – aus Liebe. Sie wird auf jeden Fall Königin von England, und es wäre klug von dir, sie dir nicht zur Feindin zu machen.«

»Ich werde sie mit vollkommener Höflichkeit behandeln.«

»Tu das«, empfiehlt er mir. »Aber hör auf mich und tu noch etwas mehr als das...«

Ich warte.

»Nutz die Gelegenheit nicht aus, sie mit Füßen zu treten. Denk daran, die Zeiten können sich ändern, und dann wird sie dich mit Füßen treten. Es muss so aussehen, als wärst du auf ihrer Seite, Margaret. Sei keine Beaufort mit all deinem verletzten Stolz – sei eine Stanley: Sei auf der Seite der Gewinner.«

MAI 1485

Ich halte mich nicht an den Rat meines Gatten, und ich beobachte Lady Elizabeth, wie sie mich beobachtet. Wir leben in einem kurzen Waffenstillstand, wie zwei einander gegenüberstehende Armeen in der Ruhe vor der Schlacht.

»Wie zwei Katzen auf einem Scheunendach«, findet mein Gemahl amüsiert.

Manchmal fragt sie mich nach meinem Sohn – als würde ich ihr anvertrauen, wie erniedrigend es für ihn ist, am französischen Hof um Mittel und Unterstützung für seinen Angriff auf England betteln zu müssen! Manchmal frage ich sie, ob sie etwas von ihren Schwestern gehört hat, die noch am Hof sind, und sie erzählt mir, dass sich der Hof in Kürze auf Nottingham Castle im Herzen Englands niederlässt, das Richard für die Wartezeit auf den Angriff ausgewählt hat. Denn er weiß, dass dieser kommen wird. Die jüngeren Mädchen werden nach Sheriff Hutton in Sicherheit gebracht, und ich weiß, dass Elizabeth sehr gern bei ihnen wäre. Sie folgt den Regeln meines Haushaltes ohne Murren, und beim Beten ist sie so ruhig wie ich selbst. Ich habe sie stundenlang ohne Frühstück in der Kapelle festgehalten, doch sie hat sich mit keinem Wort darüber beschwert. Sie wird in der andächtigen Stille meiner Privatgemächer nur blasser und matter, und ich kann mir vorstellen, dass ihre Tage sehr langsam verstreichen. Die rote Rose, die in ihrem roten Reitkostüm durch mein Tor ritt, ist verblasst zu einer weißen Rose. Sie ist noch immer schön, aber jetzt ist sie wieder das stille Mädchen, das von seiner Mutter in einer schattigen Freistatt großgezogen wurde. Sie hatte nur eine kurze Zeit des Glanzes, das arme Ding, nur eine sehr kurze Weile, in der sie die inoffizielle Königin eines fröhlichen Hofes sein durfte. Jetzt ist sie wieder den Schatten und dem Schweigen überantwortet.

»Aber Eure Mutter lebt gewiss nicht anders als ich«, bemerke ich eines Tages. »Auch sie lebt allein auf dem Land, und sie hat weder Ländereien noch Leute zu überwachen. Ihr ist das Land gestohlen worden, sie ist allein wie ich. Sie muss reuevoll, traurig und still sein.«

Zu meiner Überraschung lacht sie laut auf, dann schlägt sie die Hand vor den Mund und entschuldigt sich. Aber ihre Augen funkeln noch. »O nein, meine Mutter ist eine fröhliche Frau«, sprudelt es aus ihr hervor. »Bei ihr gibt es jeden Abend Musik und Tanz, Schauspieler und Musikanten sind zu Gast, die Pächter feiern ihre Feste, und sie begeht die Namenstage der Heiligen feierlich. Morgens reitet sie zur Jagd, und oft wird im Wald unter freiem Himmel gespeist. Es ist immer viel los in ihrem Haus bei den vielen Gästen.«

»Das hört sich an wie ein kleiner Hof«, bemerke ich. Den Neid meiner Stimme versuche ich unter einem Lächeln zu verbergen.

»Es ist ein kleiner Hof«, bestätigt sie. »Viele, die sie geliebt haben, erinnern sich ihrer noch aus den alten Tagen, und sie freuen sich, sie in dem wunderschönen Haus in Sicherheit zu wissen und sie dort besuchen zu können.«

»Aber das Haus gehört ihr nicht«, beharre ich. »Und einst herrschte sie in Palästen.«

Elizabeth zuckt die Achseln. »Das ist ihr gleichgültig«, behauptet sie. »Ihr größter Verlust war der Tod meines Vaters und der meiner Brüder.« Bei diesen Worten wendet sie den Blick ab und schluckt vor Kummer. »Was all das andere angeht, die Paläste und die Kleider und die Juwelen, das bedeutet ihr nicht viel.«

»Deine Mutter war die käuflichste Frau, die ich kenne«, bricht es grob aus mir hervor. »Was auch immer sie vorgibt, dies ist ihr Ruin, ihre Armut, ihre Niederlage. Sie lebt im Exil, fern vom königlichen Hof, und sie ist ein Niemand.«

Sie lächelt, aber sie widerspricht mir nicht. Ihr Lächeln ist dermaßen aufsässig, dass ich die Stuhllehne umklammern muss. Wie gern würde ich ihr hübsches Gesicht schlagen.

»Seid Ihr nicht dieser Ansicht?«, frage ich sie gereizt. »Macht den Mund auf, Mädchen.«

»Meiner Mutter steht es frei, als geehrter Gast ihres Schwagers, König Richard von England, an den Hof zu kommen, wann immer es ihr beliebt«, sagt sie leise. »Er hat sie eingeladen und ihr den Rang als zweite Lady des Reichs versprochen, nach der Königin. Aber sie wollte nicht. Ich glaube, sie hat der Eitelkeit der Welt abgeschworen.«

»Oh, da täuscht Ihr Euch! Ich bin diejenige, welche die Eitelkeit der Welt hinter sich gelassen hat«, korrigiere ich sie. »Es ist ein stetes Ringen mit den eigenen Wünschen und dem Verlangen nach Ruhm. Ein Ziel, das man nur durch jahrelange Studien und Gebete erreicht. Deine Mutter hat so etwas nie auch nur versucht. Sie vermag es gar nicht. Sie hat die Eitelkeit der Welt nicht aufgegeben; sie konnte es nur nicht ertragen, Anne Neville an ihrem Platz zu sehen.«

Wieder lacht das Mädchen, und diesmal lächelt sie mich an. »Ihr habt recht!«, ruft sie aus. »Fast wörtlich hat sie das gesagt: Sie könne es nicht ertragen, ihre herrlichen Kleider auf Anne Nevilles Größe umgeändert zu sehen! Ich glaube wirklich, sie will nicht mehr an den Hof zurück, aber was die Kleider betrifft, so habt Ihr recht. Arme Königin Anne.«

»Gott sei ihrer Seele gnädig«, sage ich fromm; und das Mädchen wagt tatsächlich, dem ein »Amen« hinzuzufügen.

JUNI 1485

Nun muss mein Sohn bald kommen. Von seiner Burg in Nottingham verschickt Richard Weisungen an sämtliche Grafschaften in England, um sie an ihre Pflicht ihm gegenüber zu erinnern und sie von der Bedrohung durch Henry Tudor zu unterrichten. Er befiehlt ihnen, alle örtlichen Streitigkeiten beizulegen und sich marschbereit zu halten.

Er befiehlt Elizabeth, mich zu verlassen, um sich mit ihren Schwestern zu den verwaisten Kindern von George of Clarence in Sheriff Hutton zu gesellen, das er für sicher hält. Er versammelt alle Kinder Yorks an dem sichersten Ort, seiner Burg im Norden, während er gegen meinen Sohn für ihr Erbe kämpft. Ich gebe mir alle Mühe, sie bei mir zu behalten – die Männer von York unterstützen meinen Sohn nur, wenn sie davon ausgehen können, dass er mit ihr verlobt ist –, doch sie packt augenblicklich, ist im Nu im roten Reitkostüm und reisefertig. Als die Eskorte sie abholen kommt, tanzt sie fast in den Hof hinaus.

»Ich wage zu behaupten, wir werden uns wiedersehen, wenn all das vorüber ist«, bemerke ich, als sie zu mir kommt, um mit einem Knicks Abschied zu nehmen. Ich empfange sie in der großen Halle. Ich bleibe sitzen und lasse sie vor mir stehen, als entließe ich eine Dienerin.

Sie erwidert nichts, sondern sieht mich mit ihren schönen grauen Augen einfach stumm an, als wartete sie nur darauf, dass ich fertig bin mit meiner Predigt und sie gehen kann.

»Wenn mein Sohn wie ein Drache von Wales kommt und König Richard vernichtend schlägt, dann wird er König von England. Er wird Euch zur Frau nehmen, und Ihr werdet Königin. Es steht in seiner Macht«, sage ich. »Jetzt habt Ihr keinen Namen, doch er wird Euch einen geben, wenn er sich dafür entscheidet. Ihr habt keinen Titel, doch er kann Euch zur Königin von England machen. Er wird Euer Retter sein, Euch aus der Schande erlösen und davon, ein Niemand zu sein.«

Sie nickt, als sei Schande kein Fluch für eine Frau.

»Aber wenn Richard meinen Sohn Henry besiegt, dann nimmt Richard Euch, seine Hure, und wäscht Euren Ruf mit der späten Eheschließung rein. Ihr werdet Königin, aber Ihr werdet mit dem Mann vermählt sein, der Euren Onkel und Eure Brüder getötet und den Willen Eures Vaters verraten hat – mit Eurem Feind. Ein schmähliches Schicksal. Es wäre besser gewesen, Ihr wäret mit Euren Brüdern gestorben.«

Einen Augenblick lang glaube ich, dass sie mich nicht verstanden hat, denn sie hat die Augen zu Boden geschlagen und zuckt nicht einmal zusammen. Die Drohung, entweder mit einem jungen Mann verheiratet zu werden, der sie hassen muss, oder mit einem Mann, dem man die Verantwortung für die Mordtaten in ihrer Familie zuschreibt, scheint sie nicht zu bewegen. Dann hebt sie langsam den Kopf und lächelt mich an. Sie schenkt mir ein wunderschönes Lächeln, als wäre sie glücklich.

»In jedem Fall seid Ihr geschändet«, sage ich grob. »Ihr solltet Euch dessen bewusst sein. Bloßgestellt in aller Öffentlichkeit.«

Doch das Glücksstrahlen bleibt. »Ja, aber ich werde so oder so, Schande hin oder her, Königin von England. Und dies ist das letzte Mal, dass Ihr in meiner Gegenwart sitzen bleibt«, brüskiert sie mich. Ihre Zuversicht ist außergewöhnlich, ihre Unverschämtheit unverzeihlich, ihre Worte schrecklich wahr.

Dann beschreibt sie einen Knicks, wendet mir mit vollkommener Verachtung den Rücken zu und schreitet aus meiner großen Halle hinaus in den Hof, wo die Soldaten bereits im Sonnenschein darauf warten, sie weit fort in Sicherheit zu bringen.

Ich muss sagen, es hat mir die Sprache verschlagen.

Mein Gatte kommt mit grimmiger Miene nach Hause. »Ich kann nicht bleiben«, meldet er mir. »Ich bin gekommen, um meine Männer anzumustern. Ich rufe die Pächter zusammen, wir ziehen in den Krieg.«

Ich traue mich kaum zu atmen. »Auf wessen Seite?«, wage ich zu fragen.

Er wirft mir einen Blick zu. »Du musst wissen, dass mir König Richard dieselbe Frage gestellt hat. Er traut mir so wenig, dass er meinen Sohn als Geisel genommen hat. Er hat mich erst zum Rekrutieren gehen lassen, als er George an meiner Stelle zum Pfand hatte. Dem musste ich zustimmen. Ich muss mich mit meiner Verwandtschaft auf dem Feld zeigen. Diese Schlacht wird über den nächsten König von England entscheiden, das Banner der Stanleys muss dabei sein.«

»Aber auf welcher Seite?«, frage ich erneut.

Er lächelt mich an, als wollte er mich nach dieser langen Wartezeit beschwichtigen. »Ach, Margaret«, sagt er. »Welcher

Mann könnte der Versuchung widerstehen, seinen Stiefsohn zum König von England zu machen? Was hast du denn gedacht, warum ich dich vor all den Jahren geheiratet habe, wenn nicht, um heute hier zu sein? Ich werde die Tausende von Männern bewaffnen, die mir unterstehen, um deinem Sohn auf den Thron zu verhelfen.«

Mir steigt die Röte in die Wangen. »Du musterst deine Truppe für Henry an?«, frage ich ihn. Die Armee der Stanleys ist viele Tausend Mann stark, genug, um den Verlauf einer Schlacht zu bestimmen. Wenn Stanley für Henry kämpft, dann ist es gewiss, dass Henry gewinnt.

»Selbstverständlich«, antwortet er. »Daran hast du doch wohl nie gezweifelt.«

»Ich dachte, du würdest dich immer auf die Seite des Siegers schlagen?«

Zum ersten Mal in unserer Ehe öffnet er die Arme, und ich lasse mich willig umfangen. Einen Augenblick hält er mich, dann lächelt er auf mich herab. »Wenn ich für Henry kämpfe, dann wird er gewinnen«, bemerkt er. »Ist das nicht dein Wunsch, meine Lady?«

»Mein Wunsch und Gottes Wille.«

»Und Gottes Wille geschehe«, bekräftigt er.

JULI 1485

Das Netzwerk von Spionen und Berichterstattern, das ich während der Rebellion um mich geknüpft hatte, entsteht langsam neu. Mein Gemahl schickt mir die Nachricht, dass ich mich auf eigenes Risiko treffen kann, mit wem ich will. Dr. Lewis kehrt mit dem Versprechen aus Wales zurück, dass die Waliser dem Namen Tudor die Treue halten werden; Pembroke Castle wird seinem alten Herrscher, Jasper Tudor, die Tore öffnen. Rhys ap Thomas, der größte Stammesführer in Wales, hat Richard sein Wort gegeben, aber er wird mit falschen Karten spielen: Rhys ap Thomas wird für Henry kämpfen. Mein Vermittler Reginald Bray geht leise in den großen Häusern Englands ein und aus und verheißt, dass Henry mit einer unschlagbaren Armee landen und den Thron besteigen wird, dass er dem Hause Lancaster endlich Gerechtigkeit widerfahren lassen und eine Versöhnung mit York herbeiführen wird.

Ich erhalte einen Brief von Jasper:

An Lady Margaret Stanley
Ende dieses Monats oder Anfang des nächsten ist es so weit. Wir haben fünfzehn Schiffe und zweitausend Männer. Ich glaube, es ist unsere letzte Chance. Dieses Mal müssen wir siegen, Margaret. Um Deines Sohnes willen, bring Deinen Gemahl dazu, ins Feld zu

ziehen. Wir brauchen ihn. Henry und ich zählen darauf dass Du uns die Stanleys an die Seite stellst. So Gott will, sehe ich Dich bei der Krönung Deines Sohnes, sonst sehe ich Dich nie wieder. Gott schütze Dich, wie auch immer es ausgehen mag. Es war ein langer und guter Weg, und ich bin stolz, Dir und Deinem Sohn gedient zu haben.

Jasper

AUGUST 1485

Die fünfzehn Schiffe setzen in Harfleur Segel, finanziert von den Franzosen zur Zerstörung Englands. Sie haben die wüstesten Männer ganz Europas an Bord, von Schweizer Schindern zu etwas wie einer Armee gedrillt, befehligt von Jasper und angeführt von Henry, der mehr Angst hat als je zuvor in seinem Leben.

Er hat die englische Küste schon einmal angesteuert und ist wieder abgedreht, weil er zu viel Angst vor einer Konfrontation mit dem Feind hatte, weil er sicher war zu unterliegen. Jetzt hat er noch einmal eine Chance, und er weiß, dass es seine letzte ist. Damals haben ihn die Bretonen unterstützt, doch er ist nicht einmal an Land gegangen. Jetzt unterstützen ihn die Franzosen, doch das werden sie nicht noch einmal tun. Wenn diese Invasion misslingt, wird sich niemand mehr mit ihm verbünden. Wenn er jetzt scheitert, wird er den Rest seines Lebens im Exil verbringen, ein erbärmlicher Thronprätendent, der sich bettelnd über Wasser halten muss.

Sie fahren über ein sommerliches Meer: warme Winde auf einer ruhigen See, kurze Nächte mit klarer Dämmerung. Die südlichen Grafschaften stehen unter Richards Knute, und so wagen sie es nicht, im Süden zu landen. Also landen sie so weit westlich wie möglich, in Dale im Westen von Wales, und hoffen, von Richards Spionen unentdeckt zu bleiben und ein Heer von Rekruten anzuwerben, die begierig darauf sind, gegen den Tyrannen zu marschieren, bevor er überhaupt weiß, dass sie gelandet sind.

Doch es misslingt. In den meisten Orten schlägt ihnen Gleichgültigkeit entgegen. Die Männer, die unter dem Duke of Buckingham marschiert sind und vom Regen besiegt wurden, wollen nicht mehr marschieren. Viele von ihnen sind Richard treu, sie könnten ihm womöglich sogar eine Warnung schicken. Henry, ein Fremder in dem Land, das er als sein Eigen beansprucht, versteht die walisische Sprache mit dem harten Einschlag des Westens nicht. Er spricht sogar Englisch mit bretonischem Akzent – er war zu lange im Ausland. Er ist ein Fremder, und sie mögen keine Fremden.

Vorsichtig marschieren sie nach Norden. Jaspers ehemalige Städte öffnen ihnen aus alter Zuneigung und Treue die Tore, die anderen umgehen sie. Henry appelliert an die Waliser, ihn, einen walisischen Prinzen, zu unterstützen. Doch die Waliser stehen diesem jungen Mann, der den größten Teil seines Lebens in der Bretagne verbracht hat und mit einer französischen Armee aus Sträflingen marschiert, gleichgültig gegenüber.

Bei Shrewsbury überqueren sie den Severn. Henry muss gestehen, dass er befürchtet hatte, der Fluss, der einen anderen Aufstand gegen Richard zunichtegemacht hat, würde hoch stehen, doch die Furt ist niedrig und der Abend mild, und schließlich betreten sie englischen Boden, eine zerlumpte Armee französischer Sträflinge, deutscher Söldner und einer Handvoll walisischer Hasardeure. Und können sich nicht einmal entscheiden, in welche Richtung sie marschieren sollen.

Sie setzten sich gen London in Bewegung. Es wird ein langer Marsch quer durch den Westen Englands und durch das Tal der Themse, doch Jasper und Henry glauben, wenn sie London einnehmen können, dann haben sie das Herz Englands erobert. Sie wissen, dass Richard in Nottingham, nördlich von ihnen, seine Armeen aufstellt.

⁕

An Jasper Tudor und meinen Sohn Henry Tudor
Ich grüße Euch von Herzen.
Mein Gemahl und sein Bruder, Sir William Stanley, haben zwei gewaltige Armeen versammelt und sind bereit, Euch in der dritten Augustwoche in der Nähe von Tamworth zu treffen. Ich bin in Kontakt mit dem Earl of Northumberland, der sich meiner Einschätzung nach ebenfalls als treu erweisen wird.
Schickt mir Nachrichten. Antwortet auf diese Nachricht...
Lady Margaret

In Nottingham befiehlt König Richard Lord Stanley, mitsamt seiner Armee unverzüglich an den Hof zurückzukehren. Er wartet auf Antwort, aber als sie kommt, lässt er den Brief auf dem Tisch vor sich liegen und betrachtet das gefaltete Blatt Papier mit dem Familienwappen der Stanleys auf dem roten Siegel. Er öffnet ihn, als wüsste er, was er darin zu lesen bekommt.

Stanley schreibt, er sende seinem König seine Liebe und Loyalität. Er schreibt von seiner Pflicht gegenüber seinem König und dem dringenden Wunsch, ihm augenblicklich zu dienen. Doch sei er leider schwer erkrankt; sobald er jedoch so weit wiederhergestellt sei, dass er reiten könne, werde er nach Nottingham kommen, bereit, seine Pflicht zu erfüllen.

Richard sieht auf und begegnet dem starren Blick seines

Freundes Sir William Catesby. »Schafft Stanleys Sohn herbei!«, ist alles, was er sagt.

Sie bringen George, Lord Strange, zum König, obwohl er die Füße nachschleifen lässt wie ein Gefangener. Als er Richards Gesichts und des Briefes mit dem Siegel seines Vaters auf dem Tisch ansichtig wird, fängt er an zu zittern. »Bei meiner Ehre...«, setzt er an.

»Nicht Eure Ehre, die Eures Vaters«, unterbricht Richard ihn. »Denn die Ehre Eures Vaters bereitet uns Sorgen. Euch vor allem, denn Ihr werdet womöglich Euer Leben für sein Versäumnis geben. Er schreibt, er sei erkrankt. Trifft er sich mit Henry Tudor? Ist er mit seiner Gemahlin Lady Margaret übereingekommen, mir meine Freundlichkeit mit Verrat zu danken?«

»Nein! Niemals! Nein!«, beteuert der junge Mann. »Mein Vater ist Euch treu, Euer Ehren. Er war Euch immer treu, vom ersten Tag an. Ihr wisst das. Er hat von Euch immer mit der hingebungsvollsten...«

»Und Euer Onkel, Sir William?«

Der junge Mann würgt an seinen Worten. »Mein Onkel, ich weiß nicht«, sagt er. »Er könnte... aber ich weiß es nicht. Wir sind alle treu... Unser Motto ist *sans changer*...«

»Das alte Stanley-Spiel?«, fragt Richard sanft. »Einen auf der einen Seite, einen auf der anderen? Ich erinnere mich, was man sich damals erzählt hat, als Margarete von Anjou auf die Unterstützung Eures Vaters in der Schlacht wartete. Ich erinnere mich, dass sie die Schlacht beim Warten verlor.«

»Mein Vater wird rechtzeitig zu Euch stoßen, Euer Gnaden!«, verspricht der erbärmliche junge Mann. »Wenn ich ihm nur schreiben und ihn in Eurem Namen bitten dürfte herzukommen!«

»Ihr könnt ihm schreiben und ihm mitteilen, dass Ihr

ohne Urteil und ohne große Förmlichkeit hingerichtet werdet, wenn er nicht bis übermorgen hier ist«, sagt Richard rasch. »Und holt einen Priester, lasst Euch die Beichte abnehmen. Wenn Euer Vater übermorgen nicht hier ist, seid Ihr ein toter Mann.«

Sie bringen ihn in sein Gemach, schließen ihn ein und bringen ihm Papier und Feder. Er zittert so sehr, dass er kaum schreiben kann. Dann wartet er auf seinen Vater. Sein Vater wird doch gewiss kommen? Ein Mann wie sein Vater wird es doch sicher nicht unterlassen, seinem Sohn und Erben zur Rettung zu eilen?

Henry Tudor marschiert mit seiner Armee ostwärts nach London. Das Heu ist gemäht, und auf den Wiesen sprießt frisches, grünes Gras. Golden stehen Weizen, Gerste und Roggen auf den Feldern. Vor allem die Franzosen werden in strengen Marschkolonnen formiert, sie sehen die reichen Dörfer und denken an Plünderung und Raub. Sie sind seit drei Wochen auf dem Marsch, sie sind müde, doch die Anführer halten sie zusammen, und es gibt nur wenige Fahnenflüchtige. Jasper denkt über den Vorteil ausländischer Söldner nach: Sie haben kein Heim, zu dem sie weglaufen könnten – die einzige Möglichkeit, nach Hause zu gelangen, ist zusammen mit ihrem Hauptmann. Doch der Gedanke kommt ihn bitter an. Er hatte darauf gezählt, dass die Menschen unter der Standarte der Tudors zusammenströmen würden, dass Männer, deren Väter für Lancaster gestorben sind, sich ihm aus Rache anschließen würden, doch dem scheint nicht so zu sein. Wie es scheint, war er zu lange weg, und sie haben sich an den Frieden von Richard III. gewöhnt.

Niemand will Krieg, nur Jasper und Henry und ihre Armee von Fremden. Jasper sitzt schwer im Sattel; dieses England ist ihm fremd. Es ist viele Jahre her, seit er eine englische Armee befehligt hat. Vielleicht hat die Welt sich verändert. Vielleicht dienen die Truppen Richard als ihrem rechtmäßigen König und betrachten diesen Jungen, den Sohn Lancasters und Tudors, als Thronräuber.

Die Aussicht auf ein Treffen mit den Stanleys, den Ersten, die große Armeen aufgestellt haben für ihre Sache, lässt sie in ihrem Marsch nach Osten auf London anhalten und sich nach Norden wenden. Sir William Stanley kommt ihnen zum Gruß mit einer kleinen Leibgarde entgegen, als sie sich der Stadt Stafford nähern.

»Euer Gnaden«, sagt er zu Henry und legt sich im Soldatengruß die Faust auf die Brust. Henry wirft Jasper einen raschen Blick zu. Dies ist der erste englische Edelmann, der ihn auf englischem Boden mit der Anrede des Königs anspricht. Henry ist gut ausgebildet, er grinst nicht, er erwidert den Gruß voller Wärme.

»Wo ist Eure Armee, Sir William?«, fragt er.

»Nur einen Tagesmarsch entfernt. Sie erwartet Euren Befehl, Sir.«

»Bringt sie zu uns, wir marschieren nach London.«

»Es ist mir eine Ehre«, sagt Stanley.

»Und Euer Bruder, Lord Thomas Stanley?«, fragt Jasper.

»Er mobilisiert seine Männer und stößt später zu uns«, antwortet Sir William. »Er ist in Lichfield, etwas südlich von hier. Er wollte sie nach Tamworth bringen. Wir haben gedacht, Ihr würdet gen Nottingham marschieren und Richard sofort in eine Schlacht verwickeln.«

»Nicht nach London?«, fragt Jasper.

»London steht wie ein Mann auf Richards Seite«, warnt

sie Sir William. »Die Stadt wird die Tore schließen, und dann steht Euch eine schwere Belagerung bevor. Sie sind gut bewaffnet, und Richard hat sie vorbereitet. Wenn Ihr vor London lagert, wird Richard von hinten an Euch heranmarschieren.«

Henrys junges Gesicht ist reglos – er zeigt keine Angst, auch wenn seine Hände die Zügel fester packen.

»Lasst uns reden«, sagt Jasper und bedeutet Henry abzusitzen. Die drei verlassen die Straße und gehen in ein Weizenfeld, die Armee löst sich aus den strengen Marschkolonnen, und die Männer setzen sich am Straßenrand ins Gras, trinken Dünnbier aus ihren Flaschen, spucken aus und fluchen über die Hitze.

»Werdet Ihr mit uns gen London marschieren? Und was ist mit Lord Stanley?«

»Oh, das würde keiner von uns anraten«, sagt Sir William. Henry bemerkt, dass er die Frage damit nicht beantwortet.

»Wo wollt Ihr Euch denn anschließen?«, fragt er.

»Ich marschiere nach Tamworth, ich habe versprochen, mich dort mit meinem Bruder zu treffen. Ich kann nicht sofort mit Euch ziehen.«

Jasper nickt.

»Wir kommen nach«, versichert ihm Sir William. »Wenn Ihr entschlossen seid, gen London vorzurücken, würden wir die Vorhut für Euch bilden. Aber Richards Armee wird hinter uns herkommen …«

»Wir beraten uns mit Lord Stanley und Euch in Tamworth«, entscheidet Jasper. »Und beschließen dann, was zu tun ist. Aber wir marschieren alle zusammen oder gar nicht.«

Sir William nickt. »Und Eure Männer?«, fragt er taktvoll und weist auf den bunten Haufen von zweitausend Mann, die verstreut am Straßenrand hocken.

»Sie nennen es das englische Abenteuer‹«, sagt Jasper mit einem rauen Lächeln. »Sie sind nicht aus Liebe hier, sondern des Geldes wegen. Aber sie sind gut ausgebildet, und sie haben nichts zu verlieren. Ihr werdet sehen, dass sie einem Sturm standhalten und auf Befehl vorrücken. Sie sind mindestens so stark wie ein Haufen Pächter, die von den Feldern gerufen werden. Wenn sie siegen, sind sie frei und reich. Dafür kämpfen sie.«

Sir William nickt, als hielte er nicht viel von einer Armee aus Strafgefangenen, und dann verbeugt er sich vor Henry. »Vor Tamworth dann«, sagt er.

Henry nickt und streckt die Hand aus. Sir William beugt sich ohne das geringste Zögern vor, um den Stulpenhandschuh zu küssen. Sie kehren zur Landstraße zurück, und Sir William nickt seiner Wache zu, ihm sein großes Schlachtross zu bringen. Sein Knappe kniet sich in den Dreck, und er tritt hoheitsvoll auf den Rücken des Jungen, um sich mithilfe des Steigbügels in den Sattel zu schwingen. Sobald er aufgesessen ist, wendet er das Pferd Henry zu und schaut auf den jungen Mann hinab.

»Mein Neffe, Lord Strange, der Erbe unserer Familie, wird von Richard als Geisel gehalten«, sagt er. »Wir können nicht das Risiko eingehen, vor der Schlacht mit Euch gesehen zu werden. Richard würde ihn töten. Ich schicke einen Diener, der Euch in der Nacht zu uns bringt.«

»Was?«, fährt Jasper auf. »Heimlichkeiten?«

»Er wird Euch meinen Ring zeigen«, sagt Sir William und zeigt ihnen den Ring über seinem Handschuh, dann wendet er sein Pferd und reitet, gefolgt von seiner Leibgarde, davon.

»Um Gottes willen!«, fährt Jasper auf.

Henry und er sehen einander ausdruckslos an. »Wir haben keine Wahl«, brummt Henry verstimmt. »Wir brauchen die Stanleys. Ohne sie sind wir zum Scheitern verurteilt, wir haben einfach nicht genügend Soldaten.«

»Sie werden sich nicht auf unsere Seite stellen.« Jasper spricht leise und sieht sich die Bewaffneten an. Jeder von ihnen könnte ein Spion sein und kein freiwilliger Rekrut. »Sie werden wieder zögern.«

»Solange sie da sind, wenn die Schlacht beginnt...«

Jasper schüttelt den Kopf. »Das ist nur die eine Seite. Wenn alle wissen, dass die Stanleys auf deiner Seite stehen, dann wissen sie auch, dass wir siegreich aus der Schlacht hervorgehen werden«, sagt er. »Wenn sie dich im Dunkeln treffen oder hier, halb versteckt in einem verdammten Weizenfeld, dann haben sie sich nicht öffentlich zu dir bekannt. Sie könnten sich immer noch auf Richards Seite schlagen, und jeder weiß das. Verdammt. Verdammt. Ich hatte gehofft, deine Mutter hätte dafür gesorgt, dass ihr Gemahl für uns kämpft, aber wenn sein Sohn von Richard als Geisel gehalten wird, könnte er sich die ganze Schlacht über am Rand halten und sich beim letzten Angriff auf Richards Seite schlagen. Verdammt.«

Henry nimmt seinen Onkel am Arm und führt ihn von den lauschenden Männern fort. »Was sollen wir machen? Wir müssen weitermarschieren.«

»Ja, wir können uns jetzt nicht zurückziehen, ohne Richard überhaupt begegnet zu sein, aber wir sind in schlechterer Verfassung, als ich gehofft hatte, mein Junge.«

»Sollen wir nach London marschieren?«

»Nein, sie haben gewiss recht, dass London auf Richards Seite steht, und jetzt haben wir sie auf den Fersen, ohne zu wissen, ob sie Freunde oder Feinde sind, und Richard dicht hinter ihnen. Vielleicht sind sie nicht unsere Vorhut, sondern seine Vorboten. Und wir haben ihnen auch noch gesagt, dass wir nach London wollen. Verdammt.«

»Und jetzt?«, drängt Henry. Seine Züge sind blass, in sein junges Gesicht haben sich Sorgenfalten eingegraben.

»Wir wenden uns nach Norden, treffen uns mit ihnen und versuchen sie davon zu überzeugen, dass wir siegen können. Dann marschieren wir weiter nach Norden, wo wir Ausschau nach dem besten Gelände für die Schlacht halten, denn morgen wird Richard in Nottingham wissen, wo wir sind, wie viele wir sind und in welcher Aufstellung wir marschieren. Ich bezweifle nicht, dass Stanley Richard all diese Informationen noch heute vor Mitternacht überbringt.«

»Wollen wir uns wirklich im Geheimen mit Stanley treffen? Und wenn das eine Falle ist? Was, wenn sie Richard dienen, indem sie mich an ihn ausliefern?«

»Wir müssen es wagen. Wir tun alles, was sie auf unsere Seite bringt«, sagt Jasper. »Ich glaube nicht, dass wir Richard ohne sie schlagen können. Es tut mir leid, mein Junge.«

»Euer Gnaden«, erinnert Henry ihn mit einem gespenstischen Lächeln.

Jasper legt dem jungen Mann den Arm um die Schultern. »Euer Gnaden, Euer Gnaden! England hatte nie einen tapfereren König.«

Von Lady Margaret Stanley
Gemahl, ich grüße Dich herzlich.
Ned Parton erzählt mir, er könne Dich aufspüren, er wisse, wo Du bist. Falls das zutreffend sein sollte, weiß er mehr als Deine Gemahlin oder Dein angelobter Verbündeter, mein Sohn.

Gemahl, von ganzem Herzen flehe ich Dich an, nicht zu vergessen, dass Du noch in dieser Woche Stiefvater des Königs von England sein kannst. Richard mag Dich zum Constable of England ernannt haben, aber das ist nichts im Vergleich zu der Zukunft, die Dir durch uns offensteht. Wir werden die königliche Familie sein, und unser Enkel wird eines Tages König. Nichts könnte größer sein… es muss jedes Risiko wert sein.

Ich höre, dass Lord Strange, Dein Sohn, von Richard als Unterpfand deiner Treue als Geisel gehalten wird. Gemahl, befiehl ihm um unser aller willen zu fliehen, damit Du frei bist, den wahren König zu unterstützen, und wir unserer Bestimmung als Herrscher über England entgegengehen können.

Und wisse: Der Earl of Northumberland hat den Norden nicht für Richard mobilisiert; er wird meinem Sohn dienen. Die Edelleute von England treten für meinen Sohn an. Willst Du nicht in der ersten Reihe stehen?

Ich flehe Dich an, handle! Es ist in Deinem ureigensten Interesse.

Deine Gemahlin
Lady Margaret Stanley

Henrys Marsch bringt ihn vor die Tore von Lichfield, das von Lord Stanleys Armee besetzt ist. Er hofft, sein Stiefvater möge ihn einlassen und seine Armee herausbringen, um sich Henrys Heer anzuschließen, doch dies geschieht nicht. Sobald Stanleys Späher ihm die Nachricht bringen, dass Henry Tudors Armee sich der Stadt nähert, zieht er sich zurück und weist die Stadtleute an, die Tore zu öffnen, um Blutvergießen zu vermeiden. Richard kann in Nottingham genau wie Henry vor den Stadttoren rätseln, ob dies eine Geste der Rebellion oder der Loyalität ist. Lord Stanleys Armee marschiert davon und schlägt ihr Lager in Atherstone auf, sein Bruder steht ein wenig weiter nördlich. Es scheint, als suchten die Armeen ein Schlachtfeld aus. Lord Stanley schickt täglich Nachrichten an Richard: Wohin wendet sich die Armee Tudors, wie viele Männer sind es, wie ist es um ihre Disziplin bestellt. Er erscheint nicht persönlich, wie ihm befohlen wurde, doch er erweckt den Anschein, loyal zu sein.

Richard befiehlt seiner Armee, Nottingham Castle zu verlassen und die Straße nach Süden zu nehmen. Er befiehlt, im Karree zu marschieren – wie es auch sein Bruder Edward befohlen hätte. Dabei marschieren die Männer im vollen Karree, und die Kavallerie reitet die Reihen wachsam auf und ab. Der König und seine Leibgarde reiten voran: Jeder kann die königliche Standarte vor ihnen sehen; jeder weiß, dass Richard entschlossen ist, diese Bedrohung seines Friedens ein für alle Mal zu beenden. Dies wird die letzte Rebellion gegen seine Regentschaft sein, das Ende der langen Rosenkriege.

Bevor sie Nottingham verlassen, hält Catesby den König mit einer Frage auf. »Der Sohn Stanleys?«

»Er kommt mit uns. Unter Bewachung.«

»Sollten wir ihn nicht jetzt töten?«

Richard schüttelt den Kopf. »Ich kann mir Stanley unmöglich am Vorabend der Schlacht zum Feind machen. Wenn wir seinen Sohn töten, wird er sich garantiert auf Tudors Seite schlagen, um Rache zu üben. Wir nehmen Lord Strange mit, in meinem Gefolge, und wenn Stanley sich gegen uns stellt, schlagen wir ihm an Ort und Stelle den Kopf ab.«

Die königliche Armee und die Armee Tudors sind nicht die einzigen Streitkräfte, die aufeinander zumarschieren. Die beiden Armeen der Stanleys haben sich wartend in Stellung gebracht, der Earl of Northumberland bringt in Richards Rücken einen Kavallerieverband in Stellung, er hat versprochen, seinen Dienst zu erfüllen und Margaret Stanley treu zu sein. Die größte Armee, die auf dem Schlachtfeld Stellung nimmt, ist zweifellos die des Königs. Doch den Ausschlag werden die Streitkräfte der Stanleys und Northumberlands geben.

19. AUGUST 1485

Jasper, dessen großes Schlachtross gemächlich neben dem seines Neffen hertrabt, beugt sich zu ihm hinüber und fasst mit seinem Stulpenhandschuh in die Zügel. »Nur Mut, mein Junge.«

Henry schenkt ihm ein angespanntes, zaghaftes Lächeln.

»Lass sie vorausziehen.« Jasper weist mit einem Nicken auf die langsam vorrückende Armee. »Lass sie außer Sichtweite marschieren und mach dann kehrt. Ich kümmere mich um das Nachtlager und komme dann zu dir. Tu, was du kannst, bei den Stanleys. Ich trete nur in Erscheinung, wenn du in Schwierigkeiten gerätst.«

»Glaubst du, sie wollen mich töten?«, fragt Henry, als sei es eine Frage der Taktik.

Jasper seufzt. »Ich glaube nicht. Ich vermute eher, dass sie dir ihre Bedingungen darlegen werden. Sie gehen wohl davon aus, dass du gute Chancen hast. Wenn sie nicht die Absicht hätten, dir den Rücken freizuhalten, würden sie sich nicht einmal mit uns treffen. Es gefällt mir nicht, dass du sie allein triffst, aber da sein Sohn von Richard als Geisel gehalten wird, muss Stanley vorsichtig sein. Hast du dein Messer im Stiefel?«

»Selbstverständlich.«

»Denk daran, ich bin nicht weit von dir. Gutes Gelingen, Euer Gnaden. Ich bin gleich hinter dir. In Hörweite.«

»Gott steh uns allen bei«, sagt Henry niedergeschlagen. Er schaut nach vorn, um sich zu vergewissern, dass die Nachzügler seiner Armee um die Ecke sind, und sobald sie außer Sichtweite sind, wendet er sein Pferd und reitet davon, um den Diener der Stanleys zu treffen, der im Schatten der Hecke mit einem Mantel bekleidet auf seinem Pferd auf ihn wartet.

Sie reiten schweigend, und in der zunehmenden Dunkelheit prägt sich Henry die Landschaft ein, um später den Weg zurück zu seiner Armee zu finden. Der Diener weist auf ein kleines Gasthaus am Wegesrand. Zum Zeichen, dass es geöffnet ist für sein ärmliches Geschäft, hängt ein knochendürrer Stechpalmenzweig über der Tür, und Henry sitzt ab. Der Diener führt sein Pferd hinter das Haus, und Henry zieht den Kopf ein, atmet tief durch und öffnet die Tür.

Er blinzelt. Durch den Rauch der schmutzigen Binsenlichter und des Feuers aus frisch geschlagenem Holz, der in dem düsteren Schankraum steht, kann er Sir William und drei weitere Männer ausmachen. Sonst sieht er niemanden: Er weiß nicht, ob er einen Hinterhalt oder ein Willkommen erwarten soll. Mit einem bretonischen Achselzucken tritt Henry Tudor ein.

»Welch glücklicher Zufall, Euer Gnaden, mein Sohn.« Ein großer Fremder steht auf und fällt vor Henry aufs Knie.

Henry streckt eine Hand aus, die nur ganz leicht zittert. Der Mann küsst den Handschuh, und die anderen beiden Männer und Sir William fallen ebenfalls aufs Knie und ziehen die Kappen.

Henry stellt fest, dass er vor Erleichterung grinst. »Lord Stanley?«

»Ja, Euer Ehren, und mein Bruder Sir William, der Euch bereits bekannt ist. Und dies ist meine Garde, die für unsere Sicherheit sorgt.«

Henry reicht Sir William die Hand und nickt den anderen Männern zu. Er hat den Eindruck, er sei aus sehr großer Höhe gestürzt und mit viel Glück auf den Füßen gelandet.

»Ihr seid allein?«

»Ja«, lügt Henry.

Stanley nickt. »Ich überbringe Euch Grüße von Eurer Frau Mutter. Von dem Tag, da sie mir die Ehre erwies, mich zu heiraten, hat sie Eure Sache mit großer Leidenschaft und Entschlossenheit vertreten.«

Henry lächelt. »Das bezweifle ich nicht. Sie war vom Tag meiner Geburt an von meiner Bestimmung überzeugt.«

Die Stanleys erheben sich, und ein namenloser Diener schenkt zunächst Henry und danach seinem Herrn Wein ein. Henry nimmt das Glas, das am weitesten von dem entfernt steht, das man ihm angeboten hat, und setzt sich auf eine Bank am Feuer.

»Wie viele Männer befehligt Ihr?«, fragt er Stanley geradeheraus.

Der Ältere nippt an seinem Wein. »Rund dreitausend stehen unter meinem Befehl und weitere tausend unter dem meines Bruders.«

Henry verzieht keine Miene ob der Nachricht, dass die Armee doppelt so groß ist wie seine eigene. »Und wann stoßt Ihr zu mir?«

»Wann trefft Ihr mit dem König zusammen?«

»Marschiert er nach Süden?«, beantwortet Henry die Frage seinerseits mit einer Gegenfrage.

»Er hat heute Nottingham verlassen. Er hat mich aufgefordert, zu ihm zu stoßen. Mein Sohn schreibt mir, er werde mit seinem Leben bezahlen müssen, wenn ich dieser Aufforderung nicht nachkomme.«

Henry nickt. »Dann wird er innerhalb von... wann?... einer Woche bei uns sein?«

Die Stanleys lassen sich Henrys mangelnde Kenntnisse seines eigenen Landes nicht anmerken. »Eher in zwei Tagen«, sagt Sir William.

»Dann bringt Ihr besser Eure Truppen zu meinen, damit wir uns ein Schlachtfeld aussuchen können.«

»Das würden wir gewiss tun«, sagt Lord Stanley, »ginge es da nicht auch um die Sicherheit meines Sohnes.« Henry wartet.

»Richard hält ihn als Unterpfand für unsere Unterstützung als Geisel«, sagt Stanley. »Natürlich habe ich ihm befohlen zu fliehen, und sobald er in Sicherheit ist, werden wir mit unseren Streitkräften zu den Euren vordringen.«

»Aber wenn er entkommt, ohne dass Ihr davon erfahrt? Die Verzögerung könnte entscheidend sein...«

»Das tut er nicht. Er weiß, worum es geht. Er wird mich benachrichtigen.«

»Und wenn ihm die Flucht nicht gelingt?«

»Dann werden wir Euch zur Seite stehen, und ich werde meinen Sohn als mutigen Mann betrauern müssen und als den Ersten in unserer Familie, der in Euren Diensten den Tod gefunden hat«, verspricht Stanley mit ernster Miene.

»Ich sorge dafür, dass er geehrt wird. Ich sorge dafür, dass Ihr belohnt werdet«, sagt Henry hastig.

Stanley verbeugt sich. »Er ist mein Sohn und Erbe«, sagt er leise.

In dem kleinen Schankraum breitet sich Schweigen aus. Ein Scheit bewegt sich im Kamin, und in dem Aufflackern der Flamme sieht Henry seinem Stiefvater ins Gesicht. »Eure Armee verdreifacht die Größe der meinen«, sagt er ernst. »Mit Eurer Unterstützung könnte ich zweifellos siegen. Vereint sind unsere Streitkräfte stärker als Richards. Ihr haltet den Schlüssel zu England für mich in Händen.«

»Ich weiß«, sagt Stanley bedächtig.

»Ihr könntet Euch meiner Dankbarkeit gewiss sein.«

Stanley nickt.

»Ihr müsst mir Euer Wort geben: Wenn ich Richard auf dem Schlachtfeld gegenüberstehe, muss ich auf Eure Truppen zählen können.«

»Selbstverständlich«, sagt Stanley ruhig. »Ich habe Eurer Mutter mein Wort gegeben, und jetzt gebe ich es Euch: Ihr könnt Euch auf dem Schlachtfeld sicher sein, dass meine Armee unter Eurem Befehl steht.«

»Und Ihr werdet mit mir auf das Schlachtfeld marschieren?«

Bedauernd schüttelt Stanley den Kopf. »Sobald mein Sohn frei ist«, sagt er. »Ihr habt mein Wort. Und wenn die Schlacht beginnt, bevor George fliehen kann, dann werde ich an Eure Seite eilen und das größte Opfer bringen, das ein Mann für seinen rechtmäßigen König bringen kann.«

Und damit muss Henry sich zufriedengeben.

»Gute Nachrichten?«, fragt Jasper, als Henry aus dem Gasthaus kommt und sein Pferd aus dem armseligen Verschlag holt, um auf der Straße aufzusitzen.

Henry verzieht das Gesicht. »Er sagt, er wird bei der Schlacht für mich da sein, aber er kann nicht zu uns stoßen, solange sein Sohn von Richard als Geisel gehalten wird. Er sagt, in dem Augenblick, da Lord Strange frei ist, wird er an unsere Seite eilen.«

Jasper nickt, als hätte er dies erwartet, und die beiden reiten schweigend los. Der Himmel wird heller, der Morgen dämmert früh an diesem Sommertag.

»Ich reite voraus«, beschließt Jasper, »um zu schauen, ob wir dich unbemerkt ins Lager schmuggeln können.«

Henry lenkt sein Pferd zur Seite und wartet, während Jasper ins Lager trabt. Augenblicklich bricht hektische Aktivität aus, offensichtlich haben sie Henry schon vermisst und sind in Panik, er könnte fortgelaufen sein. Henry sieht, wie Jasper vom Pferd steigt und wild gestikuliert, als erklärte er, dass er herumgeritten sei. Der Earl of Oxford kommt aus seinem Zelt, um sich der Versammlung anzuschließen. Henry gibt seinem Pferd die Sporen und reitet ins Lager.

Jasper dreht sich um. »Gott sei Dank, da bist du ja, Euer Gnaden! Wir haben uns Sorgen gemacht. Dein Knappe sagt, dein Bett sei unberührt. Ich habe Ausschau nach dir gehalten. Aber ich habe gerade meinem Lord de Vere gesagt, dass du dich sicher mit deinen Unterstützern triffst, die sich unserer Sache anschließen.«

Ein scharfer Blick aus Jaspers blauen Augen warnt Henry, die Geschichte weiterzuspinnen. »Das habe ich in der Tat«, sagt Henry. »Ich kann ihre Namen noch nicht nennen, aber sei versichert, dass immer mehr sich unserer Sache anschließen. Und dieser neue Unterstützer bringt viele Männer mit.«

»Hunderte?«, fragt der Earl of Oxford und lässt einen finsteren Blick über die kleine Armee schweifen.

»Tausende, gelobt sei Gott«, sagt der junge Henry Tudor mit einem zuversichtlichen Lächeln.

20. AUGUST 1485

Später an diesem Tag, als die Armee wieder auf dem Marsch ist und vor Hitze klagend über die staubigen Landstraßen schlurft, bringt Jasper sein Schlachtross an Henrys Seite. »Euer Gnaden, gib mir Dispens«, sagt er.

»Was?«, schreckt Henry aus seinen Gedanken auf. Er ist blass und hat die Zügel fest um die Hände geschlungen. Jasper sieht die Anspannung in dem jungen Gesicht und fragt sich nicht zum ersten Mal, ob dieser Junge stark genug ist, um die Bestimmung zu erfüllen, an der seine Mutter so eisern festhält.

»Ich möchte den Weg, den wir gekommen sind, zurückreiten und unterwegs sichere Häuser ausmachen, die in ihren Ställen einige Pferde für uns bereithalten sollen. Vielleicht reite ich sogar bis zur Küste zurück und heure ein Schiff an, das auf uns warten soll...«

Henry wendet sich seinem Mentor zu. »Du verlässt mich doch nicht?«

»Sohn, dann könnte ich meine eigene Seele verlassen. Aber ich will einen Fluchtweg für dich offenhalten.«

»Wenn wir verlieren.«

»Falls wir verlieren.«

Es ist ein bitterer Augenblick für den jungen Mann. »Traust du Stanley nicht?«

»Nicht so weit, wie ich einen Stein werfen kann.«

»Und wenn er sich nicht auf unsere Seite schlägt, dann verlieren wir?«

»Ein reines Rechenexempel«, sagt Jasper ruhig. »König Richards Armee ist womöglich doppelt so groß wie unsere, und wir haben jetzt rund zweitausend Mann. Falls Stanley sich auf unsere Seite schlägt, haben wir eine Armee von sechstausend Mann. Dann gewinnen wir wahrscheinlich. Aber falls Stanley für den König kämpft – und sein Bruder mit ihm –, dann haben wir zweitausend Mann und der König siebentausend. Du könntest der tapferste Ritter des ganzen Rittertums sein und der wahrste König, der je geboren wurde, aber wenn du mit zweitausend Mann gegen eine Armee von siebentausend in die Schlacht ziehst, wirst du wahrscheinlich verlieren.«

Henry nickt. »Ich weiß. Ich bin mir sicher, dass Stanley sich mir am Ende als treu erweist. Meine Mutter schwört darauf, und sie hat sich noch nie geirrt.«

»Ganz deiner Meinung. Aber es ginge mir besser, wenn ich wüsste, dass wir davonkommen, falls es schiefläuft.«

Henry nickt. »Aber du kommst zurück, sobald du kannst?«

»Ich möchte die Schlacht um nichts in der Welt versäumen«, sagt Jasper mit einem angedeuteten Lächeln. »Gott befohlen, Euer Gnaden.«

Henry nickt. Er versucht die Trennung von dem Mann, der in den achtundzwanzig Jahren seines jungen Lebens kaum von seiner Seite gewichen ist und der jetzt sein Pferd wendet und langsam davongaloppiert, nach Westen in Richtung Wales, nicht zu schwer zu nehmen.

Als Henrys Armee am nächsten Tag losmarschiert, reitet Henry an ihrer Spitze. Er lächelt nach links und rechts und erklärt, Jasper sei fort, um neue Verbündete zu treffen – eine ganze Armee neuer Rekruten –, und bringe sie nach Atherstone. Die Waliser und die Engländer, die sich freiwillig gemeldet haben, freut dies, sie glauben dem jungen Herrn, dem zu folgen sie geschworen haben. Die Schweizer Offiziere sind gleichgültig – sie haben diese Soldaten gedrillt, mehr können sie nicht tun; mehr Männer wären gut, doch sie werden sowieso bezahlt, um zu kämpfen, und zusätzliche Männer würden eine geringere Beute für jeden bedeuten. Den französischen Strafgefangenen, die nur für Freiheit und Beute kämpfen, ist es gleichgültig. Henry betrachtet seine Truppen mit einem tapferen Lächeln und spürt ihre schreckliche Gleichgültigkeit.

20. AUGUST 1485
Leicester

Der Earl of Northumberland, Henry Percy, marschiert mit seiner Armee von dreitausend Soldaten in Richards Lager bei Leicester. Er wird zu Richard gebracht, als der König unter dem Baldachin, auf seinem prächtigen Sessel, sein Abendessen einnimmt.

»Ihr könnt Euch setzen und mit mir dinieren«, sagt Richard leise und deutet auf einen Platz am Tisch, dem seinen gegenüber.

Henry Percy strahlt über die Ehrenbezeigung und nimmt Platz.

»Seid Ihr bereit, morgen loszureiten?«

Der Graf wirkt überrascht. »Morgen?«

»Warum nicht?«

»An einem Sonntag?«

»Mein Bruder ist an einem Ostersonntag hinausmarschiert, und Gott hat auf seine Schlacht herabgelächelt. Ja, morgen.«

Der Graf streckt die Hände aus, damit der Diener ihm Wasser über die Finger gießen und sie mit einem Handtuch trockentupfen kann. Dann bricht er etwas helles Weizenbrot ab und zupft an der weichen, weißen Krume unter der knusprigen Kruste. »Es tut mir leid, Mylord, es hat zu lange gedauert, meine Männer herzubringen. Sie sind nicht in dem Zustand, morgen schon zu marschieren. Wir mussten schnell ziehen, über harte Straßen, sie sind erschöpft und noch nicht in der Lage, für Euch zu kämpfen.«

Richard bedenkt ihn unter dunklen Augenbrauen mit einem langen, bedächtigen Blick. »Ihr seid den ganzen Weg hierhergekommen, um am Rand zu stehen und zuzusehen?«

»Nein, Mylord. Ich habe geschworen, mich mit Euch zu vereinen, wenn Ihr ausmarschiert. Aber wenn es so schnell sein soll, morgen schon, dann müssen meine Männer die Nachhut bilden. Sie können nicht anführen. Sie sind erschöpft.«

Richard lächelt, als wüsste er längst mit Gewissheit, dass Henry Percy bereits Henry Tudor versprochen hat, hinter dem König zurückzubleiben und nichts zu tun.

»Dann werdet Ihr die Nachhut bilden«, sagt Richard. »Und ich weiß, dass ich sicher bin, wenn Ihr dort seid. So«, wendet der König sich an die Versammelten, und die Köpfe fahren hoch. »Morgen früh also, Mylords«, sagt Richard, und seine Stimme ist so ruhig wie seine Hände. »Morgen früh marschieren wir hinaus und vernichten diesen Jungen.«

SONNTAG, 21. AUGUST 1485

Henry wartet bis zum letzten Augenblick darauf, dass Jasper zurückkehrt. Während er wartet, lässt er die Landsknechte an ihren Piken drillen. Es ist eine neue Taktik, die erst vor neun Jahren von den Schweizern gegen die furchterregende burgundische Kavallerie eingeführt wurde. Die Schweizer Offiziere haben sie mit den unbändigen französischen Rekruten eingeübt und schließlich durch ständiges Wiederholen perfektioniert.

Henry und eine Handvoll seiner erfahrenen Reiter spielen die Rolle der angreifenden feindlichen Kavallerie. »Seid achtsam«, sagt Henry zu dem Earl of Oxford, der auf seinem schweren Pferd zu seiner Rechten reitet. »Reitet sie nieder, und sie werden Euch aufspießen.«

De Vere lacht. »Dann haben sie ihr Handwerk gut gelernt.«

Das halbe Dutzend Reiter schwenkt um und wartet, und dann, auf den Befehl »Angriff« hin, prescht es vor, zuerst im Trab, dann im Kanter und schließlich im gestreckten, furchterregenden Kavalleriegalopp.

Was als Nächstes geschieht, hat England bis dahin noch nicht gesehen. Bisher hat ein Fußsoldat, der sich einem Kavallerieangriff ausgesetzt sah, den Pikenschaft in den Grund gerammt und die Pike aufwärts gerichtet in der Hoffnung, dem Pferd die Spitze in den Bauch zu rammen. Oder er hat sich wild gegen den Reiter geworfen oder in einer einzigen rasenden Bewegung verzweifelt nach oben gestoßen, sich geduckt und die Arme um den Kopf geschlungen. Der größte Teil der Männer hat schlicht die Waffen fallen lassen und ist geflohen. Ein gut geplanter Kavallerieangriff hatte in der Regel keine Mühe, eine Reihe von Infanteristen zu durchbrechen. Wenige Männer konnten sich dem Schrecken stellen, sie konnten ihm einfach nicht standhalten.

Diesmal verteilen sich die Pikeniere wie gewohnt, und als die angreifende Kavallerie Geschwindigkeit aufnimmt, laufen sie auf einen Schrei ihrer Offiziere zurück und bilden ein Rechteck – zehn mal zehn Männer außen, zehn mal zehn Männer innen, weitere vierzig dichtgedrängt darin, die kaum Platz haben, um sich zu bewegen, von kämpfen ganz zu schweigen. Die vordere Reihe fällt auf die Knie, rammt die Pikenschäfte vor sich in den Boden, die Spitzen nach oben und außen. Die mittlere Reihe stabilisiert die Männer in der ersten Reihe, indem sie sich auf deren Schultern lehnt und die Piken nach außen hält. Die dritte Reihe steht fest und dichtgedrängt, die Piken auf die Schultern gestützt. Das Rechteck ist wie eine vierseitige Waffe, ein mit Lanzen gespickter Block, die dicht aneinandergedrängten Männer stabilisieren sich wechselseitig und bilden einen undurchdringlichen Block.

Sie eilen, um sich zu formieren, und sind an Ort und Stelle, bevor die Kavallerie sie erreicht. Henry reißt den Angriff herum – ein Schauer aus Schlamm und Erdbrocken von den Pferdehufen geht nieder –, fort von der lanzenbewehrten, tödlichen Mauer, hält sein Pferd an und trabt zurück.

»Gut gemacht«, sagt er zu den Schweizer Offizieren. »Gut gemacht. Und sie halten wirklich stand, wenn die Pferde direkt auf sie zugaloppieren? Sie halten auch stand, wenn es ernst wird?«

Der Schweizer Kommandant lächelt grimmig. »Das ist das Schöne daran«, sagt er leise, sodass die Männer ihn nicht hören können. »Sie können nicht weg. Eine Reihe hält die andere fest, und selbst wenn sie alle tot sind, stehen ihre Waffen immer noch an Ort und Stelle. Wir haben sie zu einer einzigen Waffe gemacht, sie sind keine Pikeniere mehr, die wählen können, ob sie kämpfen oder lieber fortlaufen.«

»Sollen wir jetzt losmarschieren?«, fragt Oxford und klopft seinem Pferd den Hals. »Richard ist auf dem Vormarsch, wir wollen vor ihm draußen auf der Watling Street sein.«

Henry spürt die leichte Übelkeit in seinem Bauch bei dem Gedanken, ohne Jasper an seiner Seite den Marschbefehl zu geben. »Ja!«, sagt er entschlossen. »Gebt Befehl zum Antreten ... Wir marschieren los.«

Man überbringt Richard die Nachricht, dass Henry Tudors kleine Armee die Watling Street hinuntermarschiert, vielleicht um ein Gelände für die Schlacht auszuwählen, vielleicht in der Hoffnung, auf der Straße gut voranzukommen und gar bis nach London zu gelangen. Die beiden Armeen von Sir William Stanley und Lord Thomas Stanley verfolgen Tudor. Um ihn zu bedrängen? Um sich ihm anzuschließen? Wie soll Richard es wissen?

Richard gibt seinen Truppen den Befehl, sich zu formieren und aus Leicester abzumarschieren. In den oberen Stockwerken stoßen Frauen die Fenster auf, um dem Abzug der königlichen Armee zuzusehen als handelte es sich um eine Johannistagsparade. Allen voran reitet die Kavallerie, jedem Ritter geht ein Knappe mit einer fröhlich flatternden Standarte voraus, wie bei einem Turnier. Dem Ritter folgen seine Männer. Der Hufschlag auf dem Kopfsteinpflaster ist ohrenbetäubend. Die Mädchen rufen ihnen etwas zu und werfen Blumen auf sie hinab. Als Nächstes kommen die Fußsoldaten, die mit geschulterten Waffen im Gleichschritt marschieren. Ihnen folgen die Bogenschützen mit dem Langbogen über der Schulter, den Köcher mit Pfeilen vor die Brust geschnallt. Die Mädchen werfen ihnen Kusshände zu – Bogenschützen stehen im Ruf, großzügige Liebhaber zu sein. Dann erhebt sich ein ohrenbetäubendes Gebrüll, Rufe und Jubel, denn hier kommt der König auf einem Schimmel, in voller Rüstung, wunderschön graviert und blankpoliert wie Silber, die goldene Schlachtkrone fest auf dem Helm. Seine Standarte mit dem weißen Keiler wird stolz vor und hinter ihm hergetragen, das rote Kreuz St. Georgs an seiner Seite, denn dies ist ein gesalbter König von England, der in den Krieg marschiert, um sein Land zu verteidigen. Die Trommler schlagen in stetem Rhythmus, die Trompeten schmettern – es ist wie Weihnachten, ja, besser noch als Weihnachten. So etwas hat Leicester noch nie gesehen.

Neben dem König reiten sein treuer Freund, der Duke of Norfolk, und der eher fragwürdige Earl of Northumberland, einer auf der rechten Seite, der andere auf der linken, als könnte man sich darauf verlassen, dass beide ihn verteidigen. Die Menschen von Leicester, die nichts von den Zweifeln des Königs wissen, jubeln beiden Edelleuten genauso zu wie der Armee, die ihnen folgt: Männer aus ganz England, ihren Lords treu ergeben, folgen dem König, der hinausmarschiert, um sein Reich zu verteidigen. Hinter ihnen kommt ein großer, bunter Zug aus Wagen mit Waffen, Rüstungen, Zelten, Kochöfen, Ersatzpferden – eine ganze Stadt auf Reisen; und dahinter im Bummelschritt, wie um ihre Erschöpfung oder ihren Widerwillen zu verdeutlichen, die fußkranke Armee des Earl of Northumberland.

Sie marschieren den ganzen Tag und machen nur zur Mittagszeit Rast. Spione und Läufer werden vorausgeschickt, um herauszufinden, wo Tudor und die beiden Armeen der Stanleys sind. Am Abend befiehlt Richard seinen Leuten, vor dem Dorf Atherstone zu halten. Richard ist ein erfahrener und selbstbewusster Befehlshaber. Der Ausgang dieser Schlacht ist ungewiss – alles hängt davon ab, ob die beiden Armeen der Stanleys für ihn kämpfen werden oder gegen ihn und ob Northumberland vorrückt, wenn Richard ihn dazu auffordert. Doch alle Schlachten, an denen Richard je teilgenommen hat, waren von ungewissen Loyalitäten bestimmt und standen stets auf Messers Schneide. Er hat das Kriegshandwerk in den Wirren des Bürgerkrieges erlernt, in keiner Schlacht hat er je mit Sicherheit gewusst, wer Freund war und wer Feind. Er hat miterlebt, wie sein Bruder George die Seiten wechselte. Er hat miterlebt, wie sein Bruder, König Edward, mithilfe von Hexerei siegte. Er stellt seine Armee sorgfältig in breiter Formation auf eine Anhöhe, von der er die alte Römerstraße nach London, die Watling Street, überblicken und zugleich die Ebene kontrollieren kann. Wenn Henry Tudor hofft, in der Morgendämmerung auf dem Weg nach London vorbeizueilen, wird Richard den Hügel hinunterdonnern und sich auf ihn stürzen. Wenn Tudor sich wendet, um sich dem Kampf zu stellen, steht Richard gut. Er ist zuerst hier, er hat das Schlachtfeld ausgewählt.

Er muss nicht lange warten. Als es dunkel wird, sehen sie, wie die Armee Tudors die Straße verlässt und ihr Lager aufschlägt. Ein Lagerfeuer nach dem anderen flackert auf. Sie versuchen gar nicht, sich zu verstecken, Henry Tudor kann die königliche Armee auf der Anhöhe rechter Hand sehen, und sie sehen ihn unten im Tal. Seltsam nostalgische Gefühle überkommen Richard bei der Erinnerung an die Tage, da er unter dem Befehl seines Bruders stand. Einmal sind sie im Schutz der Nacht marschiert und haben eine halbe Meile hinter ihren mucksmäuschenstillen Truppen Lagerfeuer entzündet. Damit haben sie den Feind so durcheinandergebracht, dass sie sich am Morgen in wenigen Augenblicken auf ihn stürzen konnten. Oder ein andermal, als sie verborgen von Dunst und Nebel marschierten und niemand wusste, wo der Gegner war. Doch dies waren Schlachten unter Edwards Kommando, und er hatte die Hilfe einer Frau, die schlechtes Wetter heraufbeschwören konnte. Dies jedoch sind nüchternere Tage. Tudor marschiert mit seiner Armee in voller Sicht von der Straße in den hochstehenden Weizen hinein und gebietet seinen Männern, Lagerfeuer anzuzünden und sich auf den Morgen vorzubereiten.

Richard schickt nach Lord Stanley und befiehlt ihm, seine Armee herbeizuschaffen und sie zusammen mit der königlichen Armee aufzustellen, doch der Bote bringt nur das Versprechen mit, sie werden später kommen, lange vor der Morgendämmerung. Lord George Strange blickt nervös zu dem Duke of Norfolk hinüber, der ihn auf ein Wort köpfen würde, und sagt, er sei überzeugt, sein Vater werde mit dem ersten Tageslicht kommen. Richard nickt.

Sie speisen gut. Richard befiehlt, den Männern Essen zu geben und die Pferde mit Heu und Wasser zu versorgen. Obwohl er keinen Überraschungsangriff des jungen Tudor fürchtet, stellt er Wachen auf. Er begibt sich in sein Zelt, um zu schlafen. Er träumt nicht, er zieht sich die Decke über den Kopf und schläft gut, wie immer vor einer Schlacht. Alles andere wäre töricht. Richard ist kein Dummkopf, und er war schon an schlimmeren Orten. Er hat auf schlimmeren Schlachtfeldern gekämpft und schon schrecklicheren Feinden als diesem Neuling mit seiner bunt zusammengewürfelten Armee gegenübergestanden.

Auf der anderen Seite der Ebene von Redmore geht Henry Tudor ruhelos wie ein junger Löwe in seinem Lager umher, bis es zu dunkel ist, um etwas zu sehen. Er wartet auf Jasper, er hat keinen Zweifel daran, dass Jasper durch die Dunkelheit reitet, um zu ihm zu kommen. Dass er tiefschwarze Flüsse quert und finstere Moore durchreitet, so schnell er kann. Er zweifelt nicht an der Loyalität und der Liebe seines Onkels. Aber er erträgt den Gedanken nicht, er könnte am Morgen ohne Jasper an der Seite in die Schlacht ziehen müssen.

Er wartet auf Nachricht von Lord Stanley. Der Graf hatte gesagt, er würde mit seiner gewaltigen Streitmacht kommen, sobald Henry die Schlachtreihen aufgestellt habe, doch jetzt kommt ein Bote mit der Nachricht, Stanley werde nicht vor der Morgendämmerung eintreffen – er habe sein eigenes Lager aufgeschlagen, seine Männer hätten sich für die Nacht niedergelassen, und es wäre dumm, sie in der Dunkelheit aufzuscheuchen. Er käme am Morgen, mit dem ersten Tageslicht. Wenn die Schlacht beginne, werde er zur Stelle sein, dessen könne Henry gewiss sein.

Henry kann sich dessen keineswegs gewiss sein, doch er kann nichts tun. Zögernd wirft er einen letzten Blick nach Westen, falls sich dort in der Dunkelheit die auf und ab hüpfende Fackel Jaspers abzeichnete, bevor er sich in sein Zelt begibt. Er ist ein junger Mann, und dies ist die erste Schlacht, die er für sich selbst kämpft. Er findet wenig Schlaf in dieser Nacht.

Schreckliche Träume plagen ihn. Er träumt, dass seine

Mutter zu ihm kommt und ihm erklärt, sie habe einen Fehler gemacht, Richard sei der wahre König und die Invasion, die Schlachtreihen, die Feldlager, das alles sei eine Sünde gegen die Ordnung des Königreichs und gegen die Gesetze Gottes. Ihr blasses Gesicht ist ernst, und sie verflucht Henry als Thronräuber, der versucht, einen wahren König vom Thron zu stoßen, ein Aufständischer, der sich gegen die natürliche Ordnung der Dinge wendet, ein Häretiker gegen die heiligen Gesetze Gottes. Richard ist ein gekrönter König, seine Brust wurde mit heiligem Öl gesalbt. Wie kann ein Tudor das Schwert gegen ihn erheben? Er wälzt sich hin und her, wacht auf, fällt in einen leichten Schlaf und träumt, Jasper segelte ohne ihn nach Frankreich zurück, voller Kummer über seinen Tod auf dem Schlachtfeld. Dann träumt er, dass Elizabeth, die Prinzessin von York, die junge, ihm unbekannte Frau, die ihm zur Gemahlin versprochen ist, zu ihm kommt und sagt, sie liebe einen anderen Mann, niemals werde sie willig seine Gemahlin, er werde sich vor allen Leuten zum Narren machen. Sie betrachtet ihn mit ihren schönen grauen Augen, die voll kalten Bedauerns sind, und sagt ihm, jeder wisse, dass sie einen anderen Mann zum Liebhaber genommen habe und sich immer nur nach ihm verzehren werde. Ihr Liebhaber sei ein starker und schöner Mann, im Gegensatz zu Henry, den sie als hasenherzigen Jungen verachte. Er träumt, dass er den Beginn der Schlacht verschlafen hat, und springt entsetzt aus dem Bett, stößt sich den Kopf an der Zeltstange und steht nackt und zitternd da, wach gerüttelt von seinen Ängsten – viele Stunden vor der Morgendämmerung.

Trotzdem weckt er seinen Knappen mit einem Tritt und schickt ihn, heißes Wasser zu holen, und er lässt einen Priester kommen, der ihm die Messe lesen soll. Doch es ist zu früh: Die Lagerfeuer sind noch kalt, es gibt kein heißes Wasser, kein frisches Brot und auch kein Fleisch. Sie können den Priester nicht auftreiben, und als sie ihn doch finden, schläft er noch. Er braucht etwas Zeit, um sich vorzubereiten, und kann nicht sofort mit Henry Tudor beten. Die Hostie ist noch nicht geweiht, und das Kreuz soll in der Morgendämmerung aufgestellt werden, nicht jetzt, im Dunkeln. Die Messgewänder sind noch im Tross, sie waren so lange auf dem Marsch, dass er sie erst suchen muss. Henry muss sich in seine Kleider kauern, die seinen nervösen, kalten Schweiß ausdünsten, und auf die Morgendämmerung warten und darauf, dass der Rest der Welt allmählich aufsteht, als wäre heute nicht der Tag, an dem er den Tod finden könnte.

König Richard ruft seine Männer zu einer zeremoniellen Erklärung, wie ernst diese Schlacht ist, und lässt sie ihren Treueeid der Krönung erneuern. Nur in Augenblicken größter Gefahr lässt ein König die Treueschwüre seines Volkes erneuern. Von den Anwesenden hat niemand je einem solchen Akt beigewohnt, und ihre Gesichter sind blank vor Ernst. Zuerst treten die Priester und ein Chor gemessenen Schrittes vor die Männer, gefolgt von den Lords und den großen Männern des Reichs, für die Schlacht gekleidet, die Standarten vor sich, und schließlich kommt der König, der seine prächtig gravierte Schlachtrüstung trägt, barhäuptig im warmen Morgenlicht. In diesem Augenblick, da er seinen Thronanspruch erneuert, sieht er viel jünger aus als zweiunddreißig. Er sieht hoffnungsvoll aus, als würde der Sieg an diesem Tag seinem Königreich Frieden bringen und damit die Möglichkeit, noch einmal zu heiraten, einen Erben zu zeugen und die Yorks für immer auf dem Thron von England zu etablieren. Dies ist ein Neuanfang, für Richard und für England.

Er kniet vor dem Priester nieder, der die geheiligte Krone

Eduards des Bekenners hochhebt und sie dem König behutsam auf sein dunkles Haupt setzt. Er spürt ihr Gewicht wie eine schwere Schuld, und dann ist ihm, als werde ihm das Gewicht wieder abgenommen: Er ist von allen Sünden erlöst. Er erhebt sich und tritt vor seine Männer. »Gott beschütze den König!«, erschallt es aus tausend Kehlen. »Gott beschütze den König!«

Richard lächelt bei diesem Ruf, der einst seinem Bruder galt und jetzt ihm. Dies ist mehr als die Erneuerung des Eids, den er bei seiner Krönung geleistet hat, seinen Landsleuten und seinem Königreich zu dienen, für ihn ist es eine weihevolle Neuverpflichtung. Was auch immer getan wurde, um sie hierherzubringen, es ist ihm vergeben worden. Man wird ihn nach dem beurteilen, was als Nächstes geschieht. Er weiß jetzt, dass er im Recht ist, ein gesalbter und gekrönter König, der gegen einen Emporkömmling in die Schlacht zieht, einen Prätendenten, dessen Sache schon unter dem letzten König verloren war, dessen Verwandtschaft zu Hause geblieben ist, dessen Unterstützung von ausländischen Sträflingen und Söldnern abhängt und der nichts als treulose und wetterwendische Lords auf seiner Seite hat – und womöglich nicht einmal die.

Richard grüßt seine Armee mit erhobener Hand und lächelt beim Aufbrausen ihrer Jubelschreie. Er beugt sich zur Seite, setzt die heilige Krone behutsam ab und zeigt ihnen seinen Helm, an dem die Schlachtkrone befestigt ist. Er wird gekrönt in die Schlacht ziehen und unter seiner königlichen Standarte kämpfen. Wenn Henry Tudor den Mut besitzt, ihn persönlich herauszufordern, braucht er ihn nicht lange zu suchen. Richard wird auf dem Schlachtfeld so sichtbar sein wie einst, als die drei Sonnen von York das Symbol der drei Brüder Yorks waren. Er wird höchstpersönlich hinausreiten und den Tudor im Nahkampf töten. Dieser König ist streitbar, er ist der Verfechter des Friedens in England.

Die Trompetenstöße rufen zu den Waffen, und die Männer bewaffnen sich alle, trinken einen letzten Schluck Dünnbier, überprüfen ihre Äxte, Schwerter und Piken und spannen zur Probe die Bogensehnen. Es ist Zeit. Dem König sind all seine Sünden vergeben worden. Er hat sich noch einmal dem heiligen Königtum verpflichtet. Er ist gekrönt und bewaffnet. Es ist Zeit.

Als der Schall der Trompeten in Tudors Lager dringt, werden dort schon die Pferde gesattelt und die Brustharnische umgeschnallt. Henry Tudor ist scheinbar überall zugleich. Er fordert die Offiziere auf, sich bereitzuhalten, und fragt zum letzten Mal nach ihrem Schlachtplan. Henry sucht nicht nach Jasper, er erlaubt sich keinen Augenblick der Angst oder des Zweifels. Er darf jetzt an nichts anderes denken als an die bevorstehende Schlacht. Er schickt nur eine Nachricht an Lord Stanley. *Kommt Ihr jetzt?* Er bekommt keine Antwort.

Er erhält einen Brief von seiner Mutter, den ihm ihr Bote in die Hand drückt, als er mit ausgestreckten Armen dasteht, damit man ihm den Brustharnisch umschnallt.

Mein Sohn.
Gott ist mit Dir, Du kannst nicht verlieren. Ich denke in meinen Gebeten an nichts und niemanden als an Dich. Unsere Liebe Frau wird mich hören, wenn ich für meinen Sohn bete.
  Ich kenne den Willen Gottes. Er ist auf Deiner Seite.
Deine Mutter,
Margaret Stanley

Er liest die vertraute Handschrift, faltet den Brief und steckt ihn in seinen Brustharnisch, über sein Herz, als könnte er einen Schwerthieb abfangen. Die Zukunftsvisionen seiner Mutter haben sein Leben bestimmt, der Glaube seiner Mutter an ihre Rechte hat ihn an diesen Ort geführt. Seit er als kleiner Junge mit ansehen musste, wie sein yorkistischer Vormund, den sie hasste, vom Schlachtfeld geschleift wurde, um einen schmachvollen Tod zu sterben, hat er nicht mehr an ihrer Vision gezweifelt. Er hat nie an ihrem Haus Lancaster gezweifelt. jetzt sind ihr Vertrauen in ihn und ihr fester Glaube daran, dass er siegen wird, seine einzige Gewissheit. Er ruft nach seinem Pferd, und sie führen es vor, gesattelt und bereit.

Die beiden Armeen stellen sich in Schlachtreihen auf und marschieren langsam aufeinander zu. Richards Kanonen sind auf einer kleinen Anhöhe aufgestellt und auf Henrys rechten Flügel gerichtet, und Henrys Offiziere befehlen den Männern, leicht nach links auszuweichen, sodass sie an Richard vorbeikommen und die Schusslinie meiden. Die Morgensonne brennt ihnen auf den Rücken, und der Wind kommt ebenfalls von hinten, als wollte er sie vorantreiben. Als sie Richards Armee erreichen, liegt auf ihren erhobenen Piken ein Glitzern, dass es weit mehr Männer zu sein scheinen, als es in Wirklichkeit sind. Henrys Männer laufen stolpernd an, und Tudor selbst zügelt sein Pferd, um das Schlachtfeld zu überblicken. Er schaut nach hinten. Von Jasper keine Spur. Er schaut nach links. Die Armee der Stanleys, mehr als doppelt so groß wie seine eigene, ist in Schlachtordnung aufgestellt, exakt auf halber Strecke zwischen dem König und seinem Herausforderer. Stanley könnte zwischen ihnen herabstoßen, und wenn er sich zur Linken wendete, würde er

Richard angreifen, noch vor Henrys Männern. Wenn er sich zur Rechten wendete, könnte er Henrys Armee vernichten. Henry wendet sich an seinen Knappen: »Geh zu Lord Stanley und richte ihm aus, wenn er jetzt nicht zu uns stößt, weiß ich, was ich von ihm zu halten habe.«

Über die Schulter wirft er jetzt einen Blick auf seine eigenen Truppen. Den gebrüllten Befehlen ihrer Offiziere gehorchend, sind sie in den Laufschritt gefallen und stürmen auf die königliche Armee los. Ein schrecklicher Schlachtenlärm erhebt sich, als die beiden Seiten aufeinandertreffen. Augenblicklich sind sie mitten im Chaos der Schlacht, umgeben vom entsetzlichem Gebrüll des Gemetzels, inmitten des Kampfgewirrs. Ein königlicher Kavallerist reitet an der Schlachtreihe entlang, schwingt seine Streitaxt wie ein Mann, der Brennnesseln mäht, und lässt eine Spur von taumelnden, sterbenden Männern hinter sich zurück. Dann tritt ein Pikenier aus der Armee Tudors vor und stößt dem Reiter die scharfe Pike mit einer geschmeidigen Bewegung in die Achselhöhle, wirft ihn vom Pferd mitten zwischen die Soldaten, und die fallen über ihn her und reißen ihn auseinander wie knurrende Hunde.

Die königlichen Kanonenschläge zerfetzen die Söldnerreihen Tudors. Sie fallen zurück, formieren sich neu und weichen wieder nach links aus. Ihre Offiziere bringen sie nicht dazu, in das Feuer zu marschieren. Geschosse fliegen pfeifend auf sie zu und schlagen in ihre Reihen ein, wie Felsbrocken, die in einen Fluss fallen, nur dass statt eines Platschens die Schreie der Männer und das panische Wiehern der Pferde zu hören sind. Richard, dessen Krone auf dem Helm strahlt wie ein Heiligenschein, reitet mitten in den Kampf hinein, vor sich seine Standarte, um sich herum seine Ritter. Er wirft einen Blick auf die kleine Anhöhe hinter sich, auf der Northumberlands Männer stehen, so reglos wie Stanleys Männer zu seiner Linken. Er stößt ein bitteres Lachen aus: Bei dieser Schlacht gibt es mehr Männer, die zuschauen, als Männer, die kämpfen. Er schlägt mit seinem gewaltigen Streitkolben um sich, haut bewaffneten Männern die Köpfe ab, bricht Schultern, Hälse, Rücken, als seien es nur Puppen.

Als die Männer zu erschöpft sind, um weiterzumachen, tritt eine Schlachtpause ein. Die Truppen ziehen sich taumelnd zurück, stützen sich auf ihre Waffen, schnappen nach Luft. Unsicher betrachten sie die reglosen Reihen von Stanley und Northumberland, und einige holen keuchend Luft oder husten Blut.

Richard überblickt das Feld hinter der vordersten Schlachtreihe, hält sein Pferd im Zaum und tätschelt ihm den schweißnassen Hals. Er schaut zu den Streitkräften der Tudors hinüber und sieht hinter der vordersten Schlachtreihe die Standarte mit dem roten Drachen und dem Fallgatter der Beauforts aufragen, ein Stück von den Truppen entfernt. Henry ist von seiner Armee getrennt worden, er ist nur noch von seiner Leibgarde umringt, während seine Armee vorgeprescht ist. Unerfahren auf dem Schlachtfeld, hat er sich von seinen Truppen trennen lassen.

Einen Augenblick kann Richard kaum fassen, was für eine Gelegenheit sich ihm da bietet, dann stößt er ein raues Lachen aus. Er sieht seine Chance – Glück auf dem Schlachtfeld –, weil Henry kurz angehalten hat und so von seiner Armee getrennt wurde. Jetzt ist er schutzlos. Richard stellt sich in die Steigbügel und zieht das Schwert. »York!«, brüllt er, als würde er Bruder und Vater aus den Gräbern zu sich rufen. »York! Zu mir!«

Seine berittene königliche Leibgarde prescht vor. Sie reiten in engem Verband, donnern über den Grund, setzen hier und da über Leichen oder pflügen mitten durch sie hindurch. Ein Vorreiter wird vom Pferd gerissen, doch die Hauptformation schießt dicht aneinandergedrängt wie ein Pfeil um die Armee Tudors herum, die die Gefahr jetzt erkennt und wankt und sich umzudrehen versucht. Doch sie kann nichts anderes tun, als dem galoppierenden Angriff auf ihren Anführer zuzusehen. Die yorkistischen Reiter fliegen unaufhaltsam auf Henry Tudor zu, die Schwerter gezückt, die Lanzen nach vorn gerichtet, gesichtslose Reiter mit spitzgezackten Helmen, grauenerregend und schnell wie der Donner. Da bemerken die Pikeniere den Angriff, brechen aus den Reihen aus und laufen nach hinten. Richard, der sie davonlaufen sieht, glaubt, sie würden fliehen, und brüllt noch einmal: »Für York! Und England!«

Im nächsten Augenblick sitzt Tudor ab. Warum tut er das?, überlegt Richard, der sich schwer atmend über die Mähne seines Pferds beugt. Warum sitzt er ab? Jetzt prescht Tudor zu seinen Pikenieren, die ihm entgegenstürmen. Er hat das Schwert gezückt, sein Standartenträger läuft neben ihn. Henry ist jenseits von Vernunft, jenseits von Angst in dieser seiner ersten Schlacht als Erwachsener. Er spürt den Boden beben, als die Pferde wie eine hohe Welle auf ihn zugedonnert kommen. Er ist ein Kind, das sich am Strand dem Gewitter stellt. Er sieht, wie Richard sich mit ausgestreckter Lanze im Sattel weit vornüberbeugt, er bemerkt das Schimmern des goldenen Runds über dem silbernen Helm. Keuchend vor Angst und Aufregung, brüllt Henry den französischen Pikenieren zu: »Jetzt! *À moi! À moi!*«

Sie sausen zu Henry, und dann drehen sie sich um, lassen sich auf die Knie fallen und richten ihre Piken nach oben. Die zweite Reihe stützt die Piken auf die Schultern ihrer Kameraden, die dritte Reihe hält die Piken nach vorn, wie eine

Wand von Dolchen, auf die heranbrausenden Pferde. Darin eingeschlossen, wie in einem menschlichen Schild, ist Henry Tudor.

So etwas hat Richards Kavallerie noch nie gesehen. Niemand hat so etwas in England je gesehen. Sie können ihren Ansturm nicht abbremsen, sie können ihn auch nicht mehr abwenden. Einer oder zwei Kavalleristen in der Mitte zerren ihre Pferde zur Seite, doch ihre galoppierenden Hintermänner reißen sie nieder, in einem Chaos aus Stolpern, Schreien und gebrochenen Knochen, reißen sie unter die Hufe ihrer eigenen Pferde. Die anderen pflügen weiter, zu schnell, um anzuhalten, und werfen sich den erbarmungslosen Klingen entgegen. Die Pikeniere taumeln unter dem Aufprall, doch sie stehen zu dicht: Sie halten stand.

Richards Pferd stolpert über einen Toten und geht in die Knie. Richard wird kopfüber abgeworfen, kommt taumelnd wieder auf die Füße und zieht das Schwert blank. Die anderen Ritter werfen sich auf die Pikeniere, und das Dröhnen der Schwerter auf hölzernen Heften, vorgestoßener Klingen und zerbrochenen Piken ist wie das Hämmern in einer Schmiede. Richards Getreue versammeln sich in Schlachtordnung um ihn, zielen auf das Herz der Formation, und nach und nach gewinnen sie an Boden. Die Pikeniere in der ersten Reihe können nicht aufstehen, denn sie werden von dem Gewicht der anderen niedergedrückt. Sie werden da, wo sie knien, niedergestochen. Die mittlere Reihe fällt gegen den wilden Angriff zurück, sie verliert unweigerlich an Boden. Henry Tudor, in ihrer Mitte, steht immer schutzloser da.

Richard, das Schwert rot von Blut, kommt ihm näher, weiß er doch, dass die Schlacht vorbei ist, sobald Tudor fällt. Die beiden Standarten sind nur wenige Schritte voneinander entfernt; Richard rückt weiter vor, durch eine Mauer aus Männern kämpft er sich auf Tudor zu. Aus dem Augenwinkel bemerkt er das Rot des Drachens, und wütend schlägt er in einem gewaltigen Hieb auf den Drachen und den Standartenträger, William Brandon, ein. Es sieht aus, als würde die Standarte fallen, doch einer aus Henrys Leibgarde springt vor, packt den zerbrochenen Stiel und hält sie hoch. Sir John Cheney, ein Riese von einem Mann, wirft sich zwischen Henry und Richard. Richard schlitzt ihm die Kehle auf, und der Tudor-Ritter geht mit einer klaffenden Wunde zu Boden. Er weiß, dass sie geschlagen sind, und ruft Henry zu: »Flieht, Sir! Bringt Euch in Sicherheit!« Seine letzten Worte ersticken im Blut.

Henry hört die Warnung, er weiß, dass er sich umdrehen und davonlaufen muss. Es ist vorbei. Doch dann hören sie es. Beide – Richard und Henry – heben den Kopf, als sie das tief donnernde Dröhnen einer Armee in vollem Galopp hören. Die Armeen der Stanleys stürmen auf sie zu, die Lanzen gesenkt, die Piken vor sich, die Schwerter bereit. Frische Pferde preschen auf sie zu, als wären sie gierig auf Blut, und als sie aufeinanderprallen, durchtrennt eine Streitaxt mit einem einzigen Hieb Richards Standartenträger die Beine. Als Richard herumwirbelt, lässt sein Schwertarm ihn im Stich, plötzlich ist er verhängnisvoll schwach, in diesem einen Augenblick, in dem er viertausend Männer gegen sich vorrücken sieht, bevor er unter einem Wirbel namenloser Hiebe untergeht. »Verrat!«, brüllt er. »Verrat!«

»Ein Pferd!«, schreit jemand verzweifelt für ihn. »Ein Pferd! Ein Pferd! Holt dem König ein Pferd!«

Doch der König ist tot.

Sir William Stanley zieht Richard den Helm von dem baumelnden Kopf, bemerkt, dass das dunkle Haar des Königs noch feucht ist vom warmen Schweiß, und überlässt es anderen, sich um den Rest seiner prächtigen Rüstung zu streiten. Mit der Spitze einer Pike trennt er das goldene Rund der Königswürde vom Helm, schreitet zu Henry Tudor, kniet im Schlamm nieder und bietet ihm die Krone von England dar.

Henry Tudor nimmt sie, noch unter dem Schock taumelnd, mit blutbeschmierten Händen entgegen und setzt sie sich auf den Kopf.

»Gott schütze den König!«, brüllt Stanley seiner Armee zu, die frisch und unberührt näher kommt. Einige der Soldaten lachen über die Schlacht, die sie in solch entschlossener Herrlichkeit gewonnen haben, ohne ihre Schwerter zu beschmutzen. Stanley ist der erste Engländer, der diese Worte zu dem gekrönten Henry Tudor sagt, und er wird dafür sorgen, dass der König sich daran erinnert. Lord Thomas Stanley steigt an der Spitze seiner Armee, die den Ausgang der Schlacht im letzten, ja, im allerletzten Augenblick herumgerissen hat, von seinem keuchenden Pferd und lächelt seinen Stiefsohn an. »Ich habe gesagt, ich würde kommen.«

»Ihr werdet belohnt«, sagt Henry. Er ist grau vor Schreck und glänzt vor kaltem Schweiß und vom Blut eines anderen. Er sieht zu – ohne etwas zu begreifen –, als sie König Richard die prächtige Rüstung und sogar die Unterwäsche ausziehen und seinem humpelnden Pferd den nackten Leichnam über den Rücken werfen. Es lässt den Kopf hängen, als schämte es sich. »Ihr alle, die Ihr heute für mich gekämpft habt, werdet reich belohnt.«

Ich knie in meiner Kapelle und bete, als sie mir die Nachricht bringen. Ich höre das Schlagen der Tür und die Schritte auf dem Steinfußboden, doch ich wende nicht den Kopf. Ich öffne die Augen und richte den Blick fest auf die Statue des gekreuzigten Christus, und ich frage mich, ob auch ich gleich meinen Leidensweg einschlagen werde. »Wie lautet die Nachricht?«, frage ich.

Christus schaut auf mich herab, ich schaue zu ihm auf. »Bring mir gute Nachrichten«, sage ich zu ihm wie zu der Hofdame, die hinter mir steht.

»Euer Sohn hat die Schlacht gewonnen«, sagt sie mit zitternder Stimme. »Er wurde noch auf dem Schlachtfeld zum König von England ausgerufen.«

Ich schnappe nach Luft. »Und Richard, der Usurpator?«

»Tot.«

Ich begegne Jesus' Blick, und beinahe hätte ich ihm zugezwinkert. »Gott sei Dank«, sage ich, als würde ich einem Verschwörer zunicken. Er hat seinen Teil getan. Jetzt werde ich den meinen tun. Ich erhebe mich, und meine Lady hält mir einen Brief hin, einen Fetzen Papier, von Jasper.

Unser Junge hat seinen Thron erobert, wir können unser Königreich betreten. Wir kommen sofort zu Dir.

Ich lese es noch einmal. Ich habe das seltsame Gefühl, als wäre mein größter Wunsch erfüllt worden und als würde von diesem Tag an alles anders werden. Ich werde herrschen.

»Wir müssen Gemächer für meinen Sohn vorbereiten, er wird mich sofort besuchen kommen«, sage ich kühl.

Die Lady hat gerötete Wangen, sie hat wohl gehofft, wir würden einander in die Arme fallen und vor Freude über den Sieg tanzen.

»Ihr habt gesiegt!«, ruft sie aus. Sie hofft, ich werde mit ihr weinen.

»Ich bin endlich zu meinem Recht gekommen«, verbessere ich sie. »Ich habe meine Bestimmung erfüllt. Es ist der Wille Gottes.«

»Es ist ein glorreicher Tag für Euer Haus!«

»Ich sah die Mühe, die Gott den Menschen gegeben hat, dass sie darin geplagt werden.«

Sie macht einen kleinen Knicks. »Ja, Mylady.«

»Ja, Euer Gnaden«, verbessere ich sie. »Ich bin jetzt ›My Lady, Königinmutter‹, und Ihr werdet vor mir knicksen, so tief wie vor einer Königin von königlichem Geblüt. Dies war meine Bestimmung – meinen Sohn auf den Thron von England zu bringen –, und all jene, die über meine Visionen gelacht und an meiner Berufung gezweifelt haben, werden mich ›My Lady, Königinmutter‹ nennen, und ich werde mit Margaret Regina unterzeichnen: *Margaret R.*«

ANMERKUNG DER AUTORIN

Dieses Buch über eine Frau zu schreiben, die in der politischen Welt triumphierte und gleichzeitig bestrebt war, Gott zu dienen, war höchst interessant. Feministinnen erinnern sich ihrer als einer »gelehrten Dame«, als einer der ganz wenigen Frauen, die sich das Privileg der Bildung erstritten. Für Historiker ist sie die Matriarchin, Begründerin des Hauses Tudor, und bei weniger ehrfurchtsvollen Memoirenschreibern wird sie als »die alte Hexe« gehandelt, die als Schwiegermutter ein Albtraum gewesen sein muss. Für meine Leserinnen und Leser eine Figur zu schaffen, die von einem Kind, das der festen Überzeugung war, einer heiligen Bestimmung zu folgen, zu einer Frau heranwuchs, die es wagte, den Thron von England für ihren Sohn zu beanspruchen, war gleichermaßen Herausforderung wie großes Vergnügen. Einige Teile dieser Geschichte sind Historie, andere Spekulation und manche Fiktion. So wissen wir zum Beispiel nicht, wer die Prinzen im Turm getötet hat, ja, nicht einmal, ob sie tatsächlich im Tower umgekommen sind. Ganz offensichtlich waren die Opponenten im Kampf um den Thron – Richard III., der Duke of Buckingham und Margaret Beaufort und ihr Sohn – diejenigen, die von ihrem Tod am meisten profitierten.

Zu großem Dank verpflichtet bin ich den Historikern, die

Margaret Beaufort und ihre Zeit erforscht haben, besonders Linda Simon für ihre Biografie und Michael K. Jones und Malcolm G. Underwood, deren Biografie zum Ausgangspunkt für meine eigene Arbeit wurde. Michael Jones danke ich ganz herzlich dafür, dass er so freundlich war, mein Manuskript zu lesen.

Weiteres Recherchematerial und zusätzliche Anmerkungen sind auf meiner Website philippagregory.com zu finden, wo Leserinnen und Leser auch gelegentlich an Onlineseminaren teilnehmen können.

Die Bücher, von deren Lektüre ich am meisten profitiert habe:

Baldwin, David. *Elizabeth Woodville: Mother of the Princes in the Tower.* Stroud, Gloucestershire: Sutton Publishing, 2002.
Baldwin, David. *The Lost Prince: The Survival of Richard of York.* Stroud, Gloucestershire: Sutton Publishing, 2007.
Bramley, Peter. *The Wars of the Roses: A Field Guide and Companion.* Stroud, Gloucestershire: The History Press, 2007.
Castor, Helen. *Blood & Roses: The Paston Family in the Fifteenth Century.* London: Faber and Faber, 2004.
Cheetham, Anthony. *The Life and Times of Richard III.* London: Weidenfeld & Nicolson, 1972.
Chrimes, Stanley Bertram. *Henry VII.* London: Eyre Methuen, 1972.
Chrimes, Stanley Bertram. *Lancastrians, Yorkists, and Henry VII.* London: Macmillan, 1964.
Cooper, Charles Henry. *Memoir of Margaret: Countess of Richmond and Derby.* Cambridge: Cambridge University Press, 1874.
Crosland, Margaret. *The Mysterious Mistress: The Life and Legend of Jane Shore.* Stroud, Gloucestershire: Sutton Publishing, 2006.

Fields, Bertram. *Royal Blood: Richard III and the Mystery of the Princes.* New York: Regan Books, 1998.

Gairdner, James. »Did Henry VII Murder the Princes?« *English Historical Review VI (1881)*, S. 444–64.

Goodman, Anthony. *The Wars of the Roses: Military Activity and English Society, 1452–97.* London: Routledge & Kegan Paul, 1981.

Goodman, Anthony. *The Wars of the Roses: The Soldiers' Experience.* London: Tempus, 2005.

Hammond, Peter W., Sutton, Anne F. *Richard III: The Road to Bosworth Field.* London: Constable, 1985.

Harvey, Nancy Lenz. *Elizabeth of York, Tudor Queen.* London: Arthur Baker, 1973.

Hicks, Michael A. *Anne Neville: Queen to Richard III.* London: Tempus, 2007.

Hicks, Michael A. *The Prince in the Tower: The Short Life & Mysterious Disappearance of Edward V.* London: Tempus, 2007.

Hicks, Michael A. *Richard III.* London: Tempus, 2003.

Hughes, Jonathan. *Arthurian Myths and Alchemy: The Kingship of Edward IV.* Stroud, Gloucestershire: Sutton Publishing, 2002.

Jones, Michael K., Underwood, Malcolm G. *The King's Mother: Lady Margaret Beaufort, Countess of Richmond and Derby.* Cambridge: Cambridge University Press, 1992.

Kendall, Paul Murray. *Richard the Third.* New York: W. W. Norton, 1975 (dt. *Richard der Dritte. Der letzte Plantagenet auf dem englischen Königsthron 1452–1485.* München: Callwey, 1957).

MacGibbon, David. *Elizabeth Woodville (1437–1492): Her Life and Times.* London: Arthur Baker, 1938.

Mancinus, Dominicus. *The Usurpation of Richard the Third: Dominicus Mancinus ad Angelum Catonem de occupatione Regni*

Anglie per Ricardum Tercium Libellus, übersetzt und mit einer Einleitung von C. A. J. Armstrong. Oxford: Clarendon Press, 1969.

Markham, Clements, R. »Richard III: A Doubtful Verdict Reviewed,« *English Historical Review VI (1891),* S. 250–83.

Neillands, Robin. *The Wars of the Roses.* London: Cassell, 1992.

Plowden, Alison. *The House of Tudor.* London: Weidenfeld & Nicolson, 1976.

Pollard, Anthony J. *Richard III and the Princes in the Tower.* Stroud, Gloucestershire: Sutton Publishing, 2002.

Prestwich, Michael. *Plantagenet England, 1225–1360.* Oxford: Clarendon Press, 2005.

Read, Conyers. *The Tudors: Personalities and Practical Politics in Sixteenth Century England.* Oxford: Oxford University Press, 1936 (dt. *Die Tudors.* München: Callwey, 1938).

Ross, Charles. *Edward IV.* London: Eyre Methuen, 1974.

Ross, Charles. *Richard III.* London: Eyre Methuen, 1981.

Royle, Trevor. *The Road to Bosworth Field: A New History of the Wars of the Roses.* London: Little Brown, 2009.

Seward, Desmond. *A Brief History of The Hundred Years War: The English in France, 1337–1453.* London: Constable and Company, 1978.

Seward, Desmond. *Richard III., England's Black Legend.* London: Country Life Books, 1983.

Sharpe, Kevin. *Selling the Tudor Monarchy: Authority and Image in Sixteenth Century England.* New Haven, CT: Yale University Press, 2009.

Simon, Linda. *Of Virtue Rare: Margaret Beaufort, Matriarch of the House of Tudor.* Boston: Houghton Mifflin, 1982.

St. Aubyn, Giles. *The Year of Three Kings, 1483.* London: Collins, 1983.

Vergil, Polydore. *Three Books of Polydore Vergil's English History Comprising the Reigns of Henry VI, Edward IV, and Richard III*, herausgegeben von Sir Henry Ellis. 1844. Reprint Whitefish, MT: Kessinger Publishing, 1977.

Weir, Alison. *Lancaster and York: The Wars of the Roses*. London: Jonathan Cape, 1995.

Weir, Alison. *The Princes in the Tower*. London: Bodley Head, 1992.

Williams, Neville. *The Life and Times of Henry VII*. London: Weidenfeld & Nicolson, 1973.

Willamson, Audrey. *The Mystery of the Princes: An Investigation into a Supposed Murder*. Stroud, Gloucestershire: Sutton Publishing, 1978.

Wilson-Smith, Timothy. *Joan of Arc: Maid, Myth and History*. Stroud, Gloucestershire: Sutton Publishing, 2006.

Wroe, Ann. *Perkin: A Story of Deception*. London: Jonathan Cape, 2003.